管理科学文库

基于战略顾客行为的供应链运作

杨光勇 计国君 著

厦门大学出版社
XIAMEN UNIVERSITY PRESS
国家一级出版社
全国百佳图书出版单位

图书在版编目(CIP)数据

基于战略顾客行为的供应链运作/杨光勇,计国君著.—厦门:厦门大学出版社,2012.6

(管理科学文库)

ISBN 978-7-5615-4284-2

Ⅰ.①基… Ⅱ.①杨… ②计… Ⅲ.①供应链管理—研究 Ⅳ.①F252

中国版本图书馆 CIP 数据核字(2012)第 093203 号

厦门大学出版社出版发行

(地址:厦门市软件园二期望海路 39 号 邮编:361008)

http://www.xmupress.com

xmup @ xmupress.com

厦门市明亮彩印有限公司印刷

2012 年 6 月第 1 版 2012 年 6 月第 1 次印刷

开本:720×970 1/16 印张:15.25 插页:1

字数:280 千字

定价:40.00 元

前言

后金融危机时代，我国供应链面临的不确定、不稳定、复杂性因素仍然较多。宏观上各种混合型所有制企业模式下，投资和消费比例结构失衡，总体竞争力弱、消费需求未充分释放、经济增长内在动力不足、产能过剩问题突出、产业结构不合理、能源消耗偏快、环境污染严重。微观上聚集规模偏小、“小而全”的现象严重、融资维艰，发展后劲不足；上下游企业制约，参与国际竞争的盲目性大、不熟悉国际化运营法则，跨国并购存在文化整合和冲突，走出去的难度较大等，这些瓶颈导致我国供应链的创新动力不足。我国供应链管理出现新的特征，包括：(1)企业之间的竞争已经转化为供应链与供应链之间的竞争，合作结构出现新的特征。例如，家电制造商惠而浦与零售商苏宁签订独家承销排他性产销联盟。(2)战略顾客行为不断扩大。一方面，互联网的日益普及以及网上顾客的评论提升了顾客追踪销售商产品可获得性以及价格变化的能力，使其利用战略等待以尽可能低的价格购买所需产品；另一方面，降价促销策略已充斥着各个行业，例如，服装行业约50%的库存最终以折扣价格出清，连锁零售商沃尔玛、好又多、国美、苏宁等在元旦期间通过促销增加销售额，这种降价销售策略进一步刺激了顾客的等待行为，从而加剧了产品供给与需求间的不匹配性。(3)模仿创新严重。模仿创新由于更低的研发和市场运营成本，使得模仿者(后进入者)能将更多投资用于对创新者(先进入者)的原始产品的性能进行改进，更好地满足顾客的需求，从而与创新者进行竞争。据统计，模仿创新成功率高达87.5%，而原始创新成功率为53%。一方面，模仿创新已成为模仿者迅速抢占市场并持续发展的一种有效策略；另一方面，顾客表现出战略等待行为也进一步增加了模仿创新的价值。

这些新的特征，催生了战略顾客行为下供应链运作的新模式，实质上产生了行为供应链管理范式。行为供应链作为行为运作管理研究的分支，是结合认知心理学和社会心理学等理论来研究供应链管理的新领域，研究人的行为和认知对供应链系统的设计、管理与改进产生影响的相关属性，以及这些属性与供应链系统的相互作用。换句话说，行为供应链管理则将人的行为看做是供应链系统中的核心组成部分，其主要任务是借助认知心理学和社会心理学的相关研究成果，运用实验研究和实地研究、调查等研究方法，分析人的行为因素特别是认知的局限对供应链所造成的影响，开发相应的模型和工具分析这些因素所造成的系统偏差，并探索纠正这些偏差的可能应对措施。

本书以战略顾客行为下供应链运作相关的决策方法为主线，整合了作者博士学位论文以及三年多来的研究成果，集成了其中在核心刊物上已发表的论文及近几年数百篇的相关文献，将经过锤炼后的思想最终集成了本书的体系结构。其中有些内容属于探索性的还未见文献论述。同时，整合了2009年国家自然科学基金项目“基于复杂产品供应链的不连续创新能级研究”(批准号70971111)、2012年教育部人文社会科学项目“基于战略顾客行为的退货策略研究”(批准号12YJC630264)以及福建省自然科学基金“基于三重底线原则的再创造合作联盟机制研究”(2012J01304)的部分成果。从环境意识供应链涉及的关键活动出发，本书包括四章：第1章以战略顾客行为和供应链紧密结合关系为主线，探讨了诸如异质性顾客的随机配给策略、战略顾客行为下最惠顾客保证对提前购买的价值、战略顾客行为下顾客退货策略等内容。第2章分析后进入者选择不同营销渠道对供应链结构的影响，包括考虑战略顾客行为下的模仿创新机制；选择独立渠道，市场格局为由后进入者构成的模仿创新供应链与由先进入者构成的现有供应链间的竞争与合作(即供应链间竞争结构)；选择公共渠道，后进入者与先进入者形成供应商间竞争型供应链；同时选择独立渠道与公共渠道，市场格局为由供应链间竞争结构与供应商间竞争结构组合的混合竞争型供应链。第3章研究供应链间的竞争结构情形，包括战略顾客行为对模仿创新供应链、原始供应链的影响，以及战略顾客行为对更一般竞争性供应链的影响。第4章研究后进入者通过选择公共营销渠道销售性能改进产品由此形成的供应商间竞争型供应链，通过对批发价格合同与回购合同的不同组合研究供应商间的竞争性结构。

作者要特别感谢厦门大学出版社的江珏玙老师，她对书稿文辞推敲付出了艰辛的劳动，值此表示真挚的谢意。同时恳望所有浏览本书的同仁们批评指正。值此一并致谢！

目录

第 1 章　战略顾客行为与供应链……1

1.1　顾客行为与供应链……1

1.2　异质性顾客的随机配给策略……12

1.3　战略顾客行为下最惠顾客保证对提前购买的价值……26

1.4　战略顾客行为下的顾客退货策略……40

1.5　顾客体验对新产品供应链协调机制……54

公开问题……65

注　释……66

第 2 章　战略顾客行为下供应链的创新……71

2.1　战略顾客行为下的模仿创新机制……71

2.2　营销渠道选择与供应链结构……87

2.3　营销渠道选择对供应链结构的影响……93

2.4　战略顾客行为下进入威慑策略……97

2.5　战略顾客行为下不连续创新的收益管理……114

公开问题……128

注　释……128

第 3 章　战略顾客行为下供应链间竞争结构……133

3.1　供应链间的竞争……133

3.2　性能改进产品性价比更低情形……139

3.3　性能改进产品性价比更高情形……153

3.4　战略顾客行为与竞争性供应链绩效……175

公开问题……189

注　释……190

第 4 章　战略顾客行为下供应商间竞争性结构 …… 192
4.1　产品创新有关研究现状 …… 192
4.2　战略顾客理性购买决策问题描述 …… 195
4.3　性能改进产品性价比更低情形 …… 197
4.4　性能改进产品性价比更高情形 …… 217
公开问题 …… 239
注　释 …… 240

第1章

战略顾客行为与供应链

顾客总是希望买到物美价廉的产品，达到自身利益最大化。在购买季节性服装时，很多顾客并不是在产品执行全价的时候购买，而是等到季末清货降价时才去购买；在购买家庭用品时，他们可能会在产品促销时囤积所需产品。在实际中，“顾客是上帝”，顾客会比较各种备选方案，并作出决策；顾客是主动的，会趋利避害，具有战略行为特征。所谓顾客战略行为，是指顾客的行为具有战略性，能够主动选择最大化自身收益的决策方案。

本章以战略顾客行为和供应链紧密结合关系为主线，探讨了诸如异质性顾客的随机配给策略、战略顾客行为下最惠顾客保证对提前购买的价值、战略顾客行为下顾客退货策略等内容。

1.1 顾客行为与供应链

1.1.1 顾客行为

顾客行为是指顾客为获取、使用、处置消费物品或服务所采取的各种行动，包括先于且决定这些行动的决策过程[1]。

顾客行为是与产品或服务的交换密切联系在一起的。在现代市场经济条件下，企业研究顾客行为是着眼于与顾客建立和发展长期的交换关系。为此，不仅需要了解顾客是如何获取产品与服务的，而且还需要了解顾客如何消费产品，以及产品在用完之后是如何被处置的。因为顾客的消费体验、顾客处置旧产品的方式和感受均会影响顾客的下一轮购买，也就是说，会对企业和顾客之间的长期交互产生直接影响。传统上，对顾客行为的研究，重点一直放在产品、服务的获取上，关于产品的消费与处置方面的研究则相对地被忽视。

随着对顾客行为研究的深化，人们越来越深刻地意识到，顾客行为是一个整体，是一个过程。获取或者购买只是该过程的一个阶段。因此，研究顾客行为，既应调查、了解顾客在获取产品、服务之前的评价与选择活动，也应重视在产品获取后对产品的使用、处置等活动。只有这样，对顾客行为的理解才会趋于完整。

顾客行为可以看成是由两个部分构成：一是顾客的购买决策过程。购买决策是顾客在使用和处置所购买的产品和服务之前的心理活动和行为倾向，属于消费态度的形成过程。二是顾客的行动。顾客行动则更多的是购买决策的实践过程。在现实的消费生活中，顾客行为的这两个部分相互渗透、相互影响，共同构成了顾客行为的完整过程。

影响顾客行为的个体与心理因素包括：需要与动机、知觉、学习与记忆、态度、个性、自我概念与生活方式。这些因素不仅影响和在某种程度上决定顾客的决策行为，而且对外部环境与营销刺激也起放大或抑制作用。影响顾客行为的环境因素主要有：文化、社会阶层、社会群体、家庭等。

企业管理者和营销人员除需了解影响顾客的各种因素、顾客购买模式之外，还必须弄清楚顾客购买决策，以便采取相应的措施，实现企业的营销目标。

顾客在购买商品时，会因商品价格、购买频率的不同，而投入不同的购买程度。西方学者根据购买者在购买过程中参与者的介入程度和品牌间的差异程度，将顾客的购买行为分为四种类型：

(1)复杂的购买行为。当顾客初次选购价格昂贵、购买次数较少的、冒风险的和高度自我表现的商品时，属于高度介入购买。由于对这些产品的性能缺乏了解，为慎重起见，顾客往往需要广泛地收集有关信息并认真学习，以产生对这一产品的信念、形成对品牌的态度，并慎重地作出购买决策。

对于这种类型的购买行为，企业应设法帮助顾客了解与该产品有关的知识，并设法让他们知道和确信本产品在比较重要的性能方面的特征及优势，使他们树立对本产品的信任感。这期间，企业要特别注意针对购买决定者做介绍本产品特性的多种形式的广告。

(2)减少不协调感的购买行为。当顾客高度介入某项产品的购买，但又看不出各品牌有何差异时，往往会对所购产品产生失调感。因为顾客购买一些品牌差异不大的商品时，虽然他们对购买行为持谨慎态度，但他们的注意力更多的是集中在品牌价格是否优惠，购买时间、地点是否便利，而不是花很多精力去收集不同品牌间的信息并进行比较。因而这种购买行为容易产生购后的不协调感，即顾客购买某一产品后，或因产品自身的某些方面不称心，或得到了其他产品更好的信息，从而产生不该购买这一产品的后悔心理或心理不平衡。为了追求心理的平衡，顾客广泛地收集各种对已购产品的有利信息，以证明自己购买决定的正确性。为此，企业应通过调整价格和售货网点的选择，并向顾客提供有利的信息，帮助顾客消除不平衡心理，坚定其对所购产品的信心。

(3)广泛选择的购买行为，也称为寻求多样化购买行为。如果一个顾客购买的商品品牌间差异虽大，但可供选择的品牌很多时，他们并不花太多的时间选择品牌，也不专注于某一产品，而是经常变换品种。

面对这种广泛选择的购买行为，当企业处于市场优势地位时，应注意以充足的货源占据货架的有利位置，并通过提醒性的广告促使顾客建立习惯性购买行为；而当企业处于市场劣势地位时，则应以降低产品价格、免费试用、介绍新产品的独特优势等方式，鼓励顾客进行多种品种的选择和新产品的试用。

(4)习惯性的购买行为。顾客有时购买某一商品，并不是因为特别偏爱某一品牌，而是出于习惯。比如醋，这是一种价格低廉、品牌间差异不大的商品，顾客购买它时，大多不会关心品牌，而是靠多次购买和多次使用而形成的习惯去选定某一品牌。

针对这种购买行为，企业要特别注意给顾客留下深刻印象，其广告要强调本产品的特点，以鲜明的视觉标志、巧妙的形象构思赢得顾客对本企业产品的青睐。为此，企业的广告要加强重复性、反复性，以加深顾客对产品的印象。

供应链内的各个组织共同决定了顾客最终能够买到什么样的产品或服务。随着历史的推进，供应链内决定给顾客提供什么样的产品或服务的核心力量不断发生变化。从当初以生产商为主体的供给导向，到现在以顾客为主体的需求导向，顾客行为研究不断扩展和深入，如图1.1所示。

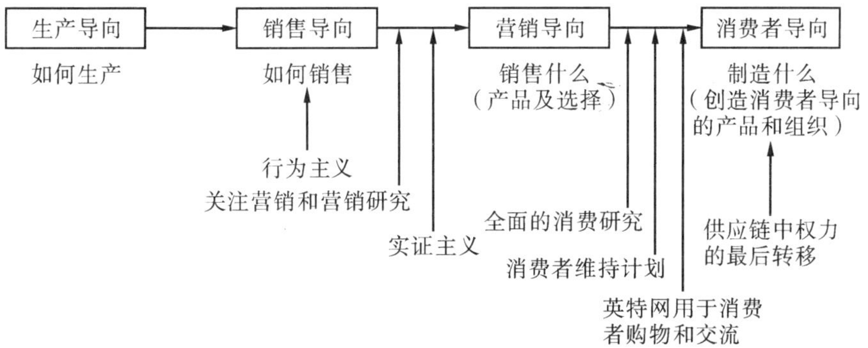

图1.1 经营导向与顾客行为研究的演变[1]

顾客行为主要涉及顾客为了获取、消费和处置产品或服务所采取的行为活动，同时各种因素会对这些活动施加影响[1]，如图 1.2 所示。

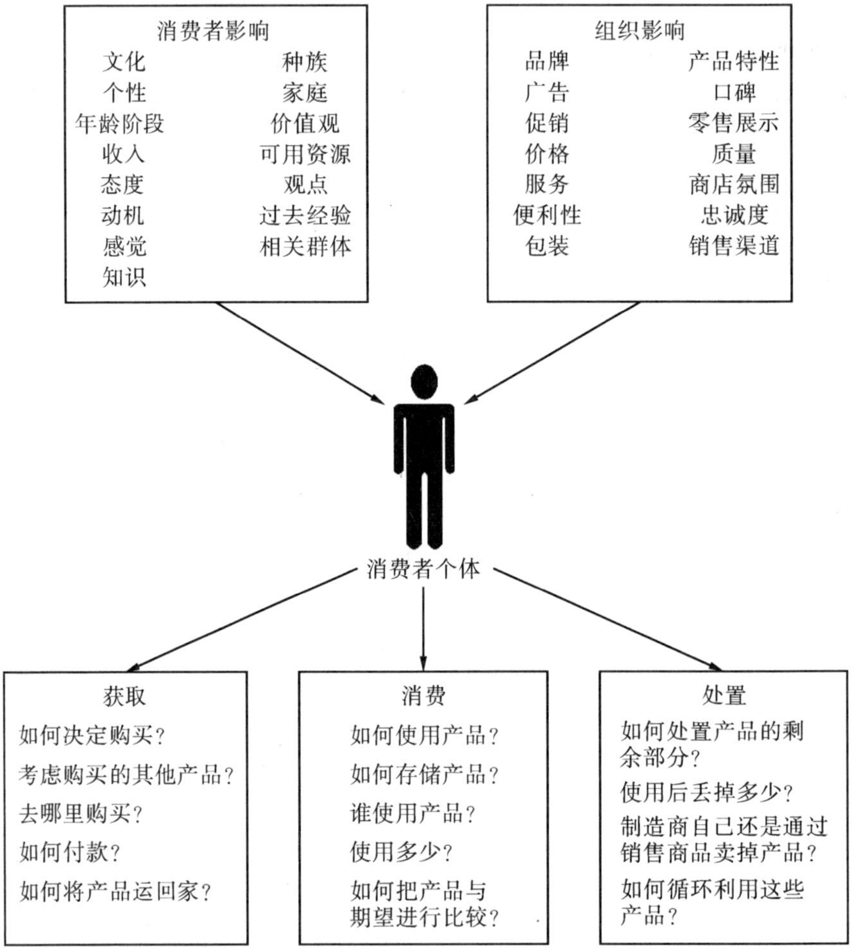

图 1.2　顾客行为

Schiffman 与 Kanuk[2]将顾客决策过程分成三个彼此之间相对独立而又相互衔接的阶段，即输入阶段、处理阶段和输出阶段，如图 1.3 所示。顾客在确认产品需求时，将受到输入阶段信息的影响；处理阶段探究和讨论顾客的购买决策；输出阶段涵括了购买和购后评估两项主要活动。

Howard 和 Sheth[3]提出了 Howard-Sheth 顾客购买行为模式，如图 1.4 所示。三种不同的刺激因素构成了投入因素层面；知觉变量与学习变量一起组

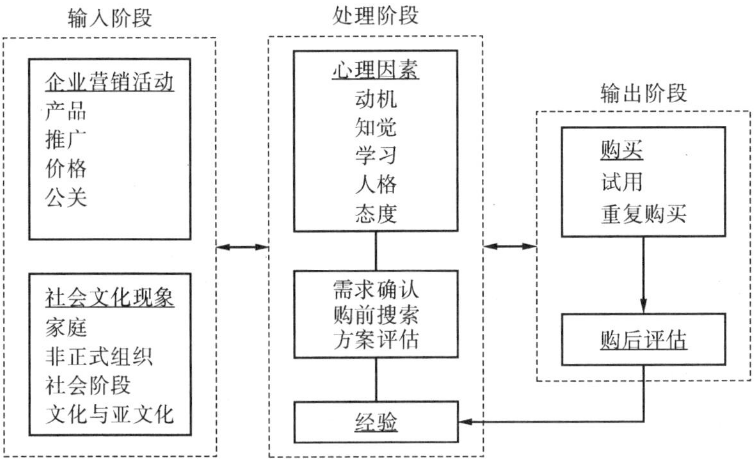

图 1.3 Schiffman-Kanuk 顾客行为模式

成内在变量层面;在产出结果层面,顾客受到刺激后产生反应,这些反应引起顾客注意,增加顾客对产品或服务的了解,令顾客对该产品或服务产生一定的态度,在这个态度的基础上形成购买意愿,购买意愿最后引起顾客的购买行为。

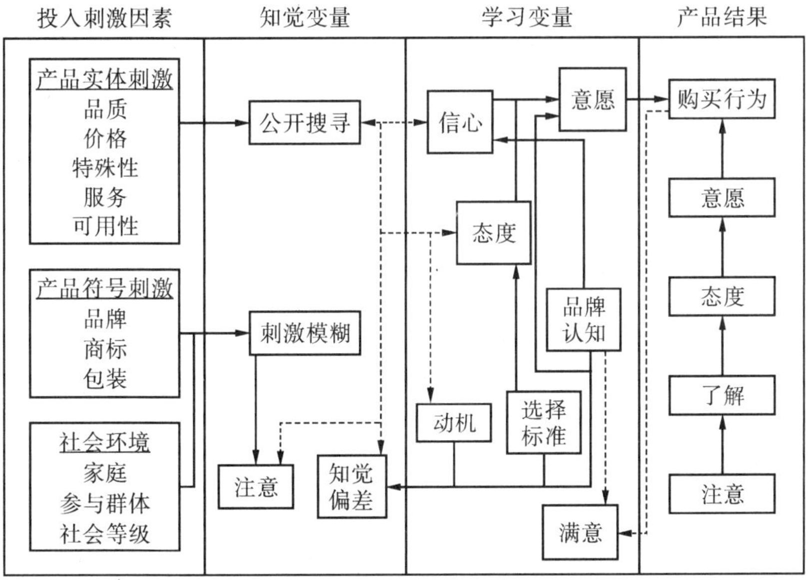

图 1.4 Howard-Sheth 顾客购买行为模式

注:图中的实线表示因素或变量之间的信息流程,虚线则表示反馈影响。

基于 Howard-Sheth 顾客购买行为模式，Engel 等[4]提出了 EKB 模型，如图 1.5 所示。EKB 模型由五个主要部分组成，即信息接收、信息处理、决策过程、影响决策的变量以及社会环境的影响。

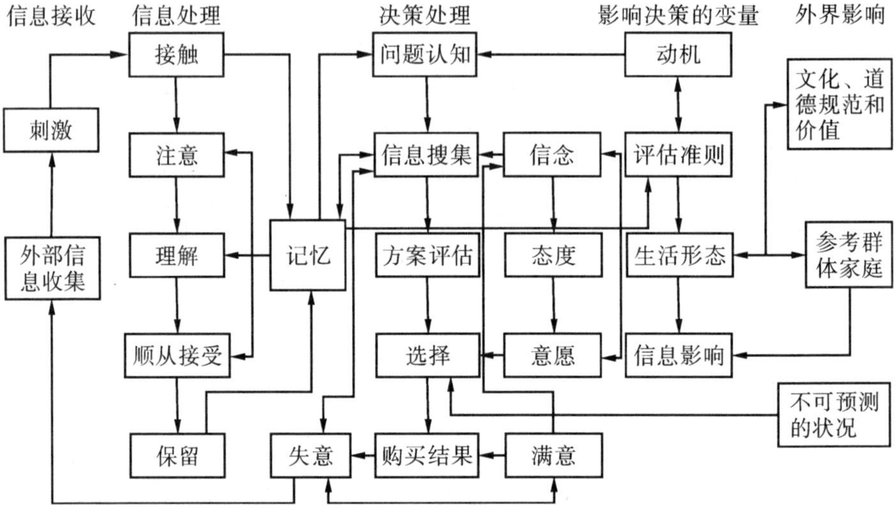

图 1.5　EKB 顾客行为模式

通过综合以上各个模型可以得出，当顾客进行决策时，一般会经历七个阶段：第一阶段是需求认知，第二阶段是信息搜寻，第三阶段是购买前方案评估，第四阶段是购买，第五阶段是消费，第六阶段是消费后评价，以及最后阶段的处置[1]。

1.1.2 战略顾客行为的研究

1.1.2.1 基于经济学视角

有关战略顾客行为的分析首先出现在经济学的耐用品垄断研究中，诺贝尔经济学奖获得者 Coase(科斯)[5]于 1972 年的经典文献中指出，当战略顾客理性地意识到将来的耐用品价格会下降时，垄断企业会被迫将目前的耐用品价格定在边际生产成本；后续学者称科斯所描述的这个问题为“科斯问题”[6-8]。Conlisk 等[7]在科斯问题的基础上，构建了一个理论模型：耐用品垄断厂商为了对顾客实施价格歧视，把商品销售分为若干时期；在每个时期，都会有一群新顾客到来，这些顾客可以选择立即购买或者等待一段时间再购买，这些顾客为购买产品所愿意支付的金额不等；从长期来看，垄断厂商在每个时期会制定不同的价格;在大部分的销售时期中,垄断厂商所制定的销售价格都相对较高,只要这些价格能够吸引那些愿意支付高价格的顾客立即购买;但是,当那些只愿意支付低价格的顾客数量累积到一定程度时,垄断厂商也会大幅度地降低价格,从而将商品销售给这一大群只愿意支付低价格的顾客。

Stokey[9]关注哪些情况下跨期价格歧视会发生,顾客间不同的时间偏好率、产品单位成本下跌都可能导致销售价格下降,顾客间不同的爱好不会导致跨期价格歧视。同时,Stokey[10]分别研究了连续时间和离散时间下的耐用品垄断问题;结论表明,当顾客的预期随着现有库存量连续变化时,模型存在唯一均衡解,这个均衡对生产周期的长短变化较为敏感。

耐用品的销售会自然地形成一个二手市场,并且这个二手市场不受垄断厂商的控制,这将有损垄断厂商的利润。垄断厂商通过出租它的产品或者实施相关的绑定承诺,可以有效地遏制二手市场的形成,从而增加利润。但是,当耐用品垄断厂商不能出租它的产品或者实施相关的绑定承诺时,耐用品垄断厂商将可能会降低耐用品的耐用性;并且耐用品垄断厂商还会降低对固定成本(例如设备现代化、产品研发)的投资[11]。

Besanko 与 Winston[12]考虑垄断厂商为一个新产品的推出而涉及的跨期定价问题,通过求解子博弈完美纳什均衡,发现厂商会采取跨期价格歧视策略。与只存在短视顾客情况相比,理性顾客的存在会显著降低垄断厂商的最优价格。Butz[13]将耐用品垄断问题与最优价格提供保障结合起来,最优价格提供保障与最惠顾客条款相似,指顾客在购物时所支付的价格是最低的,如果顾客将来发现产品价格下降,他们将从垄断厂商处获得价格补偿;同时发现采用了最优价格提供保障措施后,垄断厂商的利润将显著提高,与租赁契约或数量契约下的利润水平持平;虽然最优价格提供保障的实施需要一定的条件,但最优价格提供保障实施起来简单有效,且存在于多种经济环境中。

1.1.2.2 营销学视角

在做购物决策时,顾客会形成将来商品的预期价格,这个预期会影响顾客的购物行为。

在众多可能的参考价格中,预期将来价格无疑是非常重要的。预期将来价格影响到顾客决定立即购物还是持币待购。Jacobson 与 Obermiller[14]最早分析了战略顾客行为,基于参照价格,研究顾客如何形成商品将来预期价格,进而得出这个预期价格如何影响顾客对商品促销的反应,和对商品品牌的选择。

顾客在购物时,往往面临着多个品牌的选择。Krishna[15]在多品牌的环境中,构建了一个同时考虑顾客偏好与价格预期的模型,用来分析价格促销策略和顾客持有成本的改变对个体购物行为的影响。同时，Krishna[16]通过构建一个包括多种促销模式的购买数量模型，研究了促销模式对顾客购买行为的影响；对规范模型进行了数值模拟，促销间隔时间采用威布尔分布；威布尔分布的柔性能很好地刻画不同的促销特征分布对顾客行为的影响；研究显示，每次促销的平均采购量随着促销时间不确定性的增大而增大；同时，每次促销的平均采购量随着促销时间间隔的增大而增大，即使顾客的总购物次数相同。

顾客对促销的反应的研究显示，顾客对购物品牌与数量的决策与两个因素有关：一是现在到下次降价的期望时间间隔，二是期望降价力度。Krishna[17]等研究了顾客对促销频率与促销价格的不同方面的感受情况，提出了顾客如何形成和应用这些感受的概念模型，如图 1.6 所示；通过广泛的调查数据来估计顾客对促销频率和促销价格的感知准确度，分析了哪些类型的顾客对促销情况的把握更为准确。结果发现，顾客普遍对促销频率和销售价格的预估较为准确；当家庭成员较多时，顾客会更多地关注促销频率和促销价格。

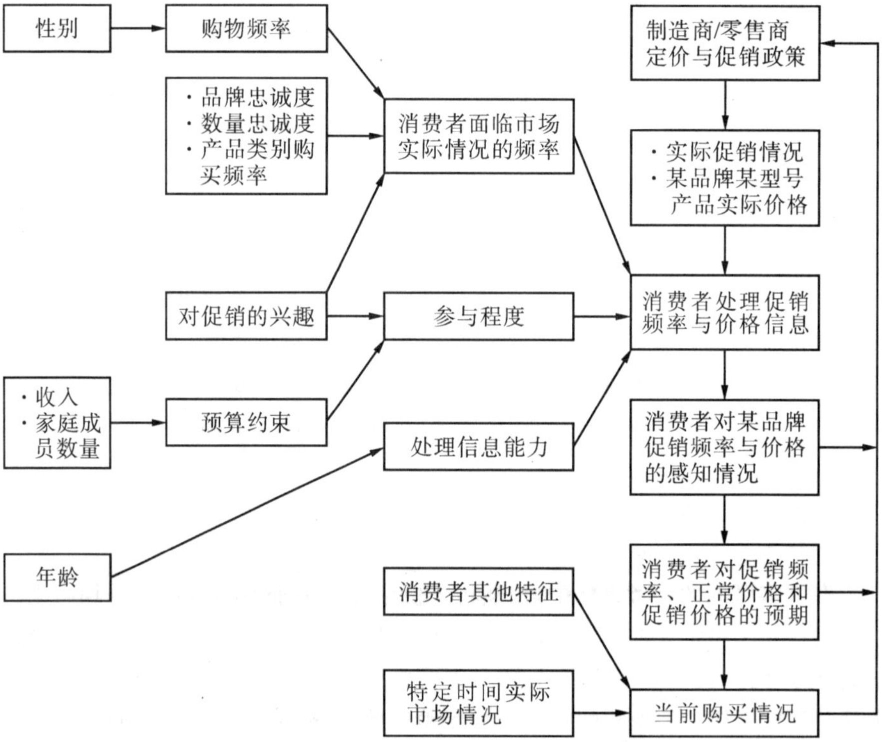

图 1.6　顾客对促销活动的感知和反应

当一家商店里的产品价格处于波动之中时，理性的顾客面临着最小化自身成本的购物决策，他们需要决定访问商店的频率、每次购买多少量的商品。Ho 等[18]通过构建数学模型，研究理性顾客对“天天平价（Every Day Low Price）”和“促销价格（Promotional Pricing）”两种定价方式的反应，从而得出哪种定价方式对商家更为有利。研究发现，当价格的不确定性升高时，理性顾客会提高购物频率，降低每次购物量；当两个商店对某种产品制定相同的平均价格时，哪家商店的价格不确定性越高，理性顾客在这家商店所支付的价格就越低。

在顾客行为研究领域中，战略顾客行为的另一个研究方向是有关预售业务。预售是指商家允许顾客在消费之前的一段时间购买产品或服务[19]。电子票、网上支付和其他的一些先进技术极大地方便了预售服务。之前有关预售业务的研究主要集中在民航业，而最近的相关研究则扩展到其他行业，只要这些行业中的顾客将来价值不确定。Xie 与 Shugan[19]的研究表明，预售所产生的利润不是来自顾客剩余价值，而是源于更多的顾客购买了产品或服务；研究了不同情境下的预售问题，分析预售业务是否能提升商家的利润水平以及如何设定预售价格；提出并解决了七个问题：(1)商家什么时候提供预售业务；(2)预售在多大程度上提升了商家的利润；(3)哪些因素影响预售业务给商家带来的利润增加值；(4)预售价格应该被设定在哪个水平；(5)产能约束如何影响预售策略；(6)商家是否应该对预售的数量进行限制；(7)顾客风险规避如何影响预售业务。

Desai 等[6]聚焦耐用品两期销售中的数量协调（双重边际化）问题，发现在耐用品销售渠道中，增加一个渠道中间销售商反倒能提高上游制造商的利润；协调非耐用物品渠道的标准途径却不能协调耐用品渠道；虽然生产商可以通过执行两部定价契约协调销售渠道，可是均衡中的批发价格却严格高于生产商的边际生产成本，显著区别于非耐用品渠道中的两部定价契约均衡；在非耐用品渠道中的两部定价契约均衡中，批发价格却等于生产商的边际生产成本；此外，在产品销售渠道中，为了长远的利益，厂商总是希望通过纵向整合来消除纵向渠道上的矛盾与摩擦。可是当销售渠道的末端存在战略顾客行为时，Arya 与 Mittendorf[20]基于科斯问题，考虑垄断厂商的销售渠道中的定价与库存问题，指出分散式的渠道结构反而对渠道有利。

1.1.2.3 基于运作管理视角

运作管理领域对战略顾客行为的研究主要集中在以下方面：第一个方面是战略顾客会预期将来产品价格的变化情况，进而战略性地选择最佳购物时机[21]。Aviv 与 Pazgal[22]研究了基于战略顾客与库存限制的动态定价问题；在给定库存的情况下，分析了预先声明价格路线和动态最佳削价路线哪个对商家比较有利，结果发现前者给销售商带来更大的利润。该文献的销售商只有一次减价时机，而 Elmaghraby 等[23]则研究了多个步骤的削价机制，同时每个战略顾客还可选择购买多个产品，并且只关注预先声明的减价路线。当供给量有限时，选择在较低价格购物的顾客会面临商品缺货的风险。该文献聚焦如何设计最优的减价机制，对比了最优减价机制和最优单一价格情况下的销售商利润。

同样是有关战略顾客会预期将来产品价格的变化，Su[24]的研究则超越了减价机制的范围，在分析战略顾客行为的影响时，允许价格在下一阶段上涨或下跌。在模型中，一个垄断销售商在有限的时间段里向顾客销售限量的产品；销售商通过动态地调整价格最大化自身收益。在销售时间段里，不断有新的顾客到来。在每个时间点，顾客可以选择以当前的价格购买产品；也可以选择留在市场里，晚些时候再购买产品；还可以选择不购买产品，离开市场。这些顾客的目的就是最大化他们自身的效用。顾客群体在两个方面是异质的：一方面是不同顾客的产品价值不同；另一方面是不同顾客的耐心不同，即顾客间的等候成本不同。研究发现最优价格随着顾客组成结构的变化而变化，在下一阶段可能会上涨，也可能会下跌；还分析了如何选择最佳的期初库存量。

现实中的垄断厂商具备学习功能，能通过以往的顾客需求情况预测将来的顾客需求。Levin 等[25]研究垄断厂商在具备学习能力情况下的动态定价问题，基于博弈理论中的顾客选择模型构建战略顾客的需求模型，并分析了需求模型的结构特征。Jerath 等[26]证明，当面对战略顾客时，不透明销售（向顾客隐藏部分产品特征，例如航班起飞时间）有可能会提升销售商的利润。不少行业（航空、旅馆、影院）中的公司采用“最后时刻降价销售”的策略，处置过剩的产能，这种策略虽然在短期内增加了公司的销售收入，但其长期的影响却不甚明了。折扣力度很大的“最后时刻降价销售”导致顾客会有意地等待最后时刻购买，这样就有可能削减公司的收入。为了减少这种故意等待最后时刻购买的行为，很多服务提供商转向不透明销售，这样顾客就不易预测销售商的减价行为。在该文献的模型中，采用理性预期的概念为顾客购物决策建模，即顾客基于自身有关将来产品可及性的预期，决定当前是否购买，并且在均衡中，这些有关将来的预期是正确的。Levin 等[27]则是将战略顾客行为的研究扩展到销售商水平竞争的情形，构建了动态定价模型，销售商向战略顾客销售易逝品（生命周期短的产品，如水果），不同销售商所销售的易逝品是有区别的；战略顾客知晓销售商的定价是动态的，因此这些顾客相应地决定最佳购物时机。每个销售商的目标是最大化他们自身的收益。证明发现，如果公司在动态定价策略中忽略战略顾客行为，公司的收益将受到严重影响；公司应该限制透露给战略顾客的相关信息，因为战略顾客对公司信息知道得越少，公司的获利能力就越大。

在战略顾客行为的基础上，Su[28]引入投机者的倒卖行为，研究一个固定产能的垄断企业的销售定价问题。企业在不确定的市场需求实现之前制定销售价格。投机者本着倒卖商品的目的，有可能选择进入市场；当最终的市场需求较高时，投机者将从倒卖行为中获利。战略顾客会理性地选择购物时机，他们还需要决定向企业还是向投机者购买。研究发现，投机者的存在反倒会提升商家的利润，虽然在二次销售的市场上，投机者会与企业竞争；投机者的存在也导致企业有意地削减商品供应量，从而降低垄断厂商在产能上的投资。

Levin 等[29]提出了垄断企业销售易逝品的动态定价模型；战略顾客的总量有限，企业的目标是最大化期望总收益；算例实验证明，模型中的战略均衡定价政策能使企业有效地面对战略顾客行为，增加企业收益；如果最初的产能可以设定的话，通过同时考虑最初产能和最优定价策略，企业可以更好地减小战略顾客行为所带来的不利影响。

第二个方面是战略顾客会预估将来能够买到所需产品的可能性（这个可能性受企业库存决策的影响），进而战略性地选择合适的购物时机[30]。Liu 和 van Ryzin[31]运用库存分配模型研究了如何引导战略顾客在销售早期购物。动态定价在给商家增加收益的同时，也为战略顾客提供了选择合适时机购物的机会。在其理论模型中，商家分两个时期向战略顾客销售产品，第二个时期的产品销售价格低于第一个时期；企业产品在不同顾客心目中的价值不同；顾客知道商家减价的线路和每个时期能购得产品的可能性。通过产能设定，企业可以影响顾客在各个阶段买到产品的概率，这也就影响了顾客在某个阶段所面对的买不着产品的风险。顾客在第一个购物时期需要决定立即购买，还是等待第二个时期购物。结果表明，企业的最优产能受到价格变动和顾客风险偏好的影响。

Zhang 和 Cooper[32]研究了战略顾客行为对企业定价和配给决定的影响；企业在两个时期销售单一产品；企业可以控制第二时期的供货水平，即控制战略顾客在这个时期买到产品的可能性。当企业的销售价格事先已经给定时，企业可以通过产能配给提升收益，但这个收益远小于企业可以自主地优化定价策略时所获得的最佳收益。Lai 等[33]分析了存在战略顾客行为的情况下，后期价格匹配（与价格保证条款类似[34]）对企业利润的影响。后期价格匹配是指经销商降价销售产品时，对此前以较高价格购买产品的顾客进行差价补偿。只要战略顾客在所有顾客中的比例不是太小，并且产品在这些顾客心目中的价值随时间的变化不会太快，后期价格匹配就能显著提升销售商的利润。同时，采用了后期价格匹配策略的销售商也承担着补偿的成本。但是，一旦战略顾客在所有顾客中的比例太小，或者产品在这些顾客心目中的价值随时间的变化较快，后期价格匹配就会有损销售商的利润。从顾客的角度看，后期价格匹配削减了顾客剩余；但事实上，后期价格匹配也存在增加顾客剩余的情况，这样一来，帕累托改进就是可能的。

Cachon 和 Swinny[35]研究了存在战略顾客行为情况下，快速补货运营策略对商家收益的影响。快速补货是指销售商在获得更为确定的市场需求信息后，有能力采购更多的产品，尽管这个阶段的产品采购成本高于最初的产品采购成本。假设销售商面对不确定的市场需求，在限定的时间内销售产品；销售商首先设置最初的库存量，然后在一个预先定好的时间点降价处理剩余库存；市场中存在三种类型的顾客：短视的顾客、战略顾客和只买廉价货的顾客。通过求解均衡，发现战略顾客的存在会使销售商降低最初的库存量，减小折扣力度，销售商的利润也因此削减。虽然有不少文献指出了快速反应能力的价值，但战略顾客的存在使得快速反应能力的价值进一步增大。

基于战略顾客行为是一个新兴的研究领域，仍然亟待深入开展。

1.2 异质性顾客的随机配给策略

1.2.1 异质性顾客的研究现状

对零售业节假日顾客的随机调查发现，尽管战略等待可能会面对产品缺货带来的巨大心理压力，但由于会增加期望效用，超过 50%的顾客还是倾向于等到最后时刻才购买[36]；对于汽车、家电产品等耐用品，顾客也表现出战略等待，直到以最低价格购买[31]；另据统计，服装行业约 50%的库存最终以折扣价格出清销售[37]，顾客的这种战略等待行为加剧了产品供给与需求的不匹配风险，这已成为业界和学术界的共识。此外，还存在大量具有隐性风险规避性的迟钝顾客(inertia consumers)，这类顾客不仅要权衡战略等待，还要考虑行为迟钝[38]，即固有的抵制任何高价购买的倾向。换句话说，战略顾客认为目前购买是最好决策，迟钝顾客也要延迟到以后才购买，例如，旅游者经常延迟其旅行计划，直到备选方案降到最少才作出决策；航空业同样存在顾客的迟钝本性[38]。迟钝顾客的战略等待更进一步加剧了供给与需求的不匹配性，从而形成恶性循环，给销售商运营管理带来负面影响。

总的来说，战略顾客与迟钝顾客通过权衡正常购买与延迟购买所得期望剩余作出购买决策，销售商已采用各种策略来应对这种购买决策，其策略主要涉及两方面：(1)增加顾客正常购买的支付意愿①(Willing to Pay，简记为WTP)，从而增加其正常购买的期望剩余，例如，Benetton 通过改进服装设计来提高顾客支付意愿[39]；(2)故意制造产品短缺来创造配给风险(即缺货风险)，降低顾客延迟购买获得产品的可能性，间接降低其延迟购买的期望剩余，促使提前购买。例如，西班牙的 ZARA 故意创造缺货，促使顾客提前购买，这种策略使得其 85％的存货，都以正常价格销售[40]；日本 Nintendo 公司的 Wii 游戏控制台在 2007 年制造了大面积短缺[41]；美国的 DISNEY 也只在极短时期内发布经典影片。可见，配给策略在实践中已被广泛运用。

配给策略包括随机配给(random rationing)与有效配给(efficient rationing)两种类型，其中，随机配给是指所有顾客获得产品的优先权相同，而有效配给是指 WTP 更高的顾客获得产品的可能性更高。也就是说，相对于有效配给，随机配给创造的配给风险更大，这样，更能间接降低高 WTP 顾客延迟购买所得的期望剩余。基于战略顾客与迟钝顾客加剧供需不匹配风险以及随机配给的实践价值，文中研究了随机配给策略在减轻顾客战略等待与行为迟钝方面的价值。

与本节相关的研究主要反映在：(1)通过制造缺货创造配给风险以应对战略顾客行为：①外生配给策略：Levin 等[34]研究了存货数量固定不变情况下的价格保证策略；Su 等[42]发现数量承诺能鼓励战略顾客提前购买；Su[43]明确配给比例，认为顾客战略等待有时也会让销售商受益；这些文献假设固定产能或明确配给比例。②隐性配给风险策略：Liu 等[31]发现对销售商来说，通过故意设定库存不足来创造配给风险是最优策略；Denicolò 等[44]认为价格随时间递增时，配给能增加耐用品利润；Zhang 等[45]发现配给策略只能给销售商带来较小的利润，这些文献主要关注通过控制初始存货数量来创造隐性配给风险。③从顾客感知来研究配给风险的，Yin 等[45]发现通过产品陈列方式间接控制

① 顾客最大支付意愿(Maximum Willingness to Pay，MWP)是指购买产品所愿意支付的最高价格，这可以从两个方面来理解：(1)从消费产品中获得的效用；(2)顾客自己对产品认可的价值。

产品可获得率，从而创造配给风险，此外，Subramanian 等[46]则以美国汽车行业为例，发现产品引入时的稀缺性主要来自于供应商，该文献也研究了故意创造配给风险，但假设所有顾客具有短视购买行为。本节除了这些文献考虑的单一跨期决策的战略顾客外，还考虑了迟钝顾客以及弹性折扣价格策略。(2)研究迟钝顾客的迟钝本性：Su[38]假设产能固定，发现迟钝顾客的存在降低正常销售期的销售量，却增强了折扣销售期的产品竞争程度；Bibek 等[47]则分析了重复博弈下绝大多数顾客具有迟钝行为，存在多种均衡的结论；这两篇未涉及随机配给策略与弹性折扣价格机制。(3)研究异质顾客：刘晓峰等[48]发现顾客对网络增长预期越大，初始价格将更低；徐峰等[50]研究了异质性顾客下再制造产品的定价策略，这两篇文献未考虑顾客的跨期购买决策，本节则同时考虑战略顾客与迟钝顾客，并且这两类顾客都要跨期决策。

考虑单个销售商销售一种时尚性(或季节性)产品。根据顾客购买行为，把整个销售过程分为以正常价格 p 购买的 EP 期(即提前购买期)，以弹性折扣价格 $\tilde{s}$ 购买的 EP 期(即延迟购买期)，其中，$\tilde{s}$ 取决于 EP 期结束时的剩余库存数量 L。为了简化分析，假设 $\tilde{s}=s(1+\theta L)(s>0)$，其中，$s$ 为基准折扣价格，θ 为弹性折扣系数。假设采购提前期很长，销售商只能进行一次采购，其初始采购数量为 q，单位采购成本为 c，并且 $c<\tilde{s}<p$。

假设市场由大量顾客组成，其总数量 N 是确定的，这样，可以忽略单个顾客对总需求的影响，并且，每个顾客最多购买单位产品。根据购买行为的异质，(1)把能够在 EP 期中购买产品的顾客称为高支付意愿顾客，其数量占顾客总数量的比例为 α，其支付意愿为 V_H，且 $p<V_H$。假设其 WTP 随时间呈现递减趋势，即对产品存在效用损失，这种随时间的效用损失也用于文[39]与文[34]中。用连续随机变量 v 表示高 WTP 顾客在 PP 期的 WTP，其分布函数和概率密度函数分别为 $G(\cdot)$与$g(\cdot)$，$\bar{G}(\cdot)=1-G(\cdot)$。高 WTP 顾客包括战略顾客与迟钝顾客两种类型，其比例分别为 ψ 与 $\bar{\psi}$，$\bar{\psi}=1-\psi$，其中，①战略顾客理性预期 PP 期产品可获得性，权衡 EP 期购买产品所得的期望剩余与 PP 期获得的期望剩余，跨期选择购买时机。(注：理性预期由 Muth[51]提出，表明顾客对以后获得产品的机会与均衡可获得性一致，可以理解为：顾客与销售商之间长期重复博弈的结果，子博弈完美纳什均衡的另一表示方法，明确表明各参与者的深思熟虑。理性预期也用于文[37]、文[31]、文[38～39]与文[45]中。)②迟钝顾客除具有战略顾客的理性权衡 EP 期与 PP 期的期望剩余外，还要考虑其行为上的迟钝本性。即使其在 EP 期与 PP 期中购买无差异，也必须获得额外期望剩余 $\tau(\tau>0)$才会提前购买。也就是说，相对于战略顾客的风险中性，这种迟钝行为反映出迟钝顾客具有隐性风险规避性特征。(2)只在 PP 期以折扣价格 $\tilde{s}$ 购买产品的询价顾客(bargain hunter)称为低 WTP 顾客，其数量占总顾客数量的比例为 $1-\alpha$，其 WTP 为 V_L。假设 $V_L=\tilde{s}+\varepsilon$，其中，$\varepsilon$ 为任意小的正数，该假设表明询价顾客在 PP 期都会购买，这进一步加大高 WTP 顾客延迟购买的产品可获得性风险。

当 PP 期中需求超过供给时，销售商采用随机配给策略，此时，延迟购买的战略顾客与迟钝顾客以及询价顾客获得产品的概率相同，这种随机配给也用于文[31]与文[42]中。

弹性折扣价格下配给策略是指销售商在 PP 期的折扣价格 $\tilde{s}$ 随 EP 期末剩余库存 L 动态调整，这与销售商采用动态定价相比较：(1)具有相同之处，即动态确定折扣价格。(2)又存在差异，动态定价关注只要 EP 期有剩余库存，销售商就会在 PP 期降价处理，如文[27]、文[43]与文[45]；而基于弹性折扣价格的随机配给模型中，销售商能充分利用 EP 期中的实际需求信息，决定在 PP 期进行折扣处理剩余库存(即分割市场)或者在 PP 期不进行折扣处理(即不分割市场)。

接下来先研究销售商采用固定折扣价格策略($\theta=0$)，这相当于销售商预先宣布价格路径情形；然后研究弹性折扣价格($\theta\neq0$)情形，即销售商在观察到 EP 期实际需求后，根据剩余高 WTP 顾客数量以及剩余库存 L 调整 PP 期折扣价格 $\tilde{s}$。

1.2.2 固定折扣价格下的随机配给决策

1.2.2.1 高 WTP 顾客跨期购买决策

当 $\theta=0$ 时，$\tilde{s}=s$，用 η 表示高 WTP 顾客理性预期 PP 期产品可获得概率。

用 v_s 表示战略顾客在 PP 期的 WTP，其在 EP 期与 PP 期的无差异购买条件为：

$$V_H-p=\eta(v_S-s) \tag{1.1}$$

由式(1.1)，得到：

$$v_S^*=\frac{V_H-p}{\eta}+s \tag{1.2}$$

用 v_I 表示迟钝顾客在 PP 期的 WTP，在 EP 期与 PP 期中购买产品的无差异条件则为：

$$V_H - p = \eta(v_I - s) + \tau \tag{1.3}$$

由式(1.3),得到:

$$v_I^* = (V_H - p - \tau)/\eta + s \tag{1.4}$$

比较式(1.2)与式(1.4),得到,

$$v_S^* = \lambda_1 v_I^* - \lambda_2 \tag{1.5}$$

其中,$\lambda_1 = \dfrac{V_H - p}{V_H - p - \tau}$,$\lambda_2 = \dfrac{s\tau}{V_H - p - \tau}$。

注:(1)当 $\eta = 0$ 时,顾客在 PP 期不能获得产品,由式(1.2)与式(1.4),得到 v_S^*,$v_I^* \to \infty$。假设 $v \in [0, \bar{v}]$,并且 $\bar{v} < p$,则一旦满足率 η 低于由 $\bar{v}$ 确定的 $\eta^\circ = (V_H - p)/(\bar{v} - s)$,所有高 WTP 顾客都提前购买,销售商的最优策略是只在 EP 期中销售产品,此时,$\bar{v}_I^* = \bar{v} - (\bar{v} - s)\tau/(V_H - p)$;(2)当 $\eta = 1$ 时,PP 期不存在配给风险,所有高 WTP 顾客都延迟购买,此时,$v_I^* = (V_H - p - \tau) + s$。结合(1)、(2),有 $v_I^* \in [\bar{v}_I^*, \bar{v}_I^*]$。

把销售商在 EP 期与 PP 期中同时销售产品称为利用配给风险分割市场,此时,$\eta \in [\eta^\circ, 1]$;把只服务于高 WTP 顾客的市场称为无分割市场,此时,$\eta = 0$。以下部分的 v_I^* 简记为 $\hat{v}$。

下面命题 1.1 说明了高 WTP 顾客的跨期购买决策。

命题 1.1 (1)WTP 阈值 $\hat{v}$ 是满足率 η 与迟钝强度 τ 的递减函数,即 $d\hat{v}/d\eta < 0$,$d\hat{v}/d\tau < 0$。

(2)WTP$v \in (\hat{v} + \tau/\eta, +\infty)$ 的所有高 WTP 顾客都延迟购买;WTP$v \in (\hat{v}, \hat{v} + \tau/\eta]$ 的所有战略顾客都提前购买、迟钝顾客都延迟购买;WTP$v \in [s, \hat{v}]$ 的所有高 WTP 顾客都提前购买。

(3)高 WTP 顾客在 EP 期中的购买比例为:

$$\xi = \left[G\left(\hat{v} + \frac{\tau}{\eta}\right)\psi + G(\hat{v})\bar{\psi} - G(s)\right]\alpha \tag{1.6}$$

证明:由 $d\hat{v}/d\eta = -(V_H - p - \tau)/\eta^2 < 0$,得到 $\hat{v}$ 是 η 的递减函数,又由 $d\hat{v}/d\tau = -1/\eta^2 < 0$,得到 $\hat{v}$ 是 τ 的递减函数。由 $\hat{v} - v_S^* = -\tau/\eta < 0$,得到 $v_S^* = \hat{v} + \tau/\eta > \hat{v}$,即 WTP 高于 $\hat{v} + \tau/\eta$ 的所有高 WTP 顾客都延迟购买,WTP$\hat{v} < v \leqslant \hat{v} + \tau/\eta$ 的战略顾客提前购买、迟钝顾客延迟购买,WTP$s < v \leqslant \hat{v}$ 的所有高 WTP 顾客都提前购买,这样,EP 期中的购买比例为:$\xi = [G(\hat{v} + \tau/\eta)\psi + G(\hat{v})\bar{\psi} - G(s)]\alpha$。证毕。

命题 1.1 表明：(1)延迟购买期产品可获得的概率越高(即 η 越大)，高 WTP 顾客在正常购买期与延迟购买期无差异的临界值越低，高于该临界值的高 WTP 顾客数量更多，这样，更多高 WTP 顾客会延迟到 PP 期购买；相反，η 越小说明配给风险越高，这能诱导更多高 WTP 顾客提前购买。(2)随着迟钝顾客的迟钝强度增加(即 τ 越大)，迟钝顾客延迟购买的期望剩余增加，这间接降低了提前购买与延迟购买的无差异条件，使得更多高 WTP 顾客延迟购买。

PP 期总需求为 $\bar{G}(s)N-\xi N$，可用于销售的剩余数量为 $L=(q-\xi N)^{+}$，则 PP 期满足率 η 为：

$$\eta=\min\left[\left(\frac{q-\xi N}{\bar{G}(s)N-\xi N}\right)^{+},1\right]$$

$$=\begin{cases}1, & q\geqslant\bar{G}(s)N\\ \dfrac{q-\xi N}{\bar{G}(s)N-\xi N}, & \alpha\bar{G}(s)N\leqslant q<\bar{G}(s)N\\ 0, & q<\alpha\bar{G}(s)N\end{cases}\tag{1.7}$$

由于假设顾客总需求 N 是确定的，这样，在 EP 期中，所有顾客的需求都能得到满足，缺货风险只存在 PP 期中，式(1.7)满足率 η 退化为：

$$\eta=\frac{q-\xi N}{\bar{G}(s)N-\xi N}\tag{1.8}$$

1.2.2.2 销售商存货数量决策

用 $\pi(q,\hat{v})$ 表示销售商的期望利润，销售商与高 WTP 顾客之间的理性预期均衡问题可转化为如下优化模型：

$$\begin{aligned}\max\ \pi(q,\hat{v})=&(p-s)\xi N+(s-c)q\\ \text{s.t.}\ &(1.6),\\ &(1.8),\\ &\underline{\hat{v}}\leqslant\hat{v}\leqslant\bar{\hat{v}}\end{aligned}$$

根据命题 1 中的 $\mathrm{d}\hat{v}/\mathrm{d}\eta<0$，将 π 表示为 η 的如下函数：

$$\pi(\eta)=[(p-c)-(s-c)\eta][G(\hat{v}+\tau/\eta)\psi+G(\hat{v})\bar{\psi}-G(s)]\alpha N+\\ (s-c)\bar{G}(s)N\eta\tag{1.9}$$

下面命题 1.2 刻画了迟钝强度对销售商的运营策略的影响。

命题 1.2 存在迟钝强度阈值 τ°，

$$\tau^{\circ}=\frac{k}{s-c}\left[\bar{v}-G^{-1}\left(\frac{(p-c)\alpha-k\bar{G}(s)}{(p-c)-k}\frac{}{\bar{\psi}\alpha}+\frac{G(s)-\psi}{\bar{\psi}}\right)\right]$$

(1)当 $\tau<\tau^{\circ}$时，销售商最优策略是创造配给风险分割市场。

(2)当 $\tau\geqslant\tau^{\circ}$时，销售商最优策略是只服务于高 WTP 顾客，其中，$k=(s-c)(V_H-p)/(\bar{v}-s)$。

证明：(1)当销售商分割市场时，对 π 求导：

$$\frac{\mathrm{d}\pi}{\mathrm{d}\eta}=-(s-c)[G(\hat{v}+\frac{\tau}{\eta})\psi+G(\hat{v})\bar{\psi}-G(s)]\alpha N+(s-c)\bar{G}(s)N+$$
$$[(p-c)-(s-c)\eta]h\alpha N$$

其中，$h=g\left(\hat{v}+\frac{\tau}{\eta}\right)\left(\frac{\mathrm{d}\hat{v}}{\mathrm{d}\eta}-\frac{\tau}{\eta^2}\right)\psi+g(\hat{v})\frac{\mathrm{d}\hat{v}}{\mathrm{d}\eta}\bar{\psi}$，

计算边界条件：

$\lim\limits_{\eta\to1}\mathrm{d}\pi/\mathrm{d}\eta=(s-c)\bar{G}(s)N+(p-s)\alpha N\lim\limits_{\eta\to1}h\alpha N$，又$\lim\limits_{\eta\to1}h<0$，所以$\lim\limits_{\eta\to1}\mathrm{d}\pi/\mathrm{d}\eta<0$，用同样的方法，可以得到$\lim\limits_{\eta\to\eta^{\circ}}\mathrm{d}\pi/\mathrm{d}\eta<0$，对 π 再次求导：

$$\frac{\mathrm{d}^2\pi}{\mathrm{d}\eta^2}=[(p-c)-(s-c)\eta]\alpha N\frac{\mathrm{d}h}{\mathrm{d}\eta}-2(s-c)h\alpha N,$$

其中，$\frac{\mathrm{d}h}{\mathrm{d}\eta}=\left[A\frac{g'(\hat{v}+\tau/\eta)}{g(\hat{v}+\tau/\eta)}+1\right]\psi+\left[B\frac{g'(\hat{v})}{g(\hat{v})}+1\right]\bar{\psi}$,

$$A=\left(\frac{\mathrm{d}\hat{v}}{\mathrm{d}\eta}-\frac{\tau}{\eta^2}\right)^2\Big/\left(\frac{\mathrm{d}^2\hat{v}}{\mathrm{d}\eta^2}+\frac{2\tau}{\eta^3}\right)=\frac{1}{\eta}>1,$$
$$B=\left(\frac{\mathrm{d}\hat{v}}{\mathrm{d}\eta}\right)^2\Big/\frac{\mathrm{d}^2\hat{v}}{\mathrm{d}\eta^2}=\frac{V_H-p-\tau}{2\eta}>1,$$

假设 $g'(x)+g(x)<0$，则$\frac{\mathrm{d}h}{\mathrm{d}\eta}<0$，得到$\frac{\mathrm{d}^2\pi}{\mathrm{d}\eta^2}<0$。

即 π 是 η 的递减凹函数，也是 $\hat{v}$ 的递增函数，在 $\hat{v}=\hat{\bar{v}}$达到最大值，此时，

$$q^*=(1-\frac{V_H-p}{\bar{v}-s})[\psi+G(\hat{\bar{v}})\bar{\psi}-G(s)]\alpha N+\frac{(V_H-p)N}{\bar{v}}$$

(2)如果不分割市场，则 $q_N^*=\alpha\bar{G}(s)N$，$\pi_N^*=(p-c)\alpha\bar{G}(s)N$，$\hat{v}=\bar{v}-(\bar{v}-s)\tau/(V_H-p)$。

由 $\pi^*=\pi_N^*$，得到，$\tau^{\circ}=\frac{k}{s-c}\left[\bar{v}-G^{-1}\left(\frac{(p-c)\alpha-k\bar{G}(s)}{(p-c)-k}\frac{}{\bar{\psi}\alpha}+\frac{G(s)-\psi}{\bar{\psi}}\right)\right]$，

其中，$k=(s-c)(V_H-p)/(\bar{v}-s)$。并且，当 $\tau<\tau^{\circ}$时，$\pi^*>\pi_N^*$；当 $\tau\geqslant\tau^{\circ}$时，$\pi^*\leqslant\pi_N^*$。证毕。

命题 1.2 表明：①当迟钝顾客的迟钝强度较低时（即 $\tau<\tau^{\circ}$），更多高 WTP 顾客提前到 EP 期购买，销售商的最优策略是创造配给风险同时在 EP 期与 PP 期销售产品，以增加总期望利润；②当迟钝强度较大时（即 $\tau\geqslant\tau^{\circ}$），迟钝顾客延迟购买的期望剩余增加，这间接降低了提前购买与延迟购买的无差异条件，提前购买的迟钝顾客以及战略顾客的数量很少，此时，如果销售商同时在 EP 期与 PP 期销售产品，会大幅降低 EP 期的销售数量，所以，为了促使更多高 WTP 顾客提前购买，销售商的最优策略是只在 EP 期销售产品。总的来说，以折扣价格 s 服务整个市场不是销售商的最优策略。

上述分析表明，固定折扣价格下迟钝本性通过影响 EP 期与 PP 期的无差异购买条件，间接影响了销售商的期望利润与运营策略；为了更好地应对战略顾客的理性购买行为以及迟钝顾客的迟钝本性，接下来分析销售商采用弹性折扣价格时，库存随机配给的价值。

1.2.3 弹性折扣价格下随机配给决策

为便于比较，用 $\tilde{s}$ 表示弹性折扣价格，s 表示固定折扣价格。如果 $\theta<0$，则 $\tilde{s}$ 是 L 的递减函数，即 $\tilde{s}\leqslant s$，表明弹性折扣价格 $\tilde{s}$ 低于固定折扣价格 s，此时，销售商提供较大幅度的价格折扣，即 $p-\tilde{s}>p-s$，文[42]中也考虑了这种折扣价格随着剩余库存递减变化情形，但该文只考虑了战略顾客，并且所有战略顾客具有同质性；如果 $\theta=0$，则 $\tilde{s}(\theta=0)=s$，表明 $\tilde{s}$ 与 L 无关，对应于前面固定折扣价格情形；如果 $\theta>0$，表明 $\tilde{s}$ 是 L 的递增函数，有 $\tilde{s}\geqslant s$，销售商提供较小幅度的价格折扣，即 $p-\tilde{s}<p-s$。

1.2.3.1 高 WTP 顾客的跨期购买决策

战略顾客在 EP 期与 PP 期购买产品的无差异条件为：

$$V_H-p=\eta(v_S-\tilde{s}) \tag{1.10}$$

迟钝顾客在 EP 期与 PP 期无差异购买产品的条件则为：

$$V_H-p=\eta(v_I-\tilde{s})+\tau \tag{1.11}$$

比较式(1.10)与式(1.11)，同样得到，

$$v_S^*=\lambda_1 v_I^*-\lambda_3 \tag{1.12}$$

其中，$\lambda_1=\dfrac{V_H-p}{V_H-p-\tau}$，$\lambda_3=\dfrac{\tilde{s}\tau}{V_H-p-\tau}$。

1.2.3.2 销售商存货数量决策

以下部分仍用 $\hat{v}$ 表示 v_I^*，假设 $\hat{v}$ 服从$[0,\bar{v}]$的均匀分布。

销售商预期 EP 期中的购买比例为：

$$\xi=\left[G\left(\hat{v}+\frac{\tau}{\eta}\right)\psi+G(\hat{v})\bar{\psi}-G(\tilde{s})\right]\alpha \tag{1.13}$$

由式(1.13)，得 ξ 与 η 的关系为：

$$\xi=\Phi/\eta \tag{1.14}$$

其中，$\Phi=\frac{\alpha}{\bar{v}}(V_H-p-\tau\bar{\psi})$，$\eta=\frac{q-\xi N}{\bar{G}(\tilde{s})N-\xi N}$。

由式(1.13)与式(1.14)，得到：

$$F(\xi,q)=\bar{v}-\tilde{s}-\frac{\bar{v}\xi(L+N\Phi)}{N\Phi}=0 \tag{1.15}$$

用 $\tilde{\pi}$ 表示弹性折扣价格下的销售商利润，有：

$$\tilde{\pi}=(p-\tilde{s})\xi N+(\tilde{s}-c)q \tag{1.16}$$

下面引理 1.1 表明了高 WTP 顾客在 EP 期的购买比例 ξ 与存货数量 q 的关系。

引理 1.1 当弹性系数 $\theta>\theta^{\circ}$ 时，存在满足率阈值 η^*，满足，(1)当 $\eta>\eta^*$ 时，EP 购买比例 ξ 是存货数量 q 的递减函数，即 $\mathrm{d}\xi/\mathrm{d}q<0$。(2)当 $\eta\leqslant\eta^*$ 时，ξ 是 q 的递增函数，即 $\mathrm{d}\xi/\mathrm{d}q>0$。其中，

$$\theta^{\circ}=\frac{s-\bar{v}}{\Phi sN},\eta^*=\frac{2\Phi}{\Phi+\underline{q}/N-\Phi s\theta N/\bar{v}}$$

证明：由式(1.15)得到：$\xi=\Lambda_1\pm\Lambda$， (1.17)

其中，$\Lambda_1=\frac{1}{2}\left(\frac{q}{N}+\Phi-\frac{\Phi s\theta N}{\bar{v}}\right)$，$\Lambda=\sqrt{\Lambda_1^2-\Phi\bar{G}(\tilde{s})}$。

要使 Λ 有解，则需要满足条件(1.18)与(1.19)：

$$q\geqslant\underline{q}=\left[\sqrt{\frac{4\Phi(\bar{v}-s+\Phi s\theta N)}{\bar{v}}}-\left(\Phi+\frac{\Phi s\theta N}{\bar{v}}\right)\right]N \tag{1.18}$$

$$\bar{v}-s+\Phi s\theta N>0 \tag{1.19}$$

由式(1.15)还得到：

$$\frac{\mathrm{d}\xi}{\mathrm{d}q}=-\frac{\partial F/\partial q}{\partial F/\partial\xi}=\frac{1}{N}\frac{\omega_1}{\omega_2} \tag{1.20}$$

$$\frac{\mathrm{d}^2\xi}{\mathrm{d}q^2}=\frac{2\bar{v}\omega_1(1-N\mathrm{d}\xi/\mathrm{d}q)}{\Phi N^3\omega_2^2}$$

其中，$\omega_1=s\theta+\dfrac{\bar{v}\xi}{\Phi N}$，

$$\omega_2=s\theta-\bar{v}(q-2N\xi+N\Phi)/(N^2\Phi)$$

将式(1.17)代入式(1.20)，得$\dfrac{\mathrm{d}\xi}{\mathrm{d}q}=\dfrac{1\pm\frac{\Lambda_1}{\Lambda}}{2N}$，其中，$\Lambda_1>\sqrt{\Phi(\bar{v}+\Phi s\theta N-s)/\bar{v}}$。通过比较 Λ_1 与 Λ 的关系，进而得到 ξ 与 q 的关系。(1)首先证明 $\Lambda_1>\Lambda$，即需要满足条件式(1.19)：①当 $\theta>0$ 时，式(1.19)肯定满足，得到$\dfrac{\mathrm{d}\xi}{\mathrm{d}q}>\dfrac{1}{N}$或$\dfrac{\mathrm{d}\xi}{\mathrm{d}q}<0$；②当 $\theta^{\circ}<\theta<0$ 时，同样满足式(1.19)，其中，$\theta^{\circ}=\dfrac{s-\bar{v}}{\Phi sN}$，即$\dfrac{\mathrm{d}\xi}{\mathrm{d}q}>\dfrac{1}{N}$或$\dfrac{\mathrm{d}\xi}{\mathrm{d}q}<0$。(2)由于 $\bar{v}+\Phi s\theta N<s$ 与式(1.19)矛盾，所以不存在 $\Lambda_1<\Lambda$ 情形。由式(1.17)得到，满足率阈值 $\eta^*=\dfrac{2\Phi}{\Phi+\underline{q}/N-\Phi s\theta N/\bar{v}}$，当 $\eta>\eta^*$ 时，$\dfrac{\mathrm{d}\xi}{\mathrm{d}q}<0$；当 $\eta\leqslant\eta^*$ 时，$\dfrac{\mathrm{d}\xi}{\mathrm{d}q}>\dfrac{1}{N}$。证毕。

引理 1.1 表明：在销售商采用弹性折扣价格策略的情形下，延迟购买期中的产品可获得概率较高(即 $\eta>\eta^*$)时，高 WTP 顾客在 *EP* 期的购买比例 ξ 随存货数量 q 增加呈现递减趋势，这源于 η 越大，更高比例的高 WTP 顾客倾向于延迟购买，存货数量增加，进一步刺激延迟购买，综合这两方面，高 WTP 顾客在 *EP* 期的购买比例 ξ 减少；相反，当满足率较低(即 $\eta\leqslant\eta^*$)时，随着存货数量的增加，高 WTP 顾客在 *EP* 期的购买比例 ξ 呈现递减趋势。

下面引理 1.2 表明迟钝顾客(比例与强度)对延迟购买期中的产品可获得概率的影响。

引理 1.2 当销售商创造配给风险分割市场时，满足率阈值 η^* 是迟钝顾客比例 $\bar{\psi}$ 与迟钝强度 τ 的递减函数，即$\dfrac{\mathrm{d}\eta^*}{\mathrm{d}\bar{\psi}}<0$，$\dfrac{\mathrm{d}\eta^*}{\mathrm{d}\tau}<0$。

证明：$\dfrac{\mathrm{d}\eta^*}{\mathrm{d}\Phi}=-\dfrac{2(\Phi\,\mathrm{d}\,\underline{q}/\mathrm{d}\Phi-\underline{q})}{N(\Phi+\underline{q}/N-\Phi s\theta N/\bar{v})^2}$，又 $\Phi\dfrac{\mathrm{d}\,\underline{q}}{\mathrm{d}\Phi}-\underline{q}=-\dfrac{\Phi N\bar{G}(s)}{\sqrt{\Phi(\bar{v}+\Phi s\theta N-s)/\bar{v}}}<0$，得到$\dfrac{\mathrm{d}\eta^*}{\mathrm{d}\Phi}<0$；根据$\dfrac{\mathrm{d}\Phi}{\mathrm{d}\tau}=-\dfrac{\alpha\bar{\psi}}{\bar{v}}<0$，$\dfrac{\mathrm{d}\Phi}{\mathrm{d}\bar{\psi}}=-\dfrac{\alpha\tau}{\bar{v}}<0$，得到$\dfrac{\mathrm{d}\eta^*}{\mathrm{d}\tau}=\dfrac{\mathrm{d}\eta^*}{\mathrm{d}\Phi}\dfrac{\mathrm{d}\Phi}{d\tau}<0$，$\dfrac{\mathrm{d}\eta^*}{\mathrm{d}\bar{\psi}}=\dfrac{\mathrm{d}\eta^*}{\mathrm{d}\Phi}\dfrac{\mathrm{d}\Phi}{\mathrm{d}\bar{\psi}}<0$。证毕。

引理 1.2 表明：当销售商创造配给风险时，迟钝顾客跨期购买决策越表现出迟钝本性，销售商的最优策略是进一步降低 *PP* 期满足率，创造更大的配给风险，鼓励其提前购买，这也间接促使更多战略顾客提前购买；迟钝顾客比例越高对销售商的影响越大，销售商的最优应对策略仍是创造更高的配给风险。

下列命题 1.3 表明了销售商提供较小幅度的价格折扣的情形（$\theta>0$）下销售商与高 WTP 顾客间的理性预期均衡。

命题 1.3 假设弹性折扣系数 $\theta>0$，①当 $\eta\leqslant\eta^*$ 时，销售商最优策略是只服务于高 WTP 顾客，最优存货数量 $q^*=\bar{G}(s)N$，$\hat{v}=\hat{\bar{v}}$；②当 $\eta>\eta^*$ 时，销售商最优策略是在 *EP* 期与 *PP* 期同时销售产品，最优存货数量为 $q^*=q_1^*$，高 WTP 顾客无差异购买阈值为 $\hat{v}=V_H-p+\tilde{s}^*-\tau$，其中，

$$q_1^*=\frac{\bar{G}(s)N+s\theta\Phi N^2/\bar{v}}{1+s\theta N/\bar{v}},\tilde{s}^*=s+s\theta(q_1^*-\Phi N)$$

证明：由式(1.14)，得到$\dfrac{\bar{v}(q-\xi N+N\Phi)}{N^2\Phi}=\dfrac{\bar{v}-\tilde{s}}{N\xi}$，

$$\frac{\mathrm{d}\tilde{\pi}}{\mathrm{d}q}=2s\theta L\left(1-N\frac{\mathrm{d}\xi}{\mathrm{d}q}\right)+(p-s)N\frac{\mathrm{d}\xi}{\mathrm{d}q}+(s-c),\frac{\mathrm{d}^2\tilde{\pi}}{\mathrm{d}q^2}=\frac{2\bar{v}(1-N\mathrm{d}\xi/\mathrm{d}q)\Lambda_a}{N^2\Phi\omega_2^2}$$

其中，

$$\Lambda_a=\Lambda_{a1}-\Lambda_{a2},\Lambda_{a1}=s\theta\Phi\bar{G}(\tilde{s})(\bar{v}-\tilde{s})/\xi^2,\Lambda_{a2}=[s\theta N\Phi\bar{G}(\tilde{s})/\xi-(p+s-2\tilde{s})]\omega_1$$

①当 $\eta\leqslant\eta^*$ 时，$\dfrac{\mathrm{d}\tilde{\pi}}{\mathrm{d}q}>0$，由式(1.20)得到 $\omega_1>(\bar{v}-\tilde{s})/(N\xi)$，(A)当 $p+s-2\tilde{s}>s\theta N\Phi\bar{G}(\tilde{s})/\xi$ 时，$\Lambda_a>0$；(B)当 $p+s-2\tilde{s}\leqslant s\theta N\Phi\bar{G}(\tilde{s})/\xi$ 时，同样得到 $\Lambda_a>0$，综合(A)、(B)，得到 $\mathrm{d}^2\tilde{\pi}/\mathrm{d}q^2<0$，即 $\tilde{\pi}$ 是 q 的递增凹函数，最优存货数量 $q^*=\bar{G}(s)N$，此时，$\eta=0$，可以求得 $\hat{v}=\bar{v}-(\bar{v}-s)\tau/(V_H-p)$；②当 $\eta>\eta^*$ 时，由式(1.20)得到 $\omega_1<(\bar{v}-\tilde{s})/(N\xi)$，进而得 $\Lambda_a>0$，即 $\mathrm{d}^2\tilde{\pi}/\mathrm{d}q^2>0$，这种情形下 $q\in[\underline{q},q_1^*]$，其中，$q_1^*=\dfrac{\bar{G}(s)N+s\theta\Phi N^2/\bar{v}}{1+s\theta N/\bar{v}}$并且 $\eta(q=q_1^*)=1$。计算边界条件：

$\lim\limits_{q\to q_1^*}\dfrac{\mathrm{d}\tilde{\pi}}{\mathrm{d}q}=(p+s-2\tilde{s})N\lim\limits_{q\to q_1^*}\dfrac{\mathrm{d}\xi}{\mathrm{d}q}+(2\tilde{s}-s-c)$，(A) 如果 $2\tilde{s}>p+s$，则 $\lim\limits_{q\to q_1^*}\dfrac{\mathrm{d}\tilde{\pi}}{\mathrm{d}q}>0$；(B) 如果 $2\tilde{s}<p+s$，由 $\lim\limits_{q\to q_1^*}\dfrac{\mathrm{d}\xi}{\mathrm{d}q}=\dfrac{s\theta N+\bar{v}}{s\theta-\dfrac{\bar{v}}{N}\dfrac{\bar{G}(s)-\Phi}{\Phi+\Phi s\theta N/\bar{v}}}$ 同样得到

$\lim\limits_{q\to q_1^*}\frac{\mathrm{d}\tilde{\pi}}{\mathrm{d}q}>0$；运用类似方法得到，$\lim\limits_{q\to \alpha\bar{G}(s)N}\frac{\mathrm{d}\tilde{\pi}}{\mathrm{d}q}<0$，所以，$\tilde{\pi}$ 是 q 的拟凸函数，由于 $\max[\tilde{\pi}|_{\alpha\bar{G}(s)N},\tilde{\pi}|_{q_1^*}]=\tilde{\pi}|_{q_1^*}$，得 $q^*=q_1^*$。结合式(1.20)，得到 $\hat{v}=V_H-p+s+s\theta(q_1^*-\Phi N)-\tau$。证毕。

命题 1.3 表明：①延迟购买期的配给风险较大(即 $\eta\leqslant\eta^*$)，更多高 WTP 顾客提前购买，销售商最优策略是只服务高 WTP 顾客；②延迟购买期中配给风险较小(即 $\eta>\eta^*$)时，因为折扣价格 $\tilde{s}^*$ 增加，导致能购买的顾客总数减少，从而进一步增加了满足率，直到无配给风险(即 $\eta=1$)，此时，销售商最优策略是同时在 EP 期与 PP 期销售产品，这与基准情形正好相反，其原因在于销售商提供的折扣幅度更小，从延迟销售中能获得更多收益。

下列命题 1.4 表明了销售商提供较大幅度价格折扣情形($\theta<0$)下，销售商与高 WTP 顾客间的理性预期均衡。

命题 1.4 当弹性折扣系数 $\theta\in(\theta^\circ,0)$ 时，①当 $\eta<\eta^*$ 时，销售商最优策略是只服务于高 WTP 顾客，最优存货数量 $q^*=\bar{G}(s)N$，$\hat{v}=\hat{\bar{v}}$；②当 $\eta\geqslant\eta^*$ 时，销售商最优策略仍是同时在 EP 期与 PP 期销售产品，最优存货数量 $q^*=\underline{q}$，高 WTP 顾客无差异购买阈值为：$\hat{v}=\frac{V_H-p-\tau}{\eta^*}+s+s\theta\left(\underline{q}-\frac{\Phi N}{\eta^*}\right)$。

证明：当 $\theta\in(\theta^\circ,0)$ 时，$\frac{\xi-\bar{G}(s)}{\Phi N}<\omega_1<\frac{\bar{v}\xi}{\Phi N}$。定义 $\theta^*=-\bar{v}\xi/(\Phi sN)$，当 $\theta\in(\theta^\circ,\theta^*]$ 时，$\omega_1<0$；当 $\theta\in(\theta^*,0)$ 时，$\omega_1\geqslant0$。①当 $\eta\geqslant\eta^*$ 时，$\frac{\mathrm{d}\tilde{\pi}}{\mathrm{d}q}<0$，(A)当 $\omega_1\leqslant0$ 时，$\frac{\mathrm{d}^2\xi}{\mathrm{d}q^2}<0$，得到$\frac{\mathrm{d}^2\tilde{\pi}}{\mathrm{d}q^2}<0$；(B)当 $\omega_1>0$ 时，得 $\Lambda_a>0$，即$\frac{\mathrm{d}^2\tilde{\pi}}{\mathrm{d}q^2}>0$。②当 $\eta<\eta^*$ 时，有$\frac{\mathrm{d}\tilde{\pi}}{\mathrm{d}q}>0$，(A)当 $\omega_1\leqslant0$ 时，$\Lambda_a>0$，得到$\frac{\mathrm{d}^2\tilde{\pi}}{\mathrm{d}q^2}>0$；(B)当 $\omega_1>0$ 时，$\frac{\mathrm{d}^2\xi}{\mathrm{d}q^2}<0$，得到$\frac{\mathrm{d}^2\tilde{\pi}}{\mathrm{d}q^2}<0$。结合①、②，得：当 $\eta<\eta^*$ 时，$\tilde{\pi}$ 是 q 的递增函数，在 $q^*=\bar{G}(s)N$ 处达到最大值，且 $\hat{v}=\bar{v}-(\bar{v}-s)\tau/(V_H-p)$；当 $\eta\geqslant\eta^*$ 时，$\tilde{\pi}$ 是 q 的递减函数，在 $q^*=\underline{q}$ 达到最大值，并且，$\hat{v}=(V_H-p-\tau)/\eta^*+s+s\theta(\underline{q}-\Phi N/\eta^*)$。证毕。

命题 1.4 表明：①当延迟购买期的配给风险较大时，销售商最优策略仍是只服务于高 WTP 顾客，这同样源于配给风险增加导致更多高 WTP 顾客提前购买；②当 PP 期的配给风险较小，因为折扣价格 $\tilde{s}^*$ 降低，导致 PP 期能购买的顾客总数大幅增加，从而降低了满足率，这又促使更多高 WTP 顾客提前购买，此时，销售商最优策略是同时在 EP 期与 PP 期销售产品。

对命题 1.3 与命题 1.4 进行比较，可以看出，弹性折扣价格策略下，由于顾客总数量发生了改变，配给风险却表现出隐性无配给风险特征，并间接给销售商的运营策略提供了更大的弹性。总的来说，销售商是否运用随机配给策略不仅与迟钝强度有关，还取决于弹性价格折扣幅度。

下面通过数值分析，比较迟钝强度 τ、迟钝顾客比例 $\bar{\psi}$ 与基准折扣价格 s 的各种组合对销售商随机配给策略的影响。基本参数设定为：$p=9$，$c=2.5$，v 服从[0,8]上的均匀分布，$V_H=12$，$N=100$，$s=3$，$\alpha=0.6$，$\psi=0.5$，$\tau=0.15$。

图 1.7 表明：①销售商利润随迟钝强度 τ 的增加呈递减趋势，这说明迟钝强度对销售商带来较大负面影响，其原因在于迟钝强度越大，迟钝顾客对 PP 期的期望剩余越大，使得更多迟钝顾客倾向于延迟到 PP 期购买，这间接诱导更多战略顾客也倾向于延迟购买，销售商故意降低存货数量以刺激这些顾客提前购买，从而减少了利润；②对于相同的迟钝顾客 τ，销售商利润随弹性折扣系数 θ 增加而递减，这表明了销售商采用弹性折扣价格能获得比固定折扣价格更多的利润，即提供较大幅度折扣（$\theta=-0.01$）比较小幅度折扣（$\theta=0$）的收益更高，这与传统结论（即更高基准折扣价格增加了销售商利润）正好相反。

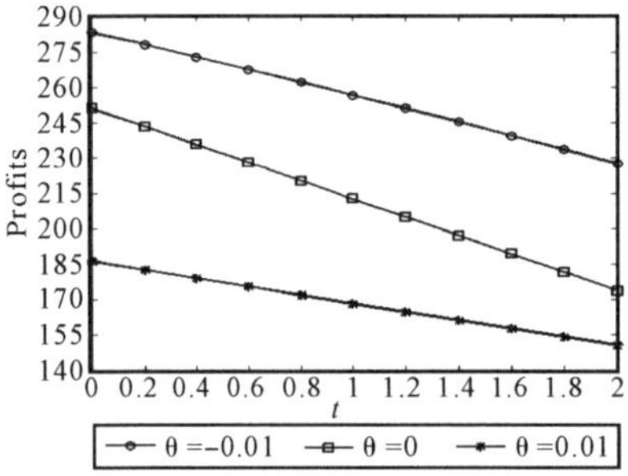

图 1.7　销售商利润与迟钝强度的关系

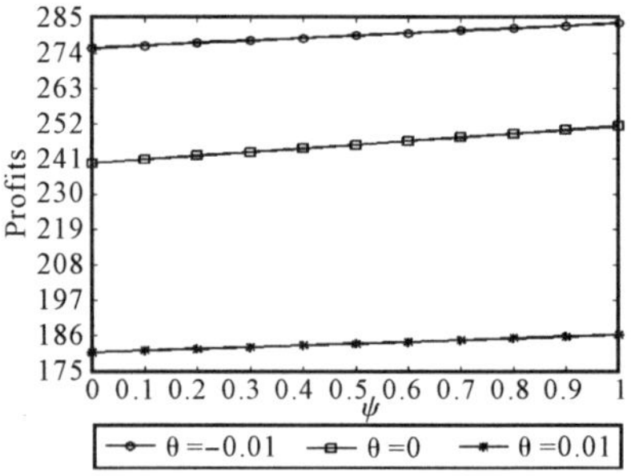

图 1.8　销售商利润与战略顾客比例的关系

图 1.8 表明了销售商利润与迟钝顾客比例（$1-\psi$）的关系：①销售商利润随迟钝顾客比例的增加呈递减趋势，战略顾客比例越小说明迟钝顾客比例越大，这使得延迟到 PP 期最终不购买产品的迟钝顾客数量增加，使得能购买的顾客总数量减少，从而降低销售商利润；而当 ψ 较大时，迟钝行为对销售商的影响较小，销售商能从销售给更多战略顾客中获得更高利润；②对于相同的 ψ，销售商利润随弹性折扣系数 θ 增加而递减，这源于折扣价格更低（$\tilde{s}_{\theta=-0.01}<$

$\tilde{s}_{\theta=0} < \tilde{s}_{\theta=0.01}$)却增加了高 WTP 顾客在 EP 期中的购买比例(即 $\xi_{\theta=-0.01} > \xi_{\theta=0} > \xi_{\theta=0.01}$)以及存货数量($q_{\theta=-0.01} > q_{\theta=0} > q_{\theta=0.01}$),进而增加了销售商利润。这也表明销售商采用弹性价格折扣机制时,更低折扣价格却能获得更高的利润。

图 1.9 表明了销售商利润与基准折扣价格 s 的关系。①销售商采用固定价格折扣时,其利润随 s 呈递减变化,而采用弹性价格折扣时,其利润随 s 先递增后递减的变化趋势;②对于相同的 s,销售商利润随弹性折扣系数 θ 增加而递减,这同样表明提供较大幅度折扣($\theta=-0.01$)比较小幅度折扣($\theta=0$),能获得更高的期望利润。

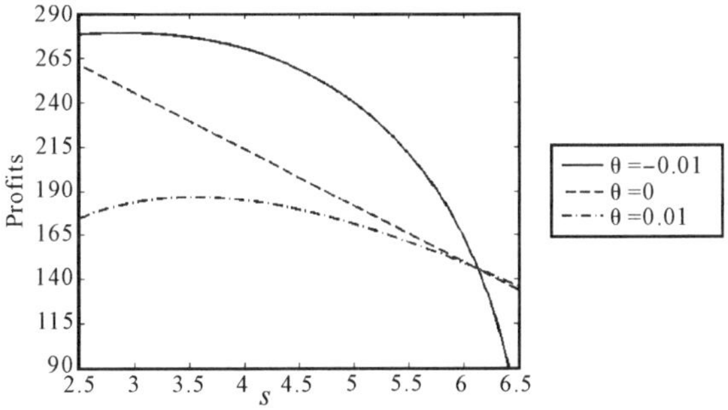

图 1.9　销售商利润与基准折扣价格的关系

通过对图 1.7、图 1.8 以及图 1.9 的比较发现,销售商采用弹性折扣价格策略时,弹性折扣价格越低,随机配给的价值越大,即提供较大幅度价格折扣,反而增加其利润。

总之,一方面顾客购买心态与购买行为越来越具有战略性,利用战略等待以尽可能低的折扣价格购买产品以实现期望效用最大化,还存在大量不仅要权衡战略等待、还要考虑行为迟钝的迟钝顾客,这两类顾客加剧了产品供给与需求的不匹配风险,迫使销售商的运营决策须同时应对这两类跨期购买决策的顾客。另一方面,随机配给利用产品稀缺在跨期购买决策的顾客间制造竞争,从而诱导提前购买,在实践中也越来越具有价值,基于这方面考虑,本节研究了销售商采用随机配给以应对跨期购买决策顾客方面的价值。结论表明:在固定折扣价格策略中,当迟钝顾客的迟钝强度较低时,销售商最优策略是故意创造配给风险分割市场;在弹性折扣价格策略中,销售商是否运用随机配给策略不仅与迟钝强度有关,还取决于弹性价格折扣幅度。通过数值分析,发现销售商提供较大幅度价格折扣时,其利润反而增加。

1.3 战略顾客行为下最惠顾客保证对提前购买的价值

百货行业与零售行业频繁降价促销已将顾客训练得越来越理性，表现为利用战略等待以尽可能低的折扣价格购买所需产品。另外，竞争压力加剧以及产品生命周期缩短迫使销售商将折扣销售常态化，这进一步刺激了顾客战略等待，从而增加了产品供需的不匹配程度。这给销售商运营管理带来不利影响。

针对顾客战略等待，销售商已采用各种策略鼓励提前购买。总体来说，这些策略大体分为两种：故意制造短缺和动态定价。例如，西班牙的 ZARA 就以故意制造短缺闻名。也有一些销售商运用价格补偿机制打消顾客战略等待，价格补偿机制包括：事前补偿（如直接降价）以及事后补偿（如价格差额补偿）[51]。最惠顾客（Most Favored Customer，MFC）保证就是一种事后补偿机制，是指保证那些提前购买的顾客，将从以后的降价销售中受益，即销售商承诺一旦降价销售，就对提前购买的顾客给予价格差额补偿。例如，Best Buy 对其电子产品、Gap 对其流行服装、Priceline. com 对其旅行机票都提供了 MFC 保证[33]，鼓励顾客提前购买。本节研究销售商通过 MFC 保证所创造的隐性价格风险和配给风险来鼓励顾客提前购买，以期实现供给与需求得到更好的匹配。

与本节相关的研究主要反映在：

(1)用动态定价模型分析顾客战略等待对运营管理的影响。包括：Su 研究了针对稳定消费模式的产品，顾客以当前价格购买以后消费的动态定价模型[52]，该文没有涉及顾客支付意愿事后异质，也没有考虑 MFC 保证与退货保证。

(2)研究退货策略。Su 认为顾客退货策略对企业库存决策有很大影响[52]，该文关注顾客事前同质，也未涉及战略顾客；Swinney 也研究了退货策略，但重点是战略顾客下快速响应的价值[53]；Shulman 等还从回收费用(restocking fee)策略研究了顾客购买以及退货决策[54]；姚忠等认为风险约束下的回退策略对供应链的协调能力比无风险约束下要弱[55]，上述文献没有涉及 MFC 保证。

(3)研究 MFC 保证。Png 关注无短期成本的服务产品，研究了两点分布的事前异质顾客下 MFC 保证的价值[56]，也假设存货数量固定，本节则考虑存货数量内生确定，探讨顾客最大支付意愿不确定下 MFC 保证与退货保证的组合策略。

1.3.1 模型假设

考虑单个销售商（以下简记为 S）在两期销售一种产品。根据顾客购买行为，用 EP 表示顾客以正常价格 p 购买的提前购买期，PP 表示以折扣价格 s 购买的延迟购买期。S 在 PP 期有两种选择：(1)以 s 降价销售 EP 期末的剩余库存 I，但必须对 EP 期购买的顾客给予 $p-s$ 的价格差额补偿；(2)不降价销售 I，此时，不对 EP 期购买的顾客给予补偿。假设采购提前期很长，S 只有一次采购机会，需要决策初始存货数量 q，单位采购成本 c。

假设需求市场由大量顾客组成，忽略单个顾客对市场的影响，用 X 表示顾客数量为连续随机变量，其分布函数与概率密度函数分别为 $F(\cdot)$ 与 $f(\cdot)$，$\bar{F}(\cdot)=1-F(\cdot)$。所有顾客都具有战略性，即根据 PP 期产品可获得概率来比较 EP 期与 PP 期的期望剩余，从而跨期选择购买时机。顾客最大支付意愿（以下简记为 MWP）v 为连续随机变量，不随时间发生变化，其分布函数和概率密度函数分别为 $G(\cdot)$ 与 $g(\cdot)$，$\bar{G}(\cdot)=1-G(\cdot)$，这对 S 和其他顾客是共同知识。假设战略顾客具有两个特征：(1)风险中性；(2)理性预期 PP 期产品可获得性，即对获得产品的概率的信念与均衡可获得性一致。该假设由 Muth[50] 提出，也用于文献[31～35]等研究中。假设在 PP 期，当需求超过剩余库存时，顾客获得产品的概率相同。

1.3.2 顾客价值事前异质下的最惠顾客保证价值

顾客 MWP 事前异质（ex ante heterogeneity）是指顾客在购买前就存在异质性，此时，顾客理性跨期购买；而事后异质（ex post heterogeneity）则是指顾客购买前具有同质性，购买后明白其 MWP，从而体现异质性，这也可称为体验购买。

考虑如下事件顺序：

(1)S 首先决定 q，并承诺一旦降价处理 I，就对提前购买的顾客给予 $p-s$ 补偿。(2)如果 X 超过 q，顾客不能获得产品，离开市场。(3)PP 期开始时，S 根据 EP 期实际销售信息决定是否降价处理 I，如果降价销售，需要决策最优 s，此时，战略等待的顾客以 s 购买产品；如果不降价处理 I，则不对 EP 期顾客给予补偿，等待的顾客不能在 PP 期购买产品。

1.3.2.1 战略顾客购买选择

战略顾客通过理性预期 PP 期获得产品的概率 ξ_{fr} 来跨期选择购买时机。

(1)S 不提供 MFC 保证情形

用 v_N 表示 S 不提供 MFC 保证时，战略顾客的 MWP。此时，战略顾客在 EP 期购买产品必须满足如下条件：

$$v_N - p \geqslant \xi_{fr}(v_N - s) \tag{1.21}$$

①如果 $\xi_{fr} \in [0,1)$，则

$$v_N \geqslant \frac{\xi_{fr}(p-s)}{1-\xi_{fr}} + p \tag{1.22}$$

②如果 $\xi_{fr}=1$，式(1.21)退化为 $v_N - p \geqslant v_N - s$，由于 $p>s$，则 $v_N \rightarrow +\infty$。令

$$v_N^* = \begin{cases} \dfrac{\xi_{fr}(p-s)}{1-\xi_{fr}} + p & \text{如果 } \xi_{fr} \in [0,1) \\ +\infty & \text{如果 } \xi_{fr}=1 \end{cases} \tag{1.23}$$

(2)S 提供 MFC 保证情形

用 v 表示 S 提供 MFC 保证情形下战略顾客的 MWP。此时，S 在 PP 期有降价销售或不降价销售两种选择，战略顾客只能获得期望价格差额补偿 $(p-s)/2$。这样，战略顾客在 EP 期购买产品必须满足如下条件：

$$v - p + (p-s)/2 \geqslant \xi_{fr}(v-s)/2 \tag{1.24}$$

由式(1.24)得到：$v \geqslant v^*$

其中

$$v^* = \frac{p + s(1-\xi_{fr})}{2-\xi_{fr}} \tag{1.25}$$

特别地，当 $\xi_{fr}=1$ 时，$v^*=p$。

直觉上说，由于 S 提供 MFC 保证以及 PP 期获得产品的概率减小，战略顾客更容易提前购买。下面引理 1.3 说明了这种性质。

引理 1.3 ①如果 S 不提供 MFC 保证，(A)当 $\xi_{fr}=1$ 时，所有战略顾客都延迟购买；(B)当 $\xi_{fr} \in [0,1)$时，则存在 MWP 阈值 $v_N^* \geqslant p$，且当 $v \geqslant v_N^*$ 时，顾客在 EP 期购买；当 $v < v_N^*$ 时，顾客在 PP 期购买。

②如果 S 提供 MFC 保证，存在 MWP 阈值 $v^* \leqslant p$，且 MWP$v \geqslant v^*$ 的顾客提前购买；MWP$v < v^*$ 的顾客延迟购买。

③当 $\xi_{fr}=1$ 或 $\xi_{fr}\in[0,1)$ 时，$v_N^*>v^*$ 。

证明：比较式(1.21)～(1.25)，可得到引理 1.3。

引理 1.3 表明：①如果 S 不提供 MFC 保证，当 PP 期没有配给风险($\xi_{fr}=1$)时，没有顾客会提前购买。②S 提供 MFC 保证时，即使 PP 期没有配给风险，MWP 高于销售价格 p 的顾客还是会提前购买，这源于 S 提供 MFC 保证使得提前购买的顾客总是能获得最低价格，不受降价风险影响；而且，提前购买还能增加获得产品的机会。③S 不提供 MFC 保证的 MWP 阈值高于提供 MFC 保证时的阈值($v_N^*>v^*$)，即 MFC 保证下战略顾客更倾向提前购买。

以下部分的 v^* 简记为 v，首先分析 S 降价销售剩余库存时的最优折扣价格。

1.3.2.2 S 在 PP 期最优折扣价格决策

S 通过对战略顾客行为的理性信念 v 推断出 EP 期顾客需求比例为 $\bar{G}(v)$，则需求数量为 $\bar{G}(v)X$。(1)当 $X>X_h=q/\bar{G}(v)$ 时，EP 期还有部分需求不能得到满足，此时 $I=0$，不考虑 PP 期定价；(2)当 $X\leqslant X_h$ 时，$I>0$，S 需要权衡降价销售所增加的收益与对提前购买的战略顾客的补偿支付来决策折扣价格。

命题 1.5 假设 S 降价销售剩余库存，令 $X_l=q/\bar{G}(s_l)$，则 PP 期最优折扣价格 $s^*(X)$ 为：$s^*(X)=\begin{cases} s_h & \text{如果 } X_l<X\leqslant X_h \\ s_l & \text{如果 } 0<X\leqslant X_l \end{cases}$

其中，$s_h=(X-q)\bar{v}/X$，$s_l=\arg\max\limits_{s<v}[s(v-s)-(p-s)(\bar{v}-v)]$。

证明：由引理 1.3 可得，延迟购买的战略顾客的 MWP 低于 v。当 $X\leqslant X_h$ 时，S 在 PP 期有产品可以销售，在 PP 期的收益 π_2 为：

$$\pi_2=\begin{cases} -(p-s)\bar{G}(v)X & \text{如果 } s\geqslant v \\ s\min\{[G(v)-G(s)]X,I\} & \\ -(p-s)\bar{G}(v)X & \text{如果 } s<v \end{cases} \tag{1.26}$$

由式(1.26)得到，S 在 PP 期只考虑 $s<v$ 情形，则

$$\pi_2=s\min\{[G(v)-G(s)]X,I\}-(p-s)\bar{G}(v)X$$

假设 v 服从$[0,\bar{v}]$上的均匀分布，其中，$\bar{v}>p$。

(1)当 $X\leqslant q$ 时，最优折扣价格 $s^*=s_l$，其中，

$$s_l=\arg\max_{s<v}X[s(v-s)-(p-s)(\bar{v}-v)]/\bar{v}$$

由于 $s(v-s)-(p-s)(\bar{v}-v)$ 为凹函数，如果 $s_l<v$，由一阶条件求得 $s_l=$

$\bar{v}/2$；

(2)当 $q<X\leqslant X_h$ 时，由 $[G(v)-G(s)]X=I$，得到 $s_h=(X-q)\bar{v}/X$，满足：

$$\pi_2=\begin{cases} sI-(p-s)\bar{G}(v)X & \text{如果 } s\leqslant s_h \\ \{s[G(v)-G(s)]-(p-s)\bar{G}(v)\}X & \text{如果 } s>s_h \end{cases}$$

如果 $s_h\leqslant s_l$，最优折扣价格 $s^*=s_l$；如果 $s_h>s_l$，则 $s^*=s_h$。由 $s_l=s_h$，得到 $X_l=q/\bar{G}(s_l)$，且当 $X<X_l$ 时，S 以 s_l 定价；当 $X\geqslant X_l$ 时，以 s_h 定价。证毕。

命题 1.5 表明：(1)如果 EP 期需求 $X_l<X\leqslant X_h$，S 在 PP 期以收益最大化确定折扣价格；如果 $X\leqslant X_l$，则以出清剩余库存确定折扣价格；(2)表面上看，S 提供 MFC 保证策略消除了战略顾客面临的价格风险，即能从 PP 期降价中获得价格差额补偿，但由于 S 动态确定折扣价格以及是否会真正降价销售剩余库存，实际上仍创造了隐性价格风险。

下面分析 S 与战略顾客之间的理性预期均衡以及 MFC 保证的价值。

1.3.2.3 MFC 保证的价值

(1)S 在 PP 期降价销售情形

用 $\pi^S(q,v)$ 表示 S 提供 MFC 保证并降价销售剩余库存 I 的期望利润，有

$$\pi^S(q,v)=pE\min[\bar{G}(v)X,q]-cq+\int_{X_l}^{X_h}\{s_h[q-\bar{G}(v)X]-(p-s_h)\bar{G}(v)X\}\mathrm{d}F(X)$$
$$+\int_0^{X_l}\{s_l[G(v)-G(s_l)]-(p-s_l)\bar{G}(v)\}X\mathrm{d}F(X) \tag{1.27}$$

式(1.27)中第一项表示 EP 期期望收益，第二项表示总成本，第三和第四项分别表示 EP 期 $X_l<X\leqslant X_h$ 与 $X\leqslant X_l$ 情形下降价销售 I 得到的收益与对 EP 购买的顾客的价格补偿之差。

将式(1.27)化简，得到：

$$\pi^S(q,v)=\int_0^{X_l}s_l\bar{G}(s_l)X\mathrm{d}F(X)-cq+\int_{X_l}^{X_h}s_hq\,\mathrm{d}F(X)+pq\bar{F}(X_h) \tag{1.28}$$

根据命题 1.5，顾客对在 PP 期产品获得概率的信念 ξ_{fr} 可进一步表示为：

$$\xi_{fr}=\begin{cases} F(X_l) & \text{如果 } 0<X\leqslant X_l \\ \displaystyle\int_{X_l}^{X_h}\frac{[q-\bar{G}(v)X]\mathrm{d}F(X)}{[G(v)-G(s_h)]X} & \text{如果 } X_l<X\leqslant X_h \end{cases}$$

由于 S 动态选择折扣价格，所以战略顾客预期折扣价格为 $Es=F(X_l)s_l+[F(X_h)-F(X_l)]s_h$，将 ξ_{fr} 与 Es 代入式(1.25)，得到战略顾客的最优购买行为：

$$v\{1+\bar{F}[q/\bar{G}(v)]\}=p \tag{1.29}$$

这样,S 与战略顾客之间的理性预期均衡可转化为如下优化模型:

$$\begin{aligned}&\max \pi^S(q,v)\\&\quad \text{s.t.}\ (1.29)\\&\qquad q>0, s<v\leqslant p\end{aligned}$$

(2)S 在 PP 期不降价销售情形

用 $\pi^{NS}(q,v)$ 表示 S 提供 MFC 保证但不降价销售剩余库存 I 的期望利润,则有:

$$\pi^{NS}(q,v)=pE\min[\bar{G}(v)X,q]-cq \tag{1.30}$$

此时,S 与战略顾客之间的均衡问题也可转化为:

$$\begin{aligned}&\max \pi^{NS}(q,v)\\&\quad \text{s.t.}\ (1.29)\\&\qquad q>0, s<v\leqslant p\end{aligned}$$

(3)均衡分析与 MFC 保证的价值

运用文献[31]、文献[56]的假设,即 X 服从$[0,\bar{X}]$的均匀分布,得到下面命题 1.6。该假设为充分非必要条件,接着的数值分析假设 X 服从 Gamma 分布。

命题 1.6 ①如果 $\bar{v}<\varphi_1$,则 $\pi^S(q,v)$ 是 q 的拟凹函数,最优存货数量 q^S 由 $\dfrac{\mathrm{d}\pi^S}{\mathrm{d}q}=0$ 确定,战略顾客最优行为 MWP 为 v^S;$\pi^{NS}(q,v)$ 也是 q 的拟凹函数,最优存货数量 q^{NS} 由 $\dfrac{\mathrm{d}\pi^{NS}}{\mathrm{d}q}=0$ 确定,MWP 为 v^{NS}。

②如果 $\varphi_1\leqslant\bar{v}<\varphi_2$,则 π^S 是 q 的递减凹函数,而 π^{NS} 仍是 q 的拟凹函数。

③如果 $\varphi_2\leqslant\bar{v}<2p$,则 π^S 与 π^{NS} 都是 q 的递减凹函数,其中,

$$\varphi_1=\frac{3p^2}{2p+c},\varphi_2=p\left(\frac{p}{c}+1\right)-p\sqrt{\left(\frac{p}{c}+1\right)^2-\frac{3p}{c}}$$

注:②、③中战略顾客最优 MWP 与①类似,只是取值不同。

证明:对式(1.29)中 q 关于 v 求导,得到$\dfrac{\mathrm{d}q}{\mathrm{d}v}=\bar{X}(p/v^2-2/\bar{v})$。假设 $v\in[\bar{v}/2,\sqrt{p\bar{v}/2}]$,则 v 与 q 存在一一对应关系,利用反函数导数性质,得:

$$\frac{\mathrm{d}v}{\mathrm{d}q}=\frac{1}{\bar{X}\left(\dfrac{p}{v^2}-\dfrac{2}{\bar{v}}\right)},\frac{\mathrm{d}^2v}{\mathrm{d}q^2}=\frac{2p}{\bar{X}^2v^3\left(\dfrac{p}{v^2}-\dfrac{2}{\bar{v}}\right)^3}$$

其中，$q\in\{\overline{X}(1-p/\bar{v}),2\overline{X}[1-\sqrt{p/(2\bar{v})}]^2\}$。

计算式(1.28)，得到：

$\pi^S=\left[-\frac{3}{2}+\ln 2\bar{G}(v)\right]\frac{q^2\bar{v}}{\overline{X}}+(2\bar{v}-p-c)q+(p-\bar{v})\frac{pq}{v}$对 π^S 关于 q 求导，得：

$$\frac{d\pi^S}{dq}=-\frac{3\bar{v}}{\overline{X}}q+\frac{2\bar{v}q}{\overline{X}}\ln 2\bar{G}(v)-\frac{q}{\overline{X}}\frac{q}{\bar{G}(v)}\frac{dv}{dq}+(2\bar{v}-p-c)+(p-\bar{v})\frac{p}{v}-(p-\bar{v})\frac{pq}{v^2}\frac{dv}{dq}\tag{1.31}$$

$$\frac{d^2\pi^S}{dq^2}=-\frac{3\bar{v}}{\overline{X}}+\frac{2\bar{v}}{\overline{X}}\ln 2\bar{G}(v)+\left[2(p-\bar{v})\frac{pq}{v^3}-\frac{1}{\bar{v}\overline{X}}\left(\frac{q}{\bar{G}(v)}\right)^2\right]\left(\frac{dv}{dq}\right)^2-\left[\frac{q}{\overline{X}}\frac{q}{\bar{G}(v)}+(p-\bar{v})\frac{pq}{v^2}\right]\frac{d^2v}{dq^2}-\left[\frac{4}{\overline{X}}\frac{q}{\bar{G}(v)}+2(p-\bar{v})\frac{p}{v^2}\right]\frac{dv}{dq}\tag{1.32}$$

因为 $v>s_l=\bar{v}/2$，所以，$\bar{G}(v)<1/2$，$\ln 2\bar{G}(v)<0$。令 Γ_1 和 Γ_2 分别表示式(1.32)中第三项和第四项，即

$$\Gamma_1+\Gamma_2=Z_1q\left(\frac{dv}{dq}\right)^2\tag{1.33}$$

其中，

$$\begin{aligned}Z_1&=\frac{2(p-\bar{v})p}{v^3}-\frac{2p^2(p-\bar{v})}{v^3\left(p-\frac{2v^2}{\bar{v}}\right)}-\frac{2-\frac{p}{v}}{\bar{v}\bar{G}(v)}-\frac{2p\left(2-\frac{p}{v}\right)}{v^3\left(\frac{p}{v^2}-\frac{2}{\bar{v}}\right)}\\&=\frac{2p}{v(p-2v^2/\bar{v})}\left(\frac{p}{v}-\frac{p}{\bar{v}/2}\right)-\frac{2v-p}{v(\bar{v}-v)}\end{aligned}$$

由 $v>\bar{v}/2$，得到 $p/v-2p/\bar{v}<0$，所以 $\Gamma_1+\Gamma_2<0$。

令 Γ_3 表示式(1.32)中第五项，则 $\Gamma_3=Z_2\frac{dv}{dq}$，其中，$Z_2=-\frac{4q}{\overline{X}\bar{G}(v)}-\frac{2(p-\bar{v})p}{v^2}=-\frac{2\delta}{v^2}$，$\delta=4v^2-2pv+p^2-p\bar{v}$，$\frac{d\delta}{dv}=8v-2p>0$，$\lim\limits_{q\to\overline{X}(1-p/\bar{v})}\delta=(\bar{v}-p)^2>0$，所以 $Z_2<0$，结合 $v<\sqrt{p\bar{v}/2}$，得到 $\Gamma_3<0$，即$\frac{d^2\pi^S}{dq^2}<0$。

计算一阶边界条件

$$\lim_{q\to\overline{X}(1-p/\bar{v})}\frac{d\pi^S}{dq}=\frac{3p^2}{\bar{v}}-2p-c,\quad\lim_{q\to 2\overline{X}[1-\sqrt{p/(2\bar{v})}]^2}\frac{d\pi^S}{dq}=-\infty\tag{1.34}$$

对 π^{NS} 关于 q 求导，得

$$\frac{\mathrm{d}\pi^{NS}}{\mathrm{d}q}=p-c-\frac{p}{\bar{X}}\frac{q}{\bar{G}(v)}-\frac{p}{2\bar{X}v}\left(\frac{q}{\bar{G}(v)}\right)^2\frac{\mathrm{d}v}{\mathrm{d}q} \tag{1.35}$$

$$\frac{\mathrm{d}^2\pi^{NS}}{\mathrm{d}q^2}=-\frac{p}{\bar{X}\bar{G}(v)}-\frac{2pq}{\bar{X}v\bar{G}^2(v)}\frac{\mathrm{d}v}{\mathrm{d}q}-\frac{pq^2}{2\bar{X}v\bar{G}^2(v)}\frac{\mathrm{d}^2v}{\mathrm{d}q^2}-\frac{pq^2}{\bar{X}v^2\bar{G}^3(v)}\left(\frac{\mathrm{d}v}{\mathrm{d}q}\right)^2 \tag{1.36}$$

由于式(1.36)中各项都为负，所以 $\mathrm{d}^2\pi^{NS}/\mathrm{d}q^2<0$。计算一阶边界条件

$$\lim_{q\to\bar{X}(1-p/\bar{v})}\frac{\mathrm{d}\pi^{NS}}{\mathrm{d}q}=\frac{3p^2-2\bar{v}p}{\bar{v}}\frac{p}{2p-\bar{v}}-c \tag{1.37}$$

$$\lim_{q\to2\bar{X}[1-\sqrt{p/(2v)}]^2}\frac{\mathrm{d}\pi^{NS}}{\mathrm{d}q}=-\infty$$

令 $\varphi_1=\dfrac{3p^2}{2p+c}$，$\varphi_2=p\left(\dfrac{p}{c}+1\right)-p\sqrt{\left(\dfrac{p}{c}+1\right)^2-\dfrac{3p}{c}}$，

①如果 $\bar{v}<\varphi_1$，式(1.34)与式(1.37)均为正，则一阶边界条件异号，得到 π^S 与 π^{NS} 都是 q 的拟凹函数。

②如果 $\varphi_1\leqslant\bar{v}<\varphi_2$，式(1.34)为负，$\pi^S$ 是 q 的递减凹函数，而式(1.37)为正，π^{NS} 仍是 q 的拟凹函数。

③结合 $v\in[\bar{v}/2,\sqrt{p\bar{v}/2}]$，得到 $\bar{v}<2p$。如果 $\varphi_2\leqslant\bar{v}<2p$，式(1.34)与式(1.37)均为负，所以 π^S 与 π^{NS} 都是 q 的递减凹函数。由于 v 与 q 的一一对应关系，通过式(1.37)求得①、②与③下战略顾客最优 MWPv^S 与 v^{NS}。证毕。

命题 1.6 表明：通过提供 MFC 保证，S 能够利用 EP 期最新需求信息来决定 PP 期是否降价销售剩余库存。也就是说，S 通过比较从 PP 期降价销售得到的收益与对提前购买顾客的补偿支付来判断 EP 期需求信息进而决策是否降价销售。

下面数值计算(见图 1.10)进一步表明 EP 期的需求是 S 是否降价销售 I 的主要因素。参数设置为，X 服从均值为 100，标准差为 50 的 Gamma 分布，$v\sim U(0,14)$，$c=4$，$p=10$。

图 1.10 表明：当存货数量较小时，EP 期需求较高(通过式(1.29)可得)，PP 期降价销售剩余库存得到的收益低于对 EP 期购买顾客的补偿支付，S 不降价销售。此时，EP 期购买的战略顾客不能获得价格差额补偿，这些以销售价格 p 购买的顾客成为销售商利润的主要来源。当存货数量较高时，则 EP 期需求较低，S 降价销售剩余库存。此时，提前购买与等待购买的战略顾客都能获得折扣价格。

以上分析假设已购买的顾客都不能退货，这在一些行业中确有实践，例如，音像制品由于版权问题就不允许退货。然而，在有些行业，如服装行业与电子行业，很多企业已将退货保证看成主要运营策略，这主要是基于退货保证

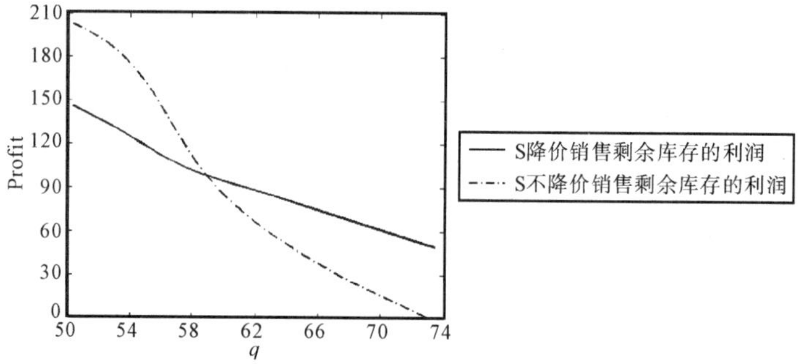

图 1.10　S 降价销售与不降价销售剩余库存的利润比较

能刺激更多顾客提前购买。据《华尔街日报》①调查显示,实际上只有 5%的退货是产品质量缺陷问题,绝大多数退货是其他原因,如冲动性购买。例如,Best Buy 允许 30 天内可以退货,国内许多行业也提供退货保证。接下来分析 S 提供退货保证情形下 MFC 保证对提前购买的价值。

1.3.3 顾客价值事后异质下的最惠顾客保证价值

假定顾客 MWP 事后异质的事件顺序总体上与事前异质情形相同,不同之处在于:(1)S 的决策变量为初始存货数量 q 与销售价格 p;(2)战略顾客在 EP 期购买产品并体验后,明白 MWP,然后决定保留产品或退货,如果退货,从 S 获得部分退货补偿 a,其中,$a<p$,假设由于运营战略或市场竞争,S 向顾客提供外生的退货保证;(3)战略顾客退回的产品能再销售(resale),这样,PP 期可用于销售的产品数量为 EP 期未销售数量与退货数量之和;(4)如果 S 在 PP 期降价销售,只对 EP 期保留产品的顾客给予价格差额补偿。

用下标"r"表示退货保证情形,仍用 v 表示顾客 MWP 为连续随机变量,分布函数和概率密度函数分别为 $G(\cdot)$与 $g(\cdot)$,不随时间变化。假设 MWP 的期望值 $Ev=\mu$。战略顾客是否在 EP 期购买取决于 S 提供的退货保证与 MFC 保证。

1.3.3.1 战略顾客购买决策

当 S 提供退货保证时,战略顾客虽能理性预期 PP 期产品可获得概率为 $F[q/\bar{G}(a)]$,但并不知道 S 是否会真正降价销售。这样,战略顾客在 EP 期与

① Lawton C. The war on returns. Wall Street Journal, May 8, 2008.

PP 期购买产品的期望剩余分别为：$E\max(v, a)-p+\frac{\bar{G}(a)(p-s)}{2}$ 与 $\frac{F\left(\frac{q}{\bar{G}(a)}\right)(\mu-s)}{2}$，则在 EP 期购买产品必须满足如下条件：

$$E\max(v,a)-p+\frac{\bar{G}(a)(p-s)}{2}\geqslant\frac{F\left(\frac{q}{\bar{G}(a)}\right)(\mu-s)}{2} \tag{1.38}$$

由式(1.38)，得到：

$$p=\frac{E\max(v,a)-\frac{1}{2}F\left(\frac{q}{\bar{G}(a)}\right)(\mu-s)-\frac{1}{2}\bar{G}(a)s}{1-\frac{1}{2}\bar{G}(a)} \tag{1.39}$$

式(1.39)中的销售价格 p 是 S 所能制定的最高价格。对 p 关于 q 求导，得：

$$\frac{\mathrm{d}p}{\mathrm{d}q}=-\frac{f[q/\bar{G}(a)](\mu-s)}{[2-\bar{G}(a)]\bar{G}(a)}<0$$

$$\frac{\mathrm{d}^2p}{\mathrm{d}q^2}=-\frac{f'[q/\bar{G}(a)](\mu-s)}{[2-\bar{G}(a)]\bar{G}^2(a)}$$

假设市场需求密度函数 $f'(X)>0$，该条件为充分而非必要条件，并且不小于 1 次方的幂分布函数能满足该条件。基于该假设，有 $\frac{\mathrm{d}^2p}{\mathrm{d}q^2}<0$。

1.3.3.2 MFC 保证的价值

(1)S 在 PP 期降价销售情形

用 $\pi_r^S(q,p)$ 表示 S 降价销售 I 的期望利润，则

$$\begin{aligned}\pi_r^S(q,p)&=p\tau+s[q-E\min(X,q)]+(p-a+s)G(a)E\min(X,q)-(p-s)\tau-cq\\&=(p-a)G(a)E\min(X,q)+(s-c)q\end{aligned} \tag{1.40}$$

其中，$\tau=\bar{G}(a)E\min(X,q)$ 表示 EP 期保留的产品数量，与 a 与 q 有关。

式(1.40)中第一项表示 EP 期从保留产品得到的收益，第二项表示 PP 期降价销售收益，第三项表示从顾客退货中获得的收益，第四项则表示对保留产品的顾客给予的价格差额补偿，最后一项表示总成本。

这样，S 与战略顾客之间的均衡问题可转化为如下优化模型：

$$\max\pi_r^S(q,p)$$
$$\text{s.t. }(1.39)$$

(2)S 在 PP 期不降价销售情形

用 $\pi_r^{NS}(q,p)$表示 S 不降价销售剩余库存 I 的期望利润,则

$$\pi_r^{NS}=p\tau+(p-a)G(a)E\min(X,q)-cq$$

此时,S 与战略顾客之间的均衡问题转化为如下优化模型:

$$\max\pi_r^{NS}(q,p)$$
$$\text{s.t.}\ (1.39)$$

(3)MFC 保证的价值

基于上述两个优化模型,得到下面命题 1.7。

命题 1.7 假设市场需求密度函数 $f(X)$递增,

①π_r^S 是 q 的拟凹函数,最优存货数量 q_r^S 由如下一阶条件确定:

$$\frac{\mathrm{d}\pi_r^S}{\mathrm{d}q}=G(a)E\min(X,q)\frac{\mathrm{d}p}{\mathrm{d}q}+(p-a)G(a)\bar{F}(q)+(s-c)=0 \tag{1.41}$$

且均衡销售价格为 p_r^S;π_r^{NS} 也是 q 的拟凹函数,最优存货数量 q_r^{NS} 由如下一阶条件确定:

$$\frac{\mathrm{d}\pi_r^{NS}}{\mathrm{d}q}=E\min(X,q)\frac{\mathrm{d}p}{\mathrm{d}q}-c+[p-aG(a)]\bar{F}(q)=0 \tag{1.42}$$

此处,均衡销售价格为 p_r^{NS},其中,p_r^S,p_r^{NS} 由式(1.39)求得。

②π_r^S 与 π_r^{NS} 都是 p 的拟凹函数。

证明:对 π_r^S 关于 q 求导,得:

$$\frac{\mathrm{d}\pi_r^S}{\mathrm{d}q}=G(a)E\min(X,q)\frac{\mathrm{d}p}{\mathrm{d}q}+(p-a)G(a)\bar{F}(q)+(s-c)$$

$$\frac{\mathrm{d}^2\pi_r^S}{\mathrm{d}q^2}=2G(a)\bar{F}(q)\frac{\mathrm{d}p}{\mathrm{d}q}-(p-a)G(a)f(q)+G(a)E\min(X,q)\frac{\mathrm{d}^2p}{\mathrm{d}q^2}$$

由$\frac{\mathrm{d}p}{\mathrm{d}q}<0$ 与$\frac{\mathrm{d}^2p}{\mathrm{d}q^2}<0$,所以$\frac{\mathrm{d}^2\pi_r^S}{\mathrm{d}q^2}<0$;假设 $s<c$,则

$$\lim_{q\to0}\frac{\mathrm{d}\pi_r^S}{\mathrm{d}q}=(p-a)G(a)+s-c>0,\ \lim_{q\to+\infty}\frac{\mathrm{d}\pi_r^S}{\mathrm{d}q}=s-c<0$$

得到一阶边界值异号。所以,π_r^S 是 q 的拟凹函数,由$\frac{\mathrm{d}\pi_r^S}{\mathrm{d}q}=0$ 确定的 q_r^S 使得 π_r^S 达到最大。

同样地对 π_r^{NS} 关于 q 求导,得:

$$\frac{d\pi_r^{NS}}{dq}=E\min(X,q)\frac{dp}{dq}-c+[p-aG(a)]\bar{F}(q)$$

$$\frac{d^2\pi_r^{NS}}{dq^2}=2\bar{F}(q)\frac{dp}{dq}+E\min(X,q)\frac{d^2p}{dq^2}-[p-aG(a)]f(q)$$

得到$\frac{d^2\pi_r^{NS}}{dq^2}<0$，结合$\lim\limits_{q\to 0}\frac{d\pi_r^{NS}}{dq}=p-aG(a)-c>0$，$\lim\limits_{q\to+\infty}\frac{d\pi_r^{NS}}{dq}=-c<0$，得到$\pi_r^{NS}$也是$q$的拟凹函数，存在唯一的$q_r^{NS}$使得$\pi_r^{NS}$达到最大。通过式(1.39)可求出均衡销售价格$p_r^S$，$p_r^{NS}$。

接着证明②，对π_r^{NS}关于p求导，得：

$$\frac{d\pi_r^S}{dp}=\frac{\frac{d\pi_r^S}{dq}}{\frac{dp}{dq}},$$

$$\frac{d^2\pi_r^S}{dp^2}=\frac{\frac{d^2\pi_r^S}{dq^2}-\frac{d^2p^2}{dq^2}}{\left(\frac{dp}{dq}\right)^2}<0$$

当$p<p_r^S$，$\frac{d\pi_r^S}{dq}<0$，则π_r^S是p的递增凹函数；相反，当$p\geqslant p_r^S$时，$\frac{d\pi_r^S}{dq}\geqslant 0$，得到$\pi_r^S$是$p$的递减凹函数，综合这两种情形，$\pi_r^S$是$p$的拟凹函数。用类似的方法得到$\pi_r^{NS}$也是$p$的拟凹函数。证毕。

命题1.7表明了S降价销售与不降价销售情形下战略顾客最优反应与均衡销售价格以及退货补偿直接相关。

下面命题1.8则进一步表明S在PP期是否降价销售取决于MFC保证以及退货保证。

命题1.8 存在退货补偿阈值$a^*=\bar{G}-1(s/p)$，

①当$a>a^*$时，利润差额$\Delta\pi_r$是初始存货数量q的递增凸函数，其中，$\Delta\pi_r=\pi_r^S-\pi_r^{NS}$；

②当$a\leqslant a^*$时，$\Delta\pi_r$是q的拟凸函数。

证明 对$\Delta\pi_r$关于q求导，得：

$$\frac{d\Delta\pi_r}{dq}=-\bar{G}(a)E\min(X,q)\frac{dp}{dq}-p\bar{G}(a)\bar{F}(q)+s$$

$$\frac{d^2\Delta\pi_r}{dq^2}=-\bar{G}(a)E\min(X,q)\frac{d^2p}{dq^2}-2\bar{G}(a)\bar{F}(q)\frac{dp}{dq}+p\bar{G}(a)f(q)>0$$

一阶边界条件为：$\lim\limits_{q\to 0}\frac{d\Delta\pi_r}{dq}=s-p\bar{G}(a)$，$\lim\limits_{q\to\infty}\frac{d\Delta\pi_r}{dq}=s>0$，

①当 $\bar{G}(a)<\bar{G}(a^*)=s/p$ 时，有 $-p\bar{G}(a)+s>0$，得到 $\Delta\pi_r$ 是 q 的递增凸函数；②当 $\bar{G}(a)\geqslant s/p$ 时，有 $-p\bar{G}(a)+s\leqslant 0$，则存在 q^*，当 $q<q^*$ 时，$\frac{d\Delta\pi_r}{dq}<0$，当 $q\geqslant q^*$ 时，$\frac{d\Delta\pi_r}{dq}\geqslant 0$，所以，$\Delta\pi_r$ 是 q 的拟凸函数。证毕。

命题 1.8 表明：①退货补偿越大，随着初始存货量的增加，S 降价销售比不降价销售获得的利润更高。这源于 S 根据 EP 期保留产品数量较低的信息，决定 PP 期最优策略是降价销售。②退货补偿越低，EP 期保留产品的数量增加，S 需要在降价销售更少剩余库存与补偿更多保留产品的顾客之间权衡。

(4)扩展

以上分析假设所有提前购买的战略顾客都要求补偿，但现实中，由于各种原因，只有一部分顾客需要补偿。针对这种情形，可以作如下分析：假设顾客需要提出申请，销售商才给予补偿，此时，需要补偿的顾客比例为 η，其中，$0\leqslant\eta\leqslant 1$。

①上述研究可看成是 $\eta=1$ 情形；

②当 $\eta<1$ 时，销售商给予的补偿支付更低，所得到的利润更高。这进一步表明不能获得价格差额补偿又以价格 p 购买的战略顾客是销售商的利润来源。

下面通过数值分析，比较存货数量 q 与退货补偿 a 不同组合下 MFC 保证的价值。参数设置如下：$s=7, c=7.2, v\sim U(8,12), X\sim N(100,50^2)$。

图 1.11 和图 1.12 分别比较了 q 与退货补偿 a 不同组合下 S 降价销售剩余库存、不降价销售剩余库存的利润以及两者的利润差额。

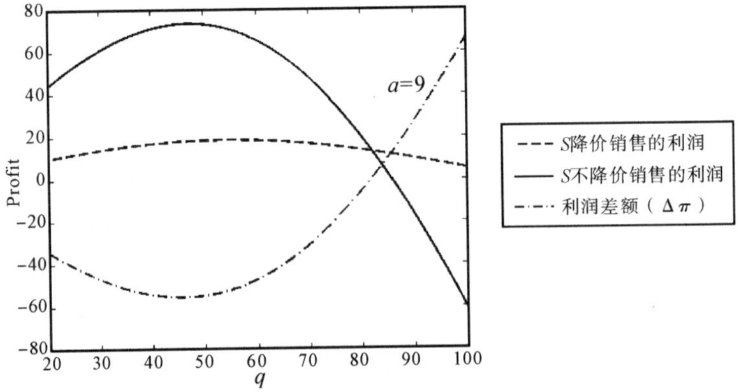

图 1.11　S 降价销售与不降价销售剩余库存的利润比较

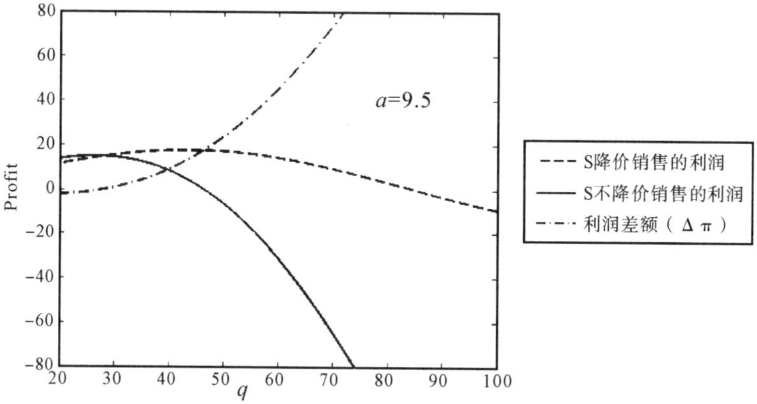

图 1.12　S 降价销售与不降价销售剩余库存的利润比较

图 1.11 表明：①当存货数量 q 较低时，S 不降价销售比降价销售剩余库存的利润更大，这主要是因为 EP 期保留产品的数量增加导致退货比例降低，如果降价销售，就需要对更多保留产品的顾客给予补偿，另外，由于 PP 期用于销售的产品数量减少，从降价销售中得到的收益低于支付的补偿量，所以，不降价销售对 S 更有利；②当 q 较大时，S 降价销售剩余库存的利润更大，此时，EP 期保留的产品数量很小，并且 p 随存货数量呈递减变化，所以，给予的价格差额补偿减少，而增加的退货数量使得降价销售收益更大；③当 q 足够大时，p 进一步降低，甚至低于退货补偿($p<a$)，此时，降价销售与不降价销售的利润均为负，即这两种策略都不是 S 的最优策略。

图 1.12 表明：①当存货数量 q 较小时，EP 期销售价格较高以及保留的产品数量增加，此时，PP 期用于销售的产品数量减少，S 的最优策略是不降价销售；②随着 q 递增，销售价格降低，PP 期可用于销售的产品数量大量增加，降价销售对 S 更有利；③当 q 足够大时，同样的，是否降价销售都不是 S 的最优策略。

比较图 1.11 与图 1.12 发现：①随着退货补偿增加（从 9 到 9.5），降价与不降价销售利润相等（即 $\Delta\pi_r=0$）的点向左移动，这说明降价销售在更大范围具有优势。即退货补偿越高，S 越需要降价销售更多的剩余库存；②验证了命题 1.7 与命题 1.8 的结论；③S 提供退货保证时，降低存货数量直到低于某阈值以创造配给风险时，MFC 保证的价值更大。也就是说，MFC 保证制造了隐性配给风险。例如，前面提到的 ZARA 也可以提供 MFC 保证来鼓励提前购买。

通过对图 1.10、图 1.11 与图 1.12 的比较，结论表明：S 降价销售与不降价销售的最优范围相同，验证了如下结论的稳定性。即 S 提供 MFC 保证时，如果 EP 期实际需求很小，PP 期降价销售；否则，PP 期不降价销售。

与动态定价机制相比，S 提供 MFC 保证具有如下优势：①弹性更大，充分利用 EP 期需求信息，即只在 EP 期需求很低时才降价处理剩余库存；而动态定价机制，只要 EP 期有剩余库存，就会在 PP 期降价处理；②更有助于向不熟悉产品的顾客传递高品质信号；③维持公平性，因为顾客总希望对同一产品支付相同价格。此外，随着互联网以及广告宣传的普及，顾客获取 S 的价格运行路径也比较容易，这为 MFC 保证的有效实施提供了便利条件。

总之，顾客购买心态与购买行为越来越具有战略性，表现为利用等待以尽可能低的价格购买产品，从而实现消费者剩余最大化，这使得企业的运营管理必须考虑顾客战略行为的影响。理性购买与体验购买受到越来越多的关注，因此，本节考虑了顾客 MWP 事前异质的理性购买和事后异质的体验购买对运营管理的影响。研究结论表明：当顾客理性购买时，销售商通过创造隐性价格风险打消顾客战略等待行为；顾客体验购买情形下 MFC 保证能创造配给风险诱使提前购买。

1.4 战略顾客行为下的顾客退货策略

互联网的日益普及以及网上顾客的评论提升了顾客追踪销售商产品可获得性以及价格变化的能力，使其利用战略等待以尽可能低的价格购买所需产品，从而加剧产品供给与需求间的不匹配性。

为了应对战略顾客行为，销售商采用的主要策略涉及两方面：(1)故意制造产品短缺，促使顾客提前购买，例如，西班牙的 ZARA[57] 通过创造配给风险获得成功；(2)直接提升顾客的支付意愿以增加其正常购买的期望剩余，例如，Benetton 公司通过改进服装设计来提高顾客支付意愿[35]。退货保证所隐含的“保险”机制(降低顾客接受产品的风险)也提升了顾客的支付意愿，刺激更多顾客购买产品，从而减轻了产品供需间的不匹配性，这越来越受到业界的青睐，但是，退货保证也产生了大量的退货，据《华尔街日报》报道①，即使购买的

① Lawton C. The war on returns. Wall Street Journal, May 8, 2008.

电子产品没有缺陷，约 19% 的顾客选择仍退货；网络销售所产生的产品退货更是高达 35%[58]，如何处理这些退货产品就成为销售商必须面对的核心问题。基于战略顾客行为的普遍性与退货策略的实践性，本节研究了存在战略顾客时，不再销售、正常再销售与降价再销售退货产品如何影响销售商的退货策略设计。

与本节相关的研究主要体现在：

(1)战略顾客行为。诸如，Kim 等[59]研究了存在战略顾客时，引入新产品的企业需要权衡生产成本与产品质量，认为战略顾客行为促使企业更关注提升产品质量；Liu 等[60]将学习型战略顾客嵌入销售商产能配给的动态模型中，认为存在收敛于配给均衡（或低价均衡）的产能预期的临界值；Li 等[61]研究了预订策略（pre-order strategy）的价值，发现即使销售商同时提供价格保证与预订策略，这种策略仍对销售商不利；Debo 等[62]研究了产品的历史价格信息对销售商的影响，认为销售商一旦隐藏历史价格信息，战略顾客就会将其支付意愿调低直到能观察到的折扣价格，从而降低销售商利润。上述文献均未涉及顾客退货策略，本节重点研究退货产品再处理方式对销售商退货策略设计以及战略顾客跨期决策的影响。

(2)退货策略。包括：Shulman 等[63~64]分别从两个视角研究了销售商的退货策略：竞争环境以及逆向渠道结构（制造商还是零售商降价再销售退货产品），这两篇文献也均未涉及战略顾客，而本节以战略顾客的跨期理性决策为出发点。范体军等[65~66]分别研究了废旧产品回收网络系统以及废旧产品回收的外包决策，这两篇文献主要分析顾客丢弃后的废弃品再利用。本节考虑的退货主要由顾客购买的产品与支付意愿不相匹配驱动的。

1.4.1 问题假设与描述

考虑单个销售商（简记为 S）向市场引入一种创新性产品。根据产品销售特征，把整个销售环节分为两期：以价格 p 销售的正常销售期（简记为 t_1 期），以价格 s 销售的折扣销售期（简记为 t_2 期）。S 的订货数量为 q，单位订货成本为 c，假设 $p>c>s$。

假设市场由能在 t_1 期购买的战略顾客以及只能在 t_2 期购买的询价顾客构成。(1)战略顾客：假设其数量很多，这表明单个顾客对市场总体的影响可忽略不计，并且所有顾客最多购买单位产品。用连续随机变量 X 表示战略顾客总数量，X 的分布函数与密度函数分别为 $F(\cdot)$ 与 $f(\cdot)$，$\bar{F}(\cdot)=1-F(\cdot)$。假设战略顾客的支付意愿 v_H 为支持集$[\underline{v},\bar{v}]$($\underline{v}<p<\bar{v}$)上的连续随机变量，

v_H的分布函数与密度函数分别为$G(\cdot)$与$g(\cdot)$，$\bar{G}(\cdot)=1-G(\cdot)$，这表明创新性产品引入市场时，由于产品内在价值很难判断，战略顾客在获得产品前，其支付意愿具有不确定性，只有获得产品后才明白其实际值。战略顾客理性预期t_2期产品可获得性，通过权衡在t_1期与t_2期中购买产品获得的期望剩余来决策购买时机。(2)询价顾客：由于S在t_2期降价销售t_1期的剩余产品L，这吸引了大量的询价顾客到达市场，假设其数量趋于无穷，其支付意愿为v_L，假设$v_L<\underline{v}$。

用WTP_i表示战略顾客在t_i期对新产品的期望支付意愿，$i=1,2$。

为了便于分析，本节把未销售的产品称为新产品，顾客退货的产品称为退货产品(returned product)。

假设 1.1 顾客对新产品与退货产品的期望支付意愿相同。

考虑两类策略：(1)S不允许顾客退货策略(简记为NR)，此时，战略顾客购买产品后，只能保留产品，例如，音像制品由于版权问题就不允许退货。(2)S允许顾客退货策略，此时，战略顾客购买产品并明白其实际支付意愿后，根据退货补偿η选择保留产品(或退货以获得该补偿)，其中，$\eta\leqslant p$。例如，美国家电连锁商 Best Buy 与网上零售商 Newegg 再销售退货产品[67]。①若$v_L\leqslant\eta\leqslant\underline{v}$，顾客退货比例为0，这退化为$NR$策略；②若$\underline{v}<\eta<p$，$S$提供部分退货补偿；③若$\eta=p$，$S$提供完全退货补偿。接下来主要研究$\eta\in(\underline{v},p]$情形，即顾客退货比例为正。

S对退货产品存在三种再处理方式：(1)RN策略(即S允许顾客退货，但不再销售这些退货产品)：此时，延迟到t_2期的战略顾客只能购买新产品；(2)RR策略(即S允许顾客退货并在t_1期正常再销售退货产品)：此时，S通过快速再处理流程，在t_1期立即销售退货产品，此时，战略顾客在t_1期既可购买新产品，也可购买退货产品；(3)RD策略(即S允许顾客退货并在t_2期降价再销售退货产品)：这种情形下，t_2期中总供给为t_1期未销售的新产品以及退货产品之和，延迟购买的战略顾客在t_2期可以购买新产品(或退货产品)。

用带“～”的变量表示信念，“＊”的变量表示均衡值，$\prod_i$表示策略i下S的期望利润，$i\in\{NR,RN,RR,RD\}$。

1.4.1.1 战略顾客跨期决策

所有战略顾客均提前到t_1期购买产品需满足如下条件：

$$WTP_1-p\geqslant\tilde{\xi}(WTP_2-s) \tag{1.43}$$

式(1.43)中的$\tilde{\xi}$表示战略顾客对t_2期产品可获得性的信念。为了加大t_2期中产品配给风险以诱导战略顾客提前购买，S的折扣价格s等于询价顾客的支付意愿v_L，即$s=v_L$。

(1)期望支付意愿

战略顾客在t_1期的期望支付意愿为：

$$WTP_1=\begin{cases} Ev_H & \text{对于 } NR \text{ 策略} \\ E\max(v_H,\eta) & \text{对于 } RN、RR、RD \text{ 策略} \end{cases} \tag{1.44}$$

式(1.44)表明：①当销售商不提供退货策略时，战略顾客的期望支付意愿为Ev_H，这也是其愿意支付的最高价格；②当S提供退货策略时，战略顾客的期望支付意愿为$E\max(v_H,\eta)$，该值包括两部分：顾客购买产品后，明白其实际值高于退货补偿并保留产品的期望支付意愿部分，购买后实际值低于退货补偿进行退货的期望支付意愿部分。

由于S在t_2期不提供退货策略，所以，战略顾客在t_2期的期望支付意愿为：

$$WTP_2=Ev_H \tag{1.45}$$

(2)t_2期产品可获得性

参考Cachon等[35]，用$\theta\in[0,1]$表示战略顾客对在t_2期中获得产品的乐观程度，即相信由延迟购买的战略顾客与询价顾客构成的排队系统中仍有θ比例比其后获得产品。本节关注$\theta=1$的情形，这基于如下考虑：简化产品分配机制以便更好地比较不再销售、正常再销售与降价再销售退货产品策略对销售商退货策略设计的影响。

1.4.1.2 基准模型(NR策略)

把S不提供退货策略情形称为基准情形，这作为与后面S提供退货策略情形相比较的基准。

在这种情形下，战略顾客对延迟到t_2期中购买产品的可获得性信念为$\tilde{\xi}=F(q)$，这样，战略顾客提前到在t_1期购买产品需要满足条件：$Ev_H-p\geq F(q)(Ev_H-v_L)$。得到$S$能制定的最高销售价格为：

$$p=Ev_H-F(q)(Ev_H-v_L) \tag{1.46}$$

用$\prod_{NR}$表示NR策略下S的期望利润，则

$$\prod\nolimits_{NR}=pE\min(q,X)+v_L[q-E\min(q,X)]-cq \tag{1.47}$$

式(1.47)中第一项表示 S 从 t_1 期中获得的期望收益，第二项表示 S 从 t_2 期中得到的期望收益，最后一项表示 S 的总采购成本。

下列命题 1.9 刻画了 NR 策略下 S 与战略顾客间的理性预期均衡。

命题 1.9 对于不允许顾客退货的策略，销售商与战略顾客间存在唯一理性预期均衡，所有战略顾客提前购买，S 的最优销售价格与销售数量分别为：

$$p_{NR}=v_L+\sqrt{(c-v_L)(Ev_H-v_L)},q_{NR}=\bar{F}^{-1}\left(\frac{c-v_L}{p_{NR}-v_L}\right)$$

证明：将式(1.47)代入式(1.45)，有：$p_{NR}=v_L+\sqrt{(c-v_L)(Ev_H-v_L)}$；将 p_{NR} 代入式(1.47)，可得 q_{NR}。证毕。

1.4.2 销售商不再销售退货产品策略

由于退货产品不能再销售，战略顾客对延迟到 t_2 期购买产品的可获得性信念仍可表示为 $\tilde{\xi}=F(q)$，这样，战略顾客提前到 t_1 期购买产品的条件为：$E\max(v_H,\eta)-p\geqslant F(q)(Ev_H-v_L)$，基于该不等式，得到 S 为了鼓励所有战略顾客提前购买，能制定的最高销售价格为：

$$p=E\max(v_H,\eta)-F(q)(Ev_H-v_L) \tag{1.48}$$

用 $\prod_{RN}$ 表示 RN 策略下 S 的期望利润，则

$$\begin{aligned}\prod\nolimits_{RN} = {} & p\bar{G}(\eta)E\min(q,X)+(p-\eta)G(\eta)E\min(q,X)+ \\ & v_L[q-E\min(q,X)]-cq\end{aligned} \tag{1.49}$$

式(1.49)中第一项表示 S 从战略顾客购买并保留产品中获得的期望收益，第二项表示 S 从战略顾客退货中得到的期望收益，第三项表示 S 降价销售剩余库存 L 获得的期望收益，最后一项表示 S 的总采购成本。

下面命题 1.10 刻画了 RN 策略下 S 与战略顾客间的理性预期均衡。

命题 1.10 对于允许顾客退货但不再销售退货产品策略，销售商与战略顾客间存在唯一理性预期均衡。所有战略顾客提前购买，销售商最优销售价格与销售数量分别为：

$$p_{RN}=v_L+\frac{\omega+\eta G(\eta)}{2}+\sqrt{\lambda_1+\left(\frac{\omega-\eta G(\eta)}{2}\right)^2},$$

$$q_{RN}=\bar{F}^{-1}\left(\frac{c-v_L}{p_{RN}-\eta G(\eta)-v_L}\right)$$

其中，$\omega=E\max(v_H,\eta)-Ev_H$，$\lambda_1=(c-v_L)(Ev_H-v_L)$。

证明：由式(1.49)得到最优订购数量为：

$$q=\overline{F}^{-1}\{(c-v_L)/[p-\eta G(\eta)-v_L]\} \tag{1.50}$$

将式(1.50)代入式(1.48)，有 $p_{RN}=v_L+\dfrac{\omega+\eta G(\eta)}{2}+\sqrt{\lambda_1+\left(\dfrac{\omega-\eta G(\eta)}{2}\right)^2}$，其中，$\omega=E\max(v_H,\eta)-Ev_H$，$\lambda_1=(c-v_L)(Ev_H-v_L)$，将 p_{RN} 代入式(1.50)，可得 q_{RN}。证毕。

下面命题1.11比较了 NR 策略与 RN 策略。

命题1.11 (1) S 提供 RN 策略的销售价格高于 NR 策略，即 $p_{RN}>p_{NR}$；(2) S 提供 RN 策略的销售数量与期望利润均低于 NR 策略，即 $q_{RN}<q_{NR}$，$\prod_{RN}^*<\prod_{NR}^*$。

证明：(1)由于 $\omega+\eta G(\eta)=\int_{\underline{v}}^{\eta}(2\eta-v_H)\mathrm{d}G(v_H)>0$，比较 p_{NR} 与 p_{RN} 的表达式，可得 $p_{RN}>p_{NR}$。比较 q_{NR} 与 q_{RN} 的表达式，发现两者关系取决于 $p_{NR}-v_L$ 与 $p_{RN}-\eta G(\eta)-v_L$，由于 $p_{NR}-v_L=\sqrt{\lambda_1}$，$p_{RN}-\eta G(\eta)-v_L=\sqrt{\lambda_1+(\lambda_2/2)^2}-\lambda_2/2$，其中，

$\lambda_1=(c-v_L)(Ev_H-v_L)$，$\lambda_2=\int_{\underline{v}}^{\eta}v_H g(v_H)\mathrm{d}v_H$，由于 $\sqrt{\lambda_1+(\lambda_2/2)^2}-\lambda_2/2<\sqrt{\lambda_1}$，所以，$q_{RN}<q_{NR}$。

(2)根据包络定理，有

$$\frac{\mathrm{d}\prod_{RN}^*}{\mathrm{d}\eta}=-[G(\eta)+\eta g(\eta)]E\min(q_{RN},X)<0$$

又由于 $\prod_{RN}^*\big|_{\eta=\underline{v}}=\prod_{NR}^*$，而 $\prod_{NR}^*$ 与 η 无关，所以，当 $\eta>\underline{v}$ 时，$\prod_{RN}^*<\prod_{NR}^*$。证毕。

命题1.11表明：(1)销售商提供退货保证时，较高的退货补偿增加了顾客的期望支付意愿，同时也产生了更高比例的退货，由于S不再销售这些退货产品，更高的退货补偿只会进一步增加期望支付意愿，从而增加其销售价格以至于高于不提供退货保证情形；(2)不再销售退货产品不仅降低了新产品的销售数量，还失去了从退货产品中获得利润的“二次机会”，这使得其期望利润低于NR策略。可见，允许退货但不再销售退货产品策略对销售商是不利的。

1.4.3 销售商正常再销售退货产品策略(*RR*)

用 r_1 表示 S 在 t_1 期再销售退货产品所引发的正常再处理成本(包括检测、再包装以及再发货成本等)。

对于允许退货并立即再销售退货产品策略,顾客的真正总需求变为 $\bar{G}(\eta)X$,此时,战略顾客对延迟到 t_2 期购买产品的可获得性信念为 $\tilde{\xi}=F[q/\bar{G}(\eta)]$,这样,战略顾客在 t_1 期购买产品的条件为:

$$E\max(v_H,\eta)-p\geqslant F[q/\bar{G}(\eta)](Ev_H-v_L)$$

基于该不等式,得到 S 能制定的最高销售价格为:

$$p=E\max(v_H,\eta)-F\left(\frac{q}{\bar{G}(\eta)}\right)(Ev_H-v_L) \tag{1.51}$$

用 $\prod_{RR}$ 表示 RR 策略下 S 的期望利润,则

$$\begin{aligned}\prod\nolimits_{RR}=\ &pE\min[q,\bar{G}(\eta)X]+[p-(r_1+\eta)]G(\eta)E\min(q,X)-cq+\\&v_L\{q-E\min[q,\bar{G}(\eta)X]\}\end{aligned} \tag{1.52}$$

式(1.52)中第一项表示 S 从战略顾客购买并保留产品中获得的期望收益,第二项表示 S 从正常再销售退货产品中得到的期望收益,第三项表示 S 的总采购成本,最后一项表示 S 降价销售剩余库存获得的期望收益。

下面命题 1.12 刻画了 RR 策略下 S 与战略顾客间的理性预期均衡。

命题 1.12 对于允许顾客退货并正常再销售退货产品策略,销售商与战略顾客间存在唯一理性预期均衡。所有战略顾客提前购买,销售商最优销售价格 p_{RR} 与销售数量 q_{RR} 由方程组(1.53)确定:

$$\begin{cases}p=E\max(v_H,\eta)-F\left(\dfrac{q}{\bar{G}(\eta)}\right)(Ev_H-v_L)\\(p-v_L)\bar{F}\left(\dfrac{q}{\bar{G}(\eta)}\right)+[p-(r_1+\eta)]G(\eta)\bar{F}(q)=c-v_L\end{cases} \tag{1.53}$$

证明: 对 $\prod_{RR}$ 关于 q 求导,可得:

$$\frac{\mathrm{d}\prod_{RR}}{\mathrm{d}q}=p\bar{F}\left(\frac{q}{\bar{G}(\eta)}\right)-c+[p-(r_1+\eta)]G(\eta)\bar{F}(q)+v_LF\left(\frac{q}{\bar{G}(\eta)}\right)$$

$$\frac{\mathrm{d}^2\prod_{RR}}{\mathrm{d}q^2}=-\frac{p-v_L}{\bar{G}(\eta)}f\left(\frac{q}{\bar{G}(\eta)}\right)-[p-(r_1+\eta)]G(\eta)f(q)<0$$

所以，S 的最优销售价格与销售数量由式(1.51)与 $\frac{\mathrm{d}\prod_{RR}}{\mathrm{d}q}=0$ 联合求得。

对式(1.51)中的 p 关于 q 求导数，可得：$\frac{\mathrm{d}p}{\mathrm{d}q}=-\frac{Ev_H-v_L}{\bar{G}(\eta)}f\left(\frac{q}{\bar{G}(\eta)}\right)<0$，

令 $H=\frac{\mathrm{d}\prod_{RR}}{\mathrm{d}q}$，则 $\frac{\mathrm{d}H}{\mathrm{d}q}=\frac{\partial H}{\partial q}+\frac{\partial H}{\partial p}\frac{\mathrm{d}p}{\mathrm{d}q}$，

又 $\frac{\partial H}{\partial q}=-\frac{p-v_L}{\bar{G}(\eta)}f\left(\frac{q}{\bar{G}(\eta)}\right)-[p-(r_1+\eta)]G(\eta)f(q)<0$，

$\frac{\partial H}{\partial p}=\bar{F}\left(\frac{q}{\bar{G}(\eta)}\right)+G(\eta)\bar{F}(q)>0$，所以，$\frac{\mathrm{d}H}{\mathrm{d}q}<0$，计算边界条件：

$\lim\limits_{q\to0}H=E\max(v_H,\eta)-c+[E\max(v_H,\eta)-(r_1+\eta)]G(\eta)>0$，$\lim\limits_{q\to+\infty}H=-(c-v_L)<0$，所以，存在唯一的 q_{RR} 使得 $H=0$，将得到的 q_{RR} 代入式(1.51)，可得 p_{RR}。证毕。

下面从理论分析(见命题1.13)与数值分析(见图1.14)两个视角，研究正常再销售退货产品策略的价值。

命题1.13　存在正常再处理成本阈值 r_1^{Δ} 与退货补偿阈值 $\eta^{\Delta}(\eta^{\Delta}\in(\eta^*,p_{RR}])$，满足：

(1)若 $r_1\geqslant r_1^{\Delta}$ 或 $\eta\geqslant\eta^{\Delta}$，则 $\prod_{RR}^*\leqslant\prod_{NR}^*$；

(2)若 $r_1<r_1^{\Delta}$ 且 $\eta<\eta^{\Delta}$，则 $\prod_{RR}^*>\prod_{NR}^*$。

其中，$r_1^{\Delta}=p_{RR}|_{\eta=\underline{v}}-\underline{v}-\frac{(p_{RR}|_{\eta=\underline{v}}-v_L)\int_0^{p_{RR}|_{\eta=\underline{v}}}Xf(X)\mathrm{d}X}{E\min(p_{RR}|_{\eta=\underline{v}},X)}$，$\eta^*$ 与 η^{Δ} 分别由 $\frac{\mathrm{d}\prod_{RR}^*}{\mathrm{d}\eta}=0$ 与 $\prod_{RR}^*\big|_{\eta\in(\eta^*,p_{RR}]}=\prod_{RR}^*\big|_{\eta=\underline{v}}$ 确定。

证明：根据包络定理，同样有 $\frac{\mathrm{d}\prod_{RR}^*}{\mathrm{d}\eta}=\frac{\partial\prod_{RR}}{\partial\eta}\Big|_{q=q_{RR}}^{p=p_{RR}}$，

$$\frac{\partial\prod_{RR}}{\partial\eta}\Big|_{q=q_{RR}}^{p=p_{RR}}=[p_{RR}-(r_1+\eta)]g(\eta)E\min(q_{RR},X)-(p_{RR}-v_L)g(\eta)\int_0^{\frac{q_{RR}}{\bar{G}(\eta)}}Xf(X)\mathrm{d}X-G(\eta)E\min(q_{RR},X)$$

$$\frac{\mathrm{d}\prod_{RR}^*}{\mathrm{d}\eta}\Big|_{\eta=p_{RR}}=-[r_1g(p_{RR}|_{\eta}=p_{RR})+G(p_{RR}|_{\eta}=p_{RR})]E\min(q_{RR}|_{\eta}=p_{RR},X)-(p_{RR}|_{\eta=p_{RR}}-v_L)g(p_{RR}|_{\eta=p_{RR}})\int_0^{\frac{q_{RR}|_{\eta=p_{RR}}}{\bar{G}(p_{RR}|_{\eta=p_{RR}})}}Xf(X)\mathrm{d}X<0$$

$$\left.\frac{\mathrm{d}\prod_{RR}^{*}}{\mathrm{d}\eta}\right|_{\eta=\underline{v}}=g(\underline{v})[p_{RR}|_{\eta=\underline{v}}-(r_1+\underline{v})]\int_{q_{RR}|_{\eta=\underline{v}}}^{+\infty}q_{RR}|_{\eta=\underline{v}}\mathrm{d}F(X)+$$

$$g(\underline{v})[v_L-(r_1+\underline{v})]\int_0^{q_{RR}|_{\eta=\underline{v}}}X\mathrm{d}F(X)$$

令 $r_1^{\Delta}=p_{RR}|_{\eta=\underline{v}}-\underline{v}-\dfrac{(p_{RR}|_{\eta=\underline{v}}-v_L)\int_0^{p_{RR}|_{\eta=\underline{v}}}Xf(X)\mathrm{d}X}{E\min(p_{RR}|_{\eta=\underline{v}},X)}$，

(1) 当 $r_1\geqslant r_1^{\Delta}$ 时，$\left.\dfrac{\mathrm{d}\prod_{RR}^{*}}{\mathrm{d}\eta}\right|_{\eta=\underline{v}}\leqslant 0$，结合$\left.\dfrac{\mathrm{d}\prod_{RR}^{*}}{\mathrm{d}\eta}\right|_{\eta=p_{RR}}<0$，当 $\eta\in(\underline{v},p]$ 时，$\dfrac{\mathrm{d}\prod_{RR}^{*}}{\mathrm{d}\eta}<0$，又因为$\prod_{RR}^{*}|_{\eta=\underline{v}}=\prod_{NR}^{*}$，所以，$\prod_{RR}^{*}<\prod_{NR}^{*}$。

(2) 当 $r_1<r_1^{\Delta}$ 时，$\left.\dfrac{\mathrm{d}\prod_{RR}^{*}}{\mathrm{d}\eta}\right|_{\eta=\underline{v}}>0$，结合$\left.\dfrac{\mathrm{d}\prod_{RR}^{*}}{\mathrm{d}\eta}\right|_{\eta=p_{RR}}<0$，存在 $\eta^{*}\in(\underline{v},p_{RR}]$ 使得$\left.\dfrac{\mathrm{d}\prod_{RR}^{*}}{\mathrm{d}\eta}\right|_{\eta=\eta^{*}}=0$，满足，当 $\eta<\eta^{*}$ 时$\dfrac{\mathrm{d}\prod_{RR}^{*}}{\mathrm{d}\eta}>0$，当 $\eta>\eta^{\Delta}$ 时$\dfrac{\mathrm{d}\prod_{RR}^{*}}{\mathrm{d}\eta}<0$。计算边界条件：

$$\prod_{RR}^{*}|_{\eta=\underline{v}}=(p_{RR}|_{\eta=\underline{v}}-v_L)E\min(q_{RR}|_{\eta=\underline{v}},X)-(c-v_L)q_{RR}|_{\eta=\underline{v}}$$

$$\prod_{RR}^{*}|_{\eta=p_{RR}-r_1}=E\min[q_{RR}|_{\eta=p_{RR}-r_1},\bar{G}(p_{RR}|_{\eta=p_{RR}-r_1})X]\times(p_{RR}|_{\eta=p_{RR}-r_1}-v_L)$$
$$-(c-v_L)q_{RR}|_{\eta=p_{RR}-r_1}$$

结合$q_{RR}|_{\eta=p_{RR}-r_1}<q_{RR}|_{\eta=\underline{v}}$，$p_{RR}|_{\eta=p_{RR}-r_1}<p_{RR}|_{\eta=\underline{v}}$，可得$\prod_{RR}^{*}|_{\eta=p-r_1}<\prod_{RR}^{*}|_{\eta=\underline{v}}=\prod_{NR}^{*}$，所以，存在阈值 $\eta^{*}<\eta^{\Delta}\leqslant p_{RR}$，满足：当 $\eta\leqslant\eta^{\Delta}$ 时，$\prod_{RR}^{*}\geqslant\prod_{NR}^{*}$；当 $\eta>\eta^{\Delta}$ 时，$\prod_{RR}^{*}<\prod_{NR}^{*}$。证毕。

命题 1.13 表明：(1)如果正常再处理成本较高($r_1\geqslant r_1^{\Delta}$)，销售商采用 *RR* 策略得到的利润低于 *NR* 策略，这可以通过比较新产品与退货产品的边际利润来解释：较高的再处理成本增加了新产品的边际利润，但大幅降低了退货产品的边际利润以及销售数量，从而降低了从退货产品中获得的利润，这使得销售商的期望利润低于不提供退货补偿策略；(2)如果退货补偿较高($\eta\geqslant\eta^{\Delta}$)，则 *RR* 策略下销售商的利润也低于 *NR* 策略，这样，销售商为了诱导所有战略顾客提前购买，不得不以降低销售价格的方式将部分期望剩余转移给顾客，也就是说，较高退货补偿降低了 *RR* 策略下新产品与退货产品的边际利润，同时还

降低了销售数量，这使得其期望利润低于 NR 策略；(3)如果正常再处理成本与退货补偿均较低，则 RR 策略下销售商的利润高于 NR 策略，这源于较低退货补偿与较低正常再处理成本增加退货产品的边际利润，此时，退货产品成为销售商的另一利润来源。所以，针对跨期理性决策的战略顾客，销售商不能盲目地提供退货保证，只有当逆向渠道效率较高并且退货补偿较低时，RR 策略所隐含的“二次销售机会”才能给销售商带来更高的期望利润。

1.4.4 销售商降价再销售退货产品策略(RD)

用 r_2 表示 S 在 t_2 期再销售退货产品所引发的降价再处理成本。同样的，逆向渠道效率越高或顾客对退货产品的贴现因子越高，r_2 就越低。

假设 1.2 降价再处理成本低于正常再处理成本，即 $r_2<r_1$。

假设 1.2 表明：销售商在 t_2 期降价再销售的再处理成本低于在 t_1 期再销售退货产品的再处理成本，这基于如下原因：相对于正常再销售情形，t_2 期降价再销售策略对退货产品重新进入市场的时限更长，这可以构建更慢的低成本再处理渠道，从而产生更低的再处理成本。

对于允许顾客退货并在 t_2 期降价再销售退货产品策略，同样的，顾客总需求为 $\bar{G}(\eta)X$，战略顾客对延迟到 t_2 期购买产品的可获得性信念仍可表示为 $\tilde{\xi}=F[q/\bar{G}(\eta)]$。战略顾客提前购买产品的条件为：

$$E\max(v_H,\eta)-p\geqslant F[q/\bar{G}(\eta)](Ev_H-v_L)$$

基于该不等式，得到 S 能制定的最高销售价格为：

$$p=E\max(v_H,\eta)-F\left[\frac{q}{\bar{G}(\eta)}\right](Ev_H-v_L) \tag{1.54}$$

用 $\prod_{RD}$ 表示 RD 策略下 S 的期望利润，则

$$\begin{aligned}\prod_{RD}= & p\bar{G}(\eta)E\min(q,X)-cq+[v_L-(r_2+\eta)]G(\eta)E\min(q,X)+\\ & v_L[q-E\min(q,X)]\end{aligned} \tag{1.55}$$

式(1.55)中的第一项表示 S 从战略顾客购买并保留产品中获得的期望收益，第二项表示 S 的总采购成本，第三项表示 S 从降价销售退货产品中获得的期望收益，最后一项表示 S 降价销售未销售产品获得的期望收益。

命题 1.14 对于允许顾客退货并降价再销售退货产品策略，若降价再处理成本 $r_2<r_2^{\Delta}$，则销售商与战略顾客间存在唯一理性预期均衡。所有战略顾客提前购买产品，销售商最优销售价格与销售数量由方程组(1.56)确定：

$$\begin{cases} p = E\max(v_H,\eta) - F\left(\frac{q}{\bar{G}(\eta)}\right)(Ev_H - v_L) \\ [(p-v_L)\bar{G}(\eta) - (r_2+\eta)G(\eta)]\bar{F}(q) - (c-v_L) = 0 \end{cases} \tag{1.56}$$

其中，$r_2^{\Delta} = \dfrac{E\max(v_H,\eta)\bar{G}(\eta) - c}{G(\eta)} + v_L - \eta$。

证明：对 $\prod_{RD}$ 关于 q 求导，可得

$$\frac{\mathrm{d}\prod_{RD}}{\mathrm{d}q} = p\bar{G}(\eta)\bar{F}(q) - c + [v_L - (r_2+\eta)]G(\eta)\bar{F}(q) + v_L[1 - \bar{F}(q)]$$

$$\frac{\mathrm{d}^2\prod_{RD}}{\mathrm{d}q^2} = -[p\bar{G}(\eta) - v_L]f(q) - [v_L - (r_2+\eta)]G(\eta)f(q) < 0$$

S 的最优销售价格与销售数量由式(1.54)与 $\dfrac{\mathrm{d}\prod_{RD}}{\mathrm{d}q} = 0$ 联合求得。

$\dfrac{\mathrm{d}p}{\mathrm{d}q} = -\dfrac{Ev_H - v_L}{\bar{G}(\eta)} f\left(\dfrac{q}{\bar{G}(\eta)}\right) < 0$，令 $H_D = \dfrac{\mathrm{d}\prod_{RD}}{\mathrm{d}q}$，则 $\dfrac{\mathrm{d}H_D}{\mathrm{d}q} = \dfrac{\partial H_D}{\partial q} + \dfrac{\partial H_D}{\partial p}\dfrac{\mathrm{d}p}{\mathrm{d}q}$，又 $\dfrac{\partial H_D}{\partial q} = -[(p-v_L)\bar{G}(\eta) - (r_2+\eta)G(\eta)]f(q) < 0$，$\dfrac{\partial H_D}{\partial p} = \bar{G}(\eta)\bar{F}(q) > 0$，所以，$\dfrac{\mathrm{d}H_D}{\mathrm{d}q} < 0$，计算边界条件：

$$\lim_{q\to 0} H_D = E\max(v_H,\eta)\bar{G}(\eta) - c + [v_L - (r_2+\eta)]G(\eta)$$

令 $r_2^{\Delta} = [E\max(v_H,\eta)\bar{G}(\eta) - c]/G(\eta) + v_L - \eta$，若 $r_2 > r_2^{\Delta}$，则 $\lim\limits_{q\to 0} H_D > 0$；若 $r_2 \leqslant r_2^{\Delta}$，则 $\lim\limits_{q\to 0} H_D \leqslant 0$，又 $\lim_{q\to+\infty} H_D = -(c-v_L) < 0$，所以，当 $r_2 > r_2^{\Delta}$ 时，存在唯一的 q_{RD} 使得 $H_D = 0$，将 q_{RD} 代入式(1.54)，可得最优销售价格 p_{RD}；当 $r_2 \leqslant r_2^{\Delta}$ 时，则不存在 q_{RD} 满足 $H_D = 0$，即，此时不存在理性预期均衡。证毕。

命题 1.14 表明：对于降价再销售退货产品策略，只有降价再处理成本较低时，销售商与战略顾客间才存在理性预期均衡。

下面命题 1.15 以及后面图 1.14 分别从理论分析与数值分析的视角，显示了 RD 策略的价值。

命题 1.15　S 提供 RD 策略获得的期望利润低于 NR 策略，即 $\prod_{RD}^{*} < \prod_{NR}^{*}$。

证明：根据包络定理，有

$$\frac{\mathrm{d}\prod_{RD}^{*}}{\mathrm{d}\eta}=-\left[(p_{RD}-v_L+r_2+\eta)g(\eta)+G(\eta)\right]E\min(q_{RD},X)<0$$

又由于 $\prod_{RD}^{*}\Big|_{\eta=\underline{v}}=\prod_{NR}^{*}$，而 $\prod_{NR}^{*}$ 与 η 无关，所以，当 $\eta>\underline{v}$ 时，$\prod_{RD}^{*}<\prod_{NR}^{*}$。证毕。

命题 1.15 表明：当销售商只能以折扣价格再处理退货产品时，RD 策略对销售商也是不利的。这同样可以通过比较新产品与退货产品的边际利润来解释：退货产品重新引入 t_2 期降低了销售商的订购数量，从而间接降低了 t_2 期中产品的可获得性，提升了销售价格 p_{RD}，使得 RD 策略下新产品的边际利润（由 $p_{RD}-c$ 表示）高于 NR 策略下新产品（由 $p_{NR}-c$ 表示），但退货产品的边际利润（由 $v_L-(r_2+\eta)$ 表示）始终为负，并且随着降价再处理成本（或退货补偿）增加，退货产品导致的利润损失更高，从而使得销售商利润低于 NR 策略。

Su[52]认为销售商提供的退货补偿应等于折扣价格，该文假设顾客具有短视行为；而本节主要针对战略顾客，为了诱使其提前购买，销售商需要以更高退货补偿的方式将部分期望剩余转移给顾客，从而降低了销售商的利润。

下面通过数值计算探讨再处理成本以及退货补偿的各种组合对销售商销售价格以及期望利润的影响。基本参数设置如下：$c=4$，$v_L=1.9$，v_H 服从[2，20]上的均匀分布，X 服从均值为 100、标准差为 50 的 Gamma 分布。

图 1.13 从销售价格方面比较了再处理成本与退货补偿相组合对销售商的影响。

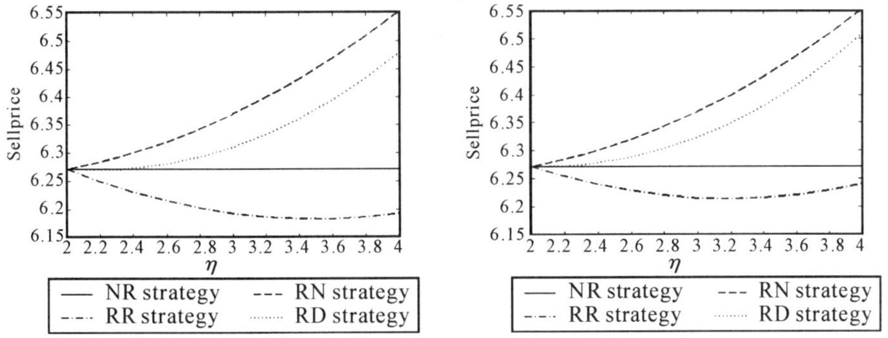

(a)$r_1=0.1$，$r_2=0.05$　　(b)$r_1=0.9$，$r_2=0.45$

图 1.13　退货补偿与销售价格

图 1.13 表明：(1)NR 策略下 S 的销售价格与再处理成本 $r_1(r_2)$ 以及退货补偿 η 均无关；RN 策略下 S 的销售价格随退货补偿增加而递增，但与再处

理成本无关;RR(RD 策略)下 S 的销售价格均随着 r_1(r_2)增加呈现递增趋势。(2)①RN 策略下的销售价格最高,RD 策略次之,但这两种策略的销售价格均高于 NR 策略,究其原因在于:较高的退货补偿增加了顾客的期望支付意愿,同时也产生了更高比例的退货,RN 策略由于 S 不再销售这些退货产品,此时,更高的退货补偿只会进一步增加期望支付意愿,RD 策略由于 S 在 t_2 期引入这些退货产品,使其销售价格低于 RN 策略,但高于 NR 策略;②RR 策略下的销售价格低于 NR 策略,这主要是因为退货产品引入 t_1 期,降低了销售价格,使其低于 NR 策略。

图 1.14 则从期望利润方面比较了再处理成本与退货补偿对销售商的组合影响。

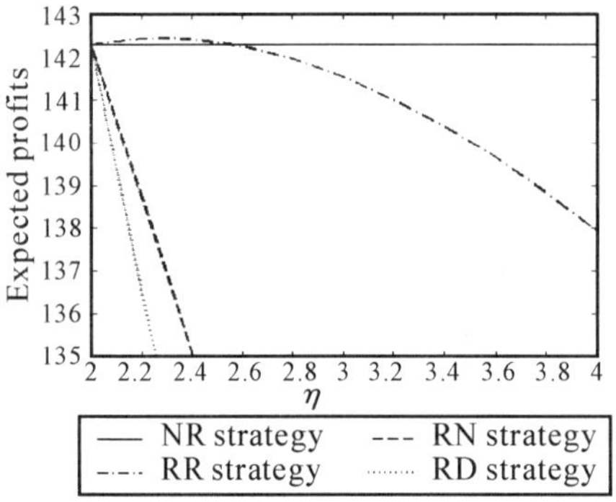

(a)$r_1=0.1, r_2=0.05$

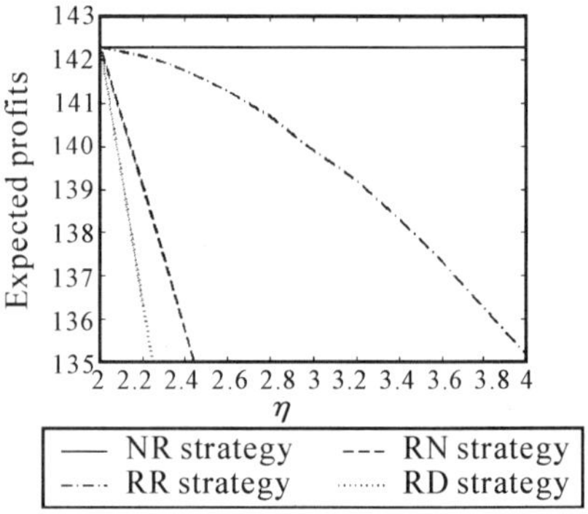

(b)$r_1=0.9, r_2=0.45$

图 1.14　退货补偿与期望利润

表 1.1 则进一步显示了图 1.14 中退货补偿 $\eta=2.4$ 时,四种退货策略对销售商利润构成的影响。

表 1.1　退货产品的价值

策略	再处理成本	均衡数量	期望利润		
			新产品	退货产品	总期望利润
NR	—	94.160	142.295	—	142.295
RN	—	93.834	135.008	0	135.008
RR	$r_1=0.1$	92.655	136.034	6.389	142.423
	$r_1=0.9$	92.537	136.727	5.030	141.757

续表

策略	再处理成本	均衡数量	期望利润		
			新产品	退货产品	总期望利润
RD	$r_2=0.05$	92.105	131.637	−0.938	130.699
	$r_2=0.45$	92.035	132.041	−1.620	130.421

注:"—"表示不存在

图 1.14 与表 1.1 表明:*NR* 策略下 S 的期望利润与再处理成本 $r_1(r_2)$ 以及退货补偿 η 均无关;(1)*RN* 策略下 S 的期望利润只随着 η 增加而递减,这主要是因为不再销售退货产品不仅降低了新产品的销售数量,还失去了从退货产品中获得利润的"二次机会",这使得其利润低于 *NR* 策略。(2)①当 $r_1=0.1$ 且 $\eta<2.556$ 时(见图 1.14(a)与表 1.1),*RR* 策略下 S 的期望利润高于 *NR* 策略,此时,提供退货策略对销售商更有利,究其原因在于:由于 S 立即引入退货产品,提高了退货产品再利用价值,这虽然使其新产品的收益低于 *NR* 策略,但由于退货产品也成为增加销售商利润的一种新来源,最终使得 *RR* 策略对销售商有利;②当 $r_1=0.9$(见图 1.14(b)与表 1.1)或退货补偿较高时,销售商采用 *RR* 策略所得到的利润又低于 *NR* 策略,结合①与②,*RR* 策略的有效性不仅依赖于再处理成本,还取决于退货补偿。(3)销售商采用 *RD* 策略得到的期望利润最低,这主要是因为退货产品引入 r_2 期不仅使新产品的收益低于 *NR* 策略,退货产品所导致的利润损失更加明显,导致 *RD* 策略的期望利润低于另外三种策略。(4)这验证了命题 1.11、命题 1.13 与命题 1.15 的理论结论。

通过研究结论表明:相对于不提供退货策略,(1)不再销售退货产品策略由于失去了再销售机会,降低了新产品的订购数量,使销售商利润低于不提供退货保证策略;(2)降价再销售退货产品策略虽然利用了再销售机会,但由于这种机会产生了负效应,仍使销售商利润低于不提供退货保证策略;(3)如果再处理成本与退货补偿均较低,则正常再销售退货产品策略能增加销售商利润,否则,这种策略也给销售商带来不利影响。总的来说,只有当正常再处理成本与退货补偿较低时,销售商向战略顾客提供的退货保证才有价值。降低再处理成本的途径包括:(1)前向渠道与逆向渠道相结合以提升逆向渠道的效率,从而降低再处理成本;(2)增加退货产品的品牌效应以提升顾客对退货产品的支付意愿,从而缩小顾客关于新产品与退货产品支付意愿的差额,进而降低再处理成本。

1.5 顾客体验对新产品供应链协调机制

随着产品生命周期缩短、顾客需求日益个性化以及竞争加剧，产品不断创新成为企业获得竞争优势的重要手段。但是，新产品引入时，顾客并不能完全了解产品是否匹配其要求，往往表现出延迟购买甚至抵制购买。顾客体验不仅能增加其了解并接受产品的程度，还能降低弃置未满足要求的产品对环境的负效应。诱导顾客体验购买也成为企业有效的促销策略[68]。

顾客体验主要分为外生体验与内生体验两种类型：(1)外生体验是指顾客通过外部渠道(非购买)获得关于产品匹配的信息。这些渠道包括：产品专业评论、现场体验以及网上顾客评论[69]等。例如，日本的 Nintendo 公司通过让顾客在线体验 Wii 降低了支付意愿的不确定性从而达成顾客满意是其成功的关键[53]；Apple iPhone 的成功也在于关注顾客及其在使用过程中可能有的体验。此外，店内现场体验也能降低顾客接受产品的风险[70]，这些策略的出发点在于如今顾客更看重直观感受和亲身体验[71]。(2)内生体验是指顾客从购买并使用产品中获得的匹配信息[52]，这源于顾客通过外生体验仍不能完全消除支付意愿的不确定性。企业向顾客提供退货保证能提升内生体验，从而刺激顾客购买。越来越多的企业从提升顾客体验中获得成功。基于顾客体验的重要性，本节运用机制设计原理研究了顾客外生体验与内生体验对新产品供应链协调的影响。

1.5.1 已有研究现状

与本节相关的研究主要体现在：

(1)研究新产品创新与引入。包括：Chao 等[73]运用战略木桶管理发现环境复杂性使得企业更需要不连续创新，而环境不稳定性下更需要渐进性创新；Karim[74]则从动态能力与组织学习能力探讨了新产品创新；Leiponen 等[75]从风险视角研究了企业可以通过评估知识来源来提高创新成功的概率；Plambeck 等[76]研究了电子产品废弃规制对新产品引入速度的影响，这些文献多关注产品技术创新与流程创新；Klink 等[77]研究了顾客创新影响企业对新产品的价值估计；Song 等[78]研究了促销策略在提高顾客接受创新产品方面的有效性；黄玮强等[79]发现正网络外部性及顾客同质下，最优赠样的新产品扩散效果优于随机赠样；而同时具有正负网络外部性时，最优赠样与随机赠样无明显差异，本节也关注新产品引入，但重点是顾客体验对供应链协调的影响。

(2)运用销售补偿合同与回购合同研究供应链协调。诸如,汪贤裕等[80]发现回购合同能够协调供应链,供应商和销售商之间的风险分担由回购折价参数和回购比例参数决定,本节也研究了这两种合同,结论表明销售补偿合同不能协调供应链,而回购合同能协调供应链。

1.5.2 问题描述

考虑由一个供应商与一个销售商构成的供应链。供应商通过销售商向市场销售一种新产品。用 X 表示市场规模为连续随机变量,其分布函数与密度函数分别为 $F(\cdot)$ 与 $f(\cdot)$,$\bar{F}(\cdot)=1-F(\cdot)$。假设销售价格 p 不随时间变化,即销售商不降价处理期末剩余库存 I。该假设表明新产品引入市场时,销售价格 p 随时间固定更有助于向不熟悉产品的顾客传递高品质信号。销售商根据顾客体验来决策销售价格 p 与订购数量 q,单位订购成本为 w。供应商的单位生产成本为 c。假设 $w\geqslant c$。

供应商向销售商提供两种相反的供应合同:销售补偿合同(sales rebate contract)与回购合同(buyback contract)。其中,在销售补偿合同下,销售商每销售单位产品能从供应商获得补偿 u;而在回购合同下,销售商未销售的产品回退给供应商,可获得补偿 b。

假设最初市场中存在两类异质顾客:高最大支付意愿(简记为 MWP)顾客与低 MWP 顾客。(1)高 MWP 顾客的比例为 α,用 v 表示其 MWP 为区间 $[\underline{v},+\infty)$上的连续随机变量,$\underline{v}>0$。v 的分布函数与密度函数分别为 $G(\cdot)$ 与 $g(\cdot)$,$\bar{G}(\cdot)=1-G(\cdot)$,这对供应商与销售商为共同知识。(2)低 MWP 顾客的比例为 $1-\alpha$,其 MWP 为 v_0,$v_0<\underline{v}$,不失一般性,将 v_0 正则化为 0。

顾客对新产品的体验过程由外生体验过程与内生体验过程构成:

(1)外生体验过程:最初时,顾客并不确切知道其属于高 MWP 类型还是低 MWP 类型。通过外生体验,顾客会收到暗示其 MWP 类型的噪声信号 S_i,$i\in\{H,L\}$,H 与 L 分别表示高 MWP 类型与低 MWP 类型;然后,根据 Bayes 法则修正其 MWP 类型,此时,顾客才明确知道其属于哪种 MWP 类型,这取决于所收到的噪声信号质量 τ。

注:$\tau\in[0,1]$表示顾客收到暗示其 MWP 类型的信号正确的概率①,反映

① 例如,初始高 MWP 顾客在外生体验中收到暗示其为高 MWP 类型的概率为 τ,初始低 MWP 顾客收到暗示其为低 MWP 类型的概率也为 τ。

了其判断 MWP 类型准确的程度；相反，$1-\tau$ 表示初始顾客收到的暗示其 MWP 类型的不正确信号的概率。

(2)内生体验过程：①如果顾客根据 Bayes 法则修正为高 MWP 类型就购买产品(产生内生体验)，相反，如果顾客修正为低 MWP 类型，则这类顾客的 MWP 为 0，不会产生内生体验。②销售商提供退货保证，即对内生体验后不满意的顾客予以退货，退货补偿为 η，$\eta \leqslant p$。顾客内生体验后明确知道其 MWP 的实际值，然后，决定保留产品或退货。

1.5.3 顾客体验购买决策

以下部分只研究 $\tau \in [1/2,1]$ 的情形，这基于如下考虑：顾客外生体验后判断其 MWP 类型的准确程度较高，更能揭示其体验对新产品供应链协调的本质。

参考 Swinney[53] 的假设，用 Γ_i 表示顾客从外生体验中收到私有噪声信号 S_i 后，通过 Bayes 法则修正为高 MWP 类型的后验概率。

(1)如果收到高 MWP 类型信号，有

$$\Gamma_H = P(H \mid S_H) = \frac{\alpha\tau}{\alpha\tau + (1-\alpha)(1-\tau)} \tag{1.57}$$

通过内生体验，顾客明白其 MWP 的实际值为 $\Gamma_H v$。由于销售商提供退货补偿 η，①如果 $\Gamma_H v \geqslant \eta$，顾客保留产品；②如果 $\Gamma_H v < \eta$，顾客退货以获得退货补偿 η①。这样，销售商所能制定的最高销售价格 p 就是顾客最终愿意支付的最高价格，即

$$p = E\max(\Gamma_H v, \eta) \tag{1.58}$$

式(1.58)说明了只要销售价格不高于 p，收到 S_H 信号并修正为高 MWP 类型的顾客都会购买。由于假设顾客退货不能再销售，这部分顾客比例为 $\lambda = \alpha\tau + (1-\alpha)(1-\tau)$，其中，$\alpha\tau$ 表示初始高 MWP 顾客并收到 S_H 信号的比例，$(1-\alpha)(1-\tau)$ 表示初始低 MWP 顾客但也收到 S_H 信号的比例。相应地，修正后的这部分需求量为 λX。

假设 $E\max(\alpha v, \eta) - p < 0$。

该假设暗示，如果收到完全没有参考价值的噪声信号，该顾客就不会产生内生体验。该假设是充分非必要条件。

---

① 不考虑“顾客购买产品只是暂时使用，然后退货”等道德风险问题。

(2)如果收到低 MWP 类型信号,有

$$\Gamma_L = P(H \mid S_L) = \frac{\alpha(1-\tau)}{\alpha(1-\tau)+(1-\alpha)\tau} \tag{1.59}$$

根据假设和式(1.59),得到引理 1.4。

引理 1.4 $E\max(\Gamma_L v, \eta) - p < 0$。

证明:对式(3)关于 τ 求导数,得到$\frac{d\Gamma_L}{d\tau}<0$,进而得到 $dE\max(\Gamma_L v, \eta)/d\tau<0$,又$E\max(\Gamma_L v, \eta)\mid_{\tau=1/2}=E\max(\alpha v, \eta)$,所以,当 $\tau\in(1/2,1]$时,有 $E\max(\Gamma_L v, \eta)<E\max(\alpha v, \eta)<p$。证毕。

引理 1.4 表明:收到暗示其为低 MWP 信号的初始顾客如果产生内生体验,则其期望剩余为负。也就是说,收到低 MWP 信号的初始顾客都不会购买产品。这样,顾客参加内生体验的条件退化为:收到暗示其为高 MWP 类型信号并修正为高 MWP 类型的初始高 MWP 顾客与初始低 MWP 顾客。

引理 1.5 (1)销售商的销售价格 p 随顾客收到的噪声信号质量 τ 增加而递增,即$\frac{dp}{d\tau}>0$;(2)顾客通过外生体验与内生体验过程后,最终保留的产品数量为 $\bar{G}(\eta/\Gamma_H)E\min(q,\lambda X)$。

证明:先证明(1),由式(1.58)得到 $p=\Gamma_H\int_{\eta/\Gamma_H}^{+\infty} v\,dG(v)+\eta G\left(\frac{\eta}{\Gamma_H}\right)$,对 p 关于 τ 求导,得$\frac{dp}{d\tau}=\frac{d\Gamma_H}{d\tau}\int_{\eta/\Gamma_H}^{+\infty} v\,dG(v)$,由式(1.57)可得,$\frac{d\Gamma_H}{d\tau}>0$,所以,$\frac{dp}{d\tau}>0$。

接着证明(2)。当销售商以价格 p 销售产品时,销售量为 $E\min(q,\lambda X)$,如果 $\Gamma_H v\geqslant\eta$,则保留产品,即保留产品的比例为 $\bar{G}(\eta/\Gamma_H)$,此时,最终销售数量为 $\bar{G}(\eta/\Gamma_H)E\min(q,\lambda X)$。证毕。

引理 1.5 表明:当顾客通过外生体验收到的信号质量更高时,销售商的销售价格更高,这反映了销售商通过提升外生体验,增加了产品与价格的匹配程度,从而可以制定与产品相适应的价格策略。

接下来先分析集中系统(centralized system)中的顾客体验;然后从补偿机制与利润分割两个方面研究分散系统(decentralized system)中顾客体验对供应链协调的影响。

1.5.4 集中系统的决策

在集中系统中,供应商与销售商之间不存在转移支付,并以供应链利润最大化作为各自目标。运用集中系统作为基准以评估分散系统。

集中系统的期望利润为：

$$\pi_C=[p-\eta G(\frac{\eta}{\Gamma_H})]E\min(q,\lambda X)-cq \tag{1.60}$$

由式(1.60)得到，最优存货数量为：

$$q_C^*=\lambda\bar{F}^{-1}[\frac{c}{p-\eta G(\eta/\Gamma_H)}] \tag{1.61}$$

下面命题1.16说明了顾客体验对集中系统的影响。

命题1.16 (1)集中系统最优利润 π_C^* 随顾客通过外生体验获得的信号质量 τ 增加而递增，即 $\frac{d\pi_C^*}{d\tau}>0$；(2) π_C^* 随顾客通过内生体验获得的退货补偿 η 增加反而递减，即 $\frac{d\pi_C^*}{d\eta}<0$。

证明：将式(1.61)代入式(1.60)得到最优利润 π_C^*，根据包络定理，得到

$$\begin{aligned}\frac{d\pi_C^*}{d\tau}&=\left[\frac{\partial\pi_C}{\partial\tau}+\frac{\partial\pi_C}{\partial p}\frac{dp}{d\tau}\right]\Bigg|_{q=q_C^*}+\frac{\partial\pi_C}{\partial q}\Bigg|_{q=q_C^*}\frac{dq_C^*}{d\tau}=\left[\frac{\partial\pi_C}{\partial\tau}+\frac{\partial\pi_C}{\partial p}\frac{dp}{d\tau}\right]\Bigg|_{q=q_C^*}\\&=\left[\int_{\frac{\eta}{\Gamma_H}}^{+\infty}v\,dG(v)+\frac{\eta^2g(\eta/\Gamma_H)}{\Gamma_H^2}\right]\frac{d\Gamma_H}{d\tau}\times E\min(q_C^*,\lambda X)+\Gamma_H\frac{d\lambda}{d\tau}\int_{\frac{\eta}{\Gamma_H}}^{+\infty}v\,dG(v)\\&\quad\int_0^{\frac{q_C^*}{\lambda}}X\,dF(X)>0\end{aligned}$$

用同样方法，可得 $\frac{d\pi_C^*}{d\eta}<0$。证毕。

命题1.16表明：(1)提升外生体验，即顾客准确判断其MWP类型的程度增加，集中系统不仅能制定更高的销售价格，还能获得更高的利润。这也反映了提升顾客外生体验，对集中系统有利。(2)提升内生体验，即顾客得到的退货补偿 η 增加，集中系统的利润减少。这源于退货补偿增加间接降低了销售价格，进而减少其利润。(3)从集中系统的角度看，供应商更倾向于销售商提升顾客外生体验而不是内生体验，即应当让顾客在购买之前尽量降低其接受产品的风险，而不是盲目地提供退货补偿。

图1.15显示了初始高MWP顾客的比例 α 对集中系统的影响。参数设定为：X 服从均值为100、标准差为50的伽玛分布(Gamma分布)，$c=3$，$\eta=6$，$\tau=0.75$，v 在区间[1,20]上服从均匀分布。

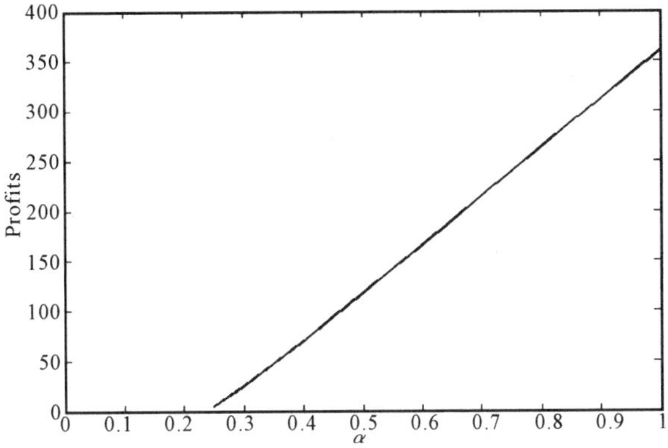

图 1.15 初始高 MWP 顾客比例与集中系统利润

从图 1.15 中可以看出:集中系统的利润随初始高 MWP 顾客的比例增加而递增。这可以通过比较初始高 MWP 顾客比例 α 与修正后的高 MWP 顾客比例 λ 来理解。(1)当初始高 MWP 顾客的比例较低(即 $\alpha \leqslant 0.5$)时,$\lambda \geqslant \alpha$,这表明通过外生体验,更多初始低 MWP 顾客修正为高 MWP 顾客,进而增加了集中系统的利润;(2)当初始高 MWP 顾客的比例较高(即 $\alpha > 0.5$)时,$\lambda < \alpha$,也就是说,通过外生体验修正后,高 MWP 顾客的比例反而减少,这同样增加集中系统的利润,其原因在于顾客更明确其类型,间接减少了内生体验后的退货数量,从而增加了集中系统的利润。

1.5.5 销售补偿合同的决策

在分散系统中,供应商与销售商之间存在转移支付并以各自利润最大化为目标。

当供应商向销售商提供销售补偿合同时,批发价格为 w,对销售商已销售产品的补偿为 u。其中,已销售产品包括顾客保留的产品与顾客退货。用上标“r”表示销售补偿合同情形。

用 $\pi_R^r(q,p,u)$ 表示销售商的期望利润,则

$$\pi_R^r = p\bar{G}\left(\frac{\eta}{\Gamma_H}\right)E\ \min(q,\lambda X) + (p-\eta)G\left(\frac{\eta}{\Gamma_H}\right)E\ \min(q,\lambda X) + uE\ \min(q,\lambda X) - wq \tag{1.62}$$

式(1.62)中的第一项表示从最终销售数量中得到的收益,第二项表示从顾客退货中得到的净收益,第三项表示从供应商获得的销售补偿,最后一项表

示采购总成本。

由式(1.62)求得,销售商最优采购数量为:

$$\tilde{q}_R^r = \lambda \bar{F}^{-1}\left[\frac{w}{p+u-\eta G(\eta/\Gamma_H)}\right] \tag{1.63}$$

用 $\pi_M^r(q,p,u)$ 表示供应商的期望利润,则

$$\pi_M^r = (w-c)q - uE\min(q,\lambda X) \tag{1.64}$$

下列命题 1.17 从补偿机制分析了顾客体验对供应链协调的影响。

命题 1.17 当供应商向销售商提供销售补偿合同时,如果供应商给予销售商的销售补偿为:

$$\tilde{u} = \left(\frac{w}{c}-1\right)\left[p-\eta G\left(\frac{\eta}{\Gamma_H}\right)\right] \tag{1.65}$$

能协调供应链,此时,供应商与销售商的利润分别为 $\tilde{\pi}_M^r$ 与 $\tilde{\pi}_R^r$。

证明:供应链协调的条件为 $\tilde{q}_R^r = q_C^*$,即销售商采购数量与供应链最优存货数量相同。由该条件得到供应商给予销售商的最优销售补偿为:

$$\tilde{u} = (w/c-1)[p-\eta G(\eta/\Gamma_H)]$$

将 $\tilde{q}_R^r$ 与 $\tilde{u}$ 代入式(1.62)与式(1.64),得到供应商利润与销售商均衡利润分别为 $\tilde{\pi}_M^r = \pi_M^r(q_C^*, p, \tilde{u})$ 与 $\tilde{\pi}_R^r = \pi_R^r(q_C^*, p, \tilde{u})$。证毕。

下面命题 1.18 从利润分割分析了销售补偿合同不能实现供应链协调。

命题 1.18 当供应商向销售商提供销售补偿合同时,供应商的均衡利润为负,即 $\tilde{\pi}_M^r < 0$。

证明:供应商的均衡利润为:

$$\tilde{\pi}_M^r = (w-c)q_C^* - \tilde{u}E\min(q_C^*, \lambda X) = q_C^*\left[w-c-\tilde{u}\bar{F}\left(\frac{q_C^*}{\lambda}\right)\right] - \tilde{u}\lambda\int_0^{\frac{q_C^*}{\lambda}} X\mathrm{d}F(X)$$

$$= -\tilde{u}\lambda\int_0^{q_C^*/\lambda} X\mathrm{d}F(X) < 0$$

其中,第三个等式由式(1.65)满足。证毕。

命题 1.18 表明:从运作执行角度看,供应商向销售商提供销售补偿合同不能协调供应链。其原因在于,假设供应商向销售商提供的补偿为其边际利润 $w-c$,则销售商倾向订货不足。为了激励销售商提高订货数量并达到供应链协调的数量,供应商给予的补偿必须超过边际利润,又由于供应商利润随销

售补偿增加而递减，这样，销售商每销售单位产品，供应商的利润都为负，所以，销售补偿合同不能协调供应链。

Taylor 等[81]也认为线性销售补偿合同不能实现供应链协调，而目标销售补偿合同(target rebate contract)能协调供应链，该文假设销售价格外生固定；Su[52]认为销售补偿合同也能协调供应链，与本节不同在于只考虑顾客的内生体验。

1.5.6 回购合同的决策

在回购合同中，供应商对销售商的剩余库存 I 进行回购，并给予补偿 b。其中，I 包括未销售产品与顾客退货。用上标"b"表示回购合同情形。

用 $\pi_R^b(q,p,b)$ 表示销售商的期望利润，则

$$\pi_R^b = p\bar{G}\left(\frac{\eta}{\Gamma_H}\right)E\ \min(q,\lambda X)+(p-\eta)G\left(\frac{\eta}{\Gamma_H}\right)E\ \min(q,\lambda X)+ b\left[q-\bar{G}\left(\frac{\eta}{\Gamma_H}\right)E\ \min(q,\lambda X)\right]-wq \tag{1.66}$$

式(1.66)中的第一项表示从顾客保留的产品中得到的收益，第二项表示从顾客退货中得到的净收益，第三项表示从供应商获得的回退补偿，最后一项表示采购成本。

同样的，由式(1.66)得到，销售商最优采购数量为：

$$\tilde{q}_R^b = \lambda\bar{F}^{-1}\left[\frac{w-b}{p-\eta G\left(\frac{\eta}{\Gamma_H}\right)-b\bar{G}\left(\frac{\eta}{\Gamma_H}\right)}\right] \tag{1.67}$$

用 $\pi_M^b(q,p,b)$ 表示供应商的期望利润，则

$$\pi_M^b = (w-c)q-b\left[q-\bar{G}\left(\frac{\eta}{\Gamma_H}\right)E\ \min(q,\lambda X)\right] \tag{1.68}$$

下面命题 1.19 从补偿机制分析了回购合同能实现供应链协调。

命题 1.19 当供应商向销售商提供回购合同时，如果供应商给予销售商的回退补偿为：

$$\tilde{b} = \frac{(w-c)\left[p-\eta G\left(\frac{\eta}{\Gamma_H}\right)\right]}{p-\eta G\left(\frac{\eta}{\Gamma_H}\right)-c\bar{G}\left(\frac{\eta}{\Gamma_H}\right)} \tag{1.69}$$

能协调供应链，供应商利润与销售商利润分别为 $\tilde{\pi}_M^b$ 与 $\tilde{\pi}_R^b$。

证明：当供应商向销售商提供回购合同时，协调供应链的条件为 $\tilde{q}_R^b=q_C^*$，进而得到供应商给予销售商的回退补偿为：

$$\tilde{b}=\frac{(w-c)\left[p-\eta G\left(\frac{\eta}{\Gamma_H}\right)\right]}{p-\eta G\left(\frac{\eta}{\Gamma_H}\right)-c\bar{G}\left(\frac{\eta}{\Gamma_H}\right)}$$

此时，供应商与销售商的均衡利润分别为 $\tilde{\pi}_M^b=\pi_M^b(q_C^*,p,\tilde{b})$ 与 $\tilde{\pi}_R^b=\pi_R^b(q_C^*,p,\tilde{b})$。证毕。

下面命题 1.20 从利润分割方面分析了回购合同也能协调供应链。

命题 1.20　当供应商向销售商提供回购合同时，

(1)供应商与销售商的利润均为正，即 $\tilde{\pi}_M^b>0$，$\tilde{\pi}_R^b>0$。

(2)供应商与销售商之间能任意分割供应链利润。

(3)供应商与销售商获得的协调利润份额随其议价能力的增加而递增，即 $\frac{\mathrm{d}\,\tilde{\pi}_M^b}{\mathrm{d}w}>0$，$\frac{\mathrm{d}\,\tilde{\pi}_R^b}{\mathrm{d}w}<0$。

证明：供应商的均衡利润为：

$$\begin{aligned}\tilde{\pi}_M^b&=(w-c)q_C^*-\tilde{b}\left[q_C^*-\bar{G}\left(\frac{\eta}{\Gamma_H}\right)E\min(q_C^*,\lambda X)\right]\\&=q_C^*\{w-c-\tilde{b}[1-\bar{G}(\eta/\Gamma_H)\bar{F}(q_C^*/\lambda)]\}+\tilde{b}\bar{G}(\eta/\Gamma_H)\lambda\int_0^{q_C^*/\lambda}X\mathrm{d}F(X)\\&=\tilde{b}\bar{G}(\eta/\Gamma_H)\lambda\int_0^{q_C^*/\lambda}X\mathrm{d}F(X)>0\end{aligned}$$

其中，第三个等式由式(1.69)满足。

$$\frac{\mathrm{d}\tilde{\pi}_M^b}{\mathrm{d}w}=\frac{\mathrm{d}\tilde{b}}{\mathrm{d}w}\bar{G}(\eta/\Gamma_H)\lambda\int_0^{q_C^*/\lambda}X\mathrm{d}F(X)$$

$$\begin{aligned}\tilde{\pi}_R^b&=[p-\eta G(\eta/\Gamma_H)-c\bar{G}(\eta/\Gamma_H)]\times\left[q_C^*\bar{F}\left(\frac{q_C^*}{\lambda}\right)+\lambda\int_0^{\frac{q_C^*}{\lambda}}X\mathrm{d}F(X)\right]-(w-\tilde{b})q_C^*\\&=\frac{[p-\eta G(\eta/\Gamma_H)]\lambda\int_0^{q_C^*/\lambda}X\mathrm{d}F(X)}{p-\eta G(\eta/\Gamma_H)-c\bar{G}(\eta/\Gamma_H)}\times\left[p-\eta G\left(\frac{\eta}{\Gamma_H}\right)-w\bar{G}\left(\frac{\eta}{\Gamma_H}\right)\right]\end{aligned}\quad(1.70)$$

①如果 $w\leqslant\tilde{w}$，其中，$\tilde{w}=\frac{p-\eta G(\eta/\Gamma_H)}{\bar{G}(\eta/\Gamma_H)}$，则 $\tilde{\pi}_R^b\geqslant0$；②如果 $w>\tilde{w}$，则 $\tilde{\pi}_R^b<0$。所以，当 $w\in[c,\min(p,\tilde{w})]$时，回购合同能协调供应链。

又 $p-\tilde{w}=\frac{p\bar{G}(\eta/\Gamma_H)-p+\eta G(\eta/\Gamma_H)}{\bar{G}(\eta/\Gamma_H)}=\frac{(\eta-p)G(\eta/\Gamma_H)}{\bar{G}(\eta/\Gamma_H)}$

由 $\eta \leqslant p$，得到 $p \leqslant \tilde{w}$，这样，$w \in [c, p]$，得到 $\tilde{\pi}_R^b \geqslant 0$ 并且供应商与销售商能任意分割协调利润。由式(1.70)还得到，$\frac{d\tilde{\pi}_R^b}{dw} < 0$。用同样证明过程，可得(2)。又根据式(1.69)，得到$\frac{d\tilde{b}}{dw} > 0$，所以，$\frac{d\tilde{\pi}_M^b}{dw} > 0$。证毕。

命题 1.20 表明：从运作执行角度看，回购合同也能实现供应链协调，并且供应商与销售商之间能通过协商批发价格任意分割供应链利润。

Su[52]发现回购合同不能协调供应链，而差异化回购合同(differentiated buyback contract)能协调供应链，与本节不同在于未考虑顾客外生体验；Taylor 等[82]也认为供应商向销售商提供回购合同比销售补偿合同更优，但该文研究供应商是否要刺激销售商努力提高需求预测，并以供应商为出发点，未涉及供应链协调。

命题 1.21 回购合同比销售补偿合同在利润分割与供应链协调性上更优。

命题 1.21 表明：供应商应当对销售商未销售产品而不是已销售产品进行补偿。这可以从以下两个方面来解释：(1)供应商与销售商之间能任意分割供应链协调利润，从而把利润获取过程与分割过程相分离，这样，供应商与销售商在协商各自的利润份额之前，能最大限度地提升顾客外生体验以增加供应链总利润；(2)回购合同减轻了销售商订货过量的风险，刺激其增加订购数量，这间接增加了供应商的利润；相反，销售补偿合同增加了销售商订货过量的风险，从而减少其订购数量，间接降低了供应商的利润。

下面通过数值分析，讨论在回购合同下，顾客外生体验以及内生体验对供应链协调利润、供应商利润与销售商利润的影响。参数设定为：X 服从均值为 100，标准差为 50 的伽玛分布，$c=3$，$\eta=8$，$\alpha=0.6$，v 在区间[1,20]上服从均匀分布。

图 1.16 显示了顾客外生体验对供应链协调利润、供应商利润与销售商利润的影响。(1)提升外生体验使得顾客收到的噪声信号质量 τ 增加，供应链协调利润、供应商利润与销售商利润均增加。这表明了让顾客更准确判断其 MWP 类型，对供应链以及各成员企业均有利。(2)批发价格 w 越大，表明供应商分割的协调利润份额越高，相应地获得的利润也更高，此时，销售商利润减少，这验证了命题 5 的结论。(3)当噪声信号质量 τ 与批发价格 w 均增加时，供应链协调利润以及供应商利润分割份额都更高，则供应商利润大幅增加。

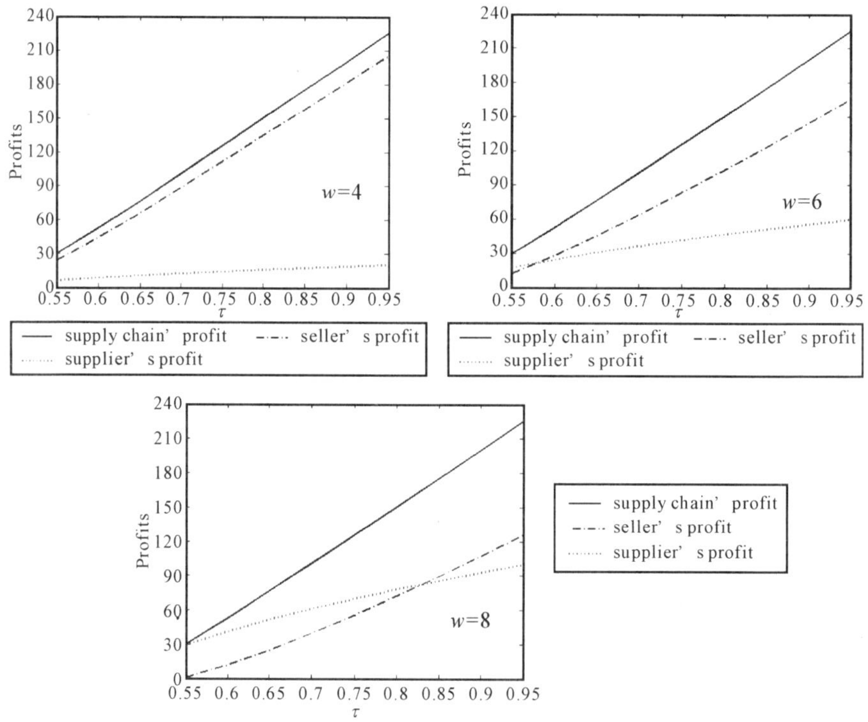

图 1.16　信号质量与均衡利润

图 1.17 显示了顾客内生体验对供应链利润、供应商利润以及销售商利润的影响，其中，$w=6$、$\tau=0.7$。(1)提升内生体验，即顾客得到的退货补偿 η 增加，①供应链协调利润减少，这源于 η 增加间接降低了销售价格，进而减少协调利润；②供应商利润也减少，其原因在于最终销售数量减少，退货增加，供应商给予销售商的回退补偿增加，从而减少其利润；③销售商利润呈现拟凹曲线，即退货补偿为中等值时的利润更大，这主要是因为退货补偿 η 很小时，供应商获得更多利润，而 η 很大降低了供应链协调利润，即使销售商议价能力很高(相应的利润份额很高)，其利润也会减少。(2)当 $\eta\leqslant2.84$ 时，供应商利润更高；相反，当 $\eta>2.84$ 时，销售商利润更高。

总之，本节通过研究了顾客外生体验与内生体验对新产品供应链协调的影响，得出如下结论：(1)提升顾客外生体验能提高供应链及其成员企业的收益。(2)销售补偿合同不能协调供应链，而回购合同能协调供应链，并且供应商与销售商能任意分割协调利润；这种任意分割利润特征也为在利润分割之

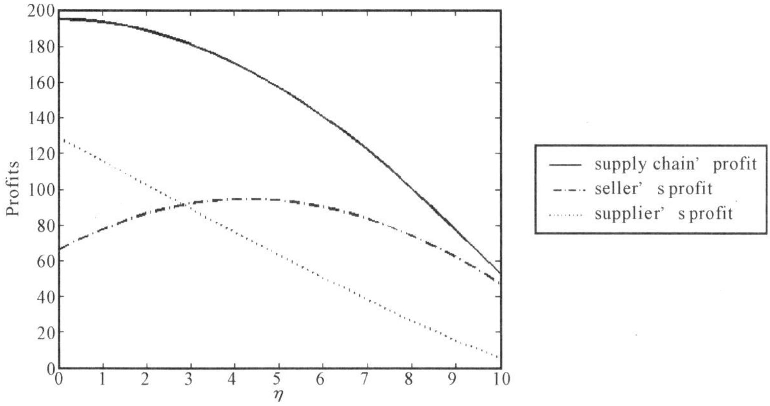

图 1.17 退货补偿与均衡利润

前，各成员企业最大限度地提升顾客体验以获得更多协调利润提供了保障。

公开问题

由于顾客购买行为越来越表现出理性与前瞻性，研究顾客学习效应以及可能会后悔并回退不满意产品等，对于销售商提高服务水平将起着重要作用。值得进一步研究的问题包括：(1)探讨寡头垄断或多产品下库存随机配给策略的价值；(2)研究分散型供应链中库存随机配给策略；(3)研究迟钝顾客与战略顾客双重影响下快速响应与随机配给相结合的总体价值，对这些问题的探讨，能进一步揭示销售商应对顾客战略等待与行为迟钝的运营策略内在机理；(4)研究顾客 MWP 随时间贴现更能揭示顾客战略行为的动态影响；(5)研究顾客学习效应对销售商提高服务水平将起着重要作用；(6)考虑寡头垄断或多种异质顾客下 MFC 保证；(7)检验分散型供应链中 MFC 保证是否合适等也有一定的理论与实际意义；(8)探讨战略顾客在产品发布之前的预订期与产品发布之后的正常购买期跨期决策时，销售商应当如何设计退货策略；(9)研究竞争环境下的战略顾客行为对退货机制设计的影响；(10)随着互联网的日益普及，电子渠道对传统渠道带来越来越多的冲击，研究基于跨营销渠道的战略顾客行为与退货机制间的交互，能进一步揭示战略顾客行为与退货机制设计间的内在关系；(11)研究顾客跨期理性选择购买时机下顾客体验对供应链协调的影响；(12)探讨各种促销策略在新产品扩散以及降低顾客接受产品风险的有效性；13)研究收入共享合同、创新共享合同与投资共享合同下顾客体验对供应链协调的影响也有一定的理论与实践意义。

注 释

[1]布莱克韦尔,米尼德,恩格尔. 消费者行为学[M]. 北京:机械工业出版社,2009.

[2]Schiffman L G, Kanuk L L. Consumer behavior[M]. New Jersey: Prentice Hall, 1995.

[3]Howard J A, Sheth J N. The theory of buyer behavior[M]. New York: Wiley, 1969.

[4]Engel J F, Blackwell R D, Miniard P W. Consumer behavior[M]. Chicago: Dryden Press, 1990.

[5]Coase R H. Durability and monopoly[J]. Journal of Law & Economics, 1972, 15(1): 143-149.

[6]Desai P, Koenigsberg O, Purohit D. Strategic decentralization and channel coordination[J]. Quantitative Marketing and Economics, 2004, 2(1): 5-22.

[7]Conlisk J, Gerstner E, Sobel J. Cyclic pricing by a durable goods monopolist[J]. Quarterly Journal of Economics, 1984, 99(3): 489-505.

[8]Harris M, Raviv A. A theory of monopoly pricing schemes with demand uncertainty[J]. American Economic Review, 1981, 71(3): 347-365.

[9]Stokey N L. Intertemporal price discrimination[J]. Quarterly Journal of Economics, 1979, 93(3): 355-371.

[10]Stokey N L, Rational expectations and durable goods pricing[J]. Bell Journal of Economics, 1981, 12(1): 112-128.

[11]Bulow J I. Durable-goods monopolists[J]. Journal of Political Economy, 1982, 90(2): 314-332.

[12]Besanko D, Winston W L. Optimal price skimming by a monopolist facing rational consumers[J]. Management Science, 1990, 36(5): 555-567.

[13]Butz D A. Durable-good monopoly and best-price provisions[J]. American Economic Review, 1990, 80(5): 1062-1076.

[14]Jacobson R, Obermiller C. The formation of expected future price: a reference price for forward-looking consumers[J]. Journal of Consumer Research, 1990, 16(4): 420.

[15]Krishna A. The normative impact of consumer price expectations for multiple brands on consumer purchase behavior[J]. Marketing Science, 1992, 11(3): 266-286.

[16]Krishna A. The impact of dealing patterns on purchase behavior[J]. Marketing Science, 1994, 13(4): 351-373.

[17]Krishna A, Currim I S, Shoemaker R W. Consumer perceptions of promotional activity[J]. Journal of Marketing, 1991, 55(2): 4-16.

[18]Ho T-H, Tang C S, Bell D R. Rational shopping behavior and the option value of

variable pricing[J]. Management Science,1998,44(12):S145—S160.

[19]Xie J,Shugan S M. Electronic tickets,smart cards,and online prepayments:when and how to advance sell[J]. Marketing Science,2001,20(3):219—243.

[20]Arya A,Mittendorf B. Benefits of channel discord in the sale of durable goods[J]. Marketing Science,2006,25(1):91—96.

[21]Anderson C K,Wilson J G. Wait or buy? The strategic consumer:pricing and profit implications[J]. Journal of the Operational Research Society,2003,54(3):299—306.

[22]Aviv Y,Pazgal A. Optimal pricing of seasonal products in the presence of forward-looking consumers[J]. Manufacturing & Service Operations Management,2008,10(3):339—359.

[23]Elmaghraby W,Gulcu A,Keskinocak P. Designing optimal preannounced markdowns in the presence of rational customers with multiunit demands[J]. Manufacturing & Service Operations Management,2008,10(1):126—148.

[24]Su X. Intertemporal pricing with strategic customer behavior[J]. Management Science,2007,53(5):726—741.

[25]Levin T,Levin Y,McGill J,Nediak M. Dynamic pricing with online learning and strategic consumers:an application of the aggregating algorithm[J]. Operations Research,2009,57(2):327—341.

[26]Jerath K,Netessine S,Veeraraghavan S K. Revenue management with strategic customers:last-minute selling and opaque selling[J]. Management Science,2010,56(3):430—448.

[27]Levin Y,McGill J,Nediak M. Dynamic pricing in the presence of strategic consumers and oligopolistic competition[J]. Management Science,2009,55(1):32—46.

[28]Su X. Optimal Pricing with speculators and strategic consumers[J]. Management Science,2010,56(1):25—40.

[29]Levin Y,McGill J,Nediak M. Optimal dynamic pricing of perishable items by a monopolist facing strategic consumers[J]. Production and Operations Management,2010,19(1):40—60.

[30]Dana J D,Petruzzi N C. Note:The newsvendor model with endogenous demand[J]. Management Science,2001,47(11):1488—1497.

[31]Liu Q,van Ryzin G J. Strategic capacity rationing to induce early purchases[J]. Management Science,2008,54(6):1115—1131.

[32]Zhang D,Cooper W L. Managing clearance sales in the presence of strategic customers[J]. Production and Operations Management,2008,17(4):416—431.

[33]Lai G,Debo L G,Sycara K. Buy now and match later:impact of posterior price matching on profit with strategic consumers[J]. Manufacturing & Service Operations Man-

agement,2010,12(1):33－55.

[34]Levin Y,McGill J,Nediak M. Price guarantees in dynamic pricing and revenue management[J]. Operations Research,2007,55(1):75－97.

[35]Cachon G P,Swinney R. Purchasing, pricing,and quick response in the presence of strategic consumers[J]. Management Science,2009,55(3):497－511.

[36]Byrnes N,Zellner W. Playing the discount game[J]. Business Week,2004,12:13.

[37]Hardman D,Harper S,Notaney A. Keeping inventory-and profits-off the discount rack[M]. White paper,Booz Allen,Hamilton Inc. ,McLean,VA,2007.

[38]Su Xuanming. A model of consumer inertia with applications to dynamic pricing [J]. Production and Operation Management,2009,18(4):365－380.

[39]Cachon G,Swinney R. The value of fast fashion:quick response,enhanced design, and strategic consumer behavior[J]. Management Science,published online ahead of print March4,2011.

[40]Ghemawat P,Nueno J. Zara:Fast fashion. HBS Case 9－703－497[M]. Harvard Business School,Boston,2006.

[41]Kane Y I,Wingfield N. Nintendo plays it a Wii bit cautious[J]. Wall Street Journal,2007,12(7):B1.

[42]Su Xuanming,Zhang Fuqiang. Strategic customer behavior,commitment,and supply chain performance[J]. Management Science,2008,54(10):1759－1773.

[43]Su Xuanming. Inter-temporal pricing with strategic customer behavior[J]. Management Science,2007,53(5):726－741.

[44]DenicolòV,Garella P. Rationing in a durable goods monopoly[J]. Rand Journal of Economy,1999,30:44－55.

[45]Yin R,Aviv Y,Pazgal A,Tang C. Optimal markdown pricing:Implications of inventory display formats in the presence of strategic customers[J]. Management Science, 2009,55(8):1391－1408.

[46]Subramanian B,Liu Yan,Stock A. An empirical analysis of scarcity strategies in the automobile industry[J]. Management Science,2009,55(10):1623－1637.

[47]Bibek B,Subir B. Advertising competition under consumer inertia[J]. Marketing Science,2003,22(1):131－144.

[48]刘晓峰,黄沛,杨雄峰. 具有网络外部性的双寡头市场的动态定价策略[J]. 中国管理科学,2007,15(1):94－98.

[49]徐峰,盛昭瀚,陈国华. 基于异质性消费群体的再制造产品的定价策略研究[J]. 中国管理科学,2008,16(6):130－136.

[50]Muth J. Rational expectations and the theory of price movements[J]. Econometrica,1961,29:315－335.

[51]Su Xuanming, Zhang Fuqiang. On the value of commitment and availability guarantees when selling to strategic consumers[J]. Management Science, 2009, 55(5): 713—726.

[52]Su Xuanming. Consumer returns policies and supply chain performance[J]. Manufacturing and Service Operation Management, 2009, 11(4): 595—612.

[53]Swinney R. Selling to strategic consumers when product value is uncertain: the value of matching supply and demand[R]. Working paper, Stanford university, 2009.

[54]Shulman J D, Coughlan A T, Savaskan R Canan. Optimal restocking fees and information provision in an integrated demand-supply model of product returns[J]. Manufacturing and Service Operation Management, 2009, 11(4): 577—594.

[55]姚忠.风险约束下退货合同对供应链的协调性分析[J].管理科学学报, 2008, 11(3): 96—105.

[56]Png I P L. Most favored customer protection versus price discrimination over time [J]. Journal of political economy, 1991, 99(5): 1010—1028.

[57]Ghemawat P, Nueno J. Zara: fast fashion. HBS Case 9—703—497[M]. Harvard Business School, Boston, 2006.

[58]Rogers D, Tibben-Lembke R. Going backwards: reverse logistics trends and practices[M]. Reverse Logistics Executive Council, Reno, NV. 1998.

[59]Kim S, Swinney R. Product quality choice and inventory risk with strategic consumers[R]. Working Paper, Yale University, 2011.

[60]Liu Qian, van Ryzin J. Strategic capacity rationing when customers learn[J]. Manufacturing and Service Operation Management, 2011, 13(1): 89—107.

[61]Li Cuihong, Zhang Fuqiang. Advance demand information, price discrimination, and pre-order strategies[R]. Working Paper, University of Connecticut, 2010.

[62]Debo L G, Wu Xiao. In the shadow of the past: The impact of historical price information on dynamic selling strategies for a single asset whose value is not perfectly known [R]. Working paper, University of Chicago, 2010.

[63]Shulman J, Coughlan A, Canan Savaskan R. Managing consumer returns in a competitive environment[J]. Management Science, 2011, 57(2): 347—362.

[64]Shulman J, Coughlan A, Canan Savaskan R. Optimal reverse channel structure for consumer product returns[J]. Marketing Science, 2010, 29(6): 1071—1085.

[65]范体军,常香云,陈荣秋,胡清淮.大型废旧产品回收网络的数学模型与算法研究[J].管理科学学报, 2009, 12(4): 94—102.

[66]范体军,楼高翔,王晨岚,陈荣秋.基于绿色再制造的废旧产品回收外包决策分析[J].管理科学学报, 2011, 14(8): 8—16.

[67]Ak·ay Y, Boyac· T, Zhang Dan. Selling with money-back guarantees: the impact

on prices, quantities, and retail profitability[J]. Production and Operation Management, 2011, forthcoming.

[68]Villas-Boas S, Villas-Boas J M. Learning, forgetting, and sales[J]. Management Science, 2008, 54(11): 1951—1960.

[69]Chen Yubo, Xie Jinhong. Online consumer review: word-of-mouth as a new element of marketing communication mix[J]. Management Science, 2008, 54(3): 477—491.

[70]Jain D, Mahajan V, Muller E. An approach for determining optimal product sampling for the diffusion of a new product[J]. Journal of Product Innovation Management, 1995, 12(2): 124—35.

[71]Verganti R. Design, meanings, and radical innovation: a metamodel and a research agenda[J]. Journal of Product Innovation Management, 2008, 25(5): 436—456.

[72]Su Xuanming. Inter-temporal pricing and consumer stockpiling[J]. Operations Research, 2010, 58(4): 1133—1147.

[73]Chao R O, Kavadias S. A theoretical framework for managing the new product development portfolio: when and how to use strategic buckets[J]. Management Science, 2008, 54(5): 907—921.

[74]Karim S. Business unit reorganization and innovation in new product markets[J]. Management Science, 2009, 55(7): 1237—1254.

[75]Leiponen A, Helfat C E. Innovation objectives, knowledge sources, and the benefits of breadth[J]. Strategic Management Journal, 2010, 31: 224—236.

[76]Plambeck E, Wang Qiong. Effects of e-waste regulation on new product introduction[J]. Management Science, 2009, 55(3): 333—347.

[77]Klink R R, Athaide G A. Consumer innovativeness and the use of new versus extended brand names for new products[J]. Journal of Product Innovation Management, 2010, 27(1): 23—32.

[78]Song M, Parry M E. Information, promotion, and the adoption of innovative consumer durables[J]. Journal of product innovation management, 2009, 26: 441—454.

[79]黄玮强，庄新田，姚爽. 网络外部性条件下新产品扩散的赠样策略研究[J]. 管理科学学报，2009，12(4)：51—63，74.

[80]汪贤裕，肖玉明. 基于返回策略与风险分担的供应链协调分析[J]. 管理科学学报，2009，12(3)：65—70.

[81]Taylor T. Supply chain coordination under channel rebates with sales effort effects[J]. Management Science, 2002, 48(8): 992—1007.

[82]Taylor T, Xiao Wenqiang. Incentives for retailer forecasting: rebates vs. returns[J]. Management Science, 2009, 55(10): 1654—1669.

第2章

战略顾客行为下供应链的创新

模仿创新一方面由于更低的研发和市场运营成本，使得模仿者（即后进入者，entrant firm）能将更多投资用于对创新者（即先进入者，incumbent firm）产品（即原始产品）的性能进行改进，更好地满足顾客的需求，从而与创新者进行竞争。另一方面，顾客的购买心态与购买行为越来越具有战略性，利用战略等待通过比较模仿创新产品的可获得性与性能一价格比，跨期选择购买时机以获得尽可能多的期望剩余。

本章主要分析后进入者选择不同营销渠道对供应链结构的影响，包括考虑：(1)战略顾客行为下的模仿创新机制；(2)选择独立渠道，市场格局为由后进入者构成的模仿创新供应链与由先进入者构成的现有供应链间的竞争与合作，即供应链间的竞争结构问题；(3)选择公共渠道，后进入者与先进入者形成供应商间竞争型供应链；(4)同时选择独立渠道与公共渠道，市场格局为由供应链间竞争结构与供应商间竞争结构组合的混合竞争型供应链。

2.1 战略顾客行为下的模仿创新机制

例如，佳能(Canon)通过对施乐(Xerox)复印机进行模仿创新，最终在美国市场排行榜上超过施乐。另据统计，模仿创新的成功率高达87.5%，而原始创新的成功率仅为53%[1]。可见，模仿创新已成为模仿者迅速抢占市场并持续发展的一种有效策略。顾客的购买心态与购买行为越来越具有战略性，利用战略等待通过比较模仿创新产品的可获得性与性能一价格比(performance-price ratio，以下简记为PPR)，跨期选择购买时机以获得尽可能多的期望剩余。顾客的这种战略等待行为进一步增加了模仿创新的价值。基于这两方面考虑，本节研究基于顾客战略等待，性能改进能力对模仿者在市场份额与利润方面超越创新者的价值。

2.1.1 已有研究现状

与本节相关的研究主要体现在：

(1)研究模仿创新。主要包括：①从创新者角度，Sun 等[2]考虑了创新者采用基于组件的技术转移方式来威慑(或包容)模仿者进入本地市场，发现模仿者的原始模仿有时对创新者也是有利的，该文未涉及产品性能差异；Mccann 等[3]运用聚集理论，发现模仿者进入给创新者提供潜在机会，即创新者在面对聚集收益明显高于竞争效应的模仿者时，能制定更高的价格；Casadesus—Masanell 等[4]研究了高质量的创新者通过改变商务模式能应对受广告商赞助的低质量进入者，该文主要针对报纸、网站等服务行业。②从模仿者视角，Ethiraj 等[5]基于医药行业的实证方法，发现模仿者对创新者产品进行改进从而提高产品性能，能在市场份额方面超过创新者；Swinney 等[6]则研究了破产威胁对模仿者进入新市场在产能投资以及投资时机决策方面的影响，该文并未考虑市场中已存在创新者。与上述文献不同，本节基于模仿创新视角，同时考虑了战略顾客以及模仿创新对模仿者超越创新者方面的价值。

(2)研究顾客战略等待。主要包括：Su[7]研究了同时存在投机者与战略顾客的动态定价模型；Osadchiy 等[8]研究了销售商采用刚性预留方案(Binding Reservations Scheme，BRS)来应对战略顾客，所谓 BRS 是指销售商要求战略顾客对降价销售产品进行预购，一旦降价销售，就根据先预订先获得(First Come First Serve，FCFC)方案分配降价销售的产品，研究发现，相对于预先宣布固定折扣价格策略，BRS 能给销售商带来更多收益；Jerath 等[9]研究了企业利用不透明代理商(opaque intermediary)进行销售，能减轻顾客战略等待；Su 等[10]研究了配给风险可能会影响顾客购买产品的积极性；刘晓峰等[11]运用 Stackelberg 博弈模型与机制设计理论研究了顾客战略等待行为对销售商库存与定价策略的影响，发现增加配给风险能减轻等待行为。上述文献大多假设产品同质与单个销售商情形，认为销售商运用动态定价或配给机制能应对战略顾客。本节则研究产品存在纵向差异性时，战略顾客是否转向模仿者以及模仿者能否超越创新者。

(3)研究具有不同产品质量的双寡头竞争。主要有：Porteus 等[12]研究了两个产品质量不同的企业向异质顾客销售产品的模型，认为领导者从剩余需求均衡获益的程度取决于这两个企业的产能水平与顾客到达顺序；张福利等[13]研究了双寡头企业销售纵向差异化产品的市场行为，发现当产品质量外生给定时，双寡头都有提高（或降低）各自产品质量的动机；而产品质量内生确定时，均衡产品质量表现出较小差异化。本节不仅考虑产品质量存在差异，还涉及战略顾客选择产品对象是否从创新者转向模仿者。

2.1.2 条件假设与模型

考虑单个创新者与单个模仿者之间的竞争。创新者向市场引入一种创新性复杂产品，例如，汽车、高科技产品等，模仿者通过模仿创新进入该市场，并与创新者进行竞争。为了便于分析，把创新者销售的产品称为原始产品，模仿者的产品称为模仿创新产品（即性能改进产品）。由于模仿创新存在时间滞后性，把整个过程分为两个阶段，用 t_1 表示只存在原始产品的第一期，t_2 表示同时存在原始产品与模仿创新产品的第二期。

（1）创新者：参考文[2]的假设，将复杂产品的组件集合根据组件的复杂性关系描述为[0,1]上的连续统，用 $\lambda\in[0,1]$ 表示这些组件的复杂度，λ 越大表明该组件越复杂。假设组件 $[\lambda,\lambda+\mathrm{d}\lambda]$ 的研发成本为 $g(\lambda)\mathrm{d}\lambda$，其中，$\frac{\mathrm{d}g(\lambda)}{\mathrm{d}\lambda}>0$，这表明组件所需的研发成本随其复杂程度增加而递增，即研发总成本为：

$$C_{N1}=\int_0^1 g(\lambda)\mathrm{d}\lambda \tag{2.1}$$

假设原始产品的性能为 ρ_1，销售价格 p_1 不随时间变化，创新者在 t_1 期向市场供给的原始产品数量为 q_1。假设原始产品的单位生产成本是其性能 ρ_1 的比例为 h 的线性函数，则生产总成本为 $C_{N2}=h\rho_1 q_1$。这样，创新者的总成本为 $C_N=C_{N1}+C_{N2}$。

（2）模仿者：一般地，模仿创新由模仿吸收阶段与性能改进阶段构成。

①模仿吸收阶段：用 $\tau\in[0,1]$ 表示模仿者的模仿吸收能力。由于模仿比研发相同组件所需的成本更低，以及随着 τ 增加，其模仿吸收能力越强，所需模仿成本进一步降低。这样，模仿吸收成本可表示为：

$$C_{M1}=\int_0^1(1-\tau)g(\lambda)\mathrm{d}\lambda \tag{2.2}$$

②性能改进阶段：用 θ 表示模仿者在模仿吸收原始产品的全部相关信息后对其性能改进（即模仿创新）的目标，但能否实现该目标往往存在不确定性。用 $k\in[0,1]$ 表示性能改进能力，k 越大表明性能改进能力越高，其不确定性越低。这样，模仿创新产品的有效性能为 $\rho_2=\rho_1+k\theta$。参考文[14]，假设性能改进成本为 $C_{M2}=\beta\theta^{\delta}(\delta>1)$，其中，$\delta$ 反映了性能改进的复杂性，β 表示改进成本

参数。单位生产成本仍是性能 ρ_2 的比例为 h 的线性函数，则生产成本为 $C_{M3}=h\rho_2 q_2$。这样，模仿者的总成本为：

$$C_M=C_{M1}+C_{M2}+C_{M3} \tag{2.3}$$

假设模仿者的销售价格为 p_2，在 t_2 期供给的模仿创新产品数量为 q_2。

(3)顾客：顾客支付意愿取决于所购买产品的性能 ρ_i 和对性能的边际支付意愿 v，即 $WTP=v\rho_i$，其中，$i=1,2$，$v>0$。①t_1 期进入的顾客数量 S 是确定的，其中，战略顾客的比例为 α，理性预期 t_2 期模仿创新产品的可获得性与性价比，假设延迟到 t_2 期购买产品的战略顾客所占比例为 η；短视顾客的比例为 $1-\alpha$，假设 $v>p_1/\rho_1$，即短视顾客都会在 t_1 期购买。②由于模仿者在 t_2 期推出模仿创新产品，这吸引了数量为 ξ 的新顾客进入相应市场，假设 ξ 为连续随机变量，其分布函数与密度函数分别为 $F(\cdot)$ 与 $f(\cdot)$，$\bar{F}(\cdot)=1-F(\cdot)$，同样的，新到达顾客 $WTP=v\rho_i$。假设所有顾客只购买单位产品，这显示了原始产品与模仿创新产品存在替代性。

用 r_1、r_2 分别表示原始产品与模仿创新产品的 PPR，其中，

$$r_1=\frac{\rho_1}{p_1},r_2=\frac{\rho_2}{p_2} \tag{2.4}$$

引理 2.1 令 $k^\circ=\dfrac{\rho_1(p_2-p_1)}{\theta p_1}$，(1)当 $k\geqslant k^\circ$ 时，$r_1\leqslant r_2$；(2)当 $k<k^\circ$ 时，$r_1>r_2$。

证明：通过比较 r_1 与 r_2，可得到引理 2.1。

引理 2.1 表明：当性能改进能力 k 较高时，模仿创新产品的 PPR 比原始产品更高；相反，当 k 较低时，模仿创新产品的 PPR 更低。

为了便于分析，用上标为"～"的变量表示信念(belief)，上标为"＊"的变量表示均衡行动。

定义 2.1 创新者、模仿者与战略顾客之间的理性预期均衡 (q_1^*,q_2^*,η^*) 需满足如下条件：

(1)给定信念 $(\tilde{q}_2,\tilde{\eta})$，原始产品最优数量为：$q_1^*\in\arg\max\limits_{q_1\geqslant 0}\prod_N(q_1,\tilde{q}_2,\tilde{\eta})$。

(2)给定信念 $(\tilde{q}_1,\tilde{\eta})$，模仿创新产品最优数量为：$q_2^*\in\arg\max\limits_{q_2\geqslant 0}\prod_M(\tilde{q}_1,q_2,\tilde{\eta})$。

(3)给定信念 $(\tilde{q}_1,\tilde{q}_2)$，延迟到 t_2 期购买的战略顾客最优比例为：$\eta^*\in\eta^*(\eta,\tilde{q}_1,\tilde{q}_2)$。

(4)信念与均衡活动一致：$\eta^*=\tilde{\eta}$，$q_1^*=\tilde{q}_1$，$q_2^*=\tilde{q}_2$。

其中，$\prod_N(q_1,\tilde{q}_2,\tilde{\eta})$ 与 $\prod_M(\tilde{q}_1,q_2,\tilde{\eta})$ 分别表示在给定其他参与者信念

下创新者与模仿者的期望利润。

2.1.3 模仿创新产品性能价格比更低情形

2.1.3.1 理性预期均衡

当 $k<k^{\circ}$时，模仿创新产品 PPR 比原始产品更低。在这种情形下，(1)即使在 t_2 期，战略顾客也倾向于优先购买原始产品；(2)由于假设 p_1 不随时间发生变化，战略顾客在 t_1 期与 t_2 期购买原始产品获得的剩余相同，但 t_1 期产品可获得性更高，结合(1)与(2)，战略顾客总是在 t_1 期购买原始产品，其购买行为与短视顾客相同。在此情形下，战略顾客、创新者与模仿者间的理性预期均衡退化为创新者与模仿者间的 Stackelberg 均衡。

令 t_2期总供给为 $L+q_2$，其中，$L=q_1-S$ 表示 t_1期末原始产品的剩余数量，t_2期需求量为新到达顾客数量 ξ。在这种情形下，t_2期新到达顾客也倾向于先购买原始产品。(1)若 $\xi\leqslant L$，模仿创新产品的销量为 0；(2)若 $L<\xi\leqslant L+q_2$，模仿创新产品的销量为 $\xi-L$；(3)若 $\xi>L+q_2$，则所有模仿创新产品都能销售。这样，模仿者的期望利润为：

$$\prod\nolimits_M = p_2\int_{q_1-S}^{q_1+q_2-S}[\xi-(q_1-S)]\mathrm{d}F(\xi)+p_2q_2\bar{F}(q_1+q_2-S)-C_M \tag{2.5}$$

而创新者的期望利润 $\prod_N$ 为：

$$\prod\nolimits_N = p_1S+p_1\int_0^{q_1-S}\xi\mathrm{d}F(\xi)+p_1(q_1-S)\bar{F}(q_1-S)-C_N \tag{2.6}$$

式(2.6)中，第一项表示创新者在 t_1期获得的收益，第二项与第三项分别表示 t_2期在 $L<\xi\leqslant L+q_2$ 与 $\xi>L+q_2$ 情形下的收益，最后一项表示总成本。

求解该 Stackelberg 博弈模型，得到下面命题 2.1。

命题 2.1 当 $k<k^{\circ}$时，所有战略顾客在 t_1期购买原始产品，即 $\eta^*=0$，原始产品均衡数量为：$q_1^*=S+F^{-1}\left(1-\frac{h\rho_1}{p_1}\right)$；模仿创新产品均衡数量为：

$$q_2^*=F^{-1}\left(1-\frac{h\rho_2}{p_2}\right)-F^{-1}\left(1-\frac{h\rho_1}{p_1}\right)$$

证明：在给定 $\tilde{q}_1$ 时，由 $\frac{\mathrm{d}\prod_M}{\mathrm{d}q_2}=0$，得

$$q_2^*=S+F^{-1}(1-h\rho_2/p_2)-\tilde{q}_1 \tag{2.7}$$

同样的，可得

$$q_1^* = S + F^{-1}(1 - h\rho_1/p_1) \tag{2.8}$$

将式(2.8)代入式(2.7)，结合 $r_1 > r_2$，有

$q_2^* = F^{-1}\left(1-\dfrac{h\rho_2}{p_2}\right) - F^{-1}\left(1-\dfrac{h\rho_1}{p_1}\right)$。证毕。

注：命题1刻画了战略顾客、模仿者与创新者间的理性预期均衡关系。

2.1.3.2 模仿者从数量上超越创新者的条件

下列命题2.2从均衡数量上给出了模仿者超越创新者的条件。

命题2.2 (1)若 $S \geqslant S_{\Re}$，则 $q_2^* \leqslant q_1^*$。

(2)若 $0 < S < S_{\Re}$，则存在性能改进能力阈值 $k_{\Re} \in [0, k^{\circ})$，满足：当 $k < k_{\Re}$ 时 $q_2^* > q_1^*$，当 $k_{\Re} \leqslant k < k^{\circ}$ 时 $q_2^* \leqslant q_1^*$，其中

$$S_{\Re} = F^{-1}\left(1-\frac{h\rho_1}{p_2}\right) - 2F^{-1}\left(1-\frac{h\rho_1}{p_1}\right), k_{\Re} = \frac{\dfrac{p_2}{h}\overline{F}\left[2F^{-1}\left(1-\dfrac{h\rho_1}{p_1}\right)+S\right]-\rho_1}{\theta}$$

证明：比较式(2.7)与(2.8)，有 $q_2^* - q_1^* = F^{-1}\left(1-\dfrac{h\rho_2}{p_2}\right) - 2F^{-1}\left(1-\dfrac{h\rho_1}{p_1}\right) - S$，

要满足 $q_2^* > q_1^*$，则要求

$$k < k_{\Re} = \frac{\dfrac{p_2}{h}\overline{F}\left[2F^{-1}\left(1-\dfrac{h\rho_1}{p_1}\right)+S\right]-\rho_1}{\theta} \tag{2.9}$$

如果 $k_{\Re} \leqslant 0$，不存在 k 满足不等式(2.9)；如果 $k_{\Re} > 0$，则满足(2.9)的条件为

$$S < S_{\Re} = F^{-1}\left(1-\frac{h\rho_1}{p_2}\right) - 2F^{-1}\left(1-\frac{h\rho_1}{p_1}\right) \tag{2.10}$$

即，当 $S \geqslant S_{\Re}$ 时，不存在 k 满足 $q_2^* > q_1^*$；当 $S < S_{\Re}$，还需要进一步比较 $k_{\Re}$ 与 k°。由 $k_{\Re} - k^{\circ} = \dfrac{p_2}{\theta}\left\{\dfrac{\overline{F}\left[2F^{-1}\left(1-\dfrac{h\rho_1}{p_1}\right)+S\right]p_1}{h} - \rho_1\right\} < 0$，所以，当 $k < k_{\Re}$ 时 $q_2^* > q_1^*$，当 $k_{\Re} \leqslant k < k^{\circ}$ 时 $q_2^* \leqslant q_1^*$。证毕。

命题2.2表明：模仿者能否在市场份额①方面超越创新者取决于市场结构。(1)如果 t_1 期顾客数量 S 相对于 t_2 期新到达顾客数量较高，模仿者不能

① 由于只考虑了单个创新者与单个模仿者的竞争，均衡数量与市场份额可以互换。

在均衡数量上超越创新者。(2)如果 t_1 期顾客数量 S 较少时,模仿者与创新者间占有顾客的竞争主要在于 t_2 期新到达顾客,①如果模仿创新产品 PPR 明显低于原始产品,模仿者在市场份额方面能超越创新者,其原因在于:t_2 期需求数量较高,模仿者进行较小性能改进却能够以更高价格销售,从而激励其增加产品数量并超越创新者;②如果模仿创新产品 PPR 略低于原始产品,两种产品的竞争加剧,降低了模仿者的均衡数量,并使其市场份额低于创新者。

2.1.3.3 模仿者何时从利润上超越创新者的条件

图 2.1① 显示了性能改进能力 k 与模仿吸收能力 τ 对模仿者利润与创新者利润的影响。

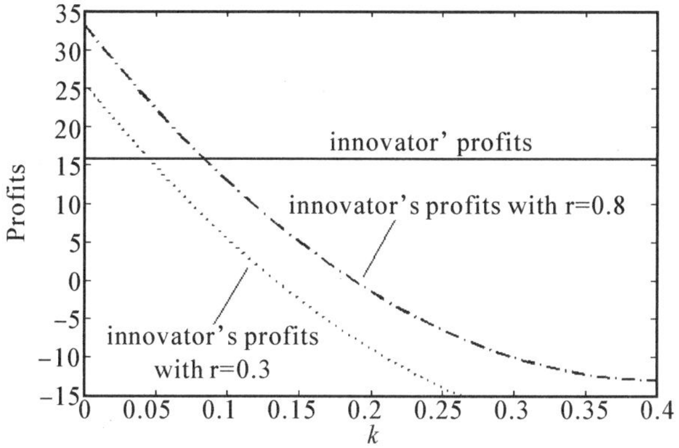

图 2.1 不同性能改进能力下均衡利润比较

从图 2.1 可见:(1)创新者利润与模仿者性能改进能力 k 以及模仿吸收能力 τ 均无关,而模仿者利润随 k 递减,其原因在于模仿创新产品数量减少;(2)当 k 较低时,模仿者在利润方面超越了创新者;(3)τ 越高使得模仿者利润越高,并且能在更大范围内超越创新者,这源于在模仿吸收原始产品相同组件所需的成本更低。

2.1.4 模仿创新产品性能价格比更高情形

2.1.4.1 战略顾客跨期购买决策

当 $k \geq k^{\circ}$ 时,模仿创新产品 PPR 比原始产品更高。同样的,(1)p_1 随时间固

① 参数设置为:$\rho_1=4$,$\theta=10$,$p_1=2.5$,$p_2=5$,$h=0.5$,$S=20$,$\alpha=0.6$,$g(\lambda)=30\lambda$,$\beta=0.1$,$\delta=2$,ξ 服从均值为 100、标准差为 50 的 Gamma 分布。

定，使得战略顾客在 t_1 期与 t_2 期购买原始产品的剩余相同，但 t_1 期产品可获得性更高；(2)又由于在 t_2 期，模仿创新产品的性价比更高，结合(1)与(2)，延迟到 t_2 期的战略顾客将从原始产品转向购买模仿创新产品。这样，战略顾客跨期购买决策就转变为在 t_1 期购买原始产品与 t_2 期购买模仿创新产品间的权衡。

t_2 期总需求为转移的战略顾客数量 $S\alpha\eta$ 与新到达顾客数量 ξ 之和，即 $S\alpha\eta+\xi$；而 t_2 期总供给为 $L+q_2$。其中，$L=q_1-S(1-\alpha\eta)$ 表示 t_1 期末原始产品的剩余数量。

对于相同价格，顾客总是倾向于购买性能更高的产品[5,12]。也就是说，在 t_2 期，转移的战略顾客与新到达顾客先购买模仿创新产品。即便模仿创新产品短缺，也只有新到达的顾客购买原始产品。(1)当 $\xi\leqslant q_2-S\alpha\eta$ 时，转移顾客获得模仿创新产品的概率为1；(2)当 $q_2<S\alpha\eta+\xi\leqslant q_2+L$ 时，转移顾客获得模仿创新产品的概率小于1；(3)当 $\xi+S\alpha\eta>q_2+L$ 时，转移顾客获得模仿创新产品的概率也小于1。

这样，战略顾客在 t_2 期购买模仿创新产品的期望剩余为：

$$U_2=\left[F(q_2-S\alpha\eta)+\int_{q_2-S\alpha\eta}^{+\infty}\frac{q_2\mathrm{d}F(\xi)}{S\alpha\eta+\xi}\right](v\rho_2-p_2) \tag{2.11}$$

战略顾客在 t_1 期购买原始产品的期望剩余为：

$$U_1=v\rho_1-p_1 \tag{2.12}$$

战略顾客通过权衡 t_1 期购买原始产品获得的期望剩余与 t_2 期购买模仿创新产品获得期望剩余来决定是否等待并转向模仿者，即在 t_1 期与 t_2 期购买产品的无差异条件为：

$$U_1-U_2=0 \tag{2.13}$$

2.1.4.2 理性预期均衡

用 $\prod_M$ 表示模仿者的期望利润，则

$$\prod\nolimits_M=p_2\int_0^{q_2-S\alpha\eta}(S\alpha\eta+\xi)\mathrm{d}F(\xi)+p_2q_2\bar{F}(q_2-S\alpha\eta)-C_M \tag{2.14}$$

式(2.14)中，第一项表示模仿者在 t_2 期 $S\alpha\eta+\xi\leqslant q_2$ 的情形下，只能销售部分模仿创新产品的收益；第二项表示在 $S\alpha\eta+\xi>q_2$ 下销售所有模仿创新产品获得的收益；第三项表示总成本。

引理 2.2 在给定信念 $\tilde{\eta}$、$\tilde{q}_1$ 下，模仿创新产品的最优数量为：

$$q_2^*=S\alpha\tilde{\eta}+F^{-1}\left(1-\frac{h\rho_2}{p_2}\right) \tag{2.15}$$

证明:对式(2.14)中的 $\prod_M$ 求导,由 $\frac{\mathrm{d}\prod_M}{\mathrm{d}q_2}=0$,可得 $q_2^*=S\alpha\tilde{\eta}+F^{-1}\left(1-\frac{h\rho_2}{p_2}\right)$。证毕。

引理 2.2 表明:模仿者的利润来源于两类顾客:转移的战略顾客与 t_2 期新到达的部分顾客。

用 $\prod_N$ 表示创新者的期望利润,则

$$\prod_N = p_1 S(1-\alpha\eta)+p_1 L\bar{F}(\Theta)+p_1\int_{q_2-S\alpha\eta}^{\Theta}\xi\left(1-\frac{q_2}{S\alpha\eta+\xi}\right)\mathrm{d}F(\xi)-C_N \tag{2.16}$$

其中,$\Theta=q_2-S\alpha\eta+L$。

式(2.16)中,第一项表示创新者在 t_1 期获得的收益,第二项与第三项分别表示在 t_2 期 $\xi>\Theta$ 与 $q_2-S\alpha\eta<\xi\leqslant\Theta$ 情形下从新到达顾客处获得的收益,最后一项表示总成本。

引理 2.3 假设 $f'(\xi)\geqslant 0$,在给定信念 $\tilde{\eta}$、$\tilde{q}_2$ 下,原始产品的最优数量由如下条件确定:

$$\frac{\mathrm{d}\prod_N}{\mathrm{d}q_1}=p_1\left[\bar{F}(\Theta)-\frac{Lf(\Theta)S\alpha\tilde{\eta}}{S\alpha\tilde{\eta}+\Theta}\right]-h\rho_1=0 \tag{2.17}$$

证明:对式(2.16)求导,有 $\frac{\mathrm{d}\prod_N}{\mathrm{d}q_1}=p_1\left[\bar{F}(\Theta)-Lf(\Theta)\frac{S\alpha\tilde{\eta}}{S\alpha\tilde{\eta}+\Theta}\right]-h\rho_1$,$\frac{\mathrm{d}^2\prod_N}{\mathrm{d}q_1^2}=-p_1\left[f(\Theta)\left(1+\frac{S\alpha\tilde{\eta}\tilde{q}_2}{(S\alpha\tilde{\eta}+\Theta)^2}\right)+\frac{Lf'(\Theta)S\alpha\tilde{\eta}}{S\alpha\tilde{\eta}+\Theta}\right]$。假设 $f'(\xi)\geqslant 0$,始终满足 $\frac{\mathrm{d}^2\prod_N}{\mathrm{d}q_1^2}<0$,这样,由一阶条件可得 q_1^*。证毕。

注:t_2 期新到达顾客数量 ξ 的密度函数 $f'(\xi)\geqslant 0$ 是充分非必要条件。

下列命题 2.3 说明顾客对性能的边际支付意愿与性能改进能力同样影响模仿者、创新者与战略顾客间的理性预期均衡。

命题 2.3 令 $T|_{v,\eta}(k)=\frac{U_2-U_1}{\rho_2 v-p_2}$,存在顾客对性能的边际支付意愿阈值 v_1、v_2 与 v_3,其中,$v_1<v_2<v_3$,满足:$T|_{v=v_1,\eta=0}(k=k^\circ)=0$,$T|_{v=v_2,\eta=0}(k=1)=0$,$T|_{v=v_3,\eta=0}[k\in(k^\circ,1)]=0$ 具有唯一解 k^∇。

(1)当 $p_1/\rho_1<v<v_1$ 时,有 $\eta^*=1$。

(2)当 $v_1\leqslant v<v_2$ 时,存在性能改进能力阈值 $k^{\Re}$,满足:

$$\eta^*\begin{cases}<1, & \text{如果 } k^{\circ}\leqslant k\leqslant k^{\Re}\\ =1, & \text{如果 } k>k^{\Re}\end{cases}$$

(3)当 $v_2\leqslant v<v_3$ 时,存在性能改进能力阈值 $k_{\bar{\omega}}$ 与 $k^{\bar{\omega}}$,其中,$k_{\bar{\omega}}<k^{\bar{\omega}}$,满足:

$$\eta^*\begin{cases}<1, & \text{如果 } k^{\circ}\leqslant k\leqslant k_{\bar{\omega}} \text{ 或 } k>k^{\bar{\omega}}\\ =1, & \text{如果 } k_{\bar{\omega}}<k\leqslant k^{\bar{\omega}}\end{cases}$$

(4)当 $v\geqslant v_3$ 时,则 $\eta^*<1$。

注:各种情形下模仿创新产品均衡数量 q_2^* 与原始产品均衡数量 q_1^* 由式(2.15)与式(2.17)求得。

证明:令 $T|_{v,\eta}(k)=\dfrac{U_2-U_1}{\rho_2 v-p_2}$,将式(2.15)代入式(2.13),得到

$$T|_{v,\eta}(k)=\left(1-\frac{h\rho_2}{p_2}\right)-\frac{v\rho_1-p_1}{v\rho_2-p_2}+\left[S\alpha\eta+F^{-1}\left(1-\frac{h\rho_2}{p_2}\right)\right]\int_{F^{-1}\left(1-\frac{h\rho_2}{p_2}\right)}^{+\infty}\frac{\mathrm{d}F(\xi)}{S\alpha\eta+\xi}$$

$$\frac{\mathrm{d}T}{\mathrm{d}\eta}=\int_{F^{-1}\left(1-\frac{h\rho_2}{p_2}\right)}^{+\infty}\frac{S\alpha\left[\xi-F^{-1}\left(1-\frac{h\rho_2}{p_2}\right)\right]}{(S\alpha\eta+\xi)^2}\mathrm{d}F(\xi)>0$$

运用相同方法,可得 $\dfrac{\mathrm{d}T}{\mathrm{d}v}<0$ 以及 T 是 k 的拟凹函数。

假设存在 v_1、v_2 与 v_3,满足:$T|_{v=v_1,\eta=0}(k=k^{\circ})=0$,$T|_{v=v_2,\eta=0}(k=1)=0$,$T|_{v=v_3,\eta=0}[k\in(k^{\circ},1)]=0$ 具有唯一解 k^{∇},其中,$v_1<v_2<v_3$。

(1)如果 $\dfrac{p_1}{\rho_1}<v<v_1$,则 $T|_{v=v_1,\eta=0}(k=k^{\circ})>0$,结合 $\dfrac{\mathrm{d}T}{\mathrm{d}\eta}>0$,对于 $\forall k$,都有 $U_2>U_1$,所以,$\eta^*=1$。

(2)当 $v_1\leqslant v<v_2$ 时,$T|_{v=v_1,\eta=0}(k=k^{\circ})<0$,$T|_{v=v_2,\eta=0}(k=1)>0$,存在 $k^{\Re}$ 使得 $T|_{v=v_2,\eta=0}(k=k^{\Re})=0$。当 $k>k^{\Re}$ 时,$T|_{v=v_2,\eta=0}(k=k^{\Re})>0$,进而得到 $U_2>U_1$,此时,$\eta^*=1$;当 $k\leqslant k^{\Re}$ 时,存在唯一 $\eta^*<1$ 满足 $U_2=U_1$。

(3)当 $v_2\leqslant v<v_3$ 时,有 $T|_{v=v_1,\eta=0}(k=k^{\circ})<0$,$T|_{v=v_2,\eta=0}(k=1)<0$,$T|_{v=v_3,\eta=0}(k=k^{\nabla})>0$,所以,存在 $k_{\bar{\omega}}$ 与 $k^{\bar{\omega}}$,其中,$k_{\bar{\omega}}<k^{\bar{\omega}}$,满足,当 $k^{\circ}\leqslant k\leqslant k_{\bar{\omega}}$ 或 $k^{\bar{\omega}}<k\leqslant 1$ 时,$U_2=U_1$ 有唯一解 $\eta^*<1$;当 $k_{\bar{\omega}}<k\leqslant k^{\bar{\omega}}$ 时,由于 $U_2>U_1$,此时,$\eta^*=1$。

(4)当 $v\geqslant v_3$ 时,有 $T|_{v=v_1,\eta=0}(k=k^{\circ})<0$,$T|_{v=v_2,\eta=0}(k=1)<0$,

$T|_{v=v_3,\eta=0}(k=k^{\nabla})<0$，所以，$\forall k, U_2=U_1$ 都有唯一 $\eta^*<1$。

(1)、(2)、(3)与(4)情形下的 q_2^* 可通过式(2.15)求得，q_1^* 可根据式(2.17)求得。证毕。

下面图 2.2① 进一步说明了顾客对性能的边际支付意愿 v 与产品性价比比率 φ 的不同组合对战略顾客购买行为的影响。

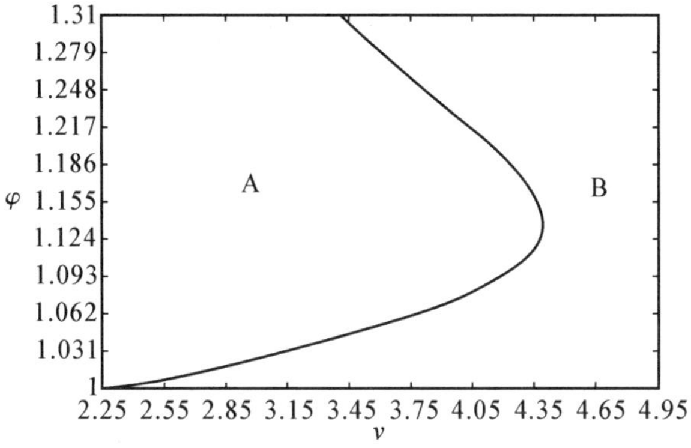

注：$v_1=2.26, v_2=3.35, v_3=4.4$。

图 2.2 边际支付意愿与性价比比率

图 2.2 显示，(1)在 A 区域中，所有战略顾客转向模仿者(即 $\eta^*=1$)；而在 B 区域中，只有部分战略顾客转向模仿者(即 $\eta^*<1$)。(2)当顾客对性能的偏好程度较低(即 $v<3.35$)时，模仿者推出性价比越高的产品，能吸引所有战略顾客转向模仿者。而当 $v\geqslant 3.35$ 时，模仿创新产品吸引所有战略顾客转移的 φ 范围逐渐减小，直至趋于 0，其原因在于：①战略顾客根据 t_1 期与 t_2 期的期望剩余跨期选择购买时机和产品类型；②t_1 期与 t_2 期期望剩余都随 v 递增，但 t_1 期递增速率更快；③t_2 期期望剩余还取决于性能改进能力 k，即随 k 先递增，然后递减。

以下分析假设 ξ 服从$[0,\bar{\xi}]$上的均匀分布。

2.1.4.3 模仿者超越创新者的条件

(1)顾客对性能的支付意愿 $v<v_1$ 情形

命题 2.4 假设 $h<h_1$，如果 $v<v_1$，则 $q_1^*<q_2^*$。其中，$h_1=\dfrac{1}{2\rho_2/p_2-\rho_1/p_1}$。

① 参数设置为：$\rho_1=4, \theta=3, p_1=9, p_2=12, h=1.5, S=50, \alpha=0.6, \xi\sim U(0,90), g(\lambda)=30\lambda, \beta=1, \delta=2$。

证明： 当 $v < v_1$ 时，由 $\eta^* = 1$，得，$q_2^* = S\alpha + \bar{\xi}\left(1 - \frac{h\rho_2}{p_2}\right)$，可通过考察 $\left.\frac{\mathrm{d}\prod_N}{\mathrm{d}q_1}\right|_{(q_2^*, q_2^*)}$ 的符号来判断 q_2^* 与 q_1^* 的大小。

$$\left.\frac{\mathrm{d}\prod_N}{\mathrm{d}q_1}\right|_{(q_2^*, q_2^*)} = p_1\left[-S(2\alpha-1) - \bar{\xi}\left(1 + \frac{h\rho_1}{p_1} - 2\frac{h\rho_2}{p_2}\right) - \frac{q_2^* - S(1-\alpha)}{2q_2^* - S(1-\alpha)}S\alpha\right]$$

假设 $h < h_1 = \frac{1}{2\rho_2/p_2 - \rho_1/p_1}$，$\alpha > 0.5$，则 $\left.\frac{\mathrm{d}\prod_N}{\mathrm{d}q_1}\right|_{(q_2^*, q_2^*)} < 0$，又 $\left.\frac{\mathrm{d}\prod_N}{\mathrm{d}q_1}\right|_{(q_1^*, q_2^*)} = 0$，所以，$q_1^* < q_2^*$。证毕。

命题 2.4 表明：当顾客对性能支付意愿很低时，顾客更偏向产品的内在价值，模仿者如果能提供更高性价比的模仿创新产品，就能从市场份额上超越创新者。

(2) $v \in [v_1, v_2)$ 情形

命题 2.5 如果 $v \in [v_1, v_2)$，①当 $k^\circ \leqslant k \leqslant k^{\Re}$ 或 $k > k^{\Re}$ 时，$\frac{\mathrm{d}q_1^*}{\mathrm{d}k} > 0$，$\frac{\mathrm{d}q_2^*}{\mathrm{d}k} < 0$。

② $\frac{\mathrm{d}\eta^*}{\mathrm{d}k}\begin{cases} < 0, & \text{如果 } k^\circ \leqslant k \leqslant k^{\Re} \\ = 0, & \text{如果 } k > k^{\Re} \end{cases}$

证明： ①当 $k^\circ \leqslant k \leqslant k^{\Re}$ 时，根据隐函数定理，得 $\frac{\mathrm{d}\eta^*}{\mathrm{d}k} = -\frac{\partial T/\partial k}{\partial T/\partial \eta^*} < 0$。

由式(2.15)，可得 $\frac{\mathrm{d}q_2^*}{\mathrm{d}k} = \left.\frac{\partial q_2^*}{\partial \eta}\right|_{\eta=\eta^*}\frac{\mathrm{d}\eta^*}{\mathrm{d}k} + \frac{\partial q_2^*}{\partial k} < 0$。

$$\text{令 } \Gamma = \frac{\mathrm{d}\prod_N}{\mathrm{d}q_1} = 0\text{，则}\frac{\partial q_1^*}{\partial q_2^*} = -\frac{\frac{\partial \Gamma}{\partial q_2^*}}{\frac{\partial \Gamma}{\partial q_1^*}} = -\frac{f(\Theta)\left[1 - \frac{L\psi}{S\alpha\eta^* + \Theta}\right] + Lf'(\Theta)\psi}{f(\Theta)\left(1 + \frac{\psi q_2^*}{S\alpha\eta^* + \Theta}\right) + Lf'(\Theta)\psi} < 0$$

其中，$\psi = S\alpha\eta^*/(S\alpha\eta^* + \Theta)$。运用同样的方法，可得 $\frac{\partial q_1^*}{\partial \eta^*} < 0$。所以，

$$\frac{\mathrm{d}q_1^*}{\mathrm{d}k} = \frac{\partial q_1^*}{\partial q_2^*}\frac{\mathrm{d}q_2^*}{\mathrm{d}k} + \frac{\partial q_1^*}{\partial \eta^*}\frac{\mathrm{d}\eta^*}{\mathrm{d}k} + \frac{\partial q_1^*}{\partial k} > 0$$

②当 $k > k^{\Re}$ 时，由于 $\eta^* = 1$，所以，$\frac{\mathrm{d}\eta^*}{\mathrm{d}k} = 0$。运用同样的方法，可得 $\frac{\mathrm{d}q_2^*}{\mathrm{d}k} < 0$，$\frac{\mathrm{d}q_1^*}{\mathrm{d}k} > 0$。证毕。

命题 2.5 表明：①当 $k^\circ \leqslant k \leqslant k^{\Re}$ 或 $k > k^{\Re}$ 时，模仿创新产品的数量随 k 增

加而减少，原始产品的数量随 k 增加而递增。②(A)当 $k^{\circ}\leqslant k\leqslant k^{\Re}$ 时，转移的战略顾客比例随 k 增加而递减，这源于 t_2 期获得模仿创新产品的概率远低于在 t_1 期获得原始产品的概率，更多战略顾客放弃模仿创新产品而选择在 t_1 期购买原始产品；(B)当 $k>k^{\Re}$ 时，所有战略顾客转向模仿者，其原因在于从购买模仿创新产品中获得的期望剩余远大于从购买原始产品获得的期望剩余。

下列命题 2.6 揭示了模仿者从市场份额上超越创新者的条件。

命题 2.6 如果 $v_1\leqslant v<v_2$，①当 $k^{\circ}\leqslant k\leqslant k^{\Re}$ 时，假设 $h>h_2$，用$\eta^*\mid_{k=k^{\circ}}$表示下列边界条件(2.18)的最优解

$$\ln\left[\frac{S\alpha\eta\mid_{k=k^{\circ}}+\bar{\xi}}{S\alpha\eta\mid_{k=k^{\circ}}+\bar{\xi}\left(1-\frac{h\rho_1}{p_1}\right)}\right]=\frac{\bar{\xi}\left[\frac{p_1}{p_2}-\left(1-\frac{h\rho_1}{p_1}\right)\right]}{S\alpha\eta\mid_{k=k^{\circ}}+\bar{\xi}\left(1-\frac{h\rho_1}{p_1}\right)} \tag{2.18}$$

(A)如果$\eta^*\mid_{k=k^{\circ}}<\hat{\eta}^*\mid_{k=k^{\circ}}$，则 $q_1^*>q_2^*$；

(B)如果$\eta^*\mid_{k=k^{\circ}}\geqslant\hat{\eta}^*\mid_{k=k^{\circ}}$，则存在 $\hat{k}\in[k^{\circ},k^{\Re}]$。当 $k^{\circ}\leqslant k\leqslant\hat{k}$ 时，有 $q_1^*<q_2^*$；当 $\hat{k}<k\leqslant k^{\Re}$ 时，有 $q_1^*>q_2^*$。

②当 $k>k^{\Re}$ 时，假设 h$<h_1$，则 $q_1^*<q_2^*$，其中，$h_2=\frac{p_1}{\rho_1}\left(1-\frac{S}{\bar{\xi}}\right)$，$\hat{\eta}^*\mid_{k=k^{\circ}}=\frac{1}{2\alpha}\left[1-\frac{\bar{\xi}}{S}\left(1-\frac{h\rho_1}{p_1}\right)\right]$。

证明：①当 $k^{\circ}\leqslant k\leqslant k^{\Re}$ 时，可以通过比较 $k=k^{\circ}$与 $k=k^{\Re}$ 时的 q_2^* 与 q_1^* 来确定两者的关系。(A)当 $k=k^{\circ}$时，$T=0$ 简化为：

$$\ln\frac{S\alpha\eta\mid_{k=k^{\circ}}+\bar{\xi}}{S\alpha\eta\mid_{k=k^{\circ}}+\bar{\xi}\left(1-\frac{h\rho_1}{p_1}\right)}=\frac{\bar{\xi}\left[\frac{p_1}{p_2}-\left(1-\frac{h\rho_1}{p_1}\right)\right]}{S\alpha\eta\mid_{k=k^{\circ}}+\bar{\xi}\left(1-\frac{h\rho_1}{p_1}\right)}$$

从上式中，可得最优解$\eta^*\mid_{k=k^{\circ}}$。将$q_2^*\mid_{k=k^{\circ}}=S\alpha\eta^*\mid_{k=k^{\circ}}+\bar{\xi}\left(1-\frac{h\rho_2}{p_2}\right)$代入式(2.17)，得到：

$$[q_1^*\mid_{k=k^{\circ}}-S(1-\alpha\eta^*\mid_{k=k^{\circ}})]\Delta=0$$

其中，$\Delta=1+\dfrac{S\alpha\eta^*\mid_{k=k^{\circ}}}{q_1^*\mid_{k=k^{\circ}}+2S\alpha\eta^*\mid_{k=k^{\circ}}+\bar{\xi}\left(1-\frac{h\rho_2}{p_2}\right)-S}$。

由于 $\Delta>0$，所以，$q_1^*\mid_{k=k^{\circ}}=S(1-\alpha\eta^*\mid_{k=k^{\circ}})$。

当 $k=k^{\circ}$时，$\frac{\rho_1}{p_1}=\frac{\rho_2}{p_2}$，可得，$q_1^*\mid_{k=k^{\circ}}-q_2^*\mid_{k=k^{\circ}}=S(1-2\alpha\eta^*\mid_{k=k^{\circ}})-\bar{\xi}\left(1-\frac{h\rho_1}{p_1}\right)$，

令$\hat{\eta}^*|_{k=k^\circ}=\dfrac{1-\bar{\xi}(1-h\rho_1/p_1)/S}{2\alpha}$，假设 $h>h_2=\dfrac{p_1}{\rho_1}\left(1-\dfrac{S}{\bar{\xi}}\right)$，如果$\eta^*|_{k=k^\circ}<\hat{\eta}^*|_{k=k^\circ}$，则$q_1^*|_{k=k^\circ}>q_2^*|_{k=k^\circ}$；否则，$q_1^*|_{k=k^\circ}\leqslant q_2^*|_{k=k^\circ}$。

(B)当 $k=k^{\Re}$ 时，由 $\eta^*=0$，有 $q_2^*|_{k=k^{\Re}}=\bar{\xi}\left(1-\dfrac{h\rho_2}{p_2}\right)$，$q_1^*|_{k=k^{\Re}}=S+\bar{\xi}\left[\left(1-\dfrac{h\rho_1}{p_1}\right)-\left(1-\dfrac{h\rho_2}{p_2}\right)\right]$，比较$q_1^*|_{k=k^{\Re}}-q_2^*|_{k=k^{\Re}}=S+\bar{\xi}\left(\dfrac{2h\rho_2}{p_2}-\dfrac{h\rho_1}{p_1}-1\right)$，当$h>h_3=\dfrac{1-S/\bar{\xi}}{2\rho_2/p_2-\rho_1/p_1}$时，$q_1^*|_{k=k^{\Re}}>q_2^*|_{k=k^{\Re}}$。由于 $h_3<h_2$，所以，条件 $h>h_2$ 能同时满足(A)与(B)。

②当 $k>k^{\Re}$ 时，按照命题 4 相同证明过程，可得 $q_1^*<q_2^*$。证毕。

命题 2.6 表明：①当 $k^\circ\leqslant k\leqslant k^{\Re}$ 时，模仿者能否在市场份额上超越创新者取决于模仿创新产品的 PPR 与原始产品相同情形下战略顾客转移的比例；②当 $k>k^{\Re}$ 时，模仿创新产品的数量高于原始产品；③综合①、②，如果模仿者提供 PPR 更高的产品，在均衡数量上能超越创新者，其原因在于不仅激励创新者的现有顾客转向模仿者，还吸引了新顾客购买模仿创新产品，这反映了创新者如果不进一步创新就不能持续保持领导优势。

(3)$v_2\leqslant v<v_3$ 情形

下图 2.3 通过数值模拟分析在 $v\in[v_2,v_3)$情形下，模仿者能否从市场份额与利润上超越创新者。其基本参数设置与图 2.2 相同，此时，$v=4$。

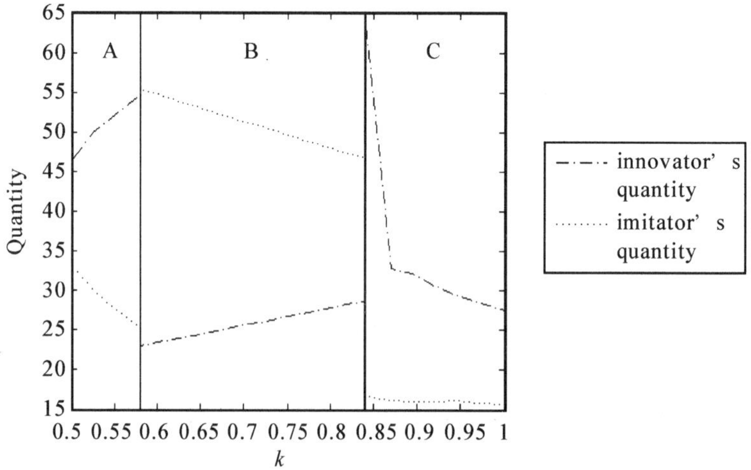

图 2.3 不同性能改进能力下的均衡数量比较

图 2.3 显示:①当 $k \leqslant 0.58$ 时(即 A 区域),模仿创新产品的 PPR 略高于原始产品,此时,模仿者的均衡数量低于创新者;②当 $0.58 < k \leqslant 0.84$ 时(即 B 区域),所有战略顾客转向模仿者,此时,模仿创新产品的均衡数量高于原始产品;③当 $k > 0.84$ 时(即 C 区域),模仿创新产品的 PPR 明显高于原始产品,但是,模仿者的均衡数量又低于创新者,这表明模仿者对原始产品进行突破性性能改进、大幅提高其产品的性价比,并不能完全超越创新者。

从图 2.4 可以看出,利润曲线总体变化趋势与均衡数量曲线相同。①先分析 k 的影响:(A)当模仿创新产品的 PPR 略高于原始产品时(见 A 区域),模仿者的均衡利润低于创新者,这源于模仿创新产品的均衡数量低于原始产品;(B)随着 k 增加(见 B 区域),所有战略顾客转向购买模仿创新产品使得模仿创新产品的均衡数量高于原始产品,结合 $p_2 > p_1$,所以,模仿者在利润上也能超越创新者;(C)当 k 继续增加到使得模仿创新产品 PPR 明显高于原始产品时(见 C 区域),模仿者利润又低于创新者,这源于模仿者为了对原始产品性能进行较大改进,所支付的各类成本大幅增加,导致其利润进一步降低直至低于创新者,甚至为负。②随着模仿吸收能力 τ 从 0.3 增加到 0.8,模仿者利润呈递增趋势,这源于 τ 越高,模仿吸收所需要的成本越低。

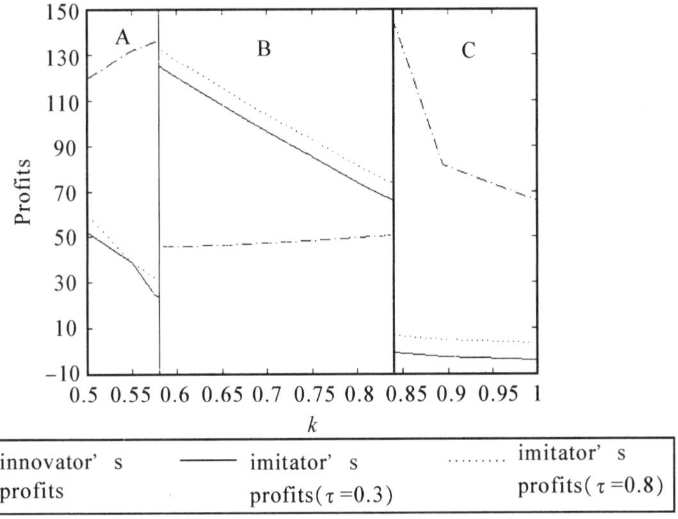

图 2.4 不同性能改进能力下的均衡利润比较

(4)$v \geqslant v_3$ 情形

下图 2.5 中的参数设置与图 2.2 相同,此时,$v=5$。

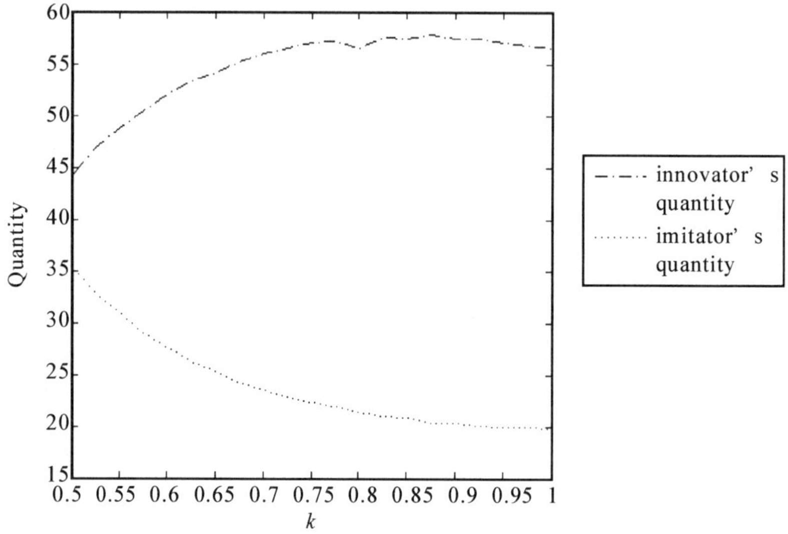

图 2.5　不同性能改进能力下的均衡数量比较

图 2.5 显示:①对于所有性能改进能力 k,模仿者都不能从均衡数量上超越创新者;②随着 k 增加,模仿创新产品数量减少,原始产品数量反而呈递增趋势,这反映了当顾客对性能支付意愿较高时($v=5$),模仿者的模仿创新间接地给创新者带来很多优势,即刺激更多战略顾客在 t_1 期购买原始产品。

通过对图 2.3 与图 2.5 的比较发现,模仿者不能盲目地关注产品性能改进能力以及其产品性价比,还应当关注日趋理性的战略顾客行为和市场结构。也就是说,模仿者只有把需求端的顾客行为与自身改进能力进行有效匹配,才能超越创新者。

Ethiraj 等[5]也研究了模仿者能否超越创新者,认为模仿者通过延迟模仿直到能获得原始产品有用信息并采用纵向差异化(即性能改进)策略,能在市场份额方面超过创新者;但该文采用实证研究方法,未涉及战略顾客行为,而本节基于顾客战略等待的结合发现其对模仿创新有明确的影响。

本节的研究结论表明:(1)当模仿创新产品性价比低于原始产品时,模仿者能否从市场份额和利润上超越创新者主要取决于市场结构,也就是说,如果模仿者推出的性能改进产品,能吸引大量新的顾客,则模仿者在这两方面就有可能超越创新者;(2)当模仿创新产品性价比高于原始产品时,模仿者能否在市场份额和利润上超越创新者,取决于其性能改进能力与顾客对性能的边际支付意愿(反映对性能的偏好程度)间的匹配度。总之,模仿者不仅要提升自身的性能改进能力和挖掘模仿创新所倡导的内在理念，还必须通过市场调研策略掌握顾客对产品性能的偏好程度。只有把这两者相结合，并推出相匹配的性价比产品，模仿者才能利用产品之间的差异化竞争超越创新者，实现可持续发展。

2.2 营销渠道选择与供应链结构

2.2.1 已有研究现状

对渠道选择的相关研究，主要涉及：

(1)比较电子渠道与传统渠道对销售商的影响。如，Chiang 等[18]通过研究发现电子渠道虽降低了交易成本，但具有更高性能不确定性风险。电子渠道通过阻止更高价格，提升传统零售渠道的功能并改进渠道的效率，发现顾客对电子商务等直销渠道的接受程度影响了由制造商与零售商构成的供应链协调性；Overby 等[19]研究发现通过电子渠道适合于销售低性能不确定性以及滞销产品，而实体渠道更适合于销售高性能不确定性以及畅销产品，即性能不确定性与交易成本是影响电子渠道与实体渠道的关键；Forman 等[20]运用实证方法研究了电子渠道与传统渠道间替代参数的相互影响决定了消费者对渠道的选择，但该文献仅从消费者角度研究了多种渠道；艾兴政等[21]研究多渠道冲突与治理成为电子商务环境理论与实践的关键问题，认为现有信息分享研究主要集中于传统渠道结构，忽略了传统渠道与电子渠道混合的结构特征，研究发现渠道的潜在市场份额、信息预测精度、渠道的竞争强度对信息分享各渠道成员的绩效存在影响；Zhang[22]研究发现传统零售商是否选择电子渠道取决于产品性质、零售商成本以及竞争者策略，认为多渠道零售商从把消费者吸引回实体渠道能够获益；Brynjolfsson 等[23]研究了网络电子商务与实体零售商的跨渠道竞争，网络零售商与实体零售商在主流产品上存在激烈竞争，但在细分产品上能避免直接竞争；Netessine 等[24]通过对偶战略把基于网络的直接交付供应链(drop-shipping SC)与传统供应链结合起来，供应链可以运用本地库存作为主供应源，用网络直接发货作为备用源。这些文献主要分析了销售商如何在电子渠道与实体渠道之间权衡。

(2)比较多种实体渠道对销售商的影响。包括：Bhaskaran 等[25]研究了产品持久性对制造商与其经销商之间交互的影响，研究发现，经销商之间的竞争程度越高，制造商更偏向于运用租赁而不是销售策略，该文献主要分析了经销商弹性（租赁还是销售制造商产品）影响分销渠道的动态性；Liu 等[26]通过对商业电视广播的竞争性行为进行建模以评估项目选择以及更多渠道对企业战略的影响；Trivedi[27]分析由两个制造商与两个零售商构成的三类渠道结构，发现零售商层面与制造商层面的竞争效应对利润与价格具有明显影响。这些文献主要研究渠道选择对单个销售商或供应链的影响，本节将考虑后进入者选择营销渠道对所形成的供应链间竞争结构以及供应商间竞争型供应链的影响，还涉及战略顾客与产品模仿创新等问题。

2.2.2 不存在模仿创新的情形

考虑单个先进入市场的制造商（incumbent firm，以下简记为 M_1）引入一种创新性复杂产品，例如，汽车、高科技产品等。为了便于与后面的性能改进产品区分，将 M_1 销售的产品称为原始产品。M_1 通过单个销售商 R_1 向市场销售这种产品，这样，M_1 与 R_1 构成一条序贯供应链（serial supply chain，简记为 SC_O），为了便于与后面研究进行比较，我们把 SC_O 称为原始供应链，如图 2.6 所示。

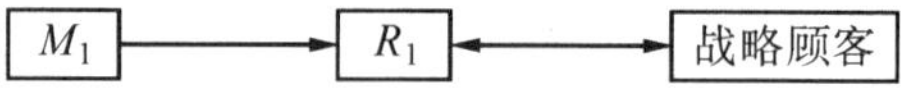

图 2.6　原始供应链（SC_O）

为了便于分析，把 R_1 销售产品的整个过程分为两个阶段，用 t_1 表示以价格 p 销售的第一期（可看成提前期），t_2 表示以价格 p_1 销售的第二期（可看延迟期）。(1)如果 $p=p_1$，则表明 R_1 的销售价格不随时间发生变化；(2)如果 $p>p_1$，则表明 R_1 在 t_2 期降价销售原始产品，以阻止模仿创新产品的进入。

给出下列假设，(1) t_1 期进入的顾客数量 S 是确定的，顾客支付意愿（WTP）取决于原始产品的性能 ρ_1 和边际支付意愿 v，假设 $\mathrm{WTP}=v\rho_i$，其中，$v>0$ 表示捕获顾客对原始产品的偏好程度。t_1 期顾客包括战略顾客和短视顾客两类。其中，战略顾客的比例为 α，理性预期 t_2 期产品的可获得性，通过比较在 t_1 期与 t_2 期购买产品的期望剩余，跨期选择购买时机；短视顾客的比例为 $1-\alpha$，假设 $v>p/\rho_1$，这样，短视顾客都会在 t_1 期购买。(2)假设这种创新性产品在 t_2 期也吸引了数量为 Y 的新顾客进入市场，Y 为连续随机变量，其分布函数与密度函数分别为 $G(\cdot)$ 与 $g(\cdot)$，$\bar{G}(\cdot)=1-G(\cdot)$，假设新到达顾客的 WTP 同样取决于对性能的边际支付意愿，即 $\mathrm{WTP}=v\rho_1$。

根据 Moorthy[28] 的假设，将研发性能为 ρ_1 所需的研发成本表示为 $C_{11}=\alpha_1\rho_1^2$，其中，$\alpha_1>0$ 表示研发成本系数。M_1 在 t_1 期向市场供给的原始产品数量为 q_1。假设原始产品的单位生产成本是其性能 ρ_1 的比例为 h 的线性函数，则生产总成本为 $C_{12}=h\rho_1q_1$。这样，M_1 的总成本为：

$$C_1=C_{11}+C_{12}=\alpha_1\rho_1^2+h\rho_1q_1 \tag{2.19}$$

已有研究多把以上下游企业关注货币损益（monetary payoffs）为出发点的批发价格合同，作为相比其他复杂合同的研究基准。由于批发价格合同所产生的双边际效应破坏了供应链的协调性，而回购合同（buyback contract）增加了下游企业的采购数量，甚至达到集中系统的最优数量，因此能协调供应链。本节考虑不能协调供应链的批发价格合同与能够协调供应链的回购合同下的两类情形。

在 SC_O 中，事件顺序如下：

（1）在 t_1 期，M_1 向 R_1 提供供应合同（w_1，b_1），R_1 向战略顾客和短视顾客销售原始产品；短视顾客始终在 t_1 期购买产品，而战略顾客中 η 比例延迟到 t_2 期购买产品。

注：如果 $b_1=0$，供应合同退化为批发价格合同；如果 $b_1>0$，供应合同则为回购合同。

（2）在 t_2 期，R_1 向延迟的战略顾客和新到达顾客销售原始产品。战略顾客根据 t_1 期和 t_2 期的期望剩余来选择购买时机。

（3）在 t_2 期末，R_1 根据约定的供应合同（即转移支付机制），如果约定的是回购合同，则将未销售的产品回退给 M_1，并从 M_1 获得补偿 b_1。

先给出后面用到的相关记号：令 $\prod_C^O$ 表示 SC_O 为集中系统所得到的总期望利润；在分散型链 SC_O 中，π_M^O 表示 M_1 获得的期望利润，π_R^O 表示 R_1 的期望利润，$\prod_D^O=\pi_M^O+\pi_R^O$ 表示分散系统的总期望利润。

2.2.3 战略顾客理性购买决策

战略顾客通过比较在 t_1 期与 t_2 期购买产品获得的期望剩余，来选择购买时机。假设 SC_O 在 t_2 期以折扣价格 p_1 降价销售，战略顾客在 t_2 期购买产品能获得更多期望剩余，但面临产品缺货风险。由于延迟购买产品的战略顾客的比例为 η，这样，t_1 期末原始产品剩余数量可表示为 $L=q_1-S(1-\alpha\eta)$，这也是 t_2 期总供给量；而 t_2 期总需求量为新到达顾客数量 Y 和延迟购买的战略顾客

$S\alpha\eta$之和,即$Y+S\alpha\eta$。其中,(1)若$Y+S\alpha\eta\leqslant L$,即t_2期原始产品供给大于总需求,所有顾客都能获得产品,战略顾客的期望剩余为$G(L-S\alpha\eta)(v\rho_1-p_1)$;(2)若$L<Y+S\alpha\eta$,则战略顾客获得产品的概率为$L/(X+S\alpha\eta)$。

于是,战略顾客延迟到t_2期购买产品的期望剩余为:

$$U_2=G(L-S\alpha\eta)(v\rho_1-p_1)+\int_{L-S\alpha\eta}^{+\infty}\frac{L\mathrm{d}G(X)}{X+S\alpha\eta}(v\rho_1-p_1) \tag{2.20}$$

战略顾客提前到t_1期购买产品的期望剩余为:$U_1=v\rho_1-p$,

且战略顾客在t_1期购买产品与t_2期购买产品的无差异条件为:

$$U_1-U_2=0 \tag{2.21}$$

2.2.4 集中系统SC_O决策

用上标为"～"的变量表示信念,上标为"＊"的变量表示均衡行动。下面定义2.2给出了集中系统[①] SC_O与战略顾客间理性预期均衡的条件。

定义2.2 集中系统SC_O与战略顾客之间的理性预期均衡(q_1^*,η^*)需满足如下条件:

(1)给定信念$\tilde{\eta}$,原始产品的最优数量为:$q_1^*\in\arg\max_{q_1}\prod_C^O(q_1,\tilde{\eta})$。

(2)给定信念$\tilde{q}_1$,战略顾客延迟到t_2期购买的最优比例为:$\eta^*\in\eta(\tilde{q}_1)$。

(3)当信念与均衡活动一致时,满足:$\eta^*=\tilde{\eta}$,$q_1^*=\tilde{q}_1$。

其中,$\prod_C^O(q_1,\tilde{\eta})$表示在给定战略顾客延迟购买比例的信念$\tilde{\eta}$下,集中系统$SC_O$的期望利润。

在t_2期,市场总供给量为L,总需求量为$Y+S\alpha\eta$。其中,(1)若$Y\leqslant L-S\alpha\eta$,则原始产品的销售量$Y+S\alpha\eta$;(2)若$Y>L-S\alpha\eta$,则所有原始产品L都能够销售。这样,SC_O的期望利润为:

$$\prod_C^O=pS(1-\alpha\eta)+p_1\int_0^{L-S\alpha\eta}(Y+S\alpha\eta)\mathrm{d}G(Y)+p_1\int_{L-S\alpha\eta}^{+\infty}L\mathrm{d}G(X)-C_1 \tag{2.22}$$

其中,第一项表示在t_1期获得的收益,第二项表示在t_2期$Y\leqslant L-S\alpha\eta$情形下获得的收益,第三项表示在t_2期$Y>L-S\alpha\eta$情形下获得的收益,最后一

---

① 所谓集中系统(Centralized system,即集中型供应链)是指制造商M_1与销售商R_1纵向集成以供应链总体收益最大作为各自目标,并且二者间不存在转移支付(transfer payment)。

项表示总成本。

对式(2.12)简化,可得到:

$$\prod_{C}^{O} = pS(1-\alpha\eta) + p_1[L - \int_0^{L-S\alpha\eta} G(Y)\mathrm{d}Y] - C_1 \tag{2.23}$$

于是,可得下列结论:

引理 2.4 在给定信念 $\tilde{\eta}$ 时,集中系统 SC_O 销售的产品最优数量为:

$$q_1^* = G^{-1}\left(1-\frac{h\rho_1}{p_1}\right) + S \tag{2.24}$$

证明:由 $\dfrac{\mathrm{d}\prod_{C}^{O}}{\mathrm{d}q_1} = p_1[1-G(L-S\alpha\eta)] - h\rho_1 = 0$,可得,

$q_1^* = G^{-1}\left(1-\dfrac{h\rho_1}{p_1}\right) + S$。证毕。

引理 2.4 表明:在给定关于战略顾客延迟购买比例的信念时,制造商 M_1 与销售商 R_1 纵向集成所能销售产品的最高数量。

命题 2.7 当不存在模仿创新时,集中系统 SC_O 与战略顾客间存在理性预期均衡(q_1^*,η^*),其中,$q_1^* = G^{-1}\left(1-\dfrac{h\rho_1}{p_1}\right) + S$,$\eta^*$ 由 $\Phi = U_2 - U_1 = 0$ 确定。

证明:令 $\Phi = U_2 - U_1$,假设 $Y \sim U(0, \bar{Y})$,$L = \bar{Y}\left(1-\dfrac{h\rho_1}{p_1}\right) + S\alpha\eta$,由

$$\Phi = \left\{1-\frac{h\rho_1}{p_1} + \left(1-\frac{h\rho_1}{p_1}+\frac{S\alpha\eta}{\bar{Y}}\right)\ln\left[\frac{\bar{Y}+S\alpha\eta}{\bar{Y}\left(1-\frac{h\rho_1}{p_1}\right)+S\alpha\eta}\right]\right\}(v\rho_1 - p_1) - (v\rho_1 - p) = 0$$

可以算出 η^*。证毕。

命题 2.7 表明:无模仿创新时,集中系统与战略顾客间存在理性预期均衡。

2.2.5 分散系统 SC_O

下面先考虑分散系统[①] SC_O 中 M_1 向 R_1 提供批发价格合同的情形,然后考虑 M_1 向 R_1 提供回购合同情形。

---

① 所谓分散系统(decentralized system,即分散型供应链)是指制造商 M_1 与销售商 R_1 以自身利益最大化作为各自目标,并且两者间通过议价博弈分割渠道利益,即存在转移支付。

2.2.5.1 批发价格合同

如果 M_1 向 R_1 提供批发价格合同，则 R_1 的期望利润为：

$$\pi_R^O = pS(1-\alpha\eta) + p_1\int_0^{L-S\alpha\eta}(Y+S\alpha\eta)\mathrm{d}G(Y) + p_1\int_{L-S\alpha\eta}^{+\infty}L\,\mathrm{d}G(X) - w_1 q_1 \tag{2.25}$$

其中，第一项表示在 t_1 期获得的收益，第二项表示在 t_2 期在 $Y\leqslant L-S\alpha\eta$ 情形下获得的收益，第三项表示在 t_2 期在 $Y>L-S\alpha\eta$ 情形下获得的收益，最后一项表示总成本。

对式(2.25)化简，得到：

$$\pi_R^O = pS(1-\alpha\eta) + p_1[L-\int_0^{L-S\alpha\eta}G(Y)\mathrm{d}Y] - w_1 q_1 \tag{2.26}$$

于是，有下列引理：

引理 2.5 在给定信念 $\tilde{\eta}$ 时，当 SC_O 为分散系统时，R_1 向 M_1 采购的原始产品最优数量为 $\hat{q}_1^* = G^{-1}\left(1-\frac{w_1}{p_1}\right)+S$。

证明：由 $\frac{\mathrm{d}\pi_R^O}{\mathrm{d}q_1} = p_1[1-G(L-S\alpha\eta)]-w_1=0$，可得：$q_1^* = G^{-1}\left(1-\frac{w_1}{p_1}\right)+S$，证毕。

引理 2.5 表明：在给定关于战略顾客延迟购买比例的信念时，制造商 M_1 与销售商 R_1 只关注自身利益时，整个系统所销售的产品数量低于集中系统的数量，其原因在于批发价格合同所导致的“双边际效应”。

2.2.5.2 回购合同

如果 M_1 向 R_1 提供回购合同，则 R_1 的期望利润为：

$$\pi_R^O = pS(1-\alpha\eta) + p_1\int_0^{L-S\alpha\eta}(Y+S\alpha\eta)\mathrm{d}G(Y) + p_1\int_{L-S\alpha\eta}^{+\infty}L\,\mathrm{d}G(Y) - w_1 q_1 + b_1\int_0^{L-S\alpha\eta}[L-(Y+S\alpha\eta)]\mathrm{d}G(Y) \tag{2.27}$$

其中，第一项表示在 t_1 期获得的收益，第二项表示 t_2 期在 $Y\leqslant L-S\alpha\eta$ 情形下获得的收益，第三项表示 t_2 期在 $Y>L-S\alpha\eta$ 情形下获得的收益，第四项表示总采购成本，最后一项表示从 M_1 获得的回购补偿。

由式(2.27)，可得：

$$\pi_R^O = pS(1-\alpha\eta) + p_1[L-\int_0^{L-S\alpha\eta}G(Y)\mathrm{d}Y] + b_1\int_0^{L-S\alpha\eta}G(Y)\mathrm{d}Y - w_1 q_1 \tag{2.28}$$

于是，有下列引理和命题：

引理 2.6 在给定信念 $\tilde{\eta}$ 时，当 SC_O 为分散系统时，如果 M_1 向 R_1 提供回购合同，则 R_1 采购的原始产品最优数量为 $\hat{q}_1^* = G^{-1}\left(1-\frac{w_1-b_1}{p_1-b_1}\right)+S$。

证明： 由 $\frac{\mathrm{d}\pi_R^O}{\mathrm{d}q_1} = p_1[1-G(L-S\alpha\eta)]+b_1G(L-S\alpha\eta)-w_1=0$，可得，

$\hat{q}_1^* = G^{-1}\left(1-\frac{w_1-b_1}{p_1-b_1}\right)+S$，证毕。

命题 2.8 当不存在模仿创新并且 SC_O 为分散系统时，如果 M_1 向 R_1 提供的回退补偿为 $b_1=\frac{(w_1-h\rho_1)p_1}{p_1-h\rho_1}$，则能协调 SC_O。

证明： 要实现供应链协调，则需要 $\hat{q}_1^* = q_1^*$，即 $b_1=\frac{(w_1-h\rho_1)p_1}{p_1-h\rho_1}$。证毕。

命题 2.8 表明：制造商 M_1 向销售商 R_1 提供回退补偿，消除了由批发价格合同所导致的“双边际效应”，实现合作联盟，这实际上是一种基于转移支付的合作联盟。

2.3 营销渠道选择对供应链结构的影响

相对于原始创新，模仿创新由于更高的成功率、更好满足顾客需求与更低投资成本，已成为后进入市场的制造商(entrant firm，以下简记为 M_2)的一种有效战略。即，M_2 通过“模仿一吸收一性能改进”等一系列活动，推出性能改进产品进入市场，并与 M_1 进行竞争。

为了便于分析，把 M_1 供给的产品称为原始产品，把 M_2 的产品称为性能改进产品(即模仿创新产品)。由于模仿创新存在时间滞后性，假设 M_2 的性能改进产品只在 t_2 期销售。这样，在 t_1 期只存在原始产品，可以看成垄断销售情形；在 t_2 期同时存在原始产品与性能改进产品，可看成双寡头垄断情形。

2.3.1 M_2 的策略行为

为了便于分析，把“模仿一吸收”活动简称为模仿吸收阶段；“性能改进”活动称为性能改进阶段。

2.3.1.1 模仿吸收阶段

为了获得原始产品的相关技术，M_2 需要进行投资，投资总额取决于其模

仿吸收能力 $\lambda\in[0,1]$。一方面,模仿吸收能力越强,所需模仿成本进一步降低;另一方面,由于模仿比研发相同组件所需的成本更低,以及随着 λ 增加,其模仿吸收能力越强。这样,模仿吸收成本可表示为:

$$C_{21}=\alpha_1(1-\lambda)\rho_1^2 \tag{2.29}$$

其中,(1)当 $\lambda=0$ 时,表明模仿者对原始产品完全不了解,相当于 M_2 进入全新市场情形,此时,M_2 所需的模仿吸收成本与 M_1 的研发成本相同,即 $C_{21}=C_{11}=\alpha_1\rho_1^2$;(2)当 $\lambda=1$ 时,表明 M_2 全部掌握原始产品的相关信息,此时 $C_{21}=0$;(3)当 $0<\lambda<1$ 时,这适用于 M_2 已成为 M_1 的竞食者。

2.3.1.2 性能改进阶段

用 θ 表示 M_2 在模仿吸收原始产品的相关信息后对其性能改进的目标,但能否实现该目标往往存在不确定性。一般地,存在如下不确定因素:研发能力不足、缺乏对最新顾客趋势以及最新产品创新技术的掌握等等。用 $\xi\in[0,1]$ 表示性能改进能力,并且 ξ 越大,性能改进能力越强,其不确定性越低。这样,性能改进产品的有效性能为 $\rho_2=\lambda\rho_1+\xi\theta$。即,模仿吸收能力 λ 同样影响性能改进产品的性能;由 $\frac{d\rho_2}{d\xi}>0$ 可知,性能改进产品的性能随着 ξ 的增加而递增。

参照 Moorthy[28] 的假设,产品性能改进阶段所花费的成本为 $C_{22}=\alpha_2\rho_2^2$,其中,$\alpha_2>0$ 表示改进成本参数。单位生产成本仍是性能 ρ_2 的比例为 h① 的线性函数,则生产成本为 $C_{23}=h\rho_2 q_2$。这样,M_2 的总成本为:

$$C_2=C_{21}+C_{22}+C_{23}=\alpha_1(1-\tau)\rho_1^2+\alpha_2\rho_2^2+h\rho_2 q_2 \tag{2.30}$$

假设 M_2 的销售价格为 p_2,在 t_2 期供给的性能改进产品数量为 q_2。假设所有顾客只购买单位产品,这表明原始产品与模仿创新产品存在替代性。

2.3.2 模仿创新对市场结构的影响

市场构成总体上与不存在模仿创新情形相同,不同之处在于:

(1)t_1 期进入的战略顾客理性预期 t_2 期性能改进产品的可获得性与性价比(PPR),通过比较在 t_1 期与 t_2 期购买产品的期望剩余,跨期理性选择产品购买时机和产品类型。

(2)由于 M_2 在 t_2 期推出性能改进产品,这吸引了数量为 X 的新顾客进入

① 当 $h=0$ 时,即生产与分销成本为 0,此时,原始产品为信息产品;当 $h>0$ 时,即存在生产与分销成本,此时,原始产品为工业产品。

市场，假设 X 为连续随机变量，其分布函数与密度函数分别为 $F(\cdot)$ 与 $f(\cdot)$，$\bar{F}(\cdot)=1-F(\cdot)$。

给出下面要用到的假设：

假设 2.1 存在模仿创新情形时，t_2 期新达到顾客数量 X 随机占优不存在，模仿创新时新到达顾客数量 Y。

该假设表明：后进入者 M_2 通过模仿创新，在 t_2 期推出了性能改进产品，吸引了更多的新顾客到达市场，从这种意义上说，由于性能改进产品的引入，扩大了整个市场的规模、挖掘了市场潜力，市场潜力的大小直接影响了模仿创新供应链的绩效。

令 $r_1=\frac{\rho_1}{p_1}$ 表示原始产品的性价比，$r_2=\frac{\rho_2}{p_2}$ 表示性能改进产品的性价比，$\varepsilon=\frac{r_2}{r_1}$ 表示性能改进产品与原始产品的性价比比率。即，随着 ε 的增加，性能改进产品相对于原始产品的性价比越高。

下面引理 2.7 揭示了性能改进能力、模仿吸收能力与性价比之间的关系。

引理 2.7 令 $\xi^{\circ}=\frac{\rho_1(p_2-\lambda p_1)}{\theta p_1}$，(1) 当 $\xi\geqslant\xi^{\circ}$ 时，$r_1\leqslant r_2$；(2) 当 $\xi<\xi^{\circ}$ 时，$r_1>r_2$。

证明：通过比较 r_1 与 r_2，可得到引理 2.7。

引理 2.7 表明：当性能改进能力较强时，性能改进产品的性价比比原始产品更高；相反，当性能改进能力较低时，性能改进产品的性价比更低。

2.3.3 营销渠道选择对供应链结构的影响

后进入制造商 M_2 选择不同营销渠道销售性能改进产品，将对原有供应链以及模仿创新供应链本身以及市场总体带来较大影响。我们考虑 M_2 选择三种渠道销售性能改进产品。

为了便于比较，我们把存在模仿创新时，由 M_1 与 R_1 构成的供应链简记为 SC_1，以区别于不存在模仿创新时由 M_1 与 R_1 构成的供应链 SC_O。

(1) 供应链间竞争型结构

M_2 通过独立销售商 R_2（非公共销售商 R_1）销售性能改进产品，假设 R_1 与 R_2 存在竞争。此时，M_2 与 R_2 构成另一条供应链（即模仿创新供应链，以下简记为 SC_2）。这样，M_1 与 M_2 之间的竞争就转化为 M_1 与 R_1 构成的 SC_1 以及 M_2 与 R_2 构成的 SC_2 之间的竞争。即，由于模仿创新的存在，出现了链与链之间的竞争，如图 2.7 所示。我们把这种供应链结构称为“供应链间竞争型结构”。

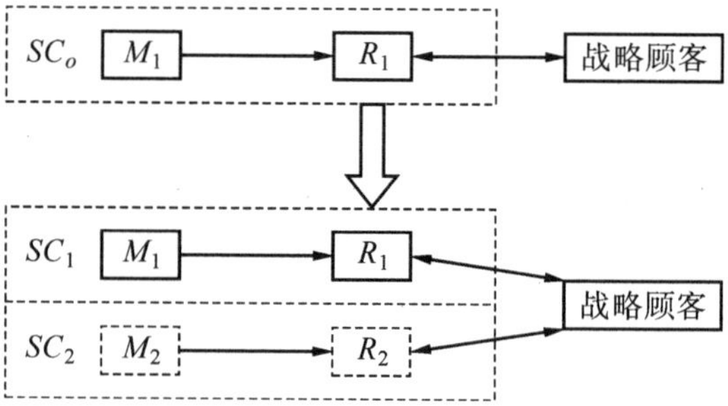

图 2.7　SC_1、SC_2 与 SC_O 三者间关系

(2)供应商间竞争型结构

考虑 M_2 通过公共销售商 R_1 销售性能改进产品，这样，M_1、M_2 与 R_1 构成一条上游供应商多于下游销售商的供应链结构，我们把 M_1、M_2 与 R_1 构成的供应链简记为 SC_S。此时，上游供应商 M_1 与 M_2 之间的竞争，不仅体现在产品的纵向差异上，还与向公共销售商 R_1 提供的供应合同有关，如图 2.8 所示。我们把这种供应链结构称为“供应商间竞争型结构”。

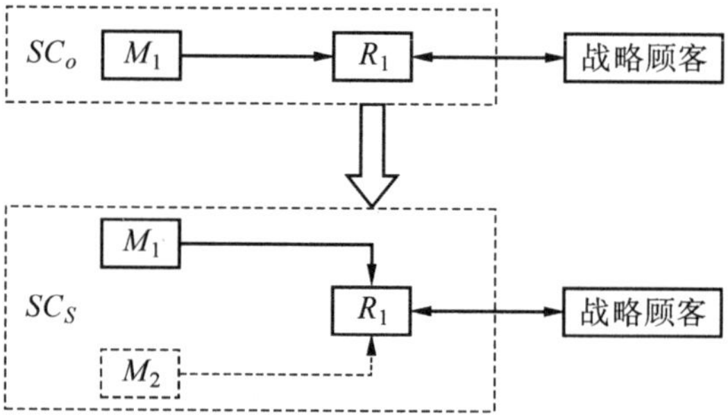

图 2.8　供应商间竞争型供应链(SC_S)

(3)混合竞争型供应链结构

考虑 M_2 不仅通过独立销售商 R_2，还通过公共销售商 R_1 销售性能改进产品，此时的供应链结构是供应链间竞争型结构与供应商间竞争型结构的组合，我们把 M_1、M_2、R_1 与 R_2 构成的这样的混合竞争型供应链简记为 SC_M，这实际上是 SC_1、SC_2 与 SC_S 的组合。如图 2.9 所示。

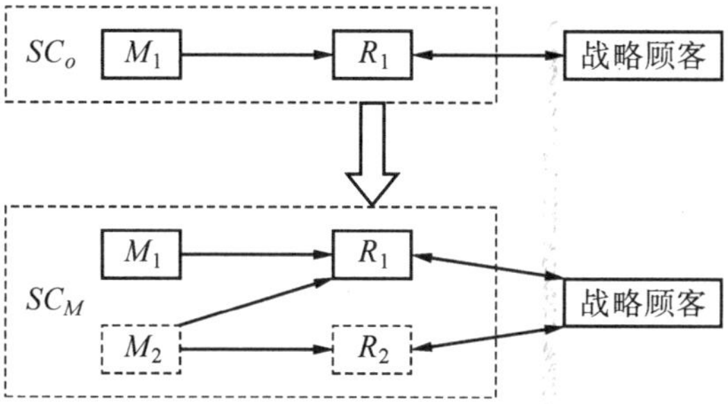

图 2.9 混合竞争型供应链(SC_M)

下面通过数量分析来说明营销渠道选择对供应链结构的影响。

假设 M_2 通过独立销售商 R_2 销售的比例为 $z\in[0,1]$：①当 $z=0$ 时，即 M_2 完全通过公共销售商 R_1 销售其性能改进产品，这种情形就产生了供应商间竞争型结构；②当 $z=1$ 时，即 M_2 完全通过独立销售商 R_2 销售其性能改进产品，这种情形就产生了供应链间竞争型结构；③当 $0<z<1$ 时，即 M_2 通过公共销售商 R_1 销售 $1-z$ 比例产品，通过独立销售商 R_2 销售 z 部分的产品，这种情形就产生了混合竞争型供应链结构。

2.4 战略顾客行为下进入威慑策略

一方面，后进入者推出的模仿创新产品增加了市场的供给量，对先进入者(incumbent)构成威胁；另一方面，迫于竞争压力，新产品以前所未有的速度被引入市场，这使得顾客认为当前热销的新产品很快就会过时，刺激其利用战略等待以获得性能更高的产品[29]以实现期望剩余最大化，从而扰乱了先进入者原始产品供需间的匹配性。

为了应对这两方面的不利影响，越来越多的先进入者采用产品升级策略来维持持续竞争优势以及满足顾客对性能更高产品的追求。总的来说，产品升级策略分为整体化升级策略与模块化升级策略两类：(1)整体化升级策略是指先进入者以整体化设计并销售产品，例如，Apple 将 iphone 升级为 iPhone 4S，就采用了整体化升级策略[30－31]，不允许顾客升级甚至像存储器或电池这样的组件；(2)模块化升级策略是指先进入者以模块化设计、但可以整体化(或模块化)销售产品的策略，这种策略的内在价值在于减轻顾客购买产品的后悔值,并保护顾客对产品的已有投资(只需更换过时模块)[31],例如,美国史赛克医疗器械(Stryker)销售给医院的外科手术器械[32]以及思科(Cisco)的网络产品[33],均采用了模块化升级策略。基于产品升级策略的重要实践价值以及战略等待对原始产品供需匹配的扰动性,本节主要研究整体化与模块化升级策略对维护先进入者持续竞争优势(即威慑后进入者)的价值。

与本节相关的研究主要体现在三个方面:

(1)先进入者应对进入威胁时采用的策略。包括:Gómez 等[34]以欧洲移动通信行业为例,发现转换成本在维护先进入者领导地位方面具有重要价值,该文主要关注存在外部性的服务产品;Gilbert 等[35]针对由耐用品及其配套产品构成的组合产品,研究了制造商可以通过故意使其产品与其他制造商的配套产品不兼容从而构成锁定效应,研究发现,若耐用品制造商承诺当初始产品销售后不再生产,则来自其他配套制造商生产的更低性能的产品也能够使耐用品制造商受益;Bohlman 等[36]研究了进入市场顺序与市场份额的关系,发现顾客更关注产品内在价值则对先进入者有利,更关注产品性能则不利于先进入者维持领导地位;罗彬等[37]构建了挽留激励、竞争反击、自然衰减和口碑传播等策略对客户保持率等产生影响的动力学模型,发现这些挽留策略可行且有效;杨明等[38]用实物期权方法研究了先进入者阻止后进入者时利用投资超生产容量的进入威慑策略的有效性,研究发现,这种策略不能阻止持有投资和生产决策期权的后进入者进入市场。上述文献主要关注面对进入威胁时,先进入者不采用产品升级策略,也未涉及战略顾客行为。本节则主要关注存在理性顾客时,产品升级策略对先进入者维持竞争优势的价值。

(2)产品升级策略。包括:Ülkü 等[39]用实验方法评估了模块化升级策略对顾客购买行为的影响,研究发现,若企业推出升级产品的速度过快,顾客更看重该策略所带来的成本节省。这两篇文献均关注单个企业的模块化升级策略,未涉及先进入者与后进入者间的竞争关系以及战略顾客行为;Seamans[40]以美国3 000家有线电视系统组成的数据库为分析对象,研究了私有型先进入者如何应对公共型后进入者所带来的潜在威胁,发现相对于无公共型后进入者的地区来说,公共型后进入者的存在迫使先进入者以更快速度进行产品升级,该文以实证分析为基础,也未涉及战略顾客。

(3)基于差异性产品的战略顾客行为。主要包括:Levin 等[41]运用动态定价模型研究了寡头垄断厂商向多种战略顾客销售易逝品,研究发现,销售商限制产品可获得信息比提供全部信息的收益更大,该文关注产品间存在横向差异性情形。Liu 等[53]构建了两个销售商向战略顾客提供纵向差异性产品的动态定价竞争模型，重点关注产品性能的作用与价格承诺的价值以及产品间存在纵向差异性的情形。本节也研究战略顾客行为，但关注三种纵向差异性产品（原始产品、升级产品与模仿创新产品）的影响。

2.4.1 模型假设

考虑单个先进入者向市场引入一种创新性原始产品，例如，汽车、手机、高科技产品等。后进入者通过对原始产品进行模仿吸收一性能改进等活动，推出模仿创新产品进入该市场，从而对先进入者构成进入威胁。由于模仿创新存在时间滞后性，把整个销售过程分为两个阶段：只存在先进入者的 t_1 期以及同时存在先进入者与后进入者的 t_2 期。(1)在 t_1 期中，原始产品的性能、数量与销售价格分别为 ρ_1、q_1 与 p_1。(2)在 t_2 期中，后进入者引入的模仿创新产品的有效性能、数量与销售价格分别为 ρ_M、q_M 与 p_M，假设 $\rho_M>\rho_1$；为了应对进入威胁，先进入者也对原始产品进行性能提升，推出的升级产品的有效性能、数量与销售价格分别为 ρ_2、q_2 与 p_2，且 $\rho_2>\rho_1$。

先进入者与后进入者引入产品关系见图 2.10。

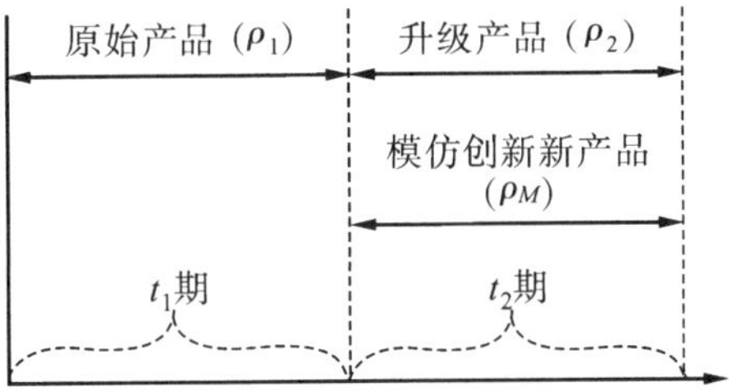

图 2.10 先进入者与后进入者的产品引入关系

具体来说，考虑先进入者采用的两类升级策略：整体化升级策略（简记为IU）与模块化升级策略（简记为 MU）。(1)对于 IU 策略，先进入者以整体化结构设计并销售原始产品以及升级产品。(2)对于 MU 策略，①在 t_1 期中，先进入者以模块化结构设计但整体化销售原始产品。假设模块化原始产品中不随时间升级的通用模块（简记为 S）性能为 ρ_S，参考文[43～44]，用 $m=\rho_S/\rho_1$ 表示产品的模块化程度，随着 m 增加，产品模块化程度增加，这表明原始产品中更高比例的组件可用于升级产品中；随时间可升级模块（简记为 1V）的性能为 $\rho_{1V}=\rho_1(1-m)$。②在 t_2 期中，先进入者对原始产品中的可升级模块进行性能提升，提升后的升级模块（简记为 2V）的性能为 ρ_{2V}，ρ_{2V} 也反映了先进入者的性能改进能力；此时，先进入者可以采用两类销售策略：(A)单独销售

2V,此时,顾客必须先购买原始产品(由 S 与 1V 构成),才能购买 2V,这样,顾客将升级模块 2V 替换原始产品中已过时的 1V,这间接组合成模块化升级产品(简记为隐性模块化升级产品);(B)直接销售由 S 与 2V 组成的显性模块化升级产品。这样,显性(隐性)模块化升级产品的性能均可表示为 $\rho_2 = m\rho_1 + \rho_{2V}$。由于 ρ_2 与 ρ_{2V} 存在一一对应关系,所以,下面分析中用 ρ_2 表示先进入者的性能改进能力。

假设产品(模块)i 的单位生产成本为 $c\rho_i^{\alpha}$($c>0$),其中,$i \in \{1,2,M,1V,2V,S\}$:(1)若 $\alpha \geqslant 2$,则单位生产成本为性能 ρ_i 的凸函数,这种成本结构也用于文[45]、文[46];(2)若 $\alpha=1$,则单位生产成本为性能 ρ_i 的线性函数,这种成本结构也用于文[42];(3)若 $\alpha=0$,则,单位生产成本与性能 ρ_i 无直接关系,这种假设基于参考文[43]。总的来说,随着 α 的增加,先进入者对后进入者进入市场所设置的成本障碍越高,这源于先进入者所拥有的领先技术、专利保护等资源。为了更好地研究产品升级策略的价值,本节的整体化升级策略中,成本结构采用二次函数结构($\alpha=2$);对于模块化升级策略,成本结构采用线性结构($\alpha=1$)。

为了便于分析,假设 $\rho_M=\beta\rho_2$($\beta>0$),β 反映了先进入者与后进入者的性能改进能力差异。其中,(1)若 $0<\beta<1$,则 $\rho_1<\rho_M<\rho_2$,这表明模仿创新产品的性能低于升级产品;(2)若 $\beta=1$,则模仿创新产品与升级产品的性能相同;(3)若 $\beta>1$,则模仿创新产品的性能高于升级产品。

以下部分重点研究 $\beta>1$ 的情形。

下面给出战略顾客跨期购买决策假设。

假设 t_1 期到达的战略顾客数量很多,这表明单个顾客对市场总体的影响可忽略不计,用连续随机变量 X 表示战略顾客数量,X 的分布函数与密度函数分别为 $F(\cdot)$ 与 $f(\cdot)$,且 $\bar{F}(\cdot)=1-F(\cdot)$,且所有顾客最多购买单位产品。假设战略顾客对产品的支付意愿依赖于对产品性能的偏好程度 v,v 为支持集 $[\underline{v},\bar{v}]$ 上的连续随机变量,其分布函数与密度函数分别为 $G(\cdot)$ 与 $g(\cdot)$,且 $\bar{G}(\cdot)=1-G(\cdot)$。假设 $\bar{G}(\bar{v})=G(\underline{v})=0$。

战略顾客理性预期 t_2 期中引入的性能更高的升级产品以及模仿创新产品,在原始产品、升级产品与模仿创新产品间进行跨期决策。

令 λ_1 表示战略顾客中购买整体化(模块化)原始产品的比例,λ_2 表示购买整体化(模块化)升级产品所占比例,λ_M 表示购买模仿创新产品的比例,其中,$\lambda_1,\lambda_2,\lambda_M \geqslant 0$,且 $\lambda_1+\lambda_2+\lambda_M=1$。$\prod^j$ 与 π^j 分别表示在给定其他参与者信念下，先进入者与后进入者的期望利润，其中，$j \in \{IU, MU\}$。

2.4.2 整体化升级策略

对于整体化升级策略，用 $r_1=\frac{\rho_1}{p_1}$，$r_2=\frac{\rho_2}{p_2}$ 与 $r_M=\frac{\rho_M}{p_M}$ 分别表示原始产品、升级产品以及模仿创新产品的性价比。

引理 2.8　存在整体化升级产品的性能阈值 $\rho_2^{\Theta}=\frac{\rho_1 p_2}{p_1}$，满足：(1)若 $\rho_2<\rho_2^{\Theta}$，则 $r_1>r_2$；(2)若 $\rho_2=\rho_2^{\Theta}$，则 $r_1=r_2$；(3)若 $\rho_2>\rho_2^{\Theta}$，则 $r_1<r_2$。

证明：比较 $r_1=r_2$，可得引理 2.8。

引理 2.8 表明：若升级产品的性能低于某阈值，先进入者以递减性价比路径推出升级产品，相反，若升级产品的性能高于该值，先进入者则以递增性价比路径推出升级产品。

2.4.2.1 理性预期均衡

对于整体化升级策略，战略顾客在 t_1 期购买整体化原始产品、t_2 期购买整体化升级产品以及模仿创新产品间进行权衡，这表明整体化原始产品、整体化升级产品以及模仿创新产品之间存在完全替代性。

战略顾客在 t_1 期中购买整体化原始产品获得的剩余为 $u_1=v\rho_1-p_1$。

用 $\tilde{\xi}_2$ 表示战略顾客对在 t_2 期中获得整体化升级产品的概率的信念。由于 t_2 期中购买升级产品的战略顾客数量为 $\tilde{\lambda}_2 X$，而先进入者推出的升级产品供给数量为 q_2，所以，当 $X\leqslant q_2/\tilde{\lambda}_2$ 时，整体化升级产品的可获得性为 1；当 $\tilde{\lambda}_2 X>q_2$ 时，整体化升级产品的可获得性小于 1，这样，整体化升级产品可获得概率可表示为：

$$\tilde{\xi}_2 = F\left(\frac{q_2}{\tilde{\lambda}_2}\right)+\frac{q_2}{\tilde{\lambda}_2}\int_{\frac{q_2}{\tilde{\lambda}_2}}^{+\infty}\frac{f(X)}{X}\mathrm{d}X \tag{2.31}$$

为了便于分析，以下部分将 $\tilde{\xi}_2$ 简记为 ξ_2。战略顾客购买整体化升级产品的期望剩余为 $u_2=\tilde{\xi}_2(v\rho_2-p_2)$。

这样，先进入者的期望利润为：

$$\prod^{IU} = p_1 E\min(q_1,\lambda_1 X) - c\rho_1^2 q_1 + p_2 E\min(q_2,\lambda_2 X) - c\rho_2^2 q_2 \tag{2.32}$$

式(2.32)中，前两项与后两项分别表示先进入者从销售整体化原始产品与整体化升级产品中获得的期望利润。

引理 2.9 给定信念(q_M,λ_i)时，整体化原始产品与整体化升级产品的最优数量分别为：$q_1^{IU}=\lambda_1\ \overline{F}^{-1}\left(\frac{c\rho_1^2}{p_1}\right)$，$q_2^{IU}=\lambda_2\ \overline{F}^{-1}\left(\frac{c\rho_2^2}{p_2}\right)$，先进入者的最优产品数量为 $q_N^{IU}=q_1^{IU}+q_2^{IU}$。

证明：对 $\prod^{IU}$ 关于 q_1 与 q_2 求偏导，得到海赛矩阵

$$H=\begin{bmatrix}\frac{\partial^2\prod^{IU}}{\partial q_1^2} & \frac{\partial^2\prod^{IU}}{\partial q_1\partial q_2}\\ \frac{\partial^2\prod^{IU}}{\partial q_2\partial q_1} & \frac{\partial^2\prod^{IU}}{\partial q_2^2}\end{bmatrix}=\begin{bmatrix}-\frac{p_1}{\lambda_1}f\left(\frac{q_1}{\lambda_1}\right) & 0\\ 0 & -\frac{p_2}{\lambda_2}f\left(\frac{q_2}{\lambda_2}\right)\end{bmatrix}$$

由于 $|H_1|=-\frac{p_1}{\lambda_1}f\left(\frac{q_1}{\lambda_1}\right)<0$，$|H_2|>0$，则，$H$ 具有负定性特征，这样，$\prod^{IU}$ 关于 q_1 与 q_2 具有联合凹性质，由$\begin{cases}\partial\prod^{IU}/\partial q_1=0\\ \partial\prod^{IU}/\partial q_2=0\end{cases}$，可求得，$q_1^{IU}=\lambda_1\overline{F}(c\rho_1^2/p_1)$，$q_2^{IU}=\lambda_2\overline{F}(c\rho_2^2/p_2)$。证毕。

这样，升级产品可获得性可简化为：

$$\xi_2=F\left(\frac{c\rho_2^2}{p_2}\right)+\overline{F}^{-1}\left(\frac{c\rho_2^2}{p_2}\right)\int_{\overline{F}^{-1}\left(\frac{c\rho_2^2}{p_2}\right)}^{+\infty}\frac{f(X)}{X}\mathrm{d}X \tag{2.33}$$

由于 t_2 期中购买模仿创新产品的战略顾客数量为 $\lambda_M X$，而后进入者推出的模仿创新产品供给数量为 q_M，所以，当 $X\leqslant\frac{q_M}{\lambda_M}$时模仿创新产品可获得性为 1，当 $X>\frac{q_M}{\lambda_M}$时模仿创新产品可获得性小于 1，这样，模仿创新产品的可获得性为：

$$\xi_M=F\left(\frac{q_M}{\lambda_M}\right)+\frac{q_M}{\lambda_M}\int_{\frac{q_M}{\lambda_M}}^{+\infty}\frac{f(X)}{X}\mathrm{d}X \tag{2.34}$$

战略顾客购买模仿创新产品的期望剩余为：$u_M=\xi_M(v\rho_M-p_M)$。

后进入者的期望利润为：

$$\pi^{IU}=p_M E\ \min(q_M,\lambda_M X)-c\rho_M^2 q_M \tag{2.35}$$

由式(2.35)易见，给定其他参与者信念下，$q_M^{IU}=\lambda_M\ \overline{F}^{-1}(c\rho_M^2/p_M)$。这样，模仿创新产品可获得性可简化为：

$$\xi_M=F\left(\frac{c\rho_M^2}{p_M}\right)+F^{-1}\left(\frac{c\rho_M^2}{p_M}\right)\int_{F^{-1}\left(\frac{c\rho_M^2}{p_M}\right)}^{+\infty}\frac{f(X)}{X}\mathrm{d}X \tag{2.36}$$

下面命题 2.9 显示了整体化升级策略下，先进入者、后进入者与战略顾客间的理性预期均衡。

命题 2.9 用 $\rho_{2\nabla}$ 与 ρ_2^{∇} 表示 $\xi_2\rho_2=\rho_1$ 的两个解，其中，$\rho_{2\nabla}<\rho_2^{\Theta}<\rho_2^{\nabla}$；用 β^{IU} 表示 $\beta\xi_M=\xi_2$ 的唯一解，且 $\beta^{IU}\rho_{2\nabla}\xi_M=\rho_{2\nabla}\xi_2=\beta^{IU}\rho_2^{\nabla}\xi_M=\rho_2^{\nabla}\xi_2=\rho_1$，

(1)对于 $\beta\leqslant\beta^{IU}$ 且 $\rho_{2\nabla}<\rho_2\leqslant\rho_2^{\nabla}$ 情形，①若 $v_{2M}^{IU}\leqslant v_{1M}^{IU}\leqslant v_{12}^{IU}$，则购买整体化原始产品的比例为 $\lambda_1=G(v_{1M}^{IU})$，没有顾客购买整体化升级产品，即 $\lambda_2=0$，购买模仿创新产品的比例为 $\lambda_M=\bar{G}(v_{1M}^{IU})$；②若 $v_{12}^{IU}\leqslant v_{1M}^{IU}\leqslant v_{2M}^{IU}$，则购买整体化原始产品的比例为 $\lambda_1=G(v_{12}^{IU})$，购买整体化升级产品的比例为 $\lambda_2=G(v_{2M}^{IU})-G(v_{12}^{IU})$，购买模仿创新产品的比例为 $\lambda_M=\bar{G}(v_{2M}^{IU})$。

(2)对于 $\beta>\beta^{IU}$ 且 $\rho_2\leqslant\rho_{2\nabla}$（或 $\rho_2>\rho_2^{\nabla}$）情形，①若 $v_{2M}^{IU}\leqslant v_{1M}^{IU}\leqslant v_{12}^{IU}$，则购买整体化原始产品的比例为 $\lambda_1=\bar{G}(v_{12}^{IU})$，购买整体化升级产品的比例为 $\lambda_2=G(v_{12}^{IU})-G(v_{2M}^{IU})$，购买模仿创新产品的比例为 $\lambda_M=G(v_{2M}^{IU})$；②若 $v_{12}^{IU}\leqslant v_{1M}^{IU}\leqslant v_{2M}^{IU}$，则购买整体化原始产品的比例为 $\lambda_1=G(v_{1M}^{IU})$，没有顾客购买整体化升级产品，购买模仿创新产品的比例为 $\lambda_M=\bar{G}(v_{1M}^{IU})$。

(3)各种情形下的先进入者与后进入者均衡数量分别由表达式 q_N^{IU} 与表达式 q_M^{IU} 算出。

其中，$\underline{v}=\max\left(\dfrac{p_1}{\rho_1},\dfrac{p_2}{\rho_2},\dfrac{p_M}{\rho_M}\right)$，$v_{12}^{IU}=\min\left[\bar{v},\max\left(\underline{v},\dfrac{p_1-\xi_2p_2}{\rho_1-\xi_2\rho_2}\right)\right]$，

$$v_{1M}^{IU}=\min\left[\bar{v},\max\left(\underline{v},\frac{p_1-\xi_Mp_M}{\rho_1-\xi_M\rho_M}\right)\right],v_{2M}^{IU}=\min\left[\bar{v},\max\left(\underline{v},\frac{\xi_2p_2-\xi_Mp_M}{\xi_2\rho_2-\xi_M\rho_M}\right)\right]$$

证明：对 u_1、u_2 与 u_M 分别关于 v 求导数，有 $\dfrac{\mathrm{d}u_1}{\mathrm{d}v}=\rho_1$，$\dfrac{\mathrm{d}u_2}{\mathrm{d}v}=\xi_2\rho_2$，$\dfrac{\mathrm{d}u_M}{\mathrm{d}v}=\beta\xi_M\rho_2$，其中，$\rho_2\in[\rho_1,\sqrt{p_2/c})$，$\beta\in[1,\sqrt{p_M/c}/\rho_2)$，

(1)比较 $\dfrac{\mathrm{d}u_1}{\mathrm{d}v}$ 与 $\dfrac{\mathrm{d}u_2}{\mathrm{d}v}$：

令 $y=\bar{F}^{-1}\left(\dfrac{c\rho_2^2}{p_2}\right)$，则 $\dfrac{\mathrm{d}y}{\mathrm{d}\rho_2}=-\dfrac{2c\rho_2}{p_2f(y)}<0$，对 $\rho_2\xi_2$ 关于 ρ_2 求导数，有

$$\frac{\mathrm{d}(\rho_2\xi_2)}{\mathrm{d}\rho_2}=F(y)+\left[y-2\frac{\bar{F}(y)}{f(y)}\right]\int_y^{+\infty}\frac{f(X)}{X}\mathrm{d}X$$

$$\frac{\mathrm{d}^2(\rho_2\xi_2)}{\mathrm{d}\rho_2{}^2}=\left[\left(3+\frac{2\bar{F}(y)f'(y)}{f^2(y)}\right)\int_y^{+\infty}\frac{\mathrm{d}F(X)}{X}+2\frac{\bar{F}(y)}{y}\right]\frac{\mathrm{d}y}{\mathrm{d}\rho_2}<0$$

计算边界条件：$\lim\limits_{\rho_2\to0}\dfrac{\mathrm{d}(\rho_2\xi_2)}{\mathrm{d}\rho_2}=1>0$，$\lim\limits_{\rho_2\to\sqrt{p_2/c}}\dfrac{\mathrm{d}(\rho_2\xi_2)}{\mathrm{d}\rho_2}=-\dfrac{2EX}{f(0)}<0$。

运用同样的方法，可得$(\rho_2\xi_2)|_{\rho_2=\rho_1}<\rho_1$，$(\rho_2\xi_2)|_{\rho_2=\rho_2^{\Theta}}>\rho_1$，$\lim\limits_{\rho_2\to\sqrt{p_2/c}}(\rho_2\xi_2)=0$，这样，$\xi_2\rho_2=\rho_1$ 有两个解 $\rho_{2\nabla}$ 与 ρ_2^{∇}，其中，$\rho_{2\nabla}\in[\rho_1,\rho_2^{\Theta})$，$\rho_2^{\nabla}\in[\rho_2^{\Theta},\sqrt{p_2/c})$，①若 $\rho\leqslant\rho_{2\nabla}$ 或 $\rho\geqslant\rho_2^{\nabla}$，则$\frac{du_1}{dv}\geqslant\frac{du_2}{dv}$；②若 $\rho_{2\nabla}<\rho_2<\rho_2^{\nabla}$，则$\frac{du_1}{dv}<\frac{du_2}{dv}$。

(2)比较$\frac{du_2}{dv}$与$\frac{du_M}{dv}$：

令 $y_M=\bar{F}^{-1}(c\rho_M^2/p_M)$，则$\frac{dy_M}{d\beta}=-\frac{2c\beta\rho_2^2}{p_M f(y_M)}$，$\frac{d\xi_M}{d\beta}=\frac{dy_M}{d\beta}\int_{y_M}^{+\infty}\frac{f(X)}{X}dX$，

$$\frac{d(\beta\xi_M)}{d\beta}=F(y_M)+\left[y_M-\frac{2\bar{F}(y_M)}{f(y_M)}\right]\int_{y_M}^{+\infty}\frac{f(X)}{X}dX,$$

$$\frac{d^2(\beta\xi_M)}{d\beta^2}=\left\{\left[3+\frac{2\bar{F}(y_M)f'(y_M)}{f^2(y_M)}\right]\int_{y_M}^{+\infty}\frac{dF(X)}{X}+2\frac{\bar{F}(y_M)}{y_M}\right\}\frac{dy_M}{d\beta}<0$$

计算边界条件：$(\beta\xi_M)|_{\beta=1}>\xi_2$，$\lim\limits_{\beta\to\frac{\sqrt{p_M/c}}{\rho_2}}(\beta\xi_M)=0$，$\left.\frac{d(\beta\xi_M)}{d\beta}\right|_{\beta=1}>0$，$\lim\limits_{\beta\to\frac{\sqrt{p_M/c}}{\rho_2}}\frac{d(\beta\xi_M)}{d\beta}<0$，所以，存在由 $\beta\xi_M=\xi_2$ 确定的唯一解 β^{IU}，满足：当 $\beta\leqslant\beta^{IU}$ 时，有$\frac{du_M}{dv}\geqslant\frac{du_2}{dv}$；当 $\beta>\beta^{IU}$ 时，有$\frac{du_M}{dv}<\frac{du_2}{dv}$。

由 $u_1=u_2$ 结合 $v\in[\underline{v},\bar{v}]$，得到 $v_{12}^{IU}=\min\left[\bar{v},\max\left(\underline{v},\frac{p_1-\xi_2p_2}{\rho_1-\xi_2\rho_2}\right)\right]$，

其中，$\underline{v}=\max\left(\frac{p_1}{\rho_1},\frac{p_2}{\rho_2},\frac{p_M}{\rho_M}\right)$。由 $u_1=u_M$ 结合 $v\in[\underline{v},\bar{v}]$，得到

$$v_{1M}^{IU}=\min\left[\bar{v},\max\left(\underline{v},\frac{p_1-\xi_Mp_M}{\rho_1-\xi_M\rho_M}\right)\right]$$

由 $u_2=u_M$ 结合 $v\in[\underline{v},\bar{v}]$，得到 $v_{2M}^{IU}=\min\left[\bar{v},\max\left(\underline{v},\frac{\xi_2p_2-\xi_Mp_M}{\xi_2\rho_2-\xi_M\rho_M}\right)\right]$。

①若 $\beta\leqslant\beta^{IU}$ 且 $\rho_{2\nabla}<\rho_2\leqslant\rho_2^{\nabla}$，有$\frac{du_M}{dv}>\frac{du_2}{dv}>\frac{du_1}{dv}$。

(A)当 $v_{2M}^{IU}\leqslant v_{1M}^{IU}\leqslant v_{12}^{IU}$ 时，有 $\lambda_1=G(v_{1M}^{IU})$，$\lambda_2=0$，$\lambda_M=\bar{G}(v_{1M}^{IU})$；(B)当 $v_{12}^{IU}\leqslant v_{1M}^{IU}\leqslant v_{2M}^{IU}$ 时，有 $\lambda_1=G(v_{12}^{IU})$，$\lambda_2=G(v_{2M}^{IU})-G(v_{12}^{IU})$，$\lambda_M=\bar{G}(v_{2M}^{IU})$。

②若 $\beta>\beta^{IU}$ 且 $\rho_2\leqslant\rho_{2\nabla}$（或 $\rho_2>\rho_2^{\nabla}$），有$\frac{du_M}{dv}<\frac{du_2}{dv}<\frac{du_1}{dv}$，满足：(A)当 $v_{2M}^{IU}\leqslant v_{1M}^{IU}\leqslant v_{12}^{IU}$ 时，则 $\lambda_1=\bar{G}(v_{12}^{IU})$，$\lambda_2=G(v_{12}^{IU})-G(v_{2M}^{IU})$，$\lambda_M=G(v_{2M}^{IU})$；(B)若 $v_{12}^{IU}\leqslant$

$v_{1M}^{IU} \leqslant v_{2M}^{IU}$，则 $\lambda_1 = G(v_{1M}^{IU})$，$\lambda_2 = 0$，$\lambda_M = \bar{G}(v_{1M}^{IU})$。

③将上述情形下的 λ_i 代入相应表达式，可得 q_N^{IU} 与式 q_M^{IU}。证毕。

命题 2.9 表明：战略顾客购买各种产品的均衡比例受到先进入者的升级路径、先进入者与后进入者的性能改进能力差异以及顾客的边际支付意愿的组合影响。

2.4.2.2 先进入者与后进入者的比较

下面通过数值计算(见图 2.11)，分别从市场份额与期望利润两个视角，比较升级路径与性能改进能力差异相结合对先进入者与后进入者的影响。基本参数设置为：$c=0.1$，$\rho_1=6$，$p_1=9$，$p_2=12$，$p_M=15$，$v \sim U(\underline{v},10)$，$X$ 服从均值为 100、标准差为 50 的 Gamma 分布。

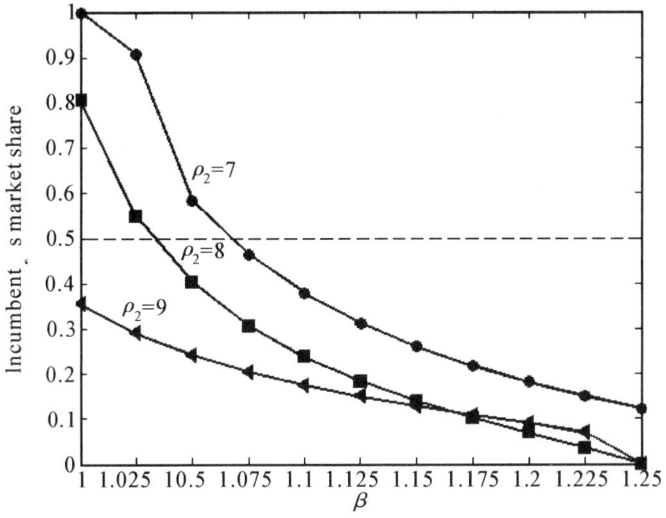

图 2.11 性能改进能力差异与先进入者市场份额

图 2.11 显示：(1)先进入者采用递减性价比路径($\rho_2=7$)比递增性价比路径($\rho_2=9$)以及等性价比路径($\rho_2=8$)来推出整体化升级产品，得到的市场份额更高；(2)当性能改进能力劣势(β)增加到一定程度，先进入者的市场份额总是低于后进入者，其原因在于模仿创新产品的性能高于整体化升级产品，这使得绝大部分战略顾客转向购买模仿创新产品，进而降低了先进入者的市场份额。换句话说，递减性价比升级路径只有在性能改进能力劣势较低时，才能弥补先进入者由于领先者惰性导致的性能改进能力劣势。总的来说，对于整体化升级策略，提高升级能力仍是先进入者维持市场长期领先地位的有效途径。

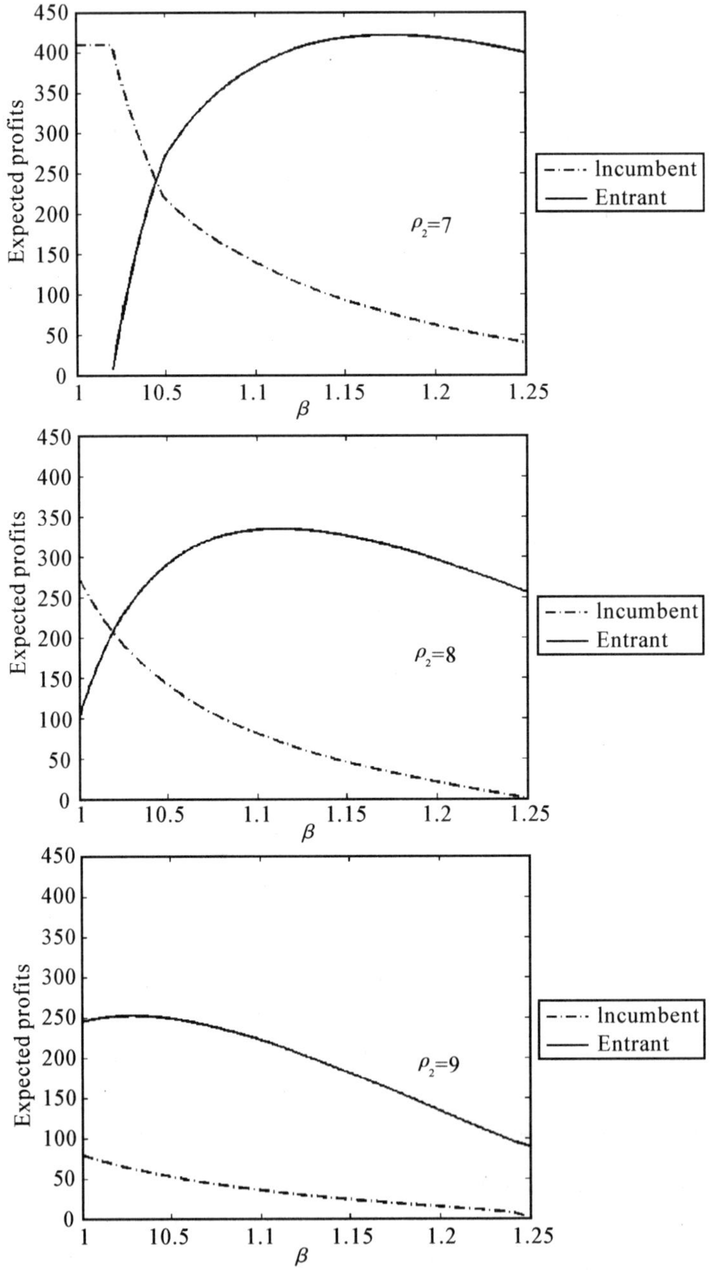

图 2.12 性能改进能力差异与均衡利润比较

图 2.12 显示:(1)随性能改进能力劣势增加,先进入者期望利润呈现递减趋势,后进入者期望利润呈凹型趋势(即先增加然后递减),当 β 高于某值时,先进入者利润总低于后进入者,究其原因在于:β 增加使得更高比例战略顾客从原始产品转向购买模仿创新产品,而不是转向整体化升级产品,导致先进入者的利润低于后进入者;(2)相对于等性价比与递增性价比升级路径,递减性价比升级路径不仅能使先进入者在更大范围维持领先地位,还同时增加了先进入者与后进入者的利润,这也表明除性能改进能力差异外,先进入者升级路径选择同样影响两者的利润关系。

2.4.3 模块化升级策略

对于模块化升级策略,先进入者在 t_2 期不仅销售显性模块化升级产品[①],还销售隐性模块化升级产品(即顾客购买升级模块)。假设模块化升级策略中的单位生产成本为其性能的线性函数 $c\rho_i$。

2.4.3.1 理性预期均衡

在 t_1 期中,战略顾客购买模块化原始产品的剩余为 $v\rho_1 - p_1$,于是,购买隐性模块化升级产品(由原始产品与升级模块构成)获得的期望剩余为:

$$u_1 = \underbrace{(v\rho_1 - p_1)}_{\text{模块化原始产品}} + \underbrace{v(\rho_2 - \rho_1) - (p_2 - p_S)}_{\text{升级模块}} = \underbrace{v\rho_2 - p_2}_{\text{模块化升级产品}} - (p_1 - p_S) \tag{2.37}$$

假设 $v > (p_2 - p_S)/(\rho_2 - \rho_1)$,该假设意味着间接提升了顾客提前购买的期望剩余,此时,所有购买原始产品的顾客均会购买升级模块。这样,战略顾客在隐性模块化升级产品、模块化升级产品以及模仿创新产品之间权衡。

在 t_2 期中,模块化升级产品可获得性仍可表示为 $\xi_2 = F\left(\frac{q_2}{\lambda_2}\right) + \frac{q_2}{\lambda_2}\int_{\frac{q_2}{\lambda_2}}^{+\infty} \frac{\mathrm{d}F(X)}{X}$,其中,第一项与第二项分别表示 $X \leqslant \frac{q_2}{\lambda_2}$ 与 $X > \frac{q_2}{\lambda_2}$ 情形下模块化升级产品的概率。这样,战略顾客购买模块化升级产品的期望剩余为 $u_2 = \xi_2(v\rho_2 - p_2)$。

比较 u_1 与 u_2,易见:(1)战略顾客购买隐性模块化升级产品比直接购买显性模块化升级产品需要多支付 $p_1 - p_S$ 的价格,但能获得模块化升级产品的剩余 $v\rho_2 - p_2$;(2)隐性与显性模块化升级产品的性价比分别为 $r_1 = \rho_2/(p_2 + p_1 - p_S)$ 与 $r_2 = \frac{\rho_2}{p_2}$,由于 $r_1 < r_2$,即,先进入者只以递增性价比路径推出模块化

① 此处的模块化升级产品均指显性模块化升级产品。

升级产品。也就是说，这种升级路径由模块化升级策略所隐含的“锁定效应”驱动。

因此，先进入者的期望利润为：

$$\prod^{MU}=\underbrace{p_1\Phi_1-c\rho_1 q_1+(p_2-p_S-c\rho_{2V})\Phi_1}_{\text{隐性模块化升级产品}}+\underbrace{p_2\Phi_2-c\rho_2 q_2}_{\text{模块化升级产品}} \tag{2.38}$$

其中，$\Phi_1=E\min(q_1,\lambda_1 X)$，$\Phi_2=E\min(q_2,\lambda_2 X)$。

式(2.38)中的前三项表示先进入者从销售隐性模块化升级产品中获得的期望利润，后两项表示从销售模块化升级产品中获得的期望利润。

引理 2.10 给定信念(q_M,λ_i)时，隐性与显性模块化升级产品的最优数量分别为：

$$q_1^{MU}=\lambda_1\bar{F}^{-1}\left(\frac{c\rho_1}{p_1+p_2-p_S-c\rho_{2V}}\right),q_2^{MU}=\lambda_2\bar{F}^{-1}\left(\frac{c\rho_2}{p_2}\right)$$

先进入者的最优总产品数量为 $q_N^{MU}=q_1^{MU}+q_2^{MU}$。

证明：类似于引理 2.9 的证明方法，可得。

这样，模块化升级产品的可获得性可简化为：

$$\xi_2=F\left(\frac{c\rho_2}{p_2}\right)+\bar{F}^{-1}\left(\frac{c\rho_2}{p_2}\right)\int_{\bar{F}^{-1}\left(\frac{c\rho_2}{p_2}\right)}^{+\infty}\frac{\mathrm{d}F(X)}{X} \tag{2.39}$$

在 t_2 期中，模仿创新产品的需求数量为 $\lambda_M X$，供给数量为 q_M，这样，模仿创新产品的可获得性仍可表示为 $\xi_M=F\left(\frac{q_M}{\lambda_M}\right)+\frac{q_M}{\lambda_M}\int_{q_M/\lambda_M}^{+\infty}\frac{\mathrm{d}F(X)}{X}$。这样，战略顾客购买模仿创新产品的期望剩余为 $u_M=\xi_M(v\rho_M-p_M)$。

相应地，后进入者的期望利润为：

$$\pi^{MU}=p_M E\min(q_M,\lambda_M X)-c\rho_M q_M \tag{2.40}$$

由式(2.40)得到，后进入者的最优销售数量为 $q_M^{MU}=\lambda_M\bar{F}(c\rho_M/p_M)$。

模仿创新产品的可获得性简化为：

$$\xi_M=F\left(\frac{c\rho_M}{p_M}\right)+F^{-1}\left(\frac{c\rho_M}{p_M}\right)\int_{F^{-1}\left(\frac{c\rho_M}{p_M}\right)}^{+\infty}\frac{\mathrm{d}F(X)}{X} \tag{2.41}$$

引理 2.11 给定信念(q_M,λ_i)下，存在由式(2.42)确定的唯一最优 β^*，使得 $\beta\xi_M$ 达到最大，即满足：

$$\frac{\mathrm{d}(\beta\xi_M)}{\mathrm{d}\beta}=F(z_M)+\left[z_M-\frac{\bar{F}(z_M)}{f(z_M)}\right]\int_{z_M}^{+\infty}\frac{\mathrm{d}F(X)}{X}=0 \tag{2.42}$$

其中，$z_M=\bar{F}^{-1}\left(\frac{c\rho_M}{p_M}\right)$。

证明：令 $z_M=\bar{F}^{-1}\left(\frac{c\beta\rho_2}{p_M}\right)$，则$\frac{dz_M}{d\beta}=-\frac{c\rho_2}{p_M f(z_M)}<0$，

$$\frac{d(\beta\xi_M)}{d\beta}=F(z_M)+\left[z_M-\frac{\bar{F}(z_M)}{f(z_M)}\right]\int_{z_M}^{+\infty}\frac{dF(X)}{X}$$

$$\frac{d^2(\beta\xi_M)}{d\beta^2}=\left[\left(2+\frac{\bar{F}(z_M)f'(z_M)}{f^2(z_M)}\right)\int_{z_M}^{+\infty}\frac{dF(X)}{X}+\frac{\bar{F}(z_M)}{z_M}\right]\frac{dz_M}{d\beta}<0$$

计算边界条件：

$$\left.\frac{d(\beta\xi_M)}{d\beta}\right|_{\beta=1}>0,\ \lim_{\beta\to\frac{p_M}{c\rho_2}}\frac{d(\beta\xi_M)}{d\beta}<0,\ \lim_{\beta\to\frac{p_M}{c\rho_2}}\beta\xi_M=0$$

所以，存在由$\frac{d(\beta\xi_M)}{d\beta}=0$唯一确定的最优 β^*，使得 $\beta\xi_M$ 达到最大。证毕。

引理 2.12 用 β_3^{MU} 表示 $\beta\xi_M=\xi_2$ 的唯一解，若 $\beta^*\leqslant\frac{p_M}{2c\rho_1}+\sqrt{\left(\frac{p_M}{2c\rho_1}\right)^2-\frac{p_M}{c\rho_1}}$①，存在由$\frac{d(\beta\xi_M)|_{\beta=\beta^*}}{dm}=0$ 确定的唯一产品最优模块化程度 m^∇，满足：

(1)若 $m<m^\nabla$，则 $\beta\xi_M=1$ 有两个解 β_1^{MU} 与 β_2^{MU}，且 $\beta_1^{MU}<\beta^*<\beta_2^{MU}<\beta_3^{MU}$；(2)若 $m=m^\nabla$，则 $\beta\xi_M=1$ 有唯一解，且 $\beta_1^{MU}=\beta^*=\beta_2^{MU}<\beta_3^{MU}$；(3)若 $m>m^\nabla$，则 $\beta\xi_M=1$ 无解。

证明：由于$(\beta\xi_M)|_{\beta=1}>\xi_2$，$\lim_{\beta\to\frac{p_M}{c\rho_2}}\beta\xi_M=0$，所以，存在由 $\beta\xi_M=\xi_2$ 有唯一解 β_3^{MU}。用$(\beta\xi_M)^*$表示 $\beta\xi_M$ 的最大值，根据包络定理，

$$\frac{d(\beta\xi_M)^*}{d\rho_2}=\left.\frac{\partial(\beta\xi_M)}{\partial\rho_2}\right|_{\beta=\beta^*}=\left.\left[\beta\frac{dz_M}{d\rho_2}\int_{z_M}^{+\infty}\frac{dF(X)}{X}\right]\right|_{\beta=\beta^*}<0$$

计算边界条件：

$$(\beta\xi_M)^*|_{\rho_2=\rho_1}=\beta^*\left[\left(1-\frac{c\beta^*\rho_1}{p_M}\right)+\bar{F}^{-1}\left(\frac{c\beta^*\rho_2}{p_M}\right)\int_{\bar{F}^{-1}\left(\frac{c\beta^*\rho_2}{p_M}\right)}^{+\infty}\frac{dF(X)}{X}\right]$$

若 $\beta^*\leqslant\frac{p_M}{2c\rho_1}+\sqrt{\left(\frac{p_M}{2c\rho_1}\right)^2-\frac{p_M}{c\rho_1}}$，则 $\beta^*\left(1-\frac{c\beta^*\rho_1}{p_M}\right)\geqslant1$，进而得到

① 该条件为充分而非必要条件，后面的数值分析放松该条件。

$(\beta\xi_M)^*\big|_{\rho_2=\rho_1}>1$。又

$$(\beta\xi_M)^*\big|_{\rho_2=\frac{p_2}{c}}=\beta^*\left[\left(1-\frac{\beta^* p_2}{p_M}\right)+\bar{F}^{-1}\left(\frac{\beta^* p_2}{p_M}\right)\int_{\bar{F}^{-1}\left(\frac{\beta^* p_2}{p_M}\right)}^{+\infty}\frac{\mathrm{d}F(X)}{X}\right]<1$$

由于$\frac{\mathrm{d}\rho_2}{\mathrm{d}m}=\rho_1$，所以，$\rho_2$ 与 m 存在一一对应关系。即$\frac{\mathrm{d}\,(\beta\xi_M)^*}{\mathrm{d}m}=0$ 存在唯一解 m^{∇}，若 $m\leqslant m^{\nabla}$，则$(\beta\xi_M)^*\geqslant 1$；否则，$(\beta\xi_M)^*<1$。(1)当 $m<m^{\nabla}$ 时，$\beta\xi_M=1$ 有两个解 β_1^{MU} 与 β_2^{MU}，且 $\beta_1^{MU}<\beta^*<\beta_2^{MU}<\beta_3^{MU}$；(2)当 $m=m^{\nabla}$ 时，$\beta\xi_M=1$ 有唯一解，且 $\beta_1^{MU}=\beta^*=\beta_2^{MU}<\beta_3^{MU}$；(3)当 $m>m^{\nabla}$ 时，$\beta\xi_M=1$ 无解。证毕。

下列命题 2.10 体现了 $m\leqslant m^{\nabla}$ 情形下，先进入者、后进入者与战略顾客间的理性预期均衡。

命题 2.10 对于 $m\leqslant m^{\nabla}$ 情形，

(1)当 $\beta<\beta_1^{MU}$ 或 $\beta_2^{MU}<\beta<\beta_3^{MU}$ 时，①若 $v_{2M}^{MU}\leqslant v_{12}^{MU}\leqslant v_{1M}^{MU}$，则购买隐性模块化升级产品的比例为 $\lambda_1=\bar{G}(v_{1M}^{MU})$，购买模块化升级产品的比例为 $\lambda_2=G(v_{2M}^{MU})$，其中 $\lambda_M=G(v_{1M}^{MU})-G(v_{2M}^{MU})$ 为购买模仿创新产品的比例；②若 $v_{1M}^{MU}\leqslant v_{12}^{MU}\leqslant v_{2M}^{MU}$，则购买隐性模块化升级产品的顾客比例为 $\lambda_1=\bar{G}(v_{12}^{MU})$，购买模块化升级产品的比例为 $\lambda_2=G(v_{12}^{MU})$，没有战略顾客购买模仿创新产品(即 $\lambda_M=0$)。

(2)当 $\beta=\beta_1^{MU}$ 或 β_2^{MU} 时，①若 $v_{2M}^{MU}<v_{12}^{MU}$，则没有战略顾客购买隐性模块化升级产品(即 $\lambda_1=0$)，购买模块化升级产品的比例为 $\lambda_2=G(v_{2M}^{MU})$，其中 $\lambda_M=\bar{G}(v_{2M}^{MU})$为购买模仿创新产品的比例；②若 $v_{12}^{MU}<v_{2M}^{MU}$，则购买隐性模块化升级产品的顾客比例为 $\lambda_1=\bar{G}(v_{12}^{MU})$，购买模块化升级产品的比例为 $\lambda_2=G(v_{12}^{MU})$，没有战略顾客购买模仿创新产品。

(3)当 $\beta_1^{MU}<\beta<\beta_2^{MU}$ 时，①若 $v_{12}^{MU}\leqslant v_{2M}^{MU}\leqslant v_{1M}^{MU}$，则购买隐性模块化升级产品的战略比例为 $\lambda_1=G(v_{1M}^{MU})-G(v_{12}^{MU})$，购买显性模块化升级产品的比例为 $\lambda_2=G(v_{12}^{MU})$，其中 $\lambda_M=\bar{G}(v_{1M}^{MU})$为购买模仿创新产品的比例；②若 $v_{1M}^{MU}\leqslant v_{2M}^{MU}\leqslant v_{12}^{MU}$，则没有战略顾客购买隐性模块化升级产品，购买模块化升级产品的顾客比例为 $\lambda_2=G(v_{2M}^{MU})$，购买模仿创新产品的比例为 $\lambda_M=\bar{G}(v_{2M}^{MU})$。

(4)当 $\beta=\beta_3^{MU}$ 时，①若 $v_{1M}^{MU}<v_{12}^{MU}$，则购买隐性模块化升级产品的比例为 $\lambda_1=\bar{G}(v_{12}^{MU})$，购买模块化升级产品的比例为 $\lambda_2=G(v_{12}^{MU})$，没有顾客转向购买模仿创新产品；②若 $v_{12}^{MU}<v_{1M}^{MU}$，则购买隐性模块化升级产品的顾客比例为 $\lambda_1=\bar{G}(v_{1M}^{MU})$，没有战略顾客购买模块化升级产品(即 $\lambda_2=0$)，购买模仿创新产品的比例为 $\lambda_M=G(v_{1M}^{MU})$。

(5)当 $\beta>\beta_3^{MU}$ 时，①若 $v_{2M}^{MU}\leqslant v_{1M}^{MU}\leqslant v_{12}^{MU}$，则购买隐性模块化升级产品的比

例为 $\lambda_1=\bar{G}(v_{12}^{MU})$，购买模块化升级产品的比例为 $\lambda_2=G(v_{12}^{MU})-G(v_{2M}^{MU})$，购买模仿创新产品的比例为 $\lambda_M=G(v_{2M}^{MU})$；②若 $v_{12}^{MU}\leqslant v_{1M}^{MU}\leqslant v_{2M}^{MU}$，则购买隐性模块化升级产品的顾客比例为 $\lambda_1=\bar{G}(v_{1M}^{MU})$，没有战略顾客购买模块化升级产品，购买模仿创新产品的比例为 $\lambda_M=G(v_{1M}^{MU})$。

(6)上述情形下的先进入者与后进入者均衡数量分别由式 q_N^{MU} 与式 q_M^{MU} 算出。

其中，$\underline{v}=\max\left(\frac{p_1}{\rho_1},\frac{p_2-p_S}{\rho_2-\rho_1},\frac{p_2}{\rho_2},\frac{p_M}{\rho_M}\right)$，$v_{12}^{MU}=\min\left\{\bar{v},\max\left[\underline{v},\frac{p_2}{\rho_2}+\frac{p_1-p_S}{(1-\xi_2)\rho_2}\right]\right\}$

$$v_{1M}^{MU}=\min\left[\bar{v},\max\left(\underline{v},\frac{p_2-\xi_M p_M}{\rho_2-\xi_M\rho_M}+\frac{p_1-p_S}{\rho_2-\xi_M\rho_M}\right)\right],$$

$$v_{2M}^{MU}=\min\left[\bar{v},\max\left(\underline{v},\frac{\xi_2 p_2-\xi_M p_M}{\xi_2\rho_2-\xi_M\rho_M}\right)\right]$$

证明：运用与命题 2.9 同样的方法，可得。

命题 2.10 表明：对于模块化升级策略，战略顾客购买各种产品的均衡比例取决于产品模块化程度、先进入者与后进入者的性能改进能力差异以及顾客的边际支付意愿。

下列命题 2.11 显示了 $m>m^\nabla$ 情形下，先进入者、后进入者与战略顾客间的理性预期均衡。

命题 2.11　对于 $\mathrm{m}>\mathrm{m}^\nabla$ 情形，

(1)当 $\beta<\beta_3^{MU}$ 时，①若 $v_{2M}^{MU}\leqslant v_{12}^{MU}\leqslant v_{1M}^{MU}$，则 $\lambda_1=\bar{G}(v_{1M}^{MU})$，$\lambda_2=G(v_{2M}^{MU})$，$\lambda_M=G(v_{1M}^{MU})-G(v_{2M}^{MU})$；②若 $v_{1M}^{MU}\leqslant v_{12}^{MU}\leqslant v_{2M}^{MU}$，则 $\lambda_1=\bar{G}(v_{12}^{MU})$，$\lambda_2=G(v_{12}^{MU})$，$\lambda_M=0$。

(2)当 $\beta=\beta_3^{MU}$ 时，①若 $v_{1M}^{MU}<v_{12}^{MU}$，则 $\lambda_1=\bar{G}(v_{12}^{MU})$，$\lambda_2=G(v_{12}^{MU})$，$\lambda_M=0$；②若 $v_{12}^{MU}<v_{1M}^{MU}$，则 $\lambda_1=\bar{G}(v_{1M}^{MU})$，$\lambda_2=0$，$\lambda_M=G(v_{1M}^{MU})$。

(3)当 $\beta>\beta_3^{MU}$ 时，①若 $v_{2M}^{MU}\leqslant v_{1M}^{MU}\leqslant v_{12}^{MU}$，则 $\lambda_1=\bar{G}(v_{12}^{MU})$，$\lambda_2=G(v_{12}^{MU})-G(v_{2M}^{MU})$，$\lambda_M=G(v_{2M}^{MU})$；②若 $v_{12}^{MU}\leqslant v_{1M}^{MU}\leqslant v_{2M}^{MU}$，则 $\lambda_1=\bar{G}(v_{1M}^{MU})$，$\lambda_2=0$，$\lambda_M=G(v_{1M}^{MU})$。

(4)上述情形下的先进入者与后进入者均衡数量分别由式 q_N^{MU} 与式 q_M^{MU} 算出。

证明：类似于命题 2.10 的证明方法，可得。

2.4.3.2 先进入者与后进入者的比较

下面图 2.13 与表 2.1 分别从市场份额与期望利润两个方面，比较了性能改进能力差异与模块化程度对先进入者与后进入者的组合影响。基本参数设置为：$c=0.8$，$\rho_1=4$，$\rho_{2V}=4$，$p_1=4$，$p_2=7$，$p_M=10$，$p_S=1$，$v\sim U(\underline{v},12)$，$X$ 服从均值为100、标准差为50的Gamma分布。

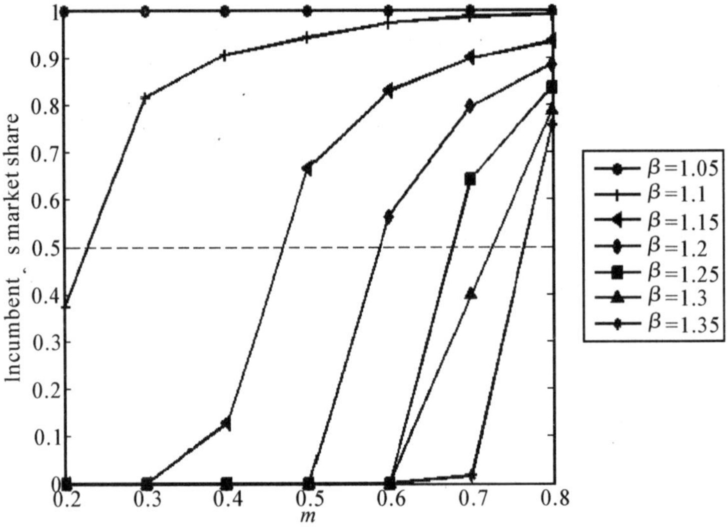

图 2.13 模块化程度与先进入者市场份额

图2.13显示:(1)由于顾客从购买隐性模块化升级产品获得的期望剩余总高于显性模块化升级产品,使得购买显性模块化升级产品的顾客数量很少,这样,战略顾客主要在隐性模块化升级产品与模仿创新产品之间选择。总的来说,一方面,随着性能改进能力劣势(用β衡量)增加,隐性模块化升级产品与模仿创新产品的性能差异逐渐增加,顾客购买模仿创新产品能获得更高的期望剩余;另一方面,随着产品模块化程度(用m衡量)增加,隐性模块化升级产品所隐含的转换成本增大,顾客购买隐性模块化升级产品能保护已有的更大投资,所以,顾客必须在从购买模仿创新产品中获得的更高额外剩余以及由模块化程度增加所致的更高转换成本之间权衡。(2)当性能改进能力劣势较低时($\beta=1.05$),模块化升级产品与模仿创新产品的性能差异较小,此时,隐性模块化升级产品所表现出的锁定效应占主要影响,这使得先进入者获得所有的市场份额。(3)随着β从1增加到1.35,更高模块化程度更能维护先进入者在市场份额方面的领先地位,究其原因在于模块化升级策略的两大优势:①保护顾客的先前投资,这间接提高战略顾客提前购买的支付意愿,减轻其战略等待行为,对于存在网络外部性的新产品更是如此;②增大了顾客转向模仿创新产品的转换成本,降低了转向模仿创新产品的顾客数量,从而维护了其在市场份额方面的竞争优势。换句话说,当先进入者与后进入者性能改进能力存

在较大差异时，模块化设计与升级策略能弥补先进入者由于领导者惰性所致的性能改进能力的劣势。

表 2.1 模块化程度、性能改进能力差异与均衡利润比较

	$m=0.2$	$m=0.3$	$m=0.4$	$m=0.5$	$m=0.6$	$m=0.7$	$m=0.8$
	$\prod^{MU},\pi^{MU}$	$\prod^{MU},\pi^{MU}$	$\prod^{MU},\pi^{MU}$	$\prod^{MU},\pi^{MU}$	$\prod^{MU},\pi^{MU}$	$\prod^{MU},\pi^{MU}$	$\prod^{MU},\pi^{MU}$
$\beta=10.5$	177.51,0	152.44,0	127.37,0	102.43,0	77.50,0	52.56,0	27.60,0
$\beta=1.1$	68.80,234.06	124.56,63.52	115.12,30.18	95.90,17.63	75.07,7.59	51.61,3.64	27.18,2.28
$\beta=1.15$	0,362.95	0,327.38	15.35,258.07	65.61,9364	62.13,45.02	45.73,24.76	24.78,14.69
$\beta=1.2$	0,344.18	0,308.00	0,273.58	0,240.87	39.82,101.64	39.25,44.65	23.04,22.79
$\beta=1.25$	0,325.87	0,289.14	0,254.30	0,221.28	0,190.07	29.88,68.59	21.11,29.29
$\beta=1.3$	0,308	0,270.79	0,235.59	0,202.34	0,171.03	16.79,96.06	19.28,32.89
$\beta=1.35$	0,290.58	0,252.94	0,217.44	0,184.04	0,152.72	0.53,122.24	17.95,32.5

从表 2.1 中可以看出：(1)当性能改进能力劣势很低时($\beta=1.05$)，先进入者的期望利润总高于后进入者，这源于没有战略顾客转向购买模仿创新产品。(2)当性能改进能力劣势很高时($\beta=1.25,1.3,1.35$)，先进入者的期望利润总低于后进入者，这源于模仿创新产品的性能远高于隐性模块化升级产品，使得绝大部分战略顾客转向购买模仿创新产品，此时，模块化升级策略所体现的锁定效应的价值很低，但是，较高模块化程度也大幅降低了后进入者利润。(3)一方面，当性能改进能力劣势处于中间范围时($\beta=1.1,1.15,1.2$)，较高模块化程度使得先进入者利润高于后进入者，这源于随着 β 增加，先进入者利润呈递减趋势，后进入者利润总体上呈递增趋势；另一方面，随着 m 的增加，先进入者与后进入者利润均递减，但先进入者递减速度更慢，这使得较高模块化程度能维护先进入者在期望方面的竞争优势。

研究结论显示：对于整体化策略，先进入者采用递减性价比升级策略更能在市场份额与期望利润方面维持领先地位，即这种策略能弥补由领先者惰性所带来的性能改进能力劣势；对于模块化升级策略，较高模块化程度更能维护先进入者在市场份额方面的领先地位，但对于维护利润方面的领先地位的价值较小。

2.5 战略顾客行为下不连续创新的收益管理

随着产品生命周期缩短、技术复杂性增加以及顾客购买越来越理性化等，产品不断创新成为企业获得竞争优势的重要手段。产品创新分为连续创新（即渐进性创新）与不连续创新（即突破性创新）两种类型。根据产品研发管理协会（PDMA）的报告显示："连续创新与企业绩效已存在负相关，企业成功与将资源转向不连续创新产品存在更紧密关系"[47]。而不连续创新产品可以通过两种创新策略来获得：(1)由新兴技术推动的重大创新。例如，Kodak 公司将资源转向研发突破性技术以抢占数字摄影市场。[48] (2)重新定义产品对顾客的内涵与价值。例如，Apple 公司 iPod 的成功在于创造了一种全新的体验功能，即不仅可以听音乐，还可以通过网络下载音乐。[49]这两种不连续创新策略都关注长期收益，对于企业构建可持续竞争能力至关重要。

一方面，不连续创新产品引入市场时，刚性产能约束、技术以及需求高度不确定性等导致其稀缺性，吸引投机者囤积产品以获得套利收益。另一方面，随着新产品引入速度加快，顾客认为现在新产品可能很快就过时，其购买决策越来越呈现理性化特征，表现为利用战略等待在将来以尽可能低的折扣价格购买产品，并用现在的新产品特征来判断不连续创新产品的价值。但是，稀缺性使得顾客战略等待面临配给风险。例如，Apple 公司的 iPhone 引入时曾出现稀缺性[49]，顾客战略等待不能从原始渠道获得，只能以更高价格从其他渠道（如网上商店、拍卖）购买，从而吸引投机者进入市场。综合上述分析，企业需要关注产品的稀缺性、需求的不确定性以及顾客的跨期理性购买行为。基于这些考虑，本节研究面对异质顾客时，企业如何设计针对不连续创新产品的收益管理机制，以实现长期可持续发展。

2.5.1 已有研究现状

与本节相关的研究主要反映在：

(1)研究不连续创新对企业竞争能力与运营管理的影响。包括：①从需求端研究的，Robert 发现影响不连续创新的因素包括顾客对产品的不熟悉以及对产品收益与风险的不确定性[50]；Veryzer 等认为不连续创新既需要"探索性营销"，又需要顾客与企业紧密合作[51]。②从供应端研究的，Bhaskaran 等认为投资共享对于具有时机不确定性的不连续创新产品更有吸引力[15]；Chao

等运用战略木桶管理发现环境复杂性使得企业更需要不连续创新[52]；John 等认为突破性创新流程主要由突破性技术政策以及技术专家推动[53]；Samina 从动态能力以及组织学习能力探讨了突破式创新[54]；Subramanian 等则以美国汽车行业为例，发现产品引入时的稀缺性主要来自于供应商而不是需求不确定性[55]；Jouini 等认为可以通过知识组合来提高不连续创新能力[56]。这些文献多从技术、环境与流程视角研究不连续创新产品，本节则研究面对多种顾客下，不连续创新产品的收益管理机制。

(2)研究收益管理。诸如，Su 认为投机者的存在增加销售商利润[7]，但假设存货数量固定不变，忽略产能成本；官振中等研究了随机需求环境下针对易逝性高科技产品的收益管理策略[57]；徐雅卿等以逆向拍卖网站为背景，研究买方定价和卖方定价下的收益管理模型[58]；陈剑等则研究了不存在投机行为以及存在投机行为时企业的最优策略[59]。本节除了这三篇文献的关注短视顾客外，还同时考虑投机者以及跨期购买决策的战略顾客。

2.5.2 问题描述

销售商：考虑单个垄断销售商在两期销售一种不连续创新产品。用 t_i 表示第 i 期，$i=1,2$。t_1 期与 t_2 期的销售价格分别为 p_1 与 p_2，$p_1 \geqslant p_2$。假设不连续创新产品引入市场时，由于技术的复杂性与生产能力的限制，可以用于销售的存货数量(stocking level)q 有限，单位采购成本为 c。

顾客：根据对产品的价值，把能在 t_1 期购买的顾客称为高价值顾客，只能在 t_2 期购买的顾客称为低价值顾客。高价值顾客与低价值顾客的价值分别为 V_H 与 V_L，其中，$V_L < c < p_1 < V_H$。假设高价值顾客数量很多，忽略单个顾客对总量的影响，其数量 X 为连续随机变量，分布函数与概率密度函数分别为 $F(\cdot)$ 与 $f(\cdot)$，$\bar{F}(\cdot)=1-F(\cdot)$。(1)战略顾客：高价值顾客中 α 比例为战略顾客。假设这类顾客具有风险中性特征；其价值不随时间变化，即对不连续创新产品不存在效用损失；理性预期 t_2 期产品的可获得性，从而跨期选择购买时机。(2)短视顾客：高价值顾客中 $1-\alpha$ 比例为短视顾客，由于 $V_H > p_1$，都会在 t_1 期购买。(3)询价顾客：低价值顾客都为询价顾客，假设其数量趋于无穷。因此，在 t_2 期，销售商以足够低价格能出清所有剩余库存；而当需求超过剩余库存时，采用有效配给策略①。

① 即战略顾客更有优先权获得产品，这可以理解为询价顾客在 t_2 期结束时到达，战略顾客需求已得到满足。

假设 2.2 连续非负随机变量 X 满足单调性规模似然率性质(MSLR),即对于 $0\leqslant\varepsilon\leqslant1$, $f(\varepsilon X)/f(X)$ 是 X 的单调函数。

注:许多常见非负分布满足 MSLR 性质,如正态分布、指数分布、均匀分布、Gamma 分布、卡方分布以及幂分布等。

接下来首先研究销售商采用动态定价机制,即可以在观察到 t_1 期实际需求后,动态设置 t_2 期价格 p_2;然后研究销售商固定销售价格,吸引投机者的收益管理机制。

2.5.3 动态定价下的收益管理

首先用逆向归纳法推导销售商与战略顾客之间的子博弈完美均衡;然后,分析战略顾客行为对销售商利润以及存货数量的影响。

2.5.3.1 t_2 期最优定价

用 $\tilde{\beta}$ 表示销售商对战略顾客延迟购买比例的信念,则销售商由此推断 t_1 期购买比例为 $\xi=1-\alpha\tilde{\beta}$ 以及购买数量为 ξX,延迟到 t_2 期购买的战略顾客数量为 $\alpha\tilde{\beta}X$。t_1 期末剩余库存为 $L=(q-\xi X)^+$。(1)如果 $\xi X\geqslant q$,则 $L=0$,不考虑 t_2 期定价;(2)如果 $\xi X<q$,表明 $L>0$,销售商在 t_2 期有两种决策:只销售给战略顾客或降价出清剩余库存 L。

用 R_2 表示销售商在 t_2 期的收入,有:

$$R_2=\begin{cases}V_L L, & \text{如果 } p_2=V_L\\ p_1\min(\alpha\tilde{\beta}X,L), & \text{如果 } p_2=p_1\end{cases}$$

引理 2.13 定义 $\lambda=\dfrac{V_L}{V_L+(p_1-V_L)\alpha\tilde{\beta}}$,则销售商在 t_2 期的最优定价为:

$$p_2(X)=\begin{cases}V_L, & \text{如果 } X<\lambda q\\ p_1, & \text{如果 } \lambda q\leqslant X<q/\xi\end{cases}$$

证明:(1)如果 $L\leqslant\alpha\tilde{\beta}X$,表明 t_1 期末剩余库存量小于延迟购买顾客数量,则在 t_2 期销售商以价格 p_1 出清剩余库存;(2)如果 $L>\tilde{\beta}\alpha X$,则 $R_2=\max[V_L L, p_1\alpha\tilde{\beta}X]$。当 $V_L L<p_1\alpha\tilde{\beta}X$,即 $X>V_L q/[V_L+(p_1-V_L)\alpha\tilde{\beta}]$ 时,销售商仍以 p_1 定价;否则,以 V_L 出清剩余库存。证毕。

引理 2.13 表明:如果 t_1 期需求很高,则销售商在 t_2 期保持价格不变,否则,以 V_L 出清剩余库存。

2.5.3.2 战略顾客跨期选择

战略顾客通过比较 t_1 期与 t_2 期期望剩余来选择购买时机,其 t_1 期期望剩余为：

$$u_1=V_H-p_1 \tag{2.43}$$

在 t_2 期购买产品必须满足两个条件：价值不低于价格 p_2 并且产品能够获得，则在 t_2 期期望剩余为：

$$u_2=F(\lambda q)(V_H-V_L)+[F(q)-F(\lambda q)](V_H-p_1)+\int_q^{q/\xi}\frac{q-\xi X}{(1-\xi)X}\mathrm{d}F(X)(V_H-p_1) \tag{2.44}$$

等式(2.44)中，第一项表示 $X\leqslant\lambda q$ 情形下的期望剩余，此时，战略顾客获得产品的概率为 1；第二项表示 $\lambda q<X\leqslant q$ 情形下的期望剩余，获得产品的概率仍为 1；第三项表示 $q<X\leqslant q/\xi$ 情形下的期望剩余，但获得产品的概率小于 1。此外，当 $X\geqslant q/\xi$ 时，在 t_2 期不能获得产品。

这样，战略顾客在 t_1 期与 t_2 期无差异购买的条件为：

$$\begin{aligned}u_1-u_2&=\left[\bar{F}(q)-\int_q^{q/\xi}\frac{q-\xi X}{(1-\xi)X}\mathrm{d}F(X)\right](V_H-p_1)-F(\lambda q)(p_1-V_L)\\&=0\end{aligned} \tag{2.45}$$

基于(2.44)得到下面引理 2.14。

引理 2.14 战略顾客最优等待比例 $\beta^*(\tilde{q})$ 满足：$\lim\limits_{\tilde{q}\to 0}\beta^*(\tilde{q})=0$，$\lim\limits_{\tilde{q}\to+\infty}\beta^*(\tilde{q})=1$。

证明：用 $\tilde{q}$ 表示顾客对销售商存货数量的信念。(1)由于 $\lim\limits_{\tilde{q}\to 0}u_2=0$，任何延迟到 t_2 期购买的战略顾客期望剩余为 0，而提前购买总能获得正期望剩余，因此，所有战略顾客都会提前到 t_1 期购买，即 $\lim\limits_{\tilde{q}\to 0}\beta^*(\tilde{q})=0$；(2)由于 $\lim\limits_{\tilde{q}\to+\infty}u_2=V_H-V_L$，并且 $V_H-V_L>V_H-p_1$，以及获得产品的概率为 1，所有战略顾客都会延迟购买，即 $\lim\limits_{\tilde{q}\to+\infty}\beta^*(\tilde{q})=1$。证毕。

引理 2.14 表明：当销售商选择极低存货数量时，所有战略顾客在 t_1 期购买；当销售商选择极高存货数量时，所有战略顾客延迟到 t_2 期购买。

2.5.3.3 销售商最优存货数量决策

用 $\pi(q,\tilde{\beta})$ 表示销售商期望利润，依赖于对顾客战略等待比例的信念 $\tilde{\beta}$，则有：

$$\pi(q,\tilde{\beta})=p_1q\bar{F}\left(\frac{q}{\xi}\right)+\int_q^{\frac{q}{\xi}}[p_1\xi X+p_1(q-\xi X)]\mathrm{d}F(X)+\int_{\lambda q}^{q}[p_1\xi X+p_1\tilde{\beta}\alpha X]\mathrm{d}F(X)+$$

$$\int_0^{\lambda q}[p_1\xi X+V_L(q-\xi X)]\mathrm{d}F(X)-cq \tag{2.46}$$

式(2.46)中的第一项表示所有产品在 t_1 期销售完情形下的收入;第二项表示部分战略顾客等待,在 t_2 期出清剩余库存情形下的收入;第三项表示 $\lambda q<X\leqslant q$ 情形下的收入,此时,t_2 期只有部分剩余库存能够销售;第四项表示以 V_L 出清所有剩余库存的收入;最后一项表示采购总成本。

对式(2.46)化简,得到:

$$\pi(q,\tilde{\beta})=p_1q\bar{F}(q)-cq+p_1\int_0^q X\mathrm{d}F(X)+\frac{V_L}{\lambda}\int_0^{\lambda q}F(X)\mathrm{d}X \tag{2.47}$$

基于(2.47)得到下面引理 2.15。

引理 2.15 销售商期望利润 $\pi(q,\tilde{\beta})$ 是 q 的拟凹函数,最优存货数量 q^* 由如下一阶条件唯一确定:

$$\frac{\mathrm{d}\pi(q,\tilde{\beta})}{\mathrm{d}q}=p_1\bar{F}(q)+V_LF(\lambda q)-c=0 \tag{2.48}$$

证明:对 π 求导数,有 $\frac{\mathrm{d}\pi}{\mathrm{d}q}=p_1\bar{F}(q)+V_LF(\lambda q)-c$,

$\frac{\mathrm{d}^2\pi}{\mathrm{d}q^2}=-p_1f(q)\left[1-\frac{V_L\lambda}{p_1}\frac{f(\lambda q)}{f(q)}\right]$,根据 MSLR 性质,$\frac{f(\lambda q)}{f(q)}$ 是 q 的单调函数,则 $\frac{\mathrm{d}^2\pi}{\mathrm{d}q^2}=0$ 只有唯一解。又因为 $\lim\limits_{q\to 0}\frac{\mathrm{d}\pi}{\mathrm{d}q}=p_1-c>0$,$\lim\limits_{q\to+\infty}\frac{\mathrm{d}\pi}{\mathrm{d}q}=V_L-c<0$,则一阶条件 $\frac{\mathrm{d}\pi}{\mathrm{d}q}=0$ 存在唯一解。证毕。

2.5.3.4 均衡分析

命题 2.12 在销售商与战略顾客之间存在子博弈完美 Nash 均衡 (q^*,β^*)。

证明:子博弈完美 Nash 均衡的存在必须满足两个条件:(1) $\pi(q,\tilde{\beta})$ 是 q 的拟凹函数;(2) $\left.\frac{\partial\pi}{\partial q}\right|_{\tilde{\beta}=\beta^*}=0$ 有解。对 $\tilde{\beta}=\beta^*$ 取极限,有 $\lim\limits_{q\to 0}\left.\frac{\partial\pi}{\partial q}\right|_{\tilde{\beta}=\beta^*}=p_1-c>0$,$\lim\limits_{q\to+\infty}\left.\frac{\partial\pi}{\partial q}\right|_{\tilde{\beta}=\beta^*}=V_L-c<0$,因此,根据 $\left.\frac{\partial\pi}{\partial q}\right|_{\tilde{\beta}=\beta^*}$ 的连续性,必存在 β^* 满足 $\left.\frac{\partial\pi}{\partial q}\right|_{\tilde{\beta}=\beta^*}=0$,结合引理 2.15,必存在子博弈完美 Nash 均衡 (q^*,β^*)。证毕。

下面推论 2.1 进一步表明均衡战略顾客等待比例 β^* 与战略顾客比例 α 的关系。

推论 2.1 存在战略顾客比例阈值 $\alpha^\circ\in[0,1]$,满足:(1) 当 $\alpha>\alpha^\circ$ 时,子博弈完美 Nash 均衡为 (q_2^*,β_2^*),其中,$\beta^*<1$;(2) 当 $\alpha\leqslant\alpha^\circ$ 时,子博弈完美 Nash

均衡则为$(q_1^*, 1)$，并且 $q_1^* \geqslant q_2^*$。

证明：将命题 2.12 得到最优存货数量 q^* 代入式(2.44)得到，$\lambda^* = F^{-1}\{[c - p_1\bar{F}(q^*)]/V_L\}/q^*$ 以及 $\alpha\beta^* = V_L(1-\lambda^*)/[\lambda^*(p_1 - V_L)]$。令 $\alpha^\circ = \alpha\beta^*$，由于 $\alpha \leqslant 1$，$\beta^* \leqslant 1$，(1)如果 $\alpha > \alpha^\circ$，由式(2.42)与式(2.44)得到均衡存货数量 q_2^* 与均衡战略等待比例 β_2^*，此时 $q^* = q_2^*$，$\beta^* = \beta_2^* < 1$；(2)如果 $\alpha \leqslant \alpha^\circ$，则必满足 $\beta^* = 1$，一阶条件(2.44)退化为：

$$\frac{\mathrm{d}\pi_R(q,1)}{\mathrm{d}q} = p_1\bar{F}(q) + V_L F(\lambda^\circ q) - c = 0 \tag{2.49}$$

其中，$\lambda^\circ = V_L/[V_L + (p_1 - V_L)\alpha]$，由式(2.45)得到均衡存货数量为 $q^* = q_1^*$。比较式(2.48)与式(2.49)，并结合 $\lambda^* \leqslant \lambda^\circ$，得到 $q_1^* \geqslant q_2^*$。证毕。

推论 2.1 表明：(1)战略顾客比例 α 较高时，t_2 期获得产品的概率降低，导致更多战略顾客提前购买；相反，当 α 较低时，t_2 期获得产品的概率大幅增加，刺激所有战略顾客都延迟购买。(2)当 α 较低时，战略顾客等待行为对销售商的影响较小，销售给短视顾客获得的收益更高，从而增加了存货数量。

基于推论 2.1，得到下面命题 2.13。

命题 2.13　(1)当 $\alpha > \alpha^\circ$ 时，$\frac{\mathrm{d}\pi^*}{\mathrm{d}\alpha} = 0$，$\frac{\mathrm{d}q^*}{\mathrm{d}\alpha} = 0$；(2)当 $\alpha \leqslant \alpha^\circ$ 时，$\frac{\mathrm{d}\pi^*}{\mathrm{d}\alpha} < 0$，$\frac{\mathrm{d}q^*}{\mathrm{d}\alpha} < 0$。

证明：(1)当 $\alpha > \alpha^\circ$ 时，根据推论 2.1 的证明过程知，q^* 与 λ^* 存在一一对应关系，由 λ^* 得到 $\alpha\beta^*$ 为固定值，所以 $\frac{\mathrm{d}q^*}{\mathrm{d}\alpha} = 0$；由包络定理得到，$\frac{\mathrm{d}\pi^*}{\mathrm{d}\alpha} = \frac{\partial\pi}{\partial\alpha}$，因为 $\frac{\partial\pi}{\partial\alpha} = 0$，即 $\frac{\mathrm{d}\pi^*}{\mathrm{d}\alpha} = 0$。(2)当 $\alpha \leqslant \alpha^\circ$ 时，定义 $N = \frac{\mathrm{d}\pi}{\mathrm{d}q} = 0$，由式(2.49)得到：$\frac{\mathrm{d}q^*}{\mathrm{d}\alpha} = -\left.\frac{\partial N/\partial\alpha}{\partial N/\partial q}\right|_{q=q^*} = -\left.\frac{V_L f(\lambda^\circ q) q \mathrm{d}\lambda^\circ/\mathrm{d}\alpha}{\partial N/\partial q}\right|_{q=q^*}$，又 π 是 q 的拟凹函数，所以 $\partial N/\partial q|_{q=q^*} < 0$ 并结合 $\frac{\mathrm{d}\lambda^\circ}{\mathrm{d}\alpha} < 0$，得到 $\frac{\mathrm{d}q^*}{\mathrm{d}\alpha} < 0$。又 $\frac{\partial\pi}{\partial\alpha} = -(p_1 - V_L)\int_0^{\lambda q} X\mathrm{d}F(X) < 0$，同样由包络定理得到 $\frac{\mathrm{d}\pi^*}{\mathrm{d}\alpha} < 0$。证毕。

命题 2.13 表明：(1)无论 α 与 β^* 如何变化，只要 $\alpha\beta^*$ 固定，则 q^* 固定；(2)一旦 α 增加到某阈值，将不再影响销售商利润以及存货数量。

2.5.4 存在投机者下的收益管理

首先推导销售商、战略顾客以及投机者之间的子博弈完美均衡；然后研究投机者的价值。

与动态定价机制不同，下面研究销售商采用另一种收益管理机制：固定销售价格，即 $p_2=p_1$。该机制具有以下特性：(1)吸引投机者。由于产品稀缺，投机者很可能囤积产品以便在 t_2 期以更高价格销售；(2)不连续创新产品引入市场时，固定销售价格更有助于向不熟悉产品的顾客传递高品质信号；(3)维持公平性。顾客总希望对同一不连续创新产品支付相同价格，可能会将降价销售看成不公平[60]。例如，Apple 在 2007 年大幅削减 iPhone 价格，就曾引起顾客喧嚣。

投机者在 t_1 期购买产品只是为了在 t_2 期以更高的价格再销售，但 t_2 期出清价格由总供给与总需求共同确定，所以投机者也面临价格更低的风险。为了便于分析，把投机者的销售市场称为二级市场(secondary market)，如网上商场；把销售商 t_2 期销售市场称为原始市场(primary market)。用 A 表示投机者数量，“^”表示存在投机者情形。运用 Su[86] 的假设：每个投机者最多购买的产品数量为 1①。用 EA 表示投机者期望利润。

假设 2.3　$EA=0$。

该假设表明，投机者自由进入市场，直到获得期望利润为 0。

2.5.4.1 投机者最优决策

t_2 期产品总供给为 $L+A$，其中，L 为 t_1 期末剩余库存，A 为投机者囤积产品数量。销售商对战略顾客延迟购买比例的信念仍为 $\tilde{\beta}$，则 t_1 期购买顾客比例为 $\xi=1-\alpha\tilde{\beta}$ 以及需求为 $\xi X+A$；延迟到 t_2 期购买的战略顾客数量仍为 $\alpha\tilde{\beta}X$。在 t_2 期，由于同时存在原始市场以及二级市场，总供给与总需求决定出清价格 $\hat{p}_2$。下面引理 2.16 说明了投机者的最优定价决策。

引理 2.16　投机者在二级市场的最优定价为：

$$\hat{p}_2(X)=\begin{cases}V_L, & \text{如果 } X<A/(\alpha\tilde{\beta})\\ p_1, & \text{如果 } A/(\alpha\tilde{\beta})\leqslant X<q\\ V_H, & \text{如果 } X\geqslant q\end{cases}$$

证明：(1)当 $A>\alpha\tilde{\beta}X$ 时，表明 t_2 期高价值顾客需求小于投机数量，投机者竞相降价直到以 V_L 出清产品；由于销售商保持价格不变，所以其销量为 0。(2)当 $A\leqslant\alpha\tilde{\beta}X<A+L$ 时，表明 t_2 期总供给大于总需求，投机者的定价与销

① 只要购买量相对于投机者总量很小，就可以把购买多件产品的投机者看成多个投机者。

售商的定价相同，即 $\hat{p}_2=p_1$，但只要稍微降价，投机者会首先出清囤积产品，然后剩余战略顾客则会从原始市场购买，此时，销售商留有部分剩余库存未销售。(3)当 $A+L<\alpha\tilde{\beta}X$ 时，表明 t_2 期总供给小于总需求，则投机者最优定价为 $\hat{p}_2=V_H$，战略顾客首先从原始市场购买剩余库存 L，然后从二级市场以价格 V_H 购买产品，仍有部分战略顾客需求不能得到满足。证毕。

这样，投机者期望利润为：

$$EA=V_H\bar{F}(q)+p_1\{F(q)-F[A/(\alpha\tilde{\beta})]\}+V_LF[A/(\alpha\tilde{\beta})]-p_1 \tag{2.50}$$

根据假设，有：

$$F[A/(\alpha\tilde{\beta})]=k\bar{F}(q) \tag{2.51}$$

其中，$k=(V_H-p_1)/(p_1-V_L)$。

2.5.4.2 战略顾客跨期选择

战略顾客在 t_1 期的期望剩余 u_1 为：

$$u_1=V_H-p_1 \tag{2.52}$$

在 t_2 期的期望剩余 u_2 为：

$$\begin{aligned}u_2 &= F\left(\frac{A}{\alpha\tilde{\beta}}\right)(V_H-V_L)+\left[F(q)-F\left(\frac{A}{\alpha\tilde{\beta}}\right)\right](V_H-p_1)+\\&\int_q^{(q-A)/\xi}\frac{q-\xi X-A}{\alpha\tilde{\beta}X}\mathrm{d}F(X)(V_H-p_1)\end{aligned} \tag{2.53}$$

由引理 2.16 证明过程可知，式(2.53)中的第一项表示 $X<A/(\alpha\tilde{\beta})$ 情形下的期望剩余，第二项表示 $A/(\alpha\tilde{\beta})\leqslant X<q$ 情形下的期望剩余，第三项表示 $q\leqslant X<(q-A)/\xi$ 下的期望剩余。此外，当 $X\geqslant(q-A)/\xi$ 时，t_2 期供给数量小于 A，投机者以 V_H 定价，导致战略顾客期望剩余为 0。

用 μ 表示 t_1 期与 t_2 期的期望剩余差额，则有：

$$\begin{aligned}\mu &= u_1-u_2=\left[\bar{F}(q)-\int_q^{(q-A)/\xi}\frac{q-\xi X-A}{\alpha\tilde{\beta}X}\mathrm{d}F(X)\right](V_H-p_1)-\\&F[A/(\alpha\tilde{\beta})](p_1-V_L)\end{aligned} \tag{2.54}$$

将式(2.51)代入式(2.54)得到：

$$\mu=-(V_H-p_1)\int_q^{(q-A)/\xi}\frac{q-\xi X-A}{\alpha\tilde{\beta}X}\mathrm{d}F(X)<0 \tag{2.55}$$

由式(2.51)可以看出 $u_1 < u_2$，则战略顾客最优等待比例为 $\hat{\beta}^* = 1$，这表明存在投机者时，所有战略顾客都会延迟到 t_2 期购买。

2.5.4.3 销售商最优存货量决策

用 $\hat{\pi}(q,\tilde{\beta},A)$ 表示销售商期望利润，由于 $\hat{\beta}^* = 1$，则 $\hat{\pi}(q,\tilde{\beta},A)$ 退化为：

$$\begin{aligned}\hat{\pi}(q,A) = {}& p_1 q\bar{F}[(q-A)/\xi] + \int_q^{(q-A)/\xi} [p_1(\xi X + A) + p_1(q - \xi X - A)]\mathrm{d}F(X) \\ & + \int_{A/\alpha}^{q} [p_1(\xi X + A) + p_1(\alpha X - A)]\mathrm{d}F(X) + \\ & \int_0^{A/\alpha} p_1(\xi X + A)\mathrm{d}F(X) - cq \qquad (2.56)\end{aligned}$$

式(2.56)中的第一项表示 $X \geqslant (q-A)/\xi$ 情形下的收入，第二项表示 $q \leqslant X < (q-A)/\xi$ 情形下的收入，第三项表示 $A/\alpha \leqslant X < q$ 情形下的收入，第四项表示 $X < A/\alpha$ 情形下的收入，最后一项仍表示采购总成本。

对式(2.56)进行整理，有：

$$\begin{aligned}\hat{\pi}(q,A) = {}& p_1 q\bar{F}(q) + p_1 AF(A/\alpha) - cq + p_1 \int_0^q X\mathrm{d}F(X) - \\ & p_1 \alpha \int_0^{A/\alpha} X\mathrm{d}F(X) \qquad (2.57)\end{aligned}$$

2.5.4.4 均衡分析

下面命题2.14表明了销售商、投机者以及顾客之间的子博弈完美均衡。

命题 2.14 (1)所有短视顾客在 t_1 期购买，所有战略顾客延迟到 t_2 期购买，即 $\hat{\beta}^* = 1$；

(2)假设 $f(0)=0$，则销售商期望利润 $\hat{\pi}(q,A)$ 是存货数量 q 的拟凹函数，其最优存货数量 $\hat{q}^*$ 由如下一阶条件唯一确定：

$$\frac{\mathrm{d}\,\hat{\pi}(q)}{\mathrm{d}q} = [p_1\bar{F}(q) - c]f\{F^{-1}[k\bar{F}(q)]\} - \alpha p_1 k^2 \bar{F}(q) f(q) = 0 \qquad (2.58)$$

且均衡投机者数量为：

$$A^* = \alpha F^{-1}[k\bar{F}(\hat{q}^*)] \qquad (2.59)$$

证明：构造 Lagrange 函数：$\max H(q,A) = \hat{\pi}(q,A) + \delta EA$，

得到：

$$\begin{cases}\dfrac{\partial H}{\partial q}=\dfrac{\partial \hat{\pi}}{\partial q}+\delta\dfrac{\partial EA}{\partial q}=0 & (2.60)\\ \dfrac{\partial H}{\partial A}=\dfrac{\partial \hat{\pi}}{\partial A}+\delta\dfrac{\partial EA}{\partial A}=0 & (2.61)\\ \dfrac{\partial H}{\partial \delta}=EA=0 & (2.62)\end{cases}$$

同时求解式(2.60)与式(2.61)得到

$$[p_1\bar{F}(q)-c]f\left(\frac{A}{\alpha}\right)-\alpha p_1 kF\left(\frac{A}{\alpha}\right)f(q)=0 \qquad (2.63)$$

将式(2.62)代入式(2.63),得到:

$$\frac{\mathrm{d}\hat{\pi}}{\mathrm{d}q}=[p_1\bar{F}(q)-c]f\{F^{-1}[k\bar{F}(q)]\}-\alpha p_1 k^2\bar{F}(q)f(q)=0 \qquad (2.64)$$

(1)当 $p_1\bar{F}(q)<c$,即 $q>F^{-1}[(p_1-c)/p_1]$时,$\frac{\mathrm{d}\hat{\pi}}{\mathrm{d}q}<0$,所以 $\lim\limits_{q\to+\infty}\frac{\mathrm{d}\hat{\pi}}{\mathrm{d}q}\leqslant 0$;

(2)由于$\lim\limits_{q\to 0}\frac{\mathrm{d}\hat{\pi}}{\mathrm{d}q}=(p_1-c)f[F^{-1}(k)]-\alpha p_1k^2f(0)$,假设 $f(0)=0$,得到 $\lim\limits_{q\to 0}T(q)>0$。

由(1)、(2),必存在 $\hat{q}^*$ 满足式(2.64)。通过式(2.51)求得 $A^*=\alpha F^{-1}[k\bar{F}(\hat{q}^*)]$。证毕。

推论 2.2 均衡投机者数量 A^* 以及销售商期望利润 $\hat{\pi}^*$ 是战略顾客比例 α 的递增函数。

证明:对 A^* 关于 $\hat{q}^*$ 求导数,得到$\frac{\mathrm{d}A^*}{\mathrm{d}\hat{q}^*}=-\frac{\alpha kf(\hat{q}^*)}{f(A^*/\alpha)}<0$,用命题 2.13 的类似方法得到$\frac{\mathrm{d}\hat{q}^*}{\mathrm{d}\alpha}<0$,所以有$\frac{\mathrm{d}A^*}{\mathrm{d}\alpha}=\frac{\mathrm{d}A^*}{\mathrm{d}\hat{q}^*}\frac{\mathrm{d}\hat{q}^*}{\mathrm{d}\alpha}>0$;又$\frac{\partial\hat{\pi}}{\partial\alpha}=p_1\int_0^{F^{-1}[k\bar{F}(q)]}F(X)\mathrm{d}X>0$,根据包络定理,得到$\frac{\mathrm{d}\hat{\pi}^*}{\mathrm{d}\alpha}=\frac{\partial\hat{\pi}}{\partial\alpha}>0$。证毕。

推论 2.2 表明:战略顾客比例越高,进入市场的投机者越多,从而增加销售商利润。

2.5.4.5 动态定价与存在投机者情形的比较

下面命题 2.15 从存货数量与利润两个方面比较了两种收益管理机制。

命题 2.15 (1)当 $\alpha=0$ 时,$\pi^*>\hat{\pi}^*$;当 $\alpha=1$ 时,$\pi^*<\hat{\pi}^*$。(2)$\hat{q}^*<q^*$。(3)存在战略顾客比例阈值 $\alpha^*\in[0,\alpha^\circ]$,满足,当 $\alpha<\alpha^*$ 时,$\pi^*>\hat{\pi}^*$;当 $\alpha\geqslant\alpha^*$ 时,$\pi^*\leqslant\hat{\pi}^*$。

证明:(1)对存货数量的比较:

①当 $\alpha>\alpha^{\circ}$时,$\frac{\mathrm{d}\hat{\pi}(q,A)}{\mathrm{d}q}$在 q^* 的值为:

$$\left.\frac{\mathrm{d}\hat{\pi}}{\mathrm{d}q}\right|_{q=q^*}=[p_1\bar{F}(q^*)-c]f\left(\frac{A}{\alpha}\right)-\alpha p_1 kF\left(\frac{A}{\alpha}\right)f(q^*)$$

$$=-V_L F(\lambda^* q^*)f\left(\frac{A}{\alpha}\right)-\alpha p_1 kF\left(\frac{A}{\alpha}\right)f(q^*)<0$$

其中,第二个等式由 $p_1\bar{F}(q^*)-c=-V_L F(\lambda^* q^*)$满足。又由于 $\hat{\pi}$ 是 q 的拟凹函数,则$\left.\frac{\mathrm{d}\hat{\pi}}{\mathrm{d}q}\right|_{q=\hat{q}^*}=0$,而$\left.\frac{\mathrm{d}\hat{\pi}}{\mathrm{d}q}\right|_{q=q^*}<0$,所以必定满足 $\hat{q}^*<q^*$。

②当 $\alpha\leqslant\alpha^{\circ}$时,运用同样的方法,得到 $\hat{q}^*<q^*$,所以,$\hat{q}^*<q^*$。

(2)对利润的比较:用 q°表示方程(2.65)的解:

$$\Delta\pi=\hat{\pi}-\pi=p_1\alpha\int_0^{A/\alpha}F(X)\mathrm{d}X-\frac{V_L}{\lambda}\int_0^{\lambda q}F(X)\mathrm{d}X=0 \tag{2.65}$$

对 $\Delta\pi$ 求导,有,

$$\frac{\mathrm{d}\Delta\pi}{\mathrm{d}q}=-\frac{p_1\alpha k^2 f(q)}{f(A/\alpha)}\bar{F}(q)-V_L F(\lambda q)<0 \tag{2.66}$$

如果 $q^{\circ}=q^*$,即存在投机者下的期望利润曲线相交于动态定价下最大值点,结合$\left.\frac{\mathrm{d}\hat{\pi}}{\mathrm{d}q}\right|_{q=q^*}<0$,得到 $\hat{\pi}^*>\pi^*$;如果 $q^{\circ}<q^*$,表明存在投机者下期望利润曲线相交于动态定价下利润曲线递增区域,结合$\left.\frac{\mathrm{d}\hat{\pi}}{\mathrm{d}q}\right|_{q=q^*}<0$,则 $\hat{\pi}^*\leqslant\pi^*$。

接下来利用$\Delta\pi|_{q=q^*}$的符号以及式(2.66)来证明 q°与 q^* 的关系,进而得到 $\hat{\pi}^*$ 与 π^* 的关系。也就是需要证明如下结论:如果$\Delta\pi|_{q=q^*}<0$,则 $q^{\circ}<q^*$;如果$\Delta\pi|_{q=q^*}=0$,则 $q^{\circ}=q^*$。

①当 $\alpha>\alpha^{\circ}$时,根据命题 2.14 的$\frac{\mathrm{d}\pi^*}{\mathrm{d}\alpha}=0$,$\frac{\mathrm{d}q^*}{\mathrm{d}\alpha}=0$,即期望利润以及最优存货数量只是 α°的函数,与 α 无关。$\Delta\pi|_{q=q^*}$ 在 $\alpha=1$ 与 $\alpha=\alpha^{\circ}$的值为:

$$\lim_{\alpha\to 1}(\Delta\pi|_{q=q^*})=p_1\int_0^{F^{-1}[k\bar{F}(q^*)]}F(X)\mathrm{d}X-[V_L+(p_1-V_L)\beta^*]\int_0^{F^{-1}\left[\frac{c-p_1\bar{F}(q^*)}{V_L}\right]}F(X)\mathrm{d}X$$

$$\lim_{\alpha\to\alpha^{\circ}}(\Delta\pi|_{q=q^*})=\alpha^{\circ}p_1\int_0^{F^{-1}[k\bar{F}(q^*)]}F(X)\mathrm{d}X-V_L(1-\alpha^{\circ})\int_0^{F^{-1}\left[\frac{c-p_1\bar{F}(q^*)}{V_L}\right]}F(X)\mathrm{d}X$$

由于 $\alpha^{\circ}=\alpha\beta^*$,所以,当 $\alpha=1$ 时,$\alpha^{\circ}=\beta^*$;当 $\beta^*=1$ 时,$\alpha=\alpha^{\circ}$。得到,

$$\lim_{\alpha\to 1}(\Delta\pi|_{q=q^*})=\lim_{\alpha\to\alpha^{\circ}}(\Delta\pi|_{q=q^*}) \tag{2.67}$$

根据推论 2.2 的 $\frac{d\hat{\pi}^*}{d\alpha}>0$ 以及式(2.67),得到 $\alpha=1$ 时,$\hat{\pi}^*>\pi^*$,这表明 $\lim_{\alpha\to 1}(\Delta\pi|_{q=q^*})=0$,从而得到 $\lim_{\alpha\to\alpha^{\circ}}(\Delta\pi|_{q=q^*})=0$,$q^{\circ}=q^*$ 以及 $\hat{\pi}^*>\pi^*$。

②当 $\alpha\leqslant\alpha^{\circ}$ 时,

$$\Delta\pi|_{q=q^*}=\alpha p_1\int_{F^{-1}\left[\frac{c-p_1\bar{F}(q^*)}{V_L}\right]}^{F^{-1}[k\bar{F}(q^*)]}F(X)\mathrm{d}X-V_L(1-\alpha)\int_0^{F^{-1}\left[\frac{c-p_1\bar{F}(q^*)}{V_L}\right]}F(X)\mathrm{d}X$$

由于 $\lim_{\alpha\to 0}(\Delta\pi|_{q=q^*})<0$,$\lim_{\alpha\to\alpha^{\circ}}(\Delta\pi|_{q=q^*})=0$,由命题 2.14 的 $\frac{dq^*}{d\alpha}<0$ 以及式(2.66),得到 $\frac{d(\Delta\pi|_{q=q^*})}{d\alpha}>0$,所以,必存在 $\alpha^*\in[0,\alpha^{\circ}]$,满足:当 $\alpha<\alpha^*$ 时,$\Delta\pi|_{q=q^*}<0$,由此得到,$q^{\circ}<q^*$ 以及 $\hat{\pi}^*<\pi^*$;当 $\alpha^*\leqslant\alpha\leqslant\alpha^{\circ}$ 时,$\Delta\pi|_{q=q^*}=0$,得到 $q^{\circ}=q^*$ 以及 $\hat{\pi}^*>\pi^*$。综合①与②得证(3)。证毕。

命题 2.15 的(1)表明不存在战略顾客时,投机者数量为 0,动态定价下销售商可以在 t_2 期出清库存;而投机者情形下 t_2 期价格仍为 p_1,不能出清库存,所以,动态定价下收益更高。命题 2.15 的(2)表明投机者情形下均衡存货数量更低,即稀缺性有助于保持投机者的盈利性,从而增加囤积产品的数量,进而提高销售商收益,这更适合于由于产能约束以及生产不足的不连续创新产品。命题 2.15 的(3)则表明战略顾客比例 α 越高,销售商运用固定销售价格机制能获得比动态定价机制更高的利润。

2.5.4.6 数值计算

通过数值分析,(1)验证前面理论分析的结论;(2)分析存在投机者下 α 与 p_1 的各种组合对销售商利润的影响;(3)比较两种机制下 α 以及 p_1 对销售商利润的影响。

数值分析参数设定为:高价值顾客数量 X 服从均值为 100、标准差为 50 的 Gamma 分布,$V_H=10$,$V_L=2.5$,$c=3.5$。

图 2.14 给出了动态定价与存在投机者下销售商期望利润与战略顾客比例 α 的比较关系,其中,$p_1=7$。(1)动态定价下销售商利润随 α 先递减,然后趋于固定不变,而投机者下销售商利润随 α 递增。(2)当 α 较小时,短视顾客所占比例较大,进入市场的投机者较少。动态定价不仅可以从短视顾客获得收益,还可以通过在 t_2 期降价获得出清收益,但是,在固定价格机制下,销售商在 t_2 期不能销售产品,则动态定价更优;当 α 较大时,投机者对销售商的价值

更大，这源于 t_2 期需求越大，更多投机者进入市场，攫取更多顾客利润，其中一部分利润转移给销售商，从而增加其利润。(3)验证了命题 2.15 的理论结论。

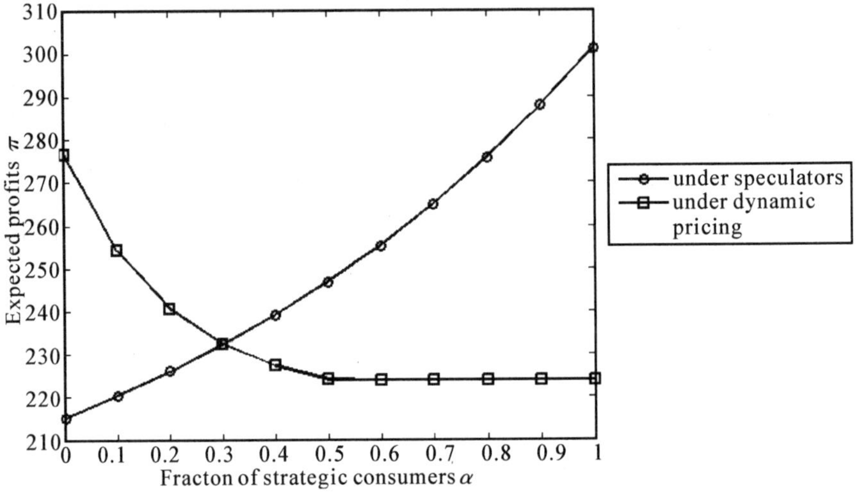

图 2.14　动态定价与存在投机者的期望利润比较

图 2.15 给出了存在投机者情形下战略顾客比例 α 与销售价格 p_1 的各种组合对销售商利润的影响。(1)销售商利润总体上随 p_1 呈现凸性曲线。(2)

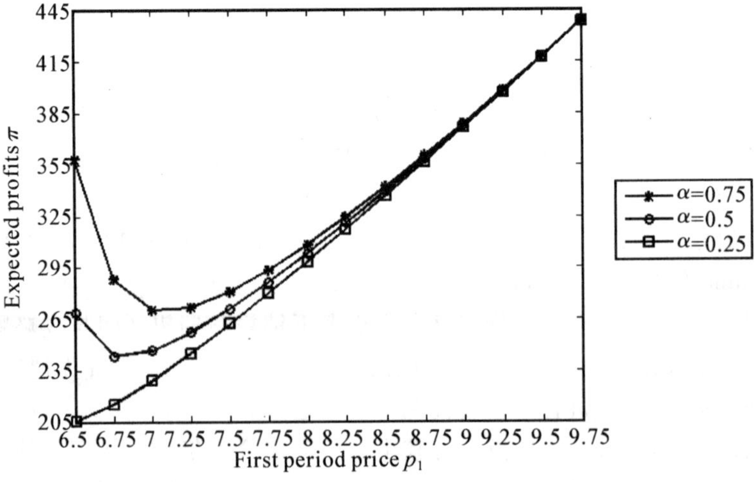

图 2.15　存在投机者下期望利润与销售价格的关系

随着 α 递增，销售商利润增加，这验证了推论 2.13 的结论。(3)①当 p_1 较低时，更大的套利机会增加了进入市场的投机者数量，从而对销售商的影响更大；②p_1 较高减少了进入市场的投机者数量，对销售商利润的影响更小；③当 p_1 足够高接近高价值顾客的价值时，无投机者进入市场，销售商在 t_2 期不能出清剩余库存，只能在 t_1 期销售，导致各种 α 下销售商的利润相近。

图 2.16 给出了动态定价与存在投机者下销售商期望利润与销售价格 p_1 的比较关系，其中，$\alpha=0.5$。(1)当 p_1 较低($p_1<8$)时，有投机者前提下销售商的期望利润更高；(2)当 p_1 较高时，动态定价下销售商的期望利润更高，其原因在于 p_1 较高时，投机者数量减少并且销售商只能在 t_1 期销售，而动态定价下销售商能在 t_2 期出清剩余库存，增加了收益。这也反映了 p_1 越高，从投机者获得的收益低于动态定价以出清剩余库存从战略等待顾客获得的收益。

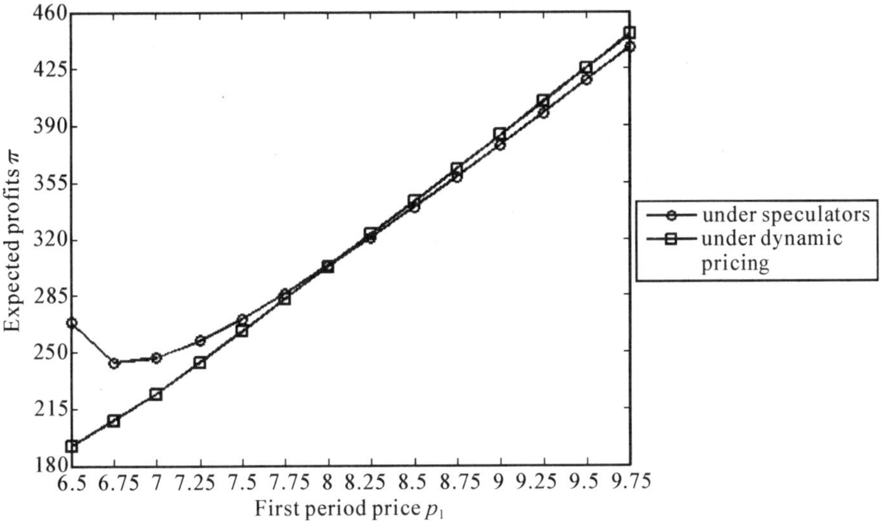

图 2.16 动态定价与存在投机者下期望利润比较

本节研究了同时存在盲目购买的短视顾客、跨期理性决策的战略顾客以及只以低价购买的询价顾客。通过研究发现：(1)动态定价下，当战略顾客比例超过某阈值时，均衡销售商利润以及存货数量固定不变；(2)投机者下销售商均衡存货数量更低；(3)与动态定价相比，当战略顾客比例较高或销售价格较低时，投机者的存在对销售商的价值更高。

公开问题

值得进一步研究的问题可以从以下方面扩展:(1)本章只从模仿创新者选择营销渠道的角度研究了存在战略顾客时,模仿创新对供应链绩效的影响,比较原始创新者与模仿创新者同时选择营销渠道(如电子渠道与实体渠道)的竞争与合作关系,更能揭示战略顾客行为、产品创新、营销渠道选择与供应链绩效间的内在关系;(2)研究战略顾客对电子渠道具有学习效应对模仿创新供应链协调的影响;(3)存在电子渠道与实体渠道的模仿创新供应链绩效的改进机制;(4)基于多营销渠道的模仿创新产品扩散的研究等对揭示模仿创新本质更有现实与理论意义;(5)研究模块化导致产品性能损失对先进入者与后进入者之间竞合的影响;(6)探讨先进入者与后进入者通过公共渠道销售各自产品时,产品升级策略是否有利于先进入者维持竞争优势;(7)研究战略顾客同时关注产品内在价值(与性能无关)以及产品性能时,先进入者应当如何匹配产品升级策略、产品设计以及定价策略,这对揭示战略顾客行为、产品创新以及市场营销之间的内在关系有现实与理论意义。关于 OEM 回收再制造决策的研究,尤其在综合考虑产品内部竞食、外部竞争的情况下,是一个非常复杂的问题,诸如:(1)细化回收过程对策略选择的影响;(2)不完全信息下的 OEM 阻止策略选择;(3)市场存在多个竞争者时的策略选择;(4)研究模仿者与创新者的竞争与合作关系,即模仿者与创新者动态协调能否实现更高价值;(5)比较存在战略顾客下的原始创新与模仿创新策略各自的优缺点以及适应的情境;(6)研究产品整个生命周期的模仿创新对揭示模仿创新本质更有现实与理论意义;(7)研究了针对不连续创新产品的动态定价与固定价格机制,可以探索其他收益管理机制(如提供回退政策、价格差额补偿),能进一步检验结论的稳定性;(8)只考虑了单个垄断销售商,可以放松到分散型供应链、寡头垄断情形来研究收益管理机制;(9)可以研究针对不连续创新产品的投资共享与收益分配机制,这对解释供应链创新以及收益管理的理论与实践更有指导意义。

注　释

[1]郑友德,金明浩.比亚迪式模仿创新的知识产权策略[J].法人,2009,9:56－59.

[2]Sun Jiong, Debo L G, Kekre S, Xie Jinhong. Component-based technology transfer in the presence of potential imitators[J]. Management Science, 2010,56(3):536－552.

[3]Mccann B T, Vroom G. Pricing response to entry and agglomeration effects[J].

Strategic Management Journal,2010,31(3):284—305.

[4]Casadesus-Masanell R,Zhu Feng. Strategies to fight ad-sponsored rivals[J]. Management Science,2010,56(9):1484—1499.

[5]Ethiraj S K,Zhu D H. Performance effects of imitative entry[J]. Strategic Management Journal,2008,29(8):797—817.

[6]Swinney R,Cachon G,Netessine S. The timing of capacity investment by start-ups and established firms in new markets [J]. Management Science,2011,57(4):763—777.

[7]Su Xuanming. Optimal pricing with speculators and strategic consumers[J]. Management Science,2010,56(1):25—40.

[8]Osadchiy N. Vulcano G. Selling with binding reservations in the presence of strategic consumers[J]. Management Science,2010,56(12):2173—2190.

[9]Jerath K,Netessine S,Veeraraghavan S K. Revenue management with strategic customers:last minute selling and opaque selling[J]. Management Science,2010,56(3):430—448.

[10]Su Xuanming,Zhang Fuqiang. On the value of commitment and availability guarantees when selling to strategic consumers[J]. Management Science,2009,55(5):713—726.

[11]刘晓峰,黄沛.基于策略性消费者的最优动态定价与库存决策[J].管理科学学报,2009,12(5):18—26.

[12]Porteus E L,Shin H,Tunca T I. Feasting on leftovers:strategic use of shortages in price competition among differentiated products[J]. Manufacturing and Service Operation Management,2010,12(1):140—161.

[13]张福利,施建军,陈效林.双寡头一方垄断中间产品市场的纵向差异策略[J].管理科学学报,2010,13(1):10—19.

[14]Bhaskaran S R,Krishnan V. Effort,revenue,and cost sharing mechanisms for collaborative new product development[J]. Management Science,2009,55(7):1152—1169.

[15]Muth J F. Rational expectations and the theory of price movements[J]. Econometrica,1961,29(3):315—335.

[16]Berndt E R,Bui L T,Reiley D R,Urban Glen L. Information,marketing,and pricing in the U. S. antiulcer drug market[J]. American Economic Review,1995,85(2):100—105.

[17]Moore M J,William B,Goodstein R C. Pioneering and market share:is entry time endogenous and does it matter? [J]. Journal of Marketing Research,1991,28(2):97—104.

[18]Chiang W,Chhajed D,Hess G. Direct marketing,indirect profits:a strategic analysis of dual-channel supply-chain design[J]. Management Science,2003,49(1):1—20.

[19]Overby E,Jap S. Electronic and physical market channels:a multiyear investiga-

tion in a market for products of uncertain quality[J]. Management Science,2009,55(6):940—957.

[20]Forman C,Ghose A,Goldfarb A. Competition between local and electronic markets:how the benefit of buying online depends on where you live[J]. Management Science,2009,55(1):47—57.

[21]艾兴政,唐小我,马永开.传统渠道与电子渠道预测信息分享的绩效研究[J].管理科学学报,2008,11(1):12—21.

[22]Zhang Xubing. Retailers' multichannel and price advertising strategies[J]. Marketing Science,2009,28(6):1080—1094.

[23]Brynjolfsson E,Hu Yu,Rahman M. Battle of the retail channels:how product selection and geography drive cross-channel competition[J]. Management Science,2009,55(11):1755—1765.

[24]Netessine S,Rudi N. Supply chain choice on the internet[J]. Management Science,2006,52(6):844—864.

[25]Bhaskaran S,Gilbert S. Implications of channel structure for leasing or selling durable goods[J]. Marketing Science,2009,28(5):918—934.

[26]Liu Yong,Putler D,Weinberg C. Is having more channels really better? A model of competition among commercial television broadcasters[J]. Marketing Science,2004,23(1):120—133.

[27]Trivedi M. Distribution channels:an extension of exclusive retailership[J]. Management Science,1998,44(7):896—909.

[28]Moorthy S K. Product and price competition in a duopoly[J]. Marketing Science,1988,7(2):141—168.

[29]Plambeck E,Wang Qiong. Effects of e-waste regulation on new product introduction[J]. Management Science,2009,55(3):333—347.

[30]iPhone 4S 供不应求多家百思买断货[N].中关村在线.2011-11-2.

[31]Krishnan V,Ramachandran K. Integrated product architecture and pricing for managing sequential innovation[J]. Management Science,2011,57(11):2040—2053.

[32]Akridge J. Suite success:integrated operating rooms up the ante[J]. Healthcare Purchasing News,2005,29(8):22—26.

[33]Agrawal V,· lkü S. The role of modular upgradability as a green design strategy[J]. Working paper,Georgetown University,2012.

[34]Gómez J. Maícas J P. Do switching costs mediate the relationship between entry timing and performance? [J]. Strategic Management Journal,2011,32:1251—1269.

[35]Gilbert S,Jonnalagedda S. Durable products,time inconsistency,and lock-in[J]. Management Science,2011,57(9):1655—1670.

[36]Bohlman J D,Golder P N,Mitra D. Deconstructing the pioneer's advantage:examining vintage effects and consumer valuations of quality[J]. Management Science,2002,48(9):1175—1195.

[37]罗彬,邵培基,罗尽尧,刘独玉,夏国恩.基于竞争对手反击的电信客户流失挽留研究[J].管理科学学报,2011,14(8):17—33.

[38]杨明,周琦.超生产容量阻止对手进入有效性的实物期权分析[J].系统工程理论与实践,2007,27(10):63—70.

[39]·lkü S,Dimofte C,Schmidt G. Consumer valuation of modularly upgradeable products[J]. Management Science,2012,forthcoming.

[40]Seamans R C. Fighting city hall:entry deterrence and technology upgrades in cable TV markets[J]. Management Science,2012,58(3):461—475.

[41]Levin Y,McGill J,Nediak M. Dynamic pricing in the presence of strategic consumers and oligopolistic competition[J]. Management Science,2009,55(1):32—46.

[42]Liu Qian,Zhang Dan. Dynamic pricing competition with strategic customers under vertical product differentiation[R]. Working paper,Hong Kong University of Science and Technology,2011.

[43]Bhaskaran S R,Goel A,Ramachandran K. Managing product transitions under technology uncertainty[R]. Working paper,Southern Methodist University,2011.

[44]·lküS,Schmidt G. Matching product architecture and supply chain configuration[J]. Production and Operations Management,2011,20(1):16—31.

[45]Jones R,Mendelson M. Information goods vs. industrial goods:cost structure and competition[J]. Management Science,2011,57(1):164—176.

[46]Kim S,Swinney R. Product quality choice and inventory risk with strategic consumers[R]. Working Paper,Yale University,2011.

[47]Adams. M,D. Boike. The PDMA foundation 2004 comparative performance assessment study[J]. Visions,2004,28(3):26—29.

[48]Fobers. Can Kodak make up for lost moments[N]. 2003-10-06.

[49]Roberto V. Design,meanings,and radical innovation:a metamodel and a research agenda[J]. Journal of Product Innovation Management,2008,25(5):436—456.

[50]Robert W. Veryzer,Jr. Key factors affecting customer evaluation of discontinuous new products[J]. Journal of product innovation management,1998,15:136—150.

[51]Lynn,G. S,Morone,J. G,Paulson,A. S. Marketing and discontinuous innovation:the probe and learn process[J]. California Management Review,1996,383:8—37.

[52]Chao,Raul O. A. Theoretical framework for managing the new product development portfolio:when and how to use strategic buckets[J]. Management Science,2008,54(5):907—921.

[53]John E. Ettlie, William P. Bridges, Robert D. O'Keefe. Organization strategy and structural differences for radical versus incremental innovation[J]. Management Science, 1984, 30(6): 682—695.

[54]Samina Karim. Business unit reorganization and innovation in new product markets[J]. Management Science, 2009, 55(7): 1237—1254.

[55]Subramanian B, Yan Liu, Axel Stock. An empirical analysis of scarcity strategies in the automobile industry[J]. Management Science, 2009, 55(10): 1623—1637.

[56] S. Mahmoud-Jouini, F. Charue-Duboc. Enhancing discontinuous innovation through knowledge combination: the case of an exploratory unit within an established automotive firm[J]. Creativity and Innovation Management, 2008, 17(2): 127—135.

[57]官振中，史本山. 易逝性高科技产品收益管理定价策略[J]. 管理科学学报，2008，11(5): 102—109.

[58]徐雅卿，魏软华，胡奇英. 基于 Priceline 的买方/卖方定价收益管理问题[J]. 管理科学学报，2008，11(3): 63—69.

[59]陈剑，张楠. 针对等待敏感顾客的缺货补偿与库存策略研究[J]. 管理科学学报，2008，11(3): 53—62.

[60]Ho. T, Su. X. Peer-induced fairness in games[J]. American Economy Review, 2009, 99(5): 2047—2077.

第3章

战略顾客行为下供应链间竞争结构

当今世界，企业之间的竞争已经转化为供应链与供应链之间的竞争。本章主要研究后进入制造商通过独立销售商来销售性能改进产品，由此形成的现有供应链 SC_1 与模仿创新供应链 SC_2 之间的供应链间竞争结构，此时，市场格局由不存在模仿创新的序贯供应链 SC_O 内部竞争与协调演变为供应链间竞争与协调。例如，家电制造商伊莱克斯（Electrolux）、惠而浦（Whirlpool）与零售商苏宁电器签订独家承销排他性产销联盟①；家电制造商海尔（Haier）、美菱（Meiling）与零售商国美电器分别签署高达500亿元与50亿元的战略合作协议②，此时，竞争格局属于供应链间竞争型结构。

通过对批发价格合同与回购合同的不同组合，分别考虑下列四类情形：集中系统 SC_1 与集中系统 SC_2、分散系统 SC_1 与分散系统 SC_2、集中系统 SC_1 与分散系统 SC_2，以及分散系统 SC_1 与集中系统 SC_2。

3.1 供应链间的竞争

3.1.1 已有研究现状

当今世界，企业之间的竞争已经转化为供应链与供应链之间的竞争。相关研究主要体现在：供应链间竞争、供应链协调和绩效。

3.1.1.1 关于供应链间竞争

Ha 等[1]研究了两条供应链之间的竞争，但该文献假设两条供应链除了

① 苏宁国内独家承销伊莱克斯洗衣机[N].华西都市报，2009-2-13.

② “定制化”开道家电卖场开启新型合作模式[N].华西都市报，2010-12-17.

对信息共享的投资成本不同外，其他均相同。该文献主要通过两阶段博弈来进行分析，在第一阶段，制造商决定是否对信息系统进行投资；在第二阶段，给定第一阶段的信息结构，制造商向零售商提供合同，零售商之间存在古诺竞争。研究发现，合同选择类型作为信息共享的动因的重要性以及信息共享的能力有助于提升供应链间竞争的竞争优势。

Ha 等[2]运用多阶段博弈研究了竞争性供应链中纵向信息共享的激励机制，其中，竞争性供应链的生产技术具有规模非经济性，研究发现，当生产技术的规模非经济程度很高，并且竞争不太激烈、信息准确度不高时，纵向信息共享能提高供应链收益；相反，当一条供应链的信息比较准确或生产更有效率，如果这种情形诱导竞争对手的供应链信息共享，反而会降低该供应链的收益。

艾兴政等[3]基于需求不确定环境，构建两个制造商、两个排他性零售商构成的链与链价格竞争模型，主要关注链与链竞争的纵向联盟与收益共享。

李娟等[4]分析两个供应链间的竞争，每条供应链销售具有品牌差异的产品，不同品牌产品之间存在替代度；考虑了每条供应链的两种管理库存的方式，即零售商管理库存和供应商管理库存。研究发现，把不确定性需求风险从零售商转移给供应商，并不能增加零售商收益或减少供应商收益；在一定条件下，供应商管理库存方式能加强供应商端的竞争，使得零售商和供应商共同受益。

鲁其辉等[5]研究了两条竞争的双层供应链，每个制造商通过各自的分销商向顾客提供产品，供应链在产品质量和价格两个方面进行竞争。研究发现，协调策略对于每条供应链都是一个占优策略，并且质量成本优势越大，供应链在采用协调策略后的收益越大；但当两条供应链同时采用协调策略后，所有供应链的利润有可能均小于无协调情形下的利润，即可能出现囚徒困境现象。

本章也研究供应链间的竞争，但这种竞争是由于模仿创新使得企业之间的竞争演化为链与链之间的竞争，还同时考虑了战略顾客的跨期理性决策与产品纵向差异性的关系问题。

3.1.1.2 关于供应链协调和绩效

Chen 等[6]研究了由单个制造商和单个零售商构成的供应链，该供应链向需求对季节敏感的市场销售一种季节性产品。研究结论表明，与天气有关的补偿合同可以采用各种形式，这种弹性使得供应商能够实现 Pareto 改进的合同，制造商可以通过支付风险溢价的天气补偿合同来规避其风险。研究发现，Shapley 值分配模式能激励零售商加入库存共享联盟，并且供应商能持有最优联盟的库存水平，从长远来看，更大的联盟也具有稳定性。

Foros 等[7]考虑了由单供应商与单零售商构成的供应链的公平性问题，

分析公平性如何影响渠道协调。研究发现，当渠道成员关注公平性时，以货币损益为出发点的结论与以公平性为出发点的结论存在差异，即制造商可以运用简单的高于其边际成本的批发价格来协调这种渠道，并能实现渠道利润最大化以及获得渠道效用最大化，因此，渠道并不需要复杂的定价合同，不变的批发价格就能够实现协调渠道目的。

Raju 等[8]研究由零售商主导的供应链模型中，即使制造商与零售商都表现出公平性，制造商也可以通过数量折扣或菜单式两部制合同来协调供应链；还分析了额外收益(street money)能使制造商努力分配最小激励，以协调由零售商主导的供应链，该文献未从实证角度去检验额外收益。

Katok 等[9]通过实验方法检验了契约机制能协调供应链，发现相对于批发价格合同，虽然回购合同与收入共享合同更能提高供应链功效，但是改进的程度比理论研究要小，回购合同与收入共享合同在数学上等价，但不能产生等价的供应链绩效。

杜少甫等[10]将公平关切引入传统的两阶段供应链，研究公平关切行为倾向对供应链契约与协调的影响，探讨了零售商的公平关切行为倾向对批发价契约、收益共享契约和回购契约等协调性的影响，研究发现，零售商的公平关切不会改变供应链的协调状态。

计国君等[11]研究了顾客体验对于新产品供应链协调的影响，考虑了供应商对销售商已销售的产品给予补偿的销售补偿合同，以及对未销售的产品进行补偿的回购合同。研究发现回购合同能协调供应链，并且供应商与销售商通过协商批发价格能任意分割供应链利润。

汪贤裕等[12]通过两种常见的比例回购和折价回购等返回策略，分析供应链协调与风险分担问题。研究发现，返回策略可以协调供应链。在供应链协调时，供应链风险在供应商和销售商之间的分担情况由回购折价参数和回购比例参数决定，并且风险分担情况符合一般的收益和风险之间的权衡关系。供应商的最优回购契约是：供应商允许销售商对剩余订货全部按批发价退货，供应商采用边际成本加成定价的方式来确定批发价，加成比例由市场需求的满足率决定。

姚忠等[13]发现在风险约束下，零售商和供应商的期望利润都有所减少，退货合同的协调性较无风险约束情况下弱。

本章将研究存在战略顾客行为与产品模仿创新时，性能改进能力、产品特征与市场潜力对供应商间竞争型供应链与供应链间的竞争结构绩效的影响。

3.1.2 问题描述与模型

用 $SC_1 \wedge SC_2$ 表示 SC_1 与 SC_2 间的竞争型结构，其中，符号 $\wedge$ 表示竞争。

即 M_2 与 R_2 构成的 SC_2 以及 M_1 与 R_1 构成的 SC_1 之间存在竞争。这样，M_2 通过模仿创新，使得最初 SC_O 内部上下游之间的竞争演化为 SC_1 与 SC_2 之间的竞争，这势必会对原有 SC_O 结构的稳定性，现有 SC_1、SC_2 的协调性以及绩效产生影响，本节将重点分析这种影响的机理。

在 $SC_1 \wedge SC_2$ 中，我们同样考虑两种供应合同：批发价格合同与回购合同。如果 M_1 与 M_2 提供的合同类型相同，称为"对称补偿机制"或"对称合同选择"；相反，如果 M_1 与 M_2 提供的合同类型不同，称为"非对称补偿机制"或"非对称合同选择"。

在 $SC_1 \wedge SC_2$ 中，事件顺序如下：

(1)在 t_1 期，M_1 向 R_1 提供供应合同 (w_1, b_1) ①，R_1 向战略顾客和短视顾客销售原始产品；短视顾客始终在 t_1 期购买产品，战略顾客中存在 η 比例延迟到 t_2 期购买产品，原始产品的销售价格在 t_1 期仍为 p，在 t_2 期仍为 p_1。假设 $p \geqslant p_1$。

(2)在 t_2 期，M_2 向 R_2 提供供应合同 (w_2, b_2) ②。R_1 与 R_2 向延迟购买的战略顾客和新到达顾客不仅销售原始产品，还销售性能改进产品。假设性能改进产品的销售价格为 p_2。假设 $p_2 > p_1$，战略顾客根据 t_1 期和 t_2 期的期望剩余跨期理性选择产品类型和购买时机。

(3)在 t_2 期末，R_1 与 R_2 不降价销售剩余产品，根据转移支付机制，从 M_1 与 M_2 获得相应补偿 b_1 与 b_2。

如图 3.1 所示为具体的事件顺序。

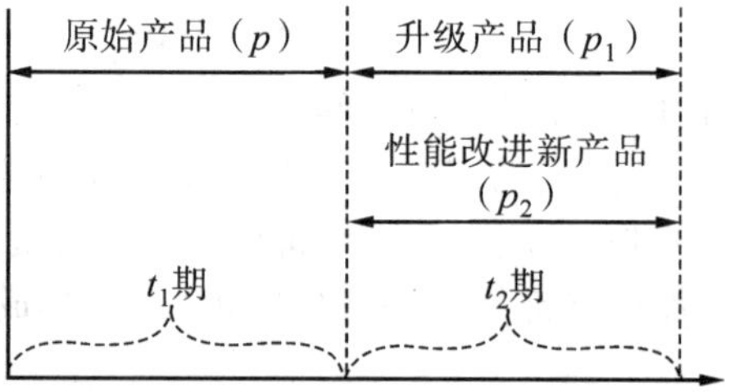

图 3.1　原始产品与性能改进产品竞争图

为了便于研究，先给出相关变量表示：

---

① 如果 $b_1 = 0$，供应合同退化为批发价格合同；如果 $b_1 > 0$，供应合同为回购合同。

② 如果 $b_2 = 0$，供应合同 (w_2, b_2) 也退化为批发价格合同 $(w_2, b_2 = 0)$；如果 $b_2 > 0$，供应合同变为回购合同。

用上标"1"表示存在 SC_1 的情形，上标"2"表示 SC_2 的情形。

(1)当 SC_1 为集中系统时，$\prod_C^1$ 表示总期望利润；当 SC_1 为分散系统时，π^1 表示 M_1 的期望利润，$\prod_R^1$ 表示 R_1 的期望利润，$\prod_D^1=\pi^1+\prod_R^1$ 表示分散系统总利润。

(2)当 SC_2 为集中系统时，$\prod_C^2$ 表示总期望利润；当 SC_2 为分散系统时，π^2 表示 M_2 的期望利润，$\prod_R^2$ 表示 R_2 的期望利润，$\prod_D^2=\pi^2+\prod_R^2$ 表示分散系统总利润。

为简单起见，本章假设 $\lambda=1$，即后进入制造商 M_2 在模仿吸收阶段结束时，完全掌握原始产品的相关信息，这样，性能改进产品的有效性能变为 $\rho_2=\rho_1+\xi\theta$；由于 $\lambda=1$，有 $\xi^\circ=\dfrac{\rho_1(p_2-p_1)}{\theta p_1}$ 与 $C_{21}=0$。在下一章的供应商之间竞争型结构中，我们放宽该假设，即同时考察 $\lambda<1$ 与 $\lambda=1$ 两种情形。

3.1.2 战略顾客理性购买决策

由于延迟到 t_2 期购买产品的战略顾客数量为 $S\alpha\eta$，这样，t_1 期末原始产品剩余数量为 $L=q_1-S(1-\alpha\eta)$，即 t_2 期总供给为 $L+q_2$；t_2 期总需求则为转移的战略顾客数量和新到达顾客数量 X 之和，即 $S\alpha\eta+X$；在 t_2 期，延迟购买的战略顾客倾向于先购买性价比更高的产品，但会面临产品缺货的风险。

3.1.2.1 性能改进产品性价比更低情形

当 $\xi<\xi^\circ$ 时，表明性能改进产品的性价比低于原始产品。此时，在 t_2 期，战略顾客倾向于先购买原始产品，其中：(1)若 $X+S\alpha\eta\leqslant L$，则说明 t_2 期原始产品的供给大于总需求，所有顾客都能获得原始产品，此时，战略顾客期望剩余为 $F(L-S\alpha\eta)(v\rho_1-p_1)$；(2)若 $L<X+S\alpha\eta\leqslant L+q_2$，则战略顾客获得原始产品的概率为 $L/(X+S\alpha\eta)$，但获得性能改进产品的概率为 1；(3)若 $X+S\alpha\eta>L+q_2$，则战略顾客获得原始产品的概率仍为 $L/(X+S\alpha\eta)$，获得性能改进产品的概率为 $q_2/(X+S\alpha\eta-L)$。

这样，战略顾客延迟到 t_2 期购买产品的期望剩余为：

$$U_2=F(L-S\alpha\eta)(v\rho_1-p_1)+\int_{L-S\alpha\eta}^{L-S\alpha\eta+q_2}\frac{L\mathrm{d}F(X)}{X+S\alpha\eta}(v\rho_1-p_1)+\int_{L-S\alpha\eta}^{L-S\alpha\eta+q_2}\mathrm{d}F(X)(v\rho_2-p_2)+\int_{L-S\alpha\eta+q_2}^{+\infty}\frac{L\mathrm{d}F(X)}{X+S\alpha\eta}(v\rho_1-p_1)+\int_{L-S\alpha\eta+q_2}^{+\infty}\frac{q_2\mathrm{d}F(X)}{X+S\alpha\eta-L}(v\rho_2-p_2)$$

令 $\bar{\omega}_1=L-S\alpha\eta=q_1-S$，$\bar{\omega}_2=L-S\alpha\eta+q_2=q_1+q_2-S$，则有：

$$U_2 = \left[F(\bar{\omega}_1) + \int_{\bar{\omega}_1}^{+\infty} \frac{L\mathrm{d}F(X)}{X+S\alpha\eta}\right](v\rho_1 - p_1) + \left[F(\bar{\omega}_2) - F(\bar{\omega}_1) + \int_{\bar{\omega}_2}^{+\infty} \frac{q_2\mathrm{d}F(X)}{X+S\alpha\eta-L}\right](v\rho_2 - p_2) \tag{3.1}$$

这样，战略顾客提前到 t_1 期购买产品的期望剩余为：

$$U_1 = v\rho_1 - p \tag{3.2}$$

战略顾客权衡 t_1 期购买产品获得的期望剩余与 t_2 期购买产品获得的期望剩余来决定是否等待并转向性能改进产品，即在 t_1 期与 t_2 期购买产品的无差异条件为：

$$U_1 - U_2 = 0 \tag{3.3}$$

3.1.2.2 性能改进产品性价比更高情形

当性能改进产品性价比比原始产品更高(即 $\xi \geqslant \xi^{\circ}$)时，在 t_2 期，所有顾客先购买性能改进产品，其中：(1)若 $X+S\alpha\eta \leqslant q_2$，则所有顾客都能获得性能改进产品，此时，战略顾客的期望剩余为 $F(q_2-S\alpha\eta)(v\rho_2-p_2)$；(2)若 $q_2 < X+S\alpha\eta \leqslant L+q_2$，则战略顾客获得性能改进产品的概率为 $q_2/(X+S\alpha\eta)$，但获得原始产品的概率为 1；(3)若 $X+S\alpha\eta > L+q_2$，则战略顾客获得性能改进产品的概率仍为 $q_2/(X+S\alpha\eta)$，获得原始产品的概率为 $L/(X+S\alpha\eta-q_2)$。

这样，战略顾客延迟到 t_2 期购买产品的期望剩余为：

$$U_2 = F(q_2-S\alpha\eta)(v\rho_2-p_2) + \int_{q_2-S\alpha\eta}^{q_2-S\alpha\eta+L} \frac{q_2\mathrm{d}F(X)}{X+S\alpha\eta}(v\rho_2-p_2) + \int_{q_2-S\alpha\eta+L}^{+\infty} \frac{q_2\mathrm{d}F(X)}{X+S\alpha\eta}(v\rho_2-p_2) + [F(q_2-S\alpha\eta+L)-F(q_2-S\alpha\eta)](v\rho_1-p_1) + \int_{q_2-S\alpha\eta+L}^{+\infty} \frac{L\mathrm{d}F(X)}{X+S\alpha\eta-q_2}(v\rho_1-p_1)$$

令 $\bar{\omega}_3 = q_2 - S\alpha\eta$，$\bar{\omega}_2 = L - S\alpha\eta + q_2 = q_1 + q_2 - S$，则有：

$$U_2 = \left[F(\bar{\omega}_3) + \int_{\bar{\omega}_3}^{+\infty} \frac{q_2\mathrm{d}F(X)}{X+S\alpha\eta}\right](v\rho_2 - p_2) + \left[F(\bar{\omega}_2) - F(\bar{\omega}_3) + \int_{\bar{\omega}_2}^{+\infty} \frac{L\mathrm{d}F(X)}{X+S\alpha\eta-q_2}\right](v\rho_1 - p_1) \tag{3.4}$$

此时，战略顾客提前到 t_1 期购买产品的期望剩余为 $U_1 = v\rho_1 - p$。

战略顾客在 t_1 期购买产品与 t_2 期购买产品的无差异条件为：

$$U_1 - U_2 = 0 \tag{3.5}$$

接下来，我们先分析性能改进产品的性价比比原始产品更低的情形，然后分析性能改进产品性价比比原始产品更高的情形。

3.2 性能改进产品性价比更低情形

当 $\xi<\xi^{p}$ 时，存在下列三类情形：(1)若 $X\leqslant\bar{\omega}_1$，只有部分原始产品能够销售，则销售量为 $X+S\alpha\eta$，性能改进产品销售量为 0；(2)若 $\bar{\omega}_1<X\leqslant\bar{\omega}_2$，所有 t_1 期剩余的原始产品 L 都能够销售，而部分性能改进产品能够销售，则销售量为 $X+S\alpha\eta-L$；(3)若 $X>\bar{\omega}_2$，所有原始产品 L 和所有性能改进产品 q_2 都能够销售。

3.2.1 集中系统 SC_1 与集中系统 SC_2

当 SC_1 与 SC_2 均为集中系统时，我们先考虑理性预期均衡结果。

3.2.1.1 理性预期均衡

先给出下列定义：

定义 3.1 在 $SC_1\wedge SC_2$ 中，集中系统 SC_1、SC_2 与战略顾客间的理性预期均衡 (q_1^*,q_2^*,η^*) 需满足如下条件：

(1)给定信念 $(\tilde{q}_2,\tilde{\eta})$，原始产品最优数量为：$q_1^*\in\arg\max_{q_1}\prod_C^1(q_1,\tilde{q}_2,\tilde{\eta})$。

(2)给定信念 $(\tilde{q}_1,\tilde{\eta})$，性能改进产品最优数量为：$q_2^*\in\arg\max_{q_2}\prod_C^2(\tilde{q}_1,q_2,\tilde{\eta})$。

(3)给定信念 $(\tilde{q}_1,\tilde{q}_2)$，战略顾客延迟到 t_2 期购买的最优比例为：

$$\eta^*\in\eta^*(\tilde{q}_1,\tilde{q}_2,\eta)$$

(4)信念与均衡活动一致，即满足：$\eta^*=\tilde{\eta}$，$q_1^*=\tilde{q}_1$，$q_2^*=\tilde{q}_2$。

其中，$\prod_C^1(q_1,\tilde{q}_2,\tilde{\eta})$ 与 $\prod_C^2(\tilde{q}_1,q_2,\tilde{\eta})$ 分别表示在给定其他参与者相关信念下，集中系统 SC_1 与集中系统 SC_2 的期望利润。

这样，SC_1 为集中系统销售原始产品的期望利润为：

$$\prod_C^1=\overbrace{pS(1-\alpha\eta)}^{t_1\text{期收益}}+\overbrace{p_1\int_0^{\bar{\omega}_1}(X+S\alpha\eta)\mathrm{d}F(X)}^{X\leqslant\bar{\omega}_1\text{收益}}+\overbrace{p_1\int_{\bar{\omega}_1}^{\bar{\omega}_2}L\mathrm{d}F(X)}^{\bar{\omega}_1<X\leqslant\bar{\omega}_2\text{收益}}+\overbrace{p_1\int_{\bar{\omega}_2}^{+\infty}L\mathrm{d}F(X)}^{X>\bar{\omega}_2\text{收益}}-C_1 \tag{3.6}$$

由式(3.6),得到:

$$\prod_C^1 = pS(1-\alpha\eta) + p_1[L - \int_0^{\bar{\omega}_1} F(X)\mathrm{d}X] - C_1 \tag{3.7}$$

由于 $\xi^{\circ}=\dfrac{\rho_1(p_2-p_1)}{\theta p_1}$ 与 $p_2>p_1$,存在下列两类情形:(1)如果 SC_1 降价销售($p>p_1$),则有 $\xi^{\circ}>0$。(2)如果 SC_1 不降价销售,此时 $p=p_1$,如果 $p_2<p$,则 $\xi^{\circ}<0$,即性能改进产品的性价比总高于原始产品;如果 $p_2>p$,则 $\xi^{\circ}>0$,即由于性能改进产品的价格远高于原始产品,使得性能改进产品的性价比可能小于原始产品的情形。为了简化分析并使得结论更有意义,接下来只分析 $p>p_1$ 情形,这种情形也反映了先进入者 M_1 形成 SC_1 的通过降价设置市场进入障碍,阻止 M_2 的进入。有下列引理和命题:

引理 3.1 在给定信念$(\tilde{q}_2,\tilde{\eta})$并且 SC_1 与 SC_2 均为集中系统时,SC_1 在 t_2 期降价销售原始产品,原始产品最优数量为 $q_1^*=F^{-1}(1-h\rho_1/p_1)+S$。

证明: 对 $\prod_C^1$ 关于 q_1 求偏导,$\dfrac{\partial\prod_C^1}{\partial q_1}=p_1\bar{F}(\bar{\omega}_1)-h\rho_1$,$\dfrac{\partial^2\prod_C^1}{\partial q_1^2}=-p_1 f(\bar{\omega}_1)<0$,由$\dfrac{\partial\prod_C^1}{\partial q_1}=0$,得到 $q_1^*=\bar{F}^{-1}\left(\dfrac{h\rho_1}{p_1}\right)+S$。证毕。

而集中系统 SC_2 销售性能改进产品的期望利润为:

$$\prod_C^2 = \overbrace{p_2\int_{\bar{\omega}_1}^{\bar{\omega}_2}(X+S\alpha\eta-L)\mathrm{d}F(X)}^{\bar{\omega}_1<X\leqslant\bar{\omega}_2\text{ 收益}} + \overbrace{p_2\int_{\bar{\omega}_2}^{+\infty} q_2\,\mathrm{d}F(X)}^{X>\bar{\omega}_2\text{ 收益}} - C_2 \tag{3.8}$$

由式(3.8),得到:

$$\prod_C^2 = p_2[q_2 - \int_{\bar{\omega}_2}^{+\infty} F(X)\mathrm{d}X] - C_2 \tag{3.9}$$

引理 3.2 在给定信念$(\tilde{q}_1,\tilde{\eta})$并且 SC_1 与 SC_2 均为集中系统时,SC_1 的价格路径为 $p>p_1$,SC_2 销售的性能改进产品最优数量为:$q_2^*=F^{-1}(1-h\rho_2/p_2)-F^{-1}(1-h\rho_1/p_1)$。

证明: 对$\prod_C^2$关于q_2 求偏导,$\dfrac{\partial\prod_C^2}{\partial q_2}=p_2\bar{F}(\bar{\omega}_2)-h\rho_2$,令$\dfrac{\partial\prod_C^2}{\partial q_2}=0$,得到 $q_2^*=F^{-1}\left(1-\dfrac{h\rho_2}{p_2}\right)-F^{-1}\left(1-\dfrac{h\rho_1}{p_1}\right)$。证毕。

从引理 3.1 和引理 3.2 可得:$\bar{\omega}_1^*=F^{-1}\left(1-\dfrac{h\rho_1}{p_1}\right)$,$\bar{\omega}_2^*=F^{-1}\left(1-\dfrac{h\rho_2}{p_2}\right)$。将

$\bar{\omega}_1^*$ 与 $\bar{\omega}_2^*$ 代入式(3.3),有:

$$U_2-U_1=\left[1-\frac{h\rho_1}{p_1}+\int_{\bar{\omega}_1}^{+\infty}\frac{L\mathrm{d}F(X)}{X+S\alpha\eta}\right](v\rho_1-p_1)+\left[\frac{h\rho_1}{p_1}-\frac{h\rho_2}{p_2}+\int_{\bar{\omega}_2}^{+\infty}\frac{q_2\mathrm{d}F(X)}{X+S\alpha\eta-L}\right](v\rho_2-p_2)-(v\rho_1-p)<0 \tag{3.10}$$

从式(3.10)可知,战略顾客延迟到 t_2 期购买产品获得的期望剩余总小于提前到 t_1 期购买原始产品得到的期望剩余,这样,所有战略顾客提前到 t_1 期购买原始产品,即 $\eta^*=0$。

下面命题 3.1 刻画了集中系统 SC_1、SC_2 与战略顾客之间的理性预期均衡。

命题 3.1 当 $\xi<\xi^p$ 并且 SC_1 与 SC_2 均为集中系统时,以及 SC_1 的价格路径为 $p>p_1$,则所有战略顾客提前购买,即 $\eta^*=0$;原始产品均衡数量为 $q_1^*=F^{-1}\left(1-\frac{h\rho_1}{p_1}\right)+S$;性能改进产品均衡数量为 $q_2^*=F^{-1}\left(1-\frac{h\rho_2}{p_2}\right)-F^{-1}\left(1-\frac{h\rho_1}{p_1}\right)$。

证明:利用上述引理通过简单计算,可以得证命题 3.1。

命题 3.1 表明:集中系统 SC_1 通过降价销售剩余的原始产品,间接提高原始产品的性价比,此时,所有战略顾客提前购买原始产品,集中系统 SC_1 与集中系统 SC_2 的竞争主要体现在 t_2 期性能改进产品所开拓的市场潜力上。

下面通过数值分析来说明性能改进能力对原有供应链 SC_O、现有供应链 SC_1、模仿创新供应链 SC_2 绩效的影响。我们将参数设置为:$\rho_1=4$,$\theta=3$,$p=12$,$p_1=9$,$p_2=12$,$h=1.5$,$S=50$,$Y\sim U(0,70)$,$X\sim U(0,X\max)$,$\alpha_1=\alpha_2=0$,$v=4$,$\alpha=0.6$。

3.2.1.2 模仿创新对供应链绩效的影响

(1)模仿创新对原有供应链 SC_O、现有供应链 SC_1 的影响

表 3.1 显示了模仿创新导致市场潜力变化对原有供应链 SC_O、现有供应链 SC_1 的影响。

表 3.1 市场潜力对 M_1 与 R_1 构成的两类供应链的影响

市场潜力	原有 SC_O 利润	现有 SC_1 利润
$X\max=90$	$\prod_c^O=245$	$\prod_c^1=345$
$X\max=120$	$\prod_c^O=245$	$\prod_c^1=360$
$X\max=150$	$\prod_c^O=245$	$\prod_c^1=375$
$X\max=180$	$\prod_c^O=245$	$\prod_c^1=390$

从表 3.1 可见:原有供应链 SC_O 的期望利润与市场潜力($X\max$)无关;现

有供应链 SC_1 的期望利润与市场潜力有关。即后进入者推出性能改进产品，SC_1 通过降价销售 t_1 期剩余的原始产品，间接提高其性价比，从而能增加其期望利润。也就是说，后进入者挖掘的市场潜力大对现有供应链的价值也是有利的。

(2)模仿创新对模仿创新供应链 SC_2 的影响

当性能改进产品的性价比低于原始产品时，从图 3.2 可见：①随着性能改进能力的增强，后进入者形成的模仿创新供应链的期望利润反而呈递减趋势；②后进入者推出性能改进产品，挖掘的市场潜力大对其自身构成的供应链也是有利的，即模仿创新提高了现有供应链(即 SC_1)、模仿创新供应链(即 SC_2)以及整个市场(即 SC_1+SC_2)的绩效，这主要是因为模仿创新吸引了更多新顾客进入市场。

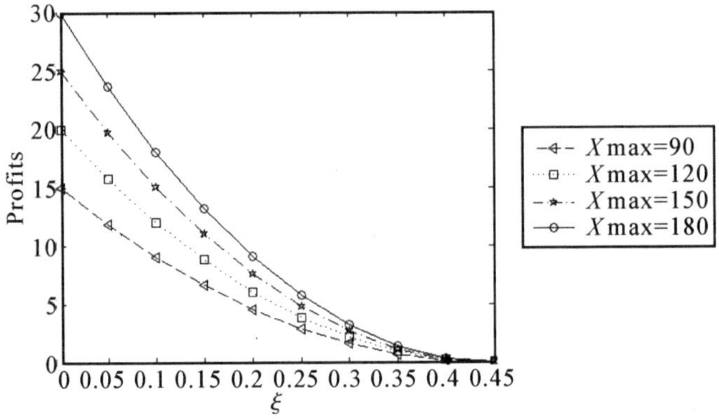

图 3.2　性能改进能力与模仿创新供应链 SC_2 利润

3.2.2 分散系统 SC_1 与分散系统 SC_2

当 SC_1 与 SC_2 均为分散系统时，我们分别考虑对称合同与不对称供应合同两种情形。

3.2.2.1 对称合同

(1)对称批发价格合同

当 SC_1 为分散系统时，如果 M_1 向 R_1 提供批发价格合同($w_1, b_1=0$)，则 R_1 的期望利润为：

$$\prod\nolimits_R^1 = \overbrace{pS(1-\alpha\eta)}^{t_1\text{期收益}} + \overbrace{p_1\int_0^{\bar{\omega}_1}(X+S\alpha\eta)\mathrm{d}F(X)}^{X\leqslant\bar{\omega}_1\text{收益}} + \overbrace{p_1\int_{\bar{\omega}_1}^{\bar{\omega}_2}L\mathrm{d}F(X)}^{\bar{\omega}_1<X\leqslant\bar{\omega}_2\text{收益}} +$$

$$\overbrace{p_1\int_{\tilde{\omega}_2}^{+\infty} L\mathrm{d}F(X)}^{X>\tilde{\omega}_2\text{收益}} - w_1 q_1 \tag{3.11}$$

对式(3.11)化简,可得:

$$\prod\nolimits_R^1 = pS(1-\alpha\eta) + p_1\left[L - \int_0^{\tilde{\omega}_1} F(X)\mathrm{d}X\right] - w_1 q_1 \tag{3.12}$$

在分散系统 SC_2 中,M_2 也向 R_2 提供批发价格合同,则 R_2 的期望利润为:

$$\prod\nolimits_R^2 = \overbrace{p_2\int_{\tilde{\omega}_1}^{\tilde{\omega}_2}(X+S\alpha\eta-L)\mathrm{d}F(X)}^{\tilde{\omega}_1<X\leqslant\tilde{\omega}_2\text{收益}} + \overbrace{p_2\int_{\tilde{\omega}_2}^{+\infty} q_2\mathrm{d}F(X)}^{X>\tilde{\omega}_2\text{收益}} - w_2 q_2 \tag{3.13}$$

对式(3.13)进行化简,可得:

$$\prod\nolimits_R^2 = p_2\left[q_2 - \int_{\tilde{\omega}_1}^{\tilde{\omega}_2} F(X)\mathrm{d}X\right] - w_2 q_2 \tag{3.14}$$

这样有下列引理和命题:

引理 3.3 在给定信念$(\tilde{q}_2,\tilde{\eta})$并且 SC_1 与 SC_2 均为分散系统时,R_1 在 t_2 期降价销售原始产品,则 R_1 向 M_1 采购的原始产品最优数量为 $q_1^*=F^{-1}(1-w_1/p_1)+S$,$R_2$ 采购的性能改进产品最优数量为 $\hat{q}_2^*=F^{-1}(1-w_2/p_2)-F^{-1}(1-w_1/p_1)$。

证明: 对 $\prod_R^1$ 关于 q_1 求导,由 $\dfrac{\partial\prod_R^1}{\partial q_1}=p_1\bar{F}(\tilde{\omega}_1)-w_1=0$,得到 $q_1^*=\bar{F}^{-1}\left(\dfrac{w_1}{p_1}\right)+S$;对 $\prod_R^2$ 关于 q_2 求导,$\dfrac{\partial\prod_R^2}{\partial q_2}=p_2\bar{F}(\tilde{\omega}_2)-w_2=0$,得到 $q_2^*=F^{-1}\left(1-\dfrac{w_2}{p_2}\right)-F^{-1}\left(1-\dfrac{w_1}{p_1}\right)$。证毕。

从引理 3.3 可知:$\tilde{\omega}_1^*=F^{-1}\left(1-\dfrac{w_1}{p_1}\right)$,$\tilde{\omega}_2^*=F^{-1}\left(1-\dfrac{h\rho_2}{p_2}\right)$,将 $\tilde{\omega}_1^*$ 与 $\tilde{\omega}_2^*$ 代入式(3.3),有 $U_2-U_1<0$,这说明所有战略顾客提前到 t_1 期购买原始产品,即 $\eta^*=0$。

命题 3.2 当 $\xi<\xi^0$ 并且 SC_1 与 SC_2 为分散系统,M_1 与 M_2 均提供批发价格合同,所有战略顾客在 t_1 期提前购买,则原始产品均衡数量为 $\hat{q}_1^*=F^{-1}(1-w_1/p_1)+S$,性能改进产品均衡数量为 $\hat{q}_2^*=F^{-1}(1-w_2/p_2)-F^{-1}(1-w_1/p_1)$。

证明: 通过简单计算,可以得到命题 3.2 成立。

命题 3.2 表明：分散系统 SC_1 与分散系统 SC_2 中，M_1 与 M_2 提供对称批发价格合同，其均衡状态与命题 3.1 相同，即所有战略顾客提前购买原始产品，但此时，分散系统 SC_1 与分散系统 SC_2 的销售数量均低于集中系统情形。

3.2.2.2 对称回购合同

先分析回购合同中，M_i 需要向 R_i 补偿的数量，其中，$i=1,2$。当 $\xi<\xi^o$ 时，(1)若 $X\leqslant\tilde{\omega}_1$，则原始产品能够销售的数量为 $X+S\alpha\eta$，未销售的数量为 $L-(X+S\alpha\eta)$，而性能改进产品的销售量为 0，需要补偿的数量为 q_2；(2)若 $\tilde{\omega}_1<X\leqslant\tilde{\omega}_2$，则所有原始产品都能够销售，性能改进产品的销售量为 $X+S\alpha\eta-L$，需要补偿的数量为 $q_2-(X+S\alpha\eta-L)$；(3)若 $X>\tilde{\omega}_2$，则所有原始产品都能够销售与所有性能改进产品都能够销售，即两种产品都不需要补偿。

(1)当 M_1 向 R_1 提供回购合同(w_1, b_1)时，R_1 的期望利润为：

$$\prod\nolimits_R^1 = \overbrace{pS(1-\alpha\eta)}^{t_1\text{期收益}} + \overbrace{p_1\int_0^{\tilde{\omega}_1}(X+S\alpha\eta)\mathrm{d}F(X)}^{X\leqslant\tilde{\omega}_1\text{收益}} + \overbrace{p_1\int_{\tilde{\omega}_1}^{\tilde{\omega}_2}L\mathrm{d}F(X)}^{\tilde{\omega}_1<X\leqslant\tilde{\omega}_2\text{收益}} + \overbrace{p_1\int_{\tilde{\omega}_2}^{+\infty}L\mathrm{d}F(X)}^{X>\tilde{\omega}_2\text{收益}} - w_1q_1 + \overbrace{b_1\int_0^{\tilde{\omega}_1}[L-(X+S\alpha\eta)]\mathrm{d}F(X)}^{\tilde{\omega}_1<X\leqslant\tilde{\omega}_2\text{补偿}} \tag{3.15}$$

对式(3.15)简化，可得：

$$\prod\nolimits_R^1 = pS(1-\alpha\eta) + p_1\left[L-\int_0^{\tilde{\omega}_1}F(X)\mathrm{d}X\right] + b_1\int_0^{\tilde{\omega}_1}F(X)\mathrm{d}X - w_1q_1 \tag{3.16}$$

此时，M_1 的期望利润为：

$$\pi^1 = w_1q_1 - b_1\int_0^{\tilde{\omega}_1}F(X)\mathrm{d}X - C_1 \tag{3.17}$$

(2)当 M_2 向 R_2 提供回购合同(w_2, b_2)时，R_2 的期望利润为：

$$\prod\nolimits_R^2 = \overbrace{p_2\int_{\tilde{\omega}_1}^{\tilde{\omega}_2}(X+S\alpha\eta-L)\mathrm{d}F(X)}^{\tilde{\omega}_1<X\leqslant\tilde{\omega}_2\text{收益}} + \overbrace{p_2\int_{\tilde{\omega}_2}^{+\infty}q_2\mathrm{d}F(X)}^{X>\tilde{\omega}_2\text{收益}} - w_2q_2 + \overbrace{b_2\int_0^{\tilde{\omega}_1}q_2\mathrm{d}F(X) + b_2\int_{\tilde{\omega}_1}^{\tilde{\omega}_2}[q_2-(X+S\alpha\eta-L)]\mathrm{d}F(X)}^{\text{补偿量}} \tag{3.18}$$

对式(3.18)进行简化，可得：

$$\prod\nolimits_R^2 = (p_2-w_2)q_2 - (p_2-b_2)\int_{\tilde{\omega}_1}^{\tilde{\omega}_2}F(X)\mathrm{d}X \tag{3.19}$$

此时，M_2 的期望利润为：

$$\pi^2 = w_2 q_2 - b_2 \int_{\bar{\omega}_1}^{\bar{\omega}_2} F(X) \mathrm{d}X - C_2 \tag{3.20}$$

于是，有下列命题成立。

命题 3.3 当 $\xi < \xi^o$ 并且 M_1 与 M_2 均提供回购合同，则所有战略顾客在 t_1 期提前购买；原始产品均衡数量为 $\hat{q}_1^* = F^{-1}\left(1 - \frac{w_1 - b_1}{p_1 - b_1}\right) + S$；性能改进产品均衡数量为 $\hat{q}_2^* = F^{-1}\left(1 - \frac{w_2 - b_2}{p_2 - b_2}\right) - F^{-1}\left(1 - \frac{w_1 - b_1}{p_1 - b_1}\right)$。

证明：当 R_1 的价格路径为 $p \to p_1$，即降价销售时，在给定信念$(\tilde{q}_1, \tilde{\eta})$时，对 $\prod_R^2$ 关于 q_2 求导，由 $\frac{\partial \prod_R^2}{\partial q_2} = p_2 \bar{F}(\bar{\omega}_2) - w_2 + b_2 F(\bar{\omega}_2) = 0$，得到 $q_2^* = F^{-1}\left(1 - \frac{w_2 - b_2}{p_2 - b_2}\right) - F^{-1}\left(1 - \frac{w_1 - b_1}{p_1 - b_1}\right)$。同样的，由 $\frac{\partial \prod_R^1}{\partial q_1} = p_1 \bar{F}(\bar{\omega}_1) + b_1 F(\bar{\omega}_1) - w_1 = 0$，得到 $q_1^* = F^{-1}\left(1 - \frac{w_1 - b_1}{p_1 - b_1}\right) + S$。证毕。

命题 3.3 的均衡状态与命题 3.1、命题 3.2 总体相同，不同之处在于分散系统 SC_1 与分散系统 SC_2 的销售数量取决于补偿支付。

下面的命题 3.4 从补偿机制揭示了对称回购合同能够实现供应链协调。

命题 3.4 当 $\xi < \xi^o$ 并且 M_1 与 M_2 均提供回购合同时，如果 M_1 提供的回购补偿为 $b_1 = p_1 - \frac{p_1 - w_1}{1 - h\rho_1 / p_1}$，$M_2$ 提供回购补偿为 $b_2 = p_2 - \frac{p_2 - w_2}{1 - h\rho_2 / p_2}$，则能协调 SC_1 与 SC_2。

证明：要实现链 SC_1 协调，则需要 $\hat{q}_1^* = q_1^*$，即 $b_1 = \frac{(w_1 - h\rho_1) p_1}{p_1 - h p_1}$；同样的，要实现链 SC_2 协调，则需要 $\hat{q}_2^* = q_2^*$，即 $b_2 = \frac{(w_2 - h\rho_2) p_2}{p_2 - h\rho_2}$。证毕。

命题 3.4 则进一步表明分散系统 SC_1 与分散系统 SC_2 中如果 M_1 与 M_2 提供回购补偿，则能实现各自供应链，这也表明回购合同同样能实现存在战略顾客情形下的序贯供应链 SC_1 与 SC_2。

下列命题 3.5 从运营角度揭示了对称回购合同也能够协调供应链。

命题 3.5 当 $\xi < \xi^o$ 并且 M_1 与 M_2 均提供回购合同时，则：(1) 销售商 R_1 的期望利润为正，即 $\prod_R^1 > 0$；销售商 R_2 的期望利润为正，即 $\prod_R^2 > 0$。(2) 当 $\alpha_1 < \alpha^\sigma$ 时，先进入者 M_1 的期望利润为正，即 $\hat{\pi}^1 > 0$。(3) 当 $\alpha_2 < \alpha^{\sigma\sigma}$ 时，后进入

者 M_2 的期望利润为正，即 $\hat{\pi}^2 > 0$，其中，

$$\alpha^{\sigma} = \frac{(w_1 - h\rho_1)S + b_1\int_0^{\bar{\omega}_1} X\mathrm{d}F(X)}{\rho_1^2}$$

$$\alpha^{\varpi} = \frac{(w_2 - h\rho_2)q_2^* - b_2\int_{\bar{\omega}_1}^{\bar{\omega}_2} X\mathrm{d}F(X) - \alpha_1(1-\tau)\rho_1^2}{\rho_2^2}$$

证明： $\hat{\pi}^1 = (w_1 - h\rho_1)\left[S + \frac{p_1}{p_1 - h\rho_1}\int_0^{\bar{\omega}_1} X\mathrm{d}F(X)\right] - \alpha_1\rho_1^2$

$$\begin{aligned}\prod\nolimits_R^1 &= pS + p_1\bar{\omega}_1 - (p_1 - b_1)\int_0^{\bar{\omega}_1} F(X)\mathrm{d}X - w_1\hat{q}_1^* \\ &= (p - p_1)S + (p_1 - w_1)\left[\hat{q}_1^* - \frac{p_1}{p_1 - h\rho_1}\int_0^{\bar{\omega}_1} F(X)\mathrm{d}X\right] > 0\end{aligned}$$

令 $\Delta_1 = \alpha_1(1-\tau)\rho_1^2 + \alpha_2\rho_2^2$，

$$\begin{aligned}\pi^2 &= (w_2 - h\rho_2)\hat{q}_2^* - \frac{(w_2 - h\rho_2)p_2}{p_2 - h\rho_2}\int_{\bar{\omega}_1}^{\bar{\omega}_2} F(X)\mathrm{d}X - \Delta_1 \\ &= (w_2 - h\rho_2)\frac{p_2}{p_2 - h\rho_2}\int_{\bar{\omega}_1}^{\bar{\omega}_2} X\mathrm{d}F(X) - \Delta_1\end{aligned}$$

$$\begin{aligned}\prod\nolimits_R^2 &= (p_2 - w_2)\hat{q}_2^* - p_2\frac{p_2 - w_2}{p_2 - h\rho_2}\int_{\bar{\omega}_1}^{\bar{\omega}_2} F(X)\mathrm{d}X \\ &= (p_2 - w_2)\left[\hat{q}_2^* - \frac{p_2}{p_2 - h\rho_2}\int_{\bar{\omega}_1}^{\bar{\omega}_2} F(X)\mathrm{d}X\right] > 0\end{aligned}$$

证毕。

命题 3.5 表明，当性能改进产品性价比低于原始产品时，如果 M_1 与 M_2 同时提供回购合同，则能协调各自供应链，并且制造商与销售商通过合理利益分配，均提高了收益，所以，整个市场的销售量和期望利润达到最大。

接下来考虑两种不对称供应合同情形：M_1 提供批发价格合同与 M_2 提供回购合同情形；M_2 提供批发价格合同与 M_1 提供回购合同情形。

3.2.2.3 非对称合同情形

(1)M_1 提供批发价格合同与 M_2 提供回购合同

如果 M_1 向 R_1 提供批发价格合同($w_1, b_1 = 0$)，则 R_1 的期望利润关系与式(3.12)相同，即

$$\prod\nolimits_R^1 = pS(1 - \alpha\eta) + p_1\left[L - \int_0^{\bar{\omega}_1} F(X)\mathrm{d}X\right] - w_1 q_1$$

当 M_2 向 R_2 提供回购合同(w_2, b_2)时，则 R_2 的期望利润为：

$$\prod_R^2 = \overbrace{p_2\int_{\bar{\omega}_1}^{\bar{\omega}_2}(X+S\alpha\eta-L)\mathrm{d}F(X)}^{\bar{\omega}_1<X\leqslant\bar{\omega}_2\text{收益}} + \overbrace{p_2\int_{\bar{\omega}_2}^{+\infty}q_2\mathrm{d}F(X)}^{X>\bar{\omega}_2\text{收益}} + b_2\int_{\bar{\omega}_1}^{\bar{\omega}_2}F(X)\mathrm{d}X - w_2q_2$$

从而，有下列命题。

命题 3.6 当 $\xi<\xi^o$ 并且 M_1 提供批发价格合同、M_2 提供回购合同时，则所有战略顾客在 t_1 期提前购买；原始产品均衡数量为 $\hat{q}_1^*=F^{-1}\left(1-\frac{w_1}{p_1}\right)+S$；性能改进产品均衡数量为 $\hat{q}_2^*=F^{-1}\left(1-\frac{w_2-b_2}{p_2-b_2}\right)-F^{-1}\left(1-\frac{w_1}{p_1}\right)$。

证明：当 R_1 的价格路径为 $p\to p_1$ 时，在给定信念 $(\tilde{q}_2,\tilde{\eta})$ 时，由 $\frac{\partial\prod_R^2}{\partial q_2}=p_2\bar{F}(\bar{\omega}_2)-w_2+b_2F(\bar{\omega}_2)=0$，得到 $q_2^*=F^{-1}\left(1-\frac{w_2-b_2}{p_2-b_2}\right)-F^{-1}\left(1-\frac{w_1}{p_1}\right)$。同样地，可得 $q_1^*=F^{-1}\left(1-\frac{w_1}{p_1}\right)+S$。证毕。

命题 3.6 的均衡状态与前面命题结论相同，但是，分散系统 SC_1 与分散系统 SC_2 的销售数量却与对称合同情形存在差异。

命题 3.7 当 $\xi<\xi^o$ 并且 M_1 提供批发价格合同与 M_2 提供回购合同时，

①如果 M_2 给予 R_2 的补偿量为 $b_2=p_2-\frac{p_2-w_2}{1-h\rho_2/p_2}$，能协调模仿创新供应链 SC_2。

② $\pi^2>0$，$\prod_R^2>0$。

③$\hat{q}_1^*<q_1^*$，$\hat{q}_2^*=q_2^*$，$\hat{q}_1^*+\hat{q}_2^*<q_1^*+q_2^*$。

证明：当 M_1 提供批发价格合同时，由于 $w_1>h\rho_1$，所以，$\hat{q}_1^*<q_1^*$。

要实现链 SC_2 的协调，则需要 $\hat{q}_2^*=q_2^*$，即要满足下列方程：

$$F^{-1}\left(1-\frac{h\rho_2}{p_2}\right)-F^{-1}\left(1-\frac{h\rho_1}{p_1}\right)=F^{-1}\left(1-\frac{w_2-b_2}{p_2-b_2}\right)-F^{-1}\left(1-\frac{w_1}{p_1}\right)$$

从上述方程可以算出，

$$b_{2\sigma}=p_2-\frac{p_2-w_2}{F\left[\bar{F}^{-1}\left(\frac{h\rho_2}{p_2}\right)+\bar{F}^{-1}\left(\frac{w_1}{p_1}\right)-\bar{F}^{-1}\left(\frac{h\rho_1}{p_1}\right)\right]}$$

也就是说，M_2 对 R_2 的补偿量为 $b_{2\sigma}$ 时，才能协调 SC_2。

令 $T=\bar{F}^{-1}\left(\frac{w_1}{p_1}\right)-\bar{F}^{-1}\left(\frac{h\rho_1}{p_1}\right)$，由于 $w_1>h\rho_1$，所以 $T<0$，即

$F\left[\bar{F}^{-1}\left(\frac{h\rho_2}{p_2}\right)+T\right]<1-\frac{h\rho_2}{p_2}$，又 $b_2=p_2-\frac{p_2-w_2}{1-h\rho_2/p_2}$，所以 $b_{2\sigma}<b_2$。

运用相类似的方法，得到 $\pi^2>0$，$\prod_R^2>0$。证毕。

命题 3.7 表明：①如果 M_1 提供批发价格合同，则 M_2 提供回购合同能够协调模仿创新供应链 SC_2；②从运营角度来看，M_2 提供回购合同也能协调 SC_2；③从整个系统来看，由于 M_1 提供非协调性批发价格合同，使得总销售量小于集中系统均衡数量。

(2) M_1 提供回购合同与 M_2 提供批发价格合同

①当 M_1 向 R_1 提供回购合同时，R_1 的期望利润为：

$$\prod_R^1=\overbrace{pS(1-\alpha\eta)}^{t_1\text{期收益}}+\overbrace{p_1\int_0^{\bar{\omega}_1}(X+S\alpha\eta)\mathrm{d}F(X)}^{X\leqslant\bar{\omega}_1\text{收益}}+\overbrace{p_1\int_{\bar{\omega}_1}^{\bar{\omega}_2}L\mathrm{d}F(X)}^{\bar{\omega}_1<X\leqslant\bar{\omega}_2\text{收益}}+\overbrace{p_1\int_{\bar{\omega}_2}^{+\infty}L\mathrm{d}F(X)}^{X>\bar{\omega}_2\text{收益}}-$$
$$w_1q_1+\overbrace{b_1\int_0^{\bar{\omega}_1}[L-(X+S\alpha\eta)]\mathrm{d}F(X)}^{\bar{\omega}_1<X\leqslant\bar{\omega}_2\text{补偿}}$$

②当 M_2 向 R_2 提供批发价格合同时，则 R_2 的期望利润为：

$$\prod_R^2=\overbrace{p_2\int_{\bar{\omega}_1}^{\bar{\omega}_2}(X+S\alpha\eta-L)\mathrm{d}F(X)}^{\bar{\omega}_1<X\leqslant\bar{\omega}_2\text{收益}}+\overbrace{p_2\int_{\bar{\omega}_2}^{+\infty}q_2\mathrm{d}F(X)}^{X>\bar{\omega}_2\text{收益}}-w_2q_2 \tag{3.21}$$

下列命题揭示了 SC_1、SC_2 与战略顾客之间的理性预期均衡以及协调关系。

命题 3.8 当 $\xi<\xi^{\circ}$ 并且 M_1 提供回购合同与 M_2 提供批发价格合同时，则所有战略顾客提前购买；原始产品均衡数量为 $\hat{q}_1^*=F^{-1}\left(1-\frac{w_1-b_1}{p_1-b_1}\right)+S$；性能改进产品的均衡数量为 $\hat{q}_2^*=F^{-1}\left(1-\frac{w_2}{p_2}\right)-F^{-1}\left(1-\frac{w_1-b_1}{p_1-b_1}\right)$。

证明：当 R_1 在 t_2 期降价销售原始产品时，在给定信念 $(\tilde{q}_1,\tilde{\eta})$ 时，由 $\frac{\partial\prod_R^2}{\partial q_2}=p_2\bar{F}(\bar{\omega}_2)-w_2=0$，得到 $q_2^*=F^{-1}\left(1-\frac{w_2}{p_2}\right)-F^{-1}\left(1-\frac{w_1-b_1}{p-b_1}\right)$。用同样的方法，可得到原始产品的最优数量为 $q_1^*=F^{-1}\left(1-\frac{w_1-b_1}{p-b_1}\right)+S$ 以及 R_1 在 t_2 期不降价销售原始产品情形的理性预期均衡。证毕。

命题 3.8 的均衡性质与命题 3.7 结论相同，但此时，分散系统 SC_1 与分散

系统 SC_2 的销售数量不同于由 M_1 提供批发价格合同与 M_2 提供回购合同所形成的非对称情形。

命题 3.9 当 $\xi<\xi^o$ 并且 M_1 提供回购合同与 M_2 提供批发价格合同时，

①如果 M_1 提供回购补偿为 $b_{1\sigma}=p_1-\dfrac{p_1-w_1}{1-h\rho_1/p_1}$，则能协调 SC_1。

②$b_{1\sigma}=b_1$。

③ $\pi^1>0,\prod_R^1>0$ 。

证明：从前面分析可得，$\hat{q}_1^*=\bar{F}^{-1}\left(\dfrac{w_1-b_1}{p_1-b_1}\right)+S,q_1^*=\bar{F}^{-1}\left(\dfrac{h\rho_1}{p_1}\right)+S$，要实现链 SC_1 协调，则需要 $\hat{q}_1^*=q_1^*$，从而可以得到 $b_{1\sigma}=\dfrac{(w_1-h\rho_1)p_1}{p_1-hp_1}$，这样，$b_{1\sigma}=b_1$；运用与命题 3.5 同样的方法，可得 $\pi^1>0,\prod_R^1>0$ 。证毕。

命题 3.9 表明：①如果 M_2 提供批发价格合同，则 M_1 提供回购合同也能够协调 SC_1。但是，无论 M_2 提供回购合同还是批发价格合同，M_1 给予的补偿相同；②从运营角度来看，M_1 提供回购合同能协调 SC_1。

命题 3.10 当 M_1 提供回购补偿为 $b_1=p_1-\dfrac{p_1-w_1}{1-h\rho_1/p_1}$ 时，$\hat{q}_1^*=q_1^*$，但 $\hat{q}_2^*<q_2^*$。

证明：通过简单计算，可以得证命题 3.10。

命题 3.10 表明：从整个系统来看，由于 M_2 提供非协调性批发价格合同，同样使得总销售量小于集中系统均衡数量。

3.2.3 集中系统 SC_1 与分散系统 SC_2

集中系统 SC_1 的期望利润仍为：

$$\prod_C^1=\overbrace{pS(1-\alpha\eta)}^{t_1\text{期收益}}+\overbrace{p_1\int_0^{\bar{\omega}_1}(X+S\alpha\eta)\mathrm{d}F(X)}^{X\leqslant\bar{\omega}_1\text{收益}}+\overbrace{p_1\int_{\bar{\omega}_1}^{\bar{\omega}_2}L\mathrm{d}F(X)}^{\bar{\omega}_1<X\leqslant\bar{\omega}_2\text{收益}}+\overbrace{p_1\int_{\bar{\omega}_2}^{+\infty}L\mathrm{d}F(X)}^{X>\bar{\omega}_2\text{收益}}-C_1 \tag{3.22}$$

(1)M_2 提供批发价格合同

当 M_2 向 R_2 提供批发价格合同时，R_2 的期望利润为：

$$\prod_R^2=\overbrace{p_2\int_{\bar{\omega}_1}^{\bar{\omega}_2}(X+S\alpha\eta-L)\mathrm{d}F(X)}^{\bar{\omega}_1<X\leqslant\bar{\omega}_2\text{收益}}+\overbrace{p_2\int_{\bar{\omega}_2}^{+\infty}q_2\mathrm{d}F(X)}^{X>\bar{\omega}_2\text{收益}}-w_2q_2 \tag{3.23}$$

下面命题 3.11 反映了 SC_1、SC_2 与战略顾客之间的理性预期均衡。

命题 3.11 当 $\xi<\xi^o$ 并且 SC_1 为集中系统、M_2 提供批发价格合同时，

①所有战略顾客在 t_1 期提前购买，原始产品均衡数量为 $\hat{q}_1^* = F^{-1}\left(1-\frac{h\rho_1}{p_1}\right)+S$，性能改进产品均衡数量为 $\hat{q}_2^* = F^{-1}\left(1-\frac{w_2}{p_2}\right)-F^{-1}\left(1-\frac{h\rho_1}{p_1}\right)$；

②$\hat{q}_1^*=q_1^*$，$\hat{q}_2^*<q_2^*$，$\hat{q}_1^*+\hat{q}_2^*<q_1^*+q_2^*$。

证明：用与前面类似的方法，可以得证命题 3.11。

命题 3.11 表明：当后进入者 M_2 提供批发价格合同时，SC_1 为集中系统与 M_1 提供回购合同是等价的。但是，从整个系统来看，M_2 提供非协调性批发价格合同使得总销售量小于集中系统均衡数量。

(2)M_2 提供回购合同

如果 M_2 向 R_2 提供回购合同，则 R_2 的期望利润为：

$$\prod_R^2 = \overbrace{p_2\int_{\tilde{\omega}_1}^{\tilde{\omega}_2}(X+S\alpha\eta-L)\mathrm{d}F(X)}^{\tilde{\omega}_1<X\leqslant\tilde{\omega}_2\text{收益}}+\overbrace{p_2\int_{\tilde{\omega}_2}^{+\infty}q_2\,\mathrm{d}F(X)}^{X>\tilde{\omega}_2\text{收益}}+b_2\int_{\tilde{\omega}_1}^{\tilde{\omega}_2}F(X)\mathrm{d}X-w_2q_2 \tag{3.24}$$

从而，有下列命题：

命题 3.12 当 $\xi<\xi^o$ 并且 SC_1 为集中系统、M_2 提供回购合同，则

①所有战略顾客在 t_1 期提前购买，原始产品均衡数量为 $\hat{q}_1^*=F^{-1}\left(1-\frac{h\rho_1}{p_1}\right)+S$，性能改进产品均衡数量为 $\hat{q}_2^*=F^{-1}\left(1-\frac{w_2-b_2}{p_2-b_2}\right)-F^{-1}\left(1-\frac{h\rho_1}{p_1}\right)$。

②如果 M_2 提供回购补偿为 $b_2=p_2-\frac{p_2-w_2}{1-h\rho_2/p_2}$，能协调链 SC_2。

③$\hat{q}_1^*=q_1^*$，$\hat{q}_2^*=q_2^*$，$\hat{q}_1^*+\hat{q}_2^*=q_1^*+q_2^*$。

④ $\pi^2>0$，$\prod_R^2>0$。

证明：用与前面类似的方法，可以证得命题 3.12 成立。

命题 3.12 表明：①当 SC_1 为集中系统时，M_2 提供回购合同能够协调 SC_2；并且，从运营执行角度来看，M_2 提供回购合同也能协调 SC_2。②从整个系统来看，由于 SC_1 为集中系统，M_2 提供回购合同时，分散系统均衡数量与集中系统相同。

3.2.4 分散系统 SC_1 与集中系统 SC_2

集中系统 SC_2 的期望利润为：

$$\prod\nolimits_{C}^{2}=\overbrace{p_2\int_{\bar{\omega}_1}^{\bar{\omega}_2}(X+S\alpha\eta-L)\mathrm{d}F(X)}^{\bar{\omega}_1<X\leqslant\bar{\omega}_2\text{收益}}+\overbrace{p_2\int_{\bar{\omega}_2}^{+\infty}q_2\mathrm{d}F(X)}^{X>\bar{\omega}_2\text{收益}}-C_2 \tag{3.25}$$

(1)M_1 提供批发价格合同

①当 M_1 向 R_1 提供批发价格合同时，R_1 的期望利润为：

$$\prod\nolimits_{R}^{1}=\overbrace{pS(1-\alpha\eta)}^{t_1\text{期收益}}+\overbrace{p_1\int_{0}^{\bar{\omega}_1}(X+S\alpha\eta)\mathrm{d}F(X)}^{X\leqslant\bar{\omega}_1\text{收益}}+\overbrace{p_1\int_{\bar{\omega}_1}^{\bar{\omega}_2}L\mathrm{d}F(X)}^{\bar{\omega}_1<X\leqslant\bar{\omega}_2\text{收益}}+$$
$$\overbrace{p_1\int_{\bar{\omega}_2}^{+\infty}L\mathrm{d}F(X)}^{X>\bar{\omega}_2\text{收益}}-w_1q_1 \tag{3.26}$$

于是，有下列命题成立：

命题 3.13 当 $\xi<\xi^{\circ}$ 并且 SC_2 为集中系统，M_1 提供批发价格合同时，

①所有战略顾客在 t_1 期提前购买，原始产品均衡数量为 $\hat{q}_1^*=F^{-1}\left(1-\frac{w_1}{p_1}\right)+S$，性能改进产品均衡数量为 $\hat{q}_2^*=F^{-1}\left(1-\frac{h\rho_2}{p_2}\right)-F^{-1}\left(\frac{1-w_1}{p_1}\right)$。

②$\hat{q}_1^*<q_1^*$，$\hat{q}_2^*>q_2^*$。

③$\hat{q}_1^*+\hat{q}_2^*=q_1^*+q_2^*$。

证明：用与前面类似的方法，可以证得命题 3.13 成立。

命题 3.13 表明：如果 SC_2 纵向协调构成集中系统；而 SC_1 中 M_1 与 R_1 以自身利益最大化作为出发点，此时，整个市场的销售量与集中系统仍相同。但是，SC_1 减少的销售数量正好等于 SC_2 所增加的销售数量，这表明，模仿创新供应链通过纵向合作能增加销售数量以及总体利润。

(2)M_1 提供回购合同

在分散型链 SC_1 中，如果 M_1 向 R_1 提供回购合同，则 R_1 的期望利润为：

$$\prod\nolimits_{R}^{1}=\overbrace{pS(1-\alpha\eta)}^{t_1\text{期收益}}+\overbrace{p_1\int_{0}^{\bar{\omega}_1}(X+S\alpha\eta)\mathrm{d}F(X)}^{X\leqslant\bar{\omega}_1\text{收益}}+\overbrace{p_1\int_{\bar{\omega}_1}^{\bar{\omega}_2}L\mathrm{d}F(X)}^{\bar{\omega}_1<X\leqslant\bar{\omega}_2\text{收益}}+$$
$$\overbrace{p_1\int_{\bar{\omega}_2}^{+\infty}L\mathrm{d}F(X)}^{X>\bar{\omega}_2\text{收益}}-w_1q_1+\overbrace{b_1\int_{0}^{\bar{\omega}_1}[L-(X+S\alpha\eta)]\mathrm{d}F(X)}^{\bar{\omega}_1<X\leqslant\bar{\omega}_2\text{补偿}} \tag{3.27}$$

于是，有下列命题成立：

命题 3.14 当$\xi<\xi^{\circ}$并且SC_2为集中系统时，M_1提供回购合同，则所有战略顾客提前购买，即$\eta^*=0$；原始产品最优数量为$\hat{q}_1^*=F^{-1}\left(1-\frac{w_1-b_1}{p_1-b_1}\right)+S$；性能改进产品最优数量为$\hat{q}_2^*=F^{-1}\left(1-\frac{h\rho_2}{p_2}\right)-F^{-1}\left(1-\frac{w_1-b_1}{p_1-b_1}\right)$。

证明：用与前面类似的方法，可以证得命题 3.14 成立。

命题 3.15 当性能改进产品性价比低于原始产品并且SC_2为集中系统，M_1提供回购合同时，①如果M_1提供回购补偿为$b_1=\frac{(w_1-h\rho_1)p_1}{p_1-hp_1}$，能协调$SC_1$；②$\hat{q}_1^*=q_1^*$，$\hat{q}_2^*=q_2^*$，$\hat{q}_1^*+\hat{q}_2^*=q_1^*+q_2^*$。

证明：要实现链SC_1协调，则需要$\hat{q}_1^*=q_1^*$，即$b_1=\frac{(w_1-h\rho_1)p_1}{p_1-hp_1}$。证毕。

命题 3.15 表明：如果SC_2纵向协调；在分散供应链SC_1中，M_1向R_1提供回购合同，则能协调链SC_1，此时整个市场的销售量与集中系统仍相同。这同样表明纵向合作关系增加了供应链的总体利润以及各个成员企业的利润。

3.2.5 分散系统与集中系统的比较

表 3.2 比较了集中系统SC_1与集中系统SC_2、分散系统SC_1与分散系统SC_2、集中系统SC_1与分散系统SC_2以及分散系统SC_1与集中系统SC_2这四种情形。

表 3.2 供应合同选择对供应链间竞争结构的影响

供应合同类型		补偿数量	产品数量	能否协调 SC_i
分散系统 SC_1 分散系统 SC_2	$M_1(w_1,b_1=0)$，$M_2(w_2,b_2=0)$	——	$\hat{q}_1^*<q_1^*$，$\hat{q}_2^*<q_2^*$，$\hat{q}_1^*+\hat{q}_2^*<q_1^*+q_2^*$	不能
	$M_1(w_1,b_1)$，$M_2(w_2,b_2)$	$b_1=p_1\frac{p_1-w_1}{1-\frac{h\rho_1}{p_1}}$，$b_2=p_2\frac{p_2-w_2}{1-\frac{h\rho_2}{p_2}}$	$\hat{q}_1^*=q_1^*$，$\hat{q}_2^*=q_2^*$，$\hat{q}_1^*+\hat{q}_2^*=q_1^*+q_2^*$	能协调 SC_1 与 SC_2
	$M_1(w_1,b_1=0)$，$M_2(w_2,b_2)$	$b_2=p_2\frac{p_2-w_2}{1-\frac{h\rho_2}{p_2}}$	$\hat{q}_1^*<q_1^*$，$\hat{q}_2^*=q_2^*$，$\hat{q}_1^*+\hat{q}_2^*<q_1^*+q_2^*$	能协调 SC_2
	$M_1(w_1,b_1)$，$M_2(w_2,b_2=0)$	$b_{1\sigma}$，但是 $b_{1\sigma}=b_1$	$\hat{q}_1^*=q_1^*$，$\hat{q}_2^*<q_2^*$，$\hat{q}_1^*+\hat{q}_2^*<q_1^*+q_2^*$	能协调 SC_1

续表

供应合同类型		补偿数量	产品数量	能否协调 SC_i
集中系统 SC_1	$M_2(w_2, b_2=0)$	——	$\hat{q}_1^* = q_1^*$，$\hat{q}_2^* < q_2^*$，$\hat{q}_1^* + \hat{q}_2^* < q_1^* + q_2^*$	——
分散系统 SC_2	$M_2(w_2, b_2)$	$b_2 = p_2 \dfrac{p_2 - w_2}{1 - \dfrac{h\rho_2}{p_2}}$	$\hat{q}_1^* = q_1^*$，$\hat{q}_2^* = q_2^*$，$\hat{q}_1^* + \hat{q}_2^* = q_1^* + q_2^*$	能协调 SC_2
分散系统 SC_1	$M_1(w_1, b_1=0)$	——	$\hat{q}_1^* < q_1^*$，$\hat{q}_2^* > q_2^*$，$\hat{q}_1^* + \hat{q}_2^* = q_1^* + q_2^*$	不能
集中系统 SC_2	$M_1(w_1, b_1)$	$b_1 = p_1 \dfrac{p_1 - w_1}{1 - \dfrac{h\rho_1}{p_1}}$	$\hat{q}_1^* = q_1^*$，$\hat{q}_2^* = q_2^*$，$\hat{q}_1^* + \hat{q}_2^* = q_1^* + q_2^*$	——
集中系统 SC_1 集中系统 SC_2	——	——	q_1^*，q_2^*	——

从表 3.2 可以看出：(1)如果 M_1 提供批发价格合同，M_2 提供回购合同能够协调模仿创新供应链 SC_2；但是，相对于 M_1 提供回购合同情形，M_1 提供批发价格合同时，M_2 给予的补偿更小，这表明对称回购合同下，SC_2 实现协调所需的补偿更大。(2)如果 M_2 提供批发价格合同，则 M_1 提供回购合同能够协调 SC_1；但是，无论 M_2 提供回购合同还是批发价格合同，M_1 给予的补偿相同。(3)如果 SC_2 纵向协调构成集中系统；而 SC_1 中 M_1 与 R_1 以自身利益最大化作为出发点，此时，整个市场的销售量与集中系统仍相同；但是，SC_1 减少的销售数量正好等于 SC_2 所增加的销售数量，这表明，模仿创新供应链通过纵向合作能增加销售数量以及总体利润。

3.3 性能改进产品性价比更高情形

接下来，我们分别考虑下列四类情形：集中系统 SC_1 与集中系统 SC_2、分散系统 SC_1 与分散系统 SC_2、集中系统 SC_1 与分散系统 SC_2 以及分散系统 SC_1 与集中系统 SC_2。

3.3.1 集中系统 SC_1 与集中系统 SC_2

3.3.1.1 理性预期均衡

当 $\xi \geqslant \xi^o$ 时，t_2 期的战略顾客先购买性能改进产品。令 $\tilde{\omega}_3 = q_2 - S\alpha\eta$，$\tilde{\omega}_2 =$

q_1+q_2-S，存在下列情形：(1)若 $X\leqslant\tilde{\omega}_3$，则表明 t_2 期性能改进产品供给大于总需求，性能改进产品的销售量为 $X+S\alpha\eta$，而原始产品的销售量为 0；(2)若 $\tilde{\omega}_3<X\leqslant\tilde{\omega}_2$，则所有性能改进产品 q_2 都能够销售，而原始产品的销售量为 $X+S\alpha\eta-q_2$；(3)若 $X>\tilde{\omega}_2$，则所有性能改进产品 q_2 与所有原始产品 L 都能销售。

(1)模仿创新供应链 SC_2 的决策

在集中系统 SC_2 下，销售性能改进产品所获得的期望利润为：

$$\prod\nolimits_C^2 = \overbrace{p_2\int_0^{\tilde{\omega}_3}(X+S\alpha\eta)\mathrm{d}F(X)}^{X\leqslant\tilde{\omega}_3\text{收益}} + \overbrace{p_2\int_{\tilde{\omega}_3}^{\tilde{\omega}_2}q_2\mathrm{d}F(X)}^{\tilde{\omega}_3<X\leqslant\tilde{\omega}_2\text{收益}} + \overbrace{p_2\int_{\tilde{\omega}_2}^{+\infty}q_2\mathrm{d}F(X)}^{X>\tilde{\omega}_2\text{收益}} - C_2 \tag{3.28}$$

对式(3.28)简化，可得：

$$\prod\nolimits_C^2 = p_2\left[q_2-\int_0^{\tilde{\omega}_3}F(X)\mathrm{d}X\right]-C_2 \tag{3.29}$$

从而，有下列引理：

引理 3.4 在给定信念 $(\tilde{q}_1,\tilde{\eta})$ 时，如果 SC_1 在 t_2 期降价销售原始产品，则 SC_2 销售的性能改进产品的最优数量为 $q_2^*=S\alpha\tilde{\eta}+F^{-1}\left(1-\dfrac{h\rho_2}{p_2}\right)$。

证明：对 $\prod_C^2$ 关于 q_2 求偏导，由 $\dfrac{\partial\prod_C^2}{\partial q_2}=p_2\bar{F}(\tilde{\omega}_3)-h\rho_2=0$，得到 $q_2^*=S\alpha\tilde{\eta}+F^{-1}\left(1-\dfrac{h\rho_2}{p_2}\right)$。证毕。

引理 3.4 揭示了集中系统 SC_1 通过降价销售剩余原始产品以间接提高其性价比时，模仿创新供应链 SC_2 所销售的产品最高数量。

(2)现有供应链 SC_1 的决策

当 SC_1 为集中系统时，则销售原始产品的期望利润为：

$$\prod\nolimits_C^1 = \overbrace{pS(1-\alpha\eta)}^{t_1\text{期收益}} + \overbrace{p_1\int_{\tilde{\omega}_3}^{\tilde{\omega}_2}(X+S\alpha\eta-q_2)\mathrm{d}F(X)}^{\tilde{\omega}_3<X\leqslant\tilde{\omega}_2\text{收益}} + \overbrace{p_1\int_{\tilde{\omega}_2}^{+\infty}L\mathrm{d}F(X)}^{X>\tilde{\omega}_2\text{收益}} - C_1 \tag{3.30}$$

对式(3.30)简化，可得：

$$\prod\nolimits_C^1 = pS(1-\alpha\eta)+p_1\left[L-\int_{\tilde{\omega}_3}^{\tilde{\omega}_2}F(X)\mathrm{d}X\right]-C_1 \tag{3.31}$$

这样,有下列引理:

引理 3.5 在给定信念$(\tilde{q}_2,\tilde{\eta})$时,如果 SC_1 的价格路径为 $p>p_1$,则原始产品的最优数量为 $q_1^*=F^{-1}\left(1-\frac{h\rho_1}{p_1}\right)-F^{-1}\left(1-\frac{h\rho_2}{p_2}\right)+S(1-\alpha\tilde{\eta})$。

证明:由$\frac{\partial\prod_C^1}{\partial q_1}=p_1\bar{F}(\bar{\omega}_2)-h\rho_1=0$,得到$q_1^*=\bar{F}^{-1}\left(\frac{h\rho_1}{p_1}\right)+S-\tilde{q}_2$。将$\tilde{q}_2$代入 q_1^*,得到 $q_1^*=\bar{F}^{-1}\left(\frac{h\rho_1}{p_1}\right)-\bar{F}^{-1}\left(\frac{h\rho_2}{p_2}\right)+S(1-\alpha\tilde{\eta})$。证毕。

引理 3.5 则揭示了集中系统 SC_1通过降价销售剩余原始产品以间接提高其性价比对自身销售数量的影响。

从引理 3.4 与引理 3.5 的证明过程可知:$\bar{F}(\bar{\omega}_3)=\frac{h\rho_2}{p_2}$、$\bar{F}(\bar{\omega}_2)=\frac{h\rho_1}{p_1}$。假设 $X\sim U(0,\bar{X})$,则 $\bar{\omega}_3=\bar{X}\left(1-\frac{h\rho_2}{p_2}\right)$、$\bar{\omega}_2=\bar{X}\left(1-\frac{h\rho_1}{p_1}\right)$,将 $\bar{\omega}_3$ 与 $\bar{\omega}_2$ 代入式(3.5),令 $\Phi=U_2-U_1$,可得:

$$\Phi=\left[\frac{\bar{\omega}_3}{\bar{X}}+\frac{\bar{\omega}_3+S\alpha\eta}{\bar{X}}\ln\left(\frac{\bar{X}+S\alpha\eta}{\bar{\omega}_3+S\alpha\eta}\right)\right](v\rho_2-p_2)+\left[\frac{\bar{\omega}_2-\bar{\omega}_3}{\bar{X}}+\frac{\bar{\omega}_2-\bar{\omega}_3}{\bar{X}}\ln\left(\frac{\bar{X}-\bar{\omega}_3}{\bar{\omega}_2-\bar{\omega}_3}\right)\right](v\rho_1-p_1)-(v\rho_1-p) \tag{3.32}$$

在式(3.32)中,Φ 表示战略顾客延迟购买的期望剩余与提前购买的期望剩余之差,其中:①如果 $\Phi>0$,则所有战略顾客均延迟购买;②如果 $\Phi=0$,则$(1-\eta)$部分战略顾客提前购买,剩下 η 部分战略顾客延迟到 t_2期购买;③如果 $\Phi<0$,则所有战略顾客提前购买。

下面引理 3.6 揭示了期望剩余差额与延迟购买战略顾客的比例以及性能改进能力的关系。

引理 3.6 战略顾客延迟购买与提前购买的期望剩余差额 Φ 随延迟购买比例增加而递增,即$\frac{d\Phi}{d\eta}>0$,该差额 Φ 随后进入者性能改进能力增加而递增,即$\frac{d\Phi}{d\xi}>0$。

证明:对 Φ 关于 η 求导: $\frac{d\Phi}{d\eta}=\frac{S\alpha(v\rho_2-p_2)}{\bar{X}}\left[\ln\left(\frac{\bar{X}+S\alpha\eta}{\bar{\omega}_3+S\alpha\eta}\right)-\frac{\bar{X}-\bar{\omega}_3}{\bar{X}+S\alpha\eta}\right]>0$,运用同样的方法,可得$\frac{d\Phi}{d\xi}>0$。证毕。

引理 3.6 表明:由于提前购买的期望剩余与延迟购买比例以及性能改进

能力无关，延迟购买与提前购买的期望剩余差额实际上反映了延迟购买的价值；而且这种价值随后进入者性能改进能力的增加而递增，究其原因在于性能改进能力越大使得性能改进产品的性价比越高，战略顾客转向这种产品能获得更高的期望剩余，即延迟购买的价值更大。

(3)理性预期均衡

下面命题 3.16 刻画了 SC_1、SC_2 均为集中系统与战略顾客间的理性预期均衡。

命题 3.16 当 $\xi \geqslant \xi^{\circ}$ 并且 SC_1、SC_2 均为集中系统时，SC_1、SC_2 与战略顾客之间存在理性预期均衡，即存在 h^{σ} 使得 $\Phi|_{\eta=0}^{\xi=1}=0$，且

①当 $h \leqslant h_{\sigma}$ 时，所有战略顾客延迟到 t_2 期购买产品，即 $\eta^*=1$；原始产品均衡数量为 $q_1^*=F^{-1}\left(1-\frac{h\rho_1}{p_1}\right)-F^{-1}\left(1-\frac{h\rho_2}{p_2}\right)+S(1-\alpha)$；性能改进产品均衡数量为 $q_2^*=S\alpha+F^{-1}\left(1-\frac{h\rho_2}{p_2}\right)$。

②当 $h_{\sigma}<h \leqslant h^{\sigma}$ 时，存在性能改进能力阈值 $\xi^{\nabla} \in (\xi^{\circ},1]$ 使得 $\Phi|_{\eta=0}^{\xi=1^{\nabla}}=0$，其中，(A)当 $\xi>\xi^{\nabla}$ 时，所有战略顾客延迟购买产品，即 $\eta^*=1$；(B)当 $\xi \leqslant \xi^{\nabla}$ 时，只有部分战略顾客延迟到 t_2 期购买产品，即 $\eta^*<1$。

③当 $h>h^{\sigma}$ 时，只有部分战略顾客延迟到 t_2 期购买产品，即 $\eta^*<1$，其中，

$$h_{\sigma}=\frac{p_1}{\rho_1}\left[1-\frac{v\rho_1-p}{\left[1-\ln\left(1-\frac{h\rho_1}{p_1}\right)\right]\frac{p_2}{p_1}(v\rho_1-p_1)}\right]$$

注：在②、③情形下，原始产品均衡数量 $\hat{q}_1^*$ 与性能改进产品均衡数量 $\hat{q}_2^*$ 可由 $\begin{cases}\bar{\omega}_3=\overline{X}\left(1-\frac{h\rho_2}{p_2}\right)\\ \bar{\omega}_2=\overline{X}\left(1-\frac{h\rho_1}{p_1}\right)\end{cases}$ 算出。

证明：从引理 3.7 可得，$\frac{\partial\Phi}{\partial\eta}>0$，$\frac{\partial\Phi}{\partial\xi}>0$，所以，可以通过确定 $\Phi|_{\eta=0}^{\xi=1}$ 与 $\Phi|_{\eta=0}^{\xi=\xi^{\circ}}$ 的符号，来计算战略顾客的均衡转移比例 η^*。

当 $\xi=\xi^{\circ}$ 时，有 $\bar{\omega}_3=\bar{\omega}_2$，则

$$\begin{aligned}\Phi|_{\eta=0}^{\xi=\xi^{\circ}}&=\left[\frac{\bar{\omega}_2}{\overline{X}}+\frac{\bar{\omega}_2}{\overline{X}}\ln\left(\frac{\overline{X}}{\bar{\omega}_2}\right)\right]\frac{p_2}{p_1}(v\rho_1-p_1)-(v\rho_1-p)\\&=\left(1-\frac{h\rho_1}{p_1}\right)\left[1-\ln\left(1-\frac{h\rho_1}{p_1}\right)\right]\frac{p_2}{p_1}(v\rho_1-p_1)-(v\rho_1-p)\end{aligned}$$

当 $h\leqslant h_\sigma=\frac{p_1}{\rho_1}\left[1-\frac{(v\rho_1-p)}{\left[1-\ln\left(1-\frac{h\rho_1}{p_1}\right)\right]\frac{p_2}{p_1}(v\rho_1-p_1)}\right]$ 时，$\Phi\big|_{\eta=0}^{\xi=\xi^\circ}\geqslant0$；

当 $h\geqslant h_\sigma$ 时，$\Phi\big|_{\eta=0}^{\xi=\xi^\circ}<0$。

$$\Phi\big|_{\eta=0}^{\xi=1}=\left[\frac{\tilde{\omega}_3}{\overline{X}}+\frac{\tilde{\omega}_3}{\overline{X}}\ln\left(\frac{\overline{X}}{\tilde{\omega}_3}\right)\right](v\rho_2-p_2)+$$
$$\left[\frac{\tilde{\omega}_2-\tilde{\omega}_3}{\overline{X}}+\frac{\tilde{\omega}_2-\tilde{\omega}_3}{\overline{X}}\ln\left(\frac{\overline{X}-\tilde{\omega}_3}{\tilde{\omega}_2-\tilde{\omega}_3}\right)\right](v\rho_1-p_1)-(v\rho_1-p)$$

用与 $\Phi\big|_{\eta=0}^{\xi=\xi^\circ}$ 相同的方法，可以得到，h^σ 使得 $\Phi\big|_{\eta=0}^{\xi=1}=0$，满足，当 $h\leqslant h^\sigma$ 时，$\Phi\big|_{\eta=0}^{\xi=1}\geqslant0$；当 $h>h^\sigma$ 时，$\Phi\big|_{\eta=0}^{\xi=1}<0$，并且 $h_\sigma\leqslant h^\sigma$。

①当 $h\leqslant h_\sigma$ 时，对于 $\forall\,\eta\in[0,1]$ 与 $\xi\in[\xi^\circ,1]$，都满足 $\Phi>0$，则 $\eta^*=1$。②当 $h_\sigma<h\leqslant h^\sigma$ 时，存在 $\xi^\nabla\in(\xi^\circ,1]$ 使得 $\Phi\big|_{\eta=0}^{\xi=\xi^\nabla}=0$，当 $\xi>\xi^\nabla$ 时，对于 $\forall\,\eta\in[0,1]$，都满足 $\Phi>0$，则 $\eta^*=1$；当 $\xi\leqslant\xi^\nabla$ 时，存在 $\eta^*\in[0,1)$，满足 $\Phi=0$，即 $\eta^*<1$。③当 $h>h^\sigma$ 时，存在 $\eta^*\in[0,1)$，满足 $\Phi=0$，此时，$\eta^*<1$。各种情形下，原始产品均衡数量 q_1^* 与性能改进产品均衡数量 q_2^* 由 $\tilde{\omega}_3=\overline{X}\left(1-\frac{h\rho_2}{p_2}\right)$ 与 $\tilde{\omega}_2=\overline{X}\left(1-\frac{h\rho_1}{p_1}\right)$ 算出。证毕。

命题 3.16 表明：①当单位生产成本很低（即 $h\leqslant h_\sigma$）时，即，当无论是原始产品还是性能改进产品的研发成本相对于生产成本要高时，这两种产品的竞争更体现出资本密集性产品的竞争，则所有战略顾客延迟购买性价比更高的性能改进产品。②当单位生产成本处于中间值（即 $h_\sigma<h\leqslant h^\sigma$）时，这两种产品的竞争趋于生产成本竞争，只有性能改进产品的性价比很高时，所有战略顾客延迟购买性价比更高的性能改进产品；否则，只有部分战略顾客转向性能改进产品。③当单位生产成本很高（即 $h>h^\sigma$）时，这两种产品的竞争体现在生产成本竞争，只有部分战略顾客转向性能改进产品。从①、②以及③可以看出，模仿创新产品能否吸引战略顾客不仅取决于性能改进能力，还取决于行业特征。

下面命题 3.17 进一步说明了生产成本较低（即 $h\leqslant h_\sigma$）情形下，原始产品与性能改进产品的数量与性能改进能力的关系。

命题 3.17 当 $h\leqslant h_\sigma$ 时，原始产品均衡数量 q_1^* 随性能改进能力 ξ 的增加而递增，即 $\frac{\mathrm{d}q_1^*}{\mathrm{d}\xi}>0$；性能改进产品均衡数量 q_2^* 随 ξ 增加而递减，即 $\frac{\mathrm{d}q_2^*}{\mathrm{d}\xi}<0$。

证明： 对 q_1^* 关于 ξ 求导，得到 $\frac{\mathrm{d}q_1^*}{\mathrm{d}\xi}=\frac{\overline{X}h\theta}{p_2}>0$，性能改进产品均衡数量为

$\frac{dq_2^*}{d\xi}=-\frac{\overline{X}h\theta}{p_2}<0$。证毕。

命题 3.17 表明：对于生产成本较低的情形，提高性能改进能力反而增加原始产品的均衡数量、降低性能改进产品的均衡数量。这源于当 $h\leqslant h_\sigma$ 时，一方面所有战略顾客都转向购买性能改进产品，通过提升性能改进能力来增加性能改进产品的性价比的价值很低；另一方面，大幅提升性能改进能力需要增加创新投资。综合这两方面，提升性能改进能力对原始产品更有利。

下面通过数值分析来说明性能改进能力对原有供应链 SC_O、现有供应链 SC_1、模仿创新供应链 SC_2 绩效的影响。我们将参数设置为：$\rho_1=4,\theta=3,p=12,p_1=9,p_2=12,h=1.5,S=50,Y\sim U(0,70),X\sim U(0,X\max),\alpha_1=\alpha_2=0,v=4,\alpha=0.6$。

3.3.1.2 模仿创新对供应链绩效的影响

(1)模仿创新对原有供应链 SC_O 的影响

表 3.3 显示了模仿创新导致市场潜力变化对原有供应链 SC_O 绩效的影响。从表 3.3 可以看出：①原有供应链 SC_O 的期望利润与性能改进能力以及市场潜力($X\max$)无关，但与单位生产成本有关；②随着生产成本增加，SC_O 的期望利润呈递减趋势。

表 3.3　市场潜力对原有 SC_O 利润的影响

	$h=0.5$	$h=1$	$h=1.5$
$X\max=90$	$\prod_C^O=600.56$	$\prod_C^O=407.22$	$\prod_C^O=245$
$X\max=120$	$\prod_C^O=600.56$	$\prod_C^O=407.22$	$\prod_C^O=245$
$X\max=150$	$\prod_C^O=600.56$	$\prod_C^O=407.22$	$\prod_C^O=245$
$X\max=180$	$\prod_C^O=600.56$	$\prod_C^O=407.22$	$\prod_C^O=245$

(2)模仿创新对现有供应链 SC_1、模仿创新供应链 SC_2 的影响

从图 3.3 可以看出，当性能改进产品的性价比高于原始产品时，有：①随着推出性能改进产品的单位生产成本 h 增加，现有供应链 SC_1 与模仿创新供应链 SC_2 的期望利润均呈现递减趋势，这主要源于生产成本的增加使得性能改进产品的边际利润大幅减少，降低了均衡数量，导致了整个供应链的利润也降低。②当生产成本 h 较低($h<1$)时，对于所有性能改进能力，模仿创新供应链 SC_2 的期望利润高于现有供应链 SC_1 的期望利润，但是，当生产成本 h 较高($h=1.5$)以及性能改进能力很高时，模仿创新供应链 SC_2 的期望利润却低

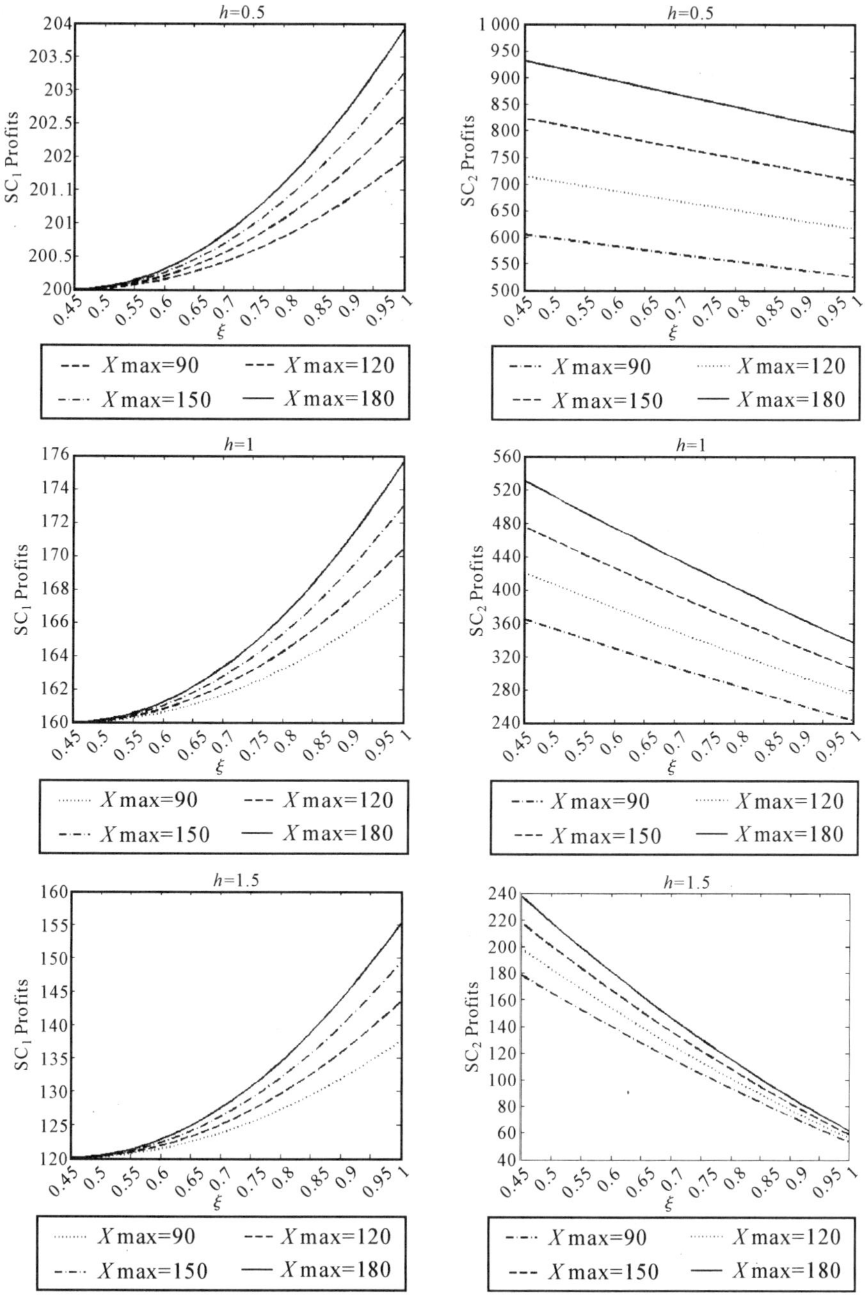

图 3.3 性能改进能力与 SC_1、SC_2 期望利润

于现有供应链 SC_1 的期望利润，此时后进入者推出性能改进产品，SC_1 通过降价销售 t_1 期剩余的原始产品，间接提高了其性价比，从而增加了其期望利润。③现有供应链 SC_1 与模仿创新供应链 SC_2 的期望利润随市场潜力的增加均呈现递增趋势。从①、②与③综合来看，后进入者形成的模仿创新供应链的期望利润与 SC_1 期望利润的关系不仅取决于市场潜力（$X\max$），还取决于单位生产成本 h 以及性能改进能力 ξ 的大小。

比较表 3.3 与图 3.3，相对于不存在模仿创新情形，通过模仿创新产品的引入，由于与原有供应链 SC_O 进行纵向差异化竞争，降低了其期望利润，降低的幅度为（$\prod_C^O-\prod_C^1$），这表明模仿创新虽然扩大了原有供应链的规模，但是由于性能改进产品的性价比高于原始产品，对原有供应链 SC_O 产生很大的市场冲击。

3.3.2 分散系统 SC_1 与分散系统 SC_2

分别考察对称合同与非对称合同两类情形。

3.3.2.1 对称合同

(1)对称批发价格合同

①当 M_2 向 R_2 提供批发价格合同时，R_2 的期望利润为：

$$\prod\nolimits_R^2=\overbrace{p_2\int_0^{\tilde{\omega}_3}(X+S\alpha\eta)\mathrm{d}F(X)}^{X\leqslant\tilde{\omega}_3\text{收益}}+\overbrace{p_2\int_{\tilde{\omega}_3}^{\tilde{\omega}_2}q_2\mathrm{d}F(X)}^{\tilde{\omega}_3<X\leqslant\tilde{\omega}_2\text{收益}}+\overbrace{p_2\int_{\tilde{\omega}_2}^{+\infty}q_2\mathrm{d}F(X)}^{X>\tilde{\omega}_2\text{收益}}-w_2q_2 \tag{3.33}$$

对式(3.33)进行化简，可得：

$$\prod\nolimits_R^2=p_2[q_2-\int_0^{\tilde{\omega}_3}F(X)\mathrm{d}X]-w_2q_2 \tag{3.34}$$

由此有下列引理：

引理 3.7 在给定信念$(\tilde{q}_1,\tilde{\eta})$时，如果 R_1 在 t_2 期通过降价销售原始产品，则 R_2 向 M_2 采购的性能改进产品最优数量为 $\hat{q}_2^*=S\tilde{\alpha}\eta+F^{-1}\left(1-\dfrac{w_2}{p_2}\right)$。

证明：由 $\dfrac{\partial\prod_R^2}{\partial q_2}=p_2\bar{F}(\tilde{\omega}_3)-w_2=0$，得到 $q_2^*=S\alpha\tilde{\eta}+F^{-1}\left(1-\dfrac{w_2}{p_2}\right)$。证毕。

②当 M_1 向 R_1 提供批发价格合同时，R_1 的期望利润为：

$$\prod_{R}^{1}=\overbrace{pS(1-\alpha\eta)}^{t_1\text{期收益}}+\overbrace{p_1\int_{\tilde{\omega}_3}^{\tilde{\omega}_2}(X+S\alpha\eta-q_2)\mathrm{d}F(X)}^{\tilde{\omega}_3<X\leqslant\tilde{\omega}_2\text{收益}}+\overbrace{p_1\int_{\tilde{\omega}_2}^{+\infty}L\mathrm{d}F(X)}^{X>\tilde{\omega}_2\text{收益}}-w_1q_1 \tag{3.35}$$

对式(3.35)进行化简,可得:

$$\prod_{R}^{1}=pS(1-\alpha\eta)+p_1\left[L-\int_{\tilde{\omega}_3}^{\tilde{\omega}_2}F(X)\mathrm{d}X\right]-w_1q_1 \tag{3.36}$$

于是,有下列引理和命题:

引理 3.8 在给定信念$(\tilde{q}_2,\tilde{\eta})$时,如果$R_1$在$t_2$期通过降价销售原始产品,则$R_1$向$M_1$采购的原始产品最优数量为$\hat{q}_1^*=F^{-1}\left(1-\frac{w_1}{p_1}\right)-F^{-1}\left(1-\frac{w_2}{p_2}\right)+S(1-\alpha\tilde{\eta})$。

证明:由$\frac{\partial\prod_{R}^{1}}{\partial q_1}=p_1\bar{F}(\tilde{\omega}_2)-w_1=0$,得到$q_1^*=\bar{F}^{-1}\left(\frac{w_1}{p_1}\right)+S-\tilde{q}_2$。将$q_2$代入$q_1^*$,得到$q_1^*=\bar{F}^{-1}\left(\frac{w_1}{p_1}\right)-\bar{F}^{-1}\left(\frac{w_2}{p_2}\right)+S(1-\alpha\tilde{\eta})$。证毕。

从引理3.7和引理3.8证明过程可知:$F(\tilde{\omega}_3)=1-\frac{w_2}{p_2}$、$F(\tilde{\omega}_2)=1-\frac{w_1}{p_1}$。

命题 3.18 当$\xi\geqslant\xi^{\circ}$并且M_1与M_2均提供批发价格合同时,R_1、R_2与战略顾客间存在理性预期均衡。而且,

①当$\Phi|_{\eta=0}^{\xi=\xi^{\circ}}\geqslant0$时,所有战略顾客延迟到$t_2$期购买产品,即$\eta^*=1$,此时原始产品的均衡数量为$\hat{q}_1^*=F^{-1}\left(1-\frac{w_1}{p_1}\right)-F^{-1}\left(1-\frac{w_2}{p_2}\right)+S(1-\alpha)$,性能改进产品的均衡数量为$\hat{q}_2^*=S\alpha+F^{-1}\left(1-\frac{w_2}{p_2}\right)$。

②当$\Phi|_{\eta=0}^{\xi=\xi^{\circ}}<0$并且$\Phi|_{\eta=0}^{\xi=1}\geqslant0$时,存在性能改进能力阈值$\xi^{\nabla2}\in(\xi^{\circ},1]$使得$\Phi|_{\eta=0}^{\xi=\xi^{\nabla2}}=0$,且,(A)当$\xi>\xi^{\nabla2}$时,所有战略顾客延迟购买,即$\eta^*=1$;(B)当$\xi\leqslant\xi^{\nabla2}$时,只有部分战略顾客延迟购买,即$\eta^*<1$。

③当$\Phi|_{\eta=0}^{\xi=1}<0$时,只有部分战略顾客延迟购买,即$\eta^*<1$。

注:在②、③情形下,原始产品均衡数量$\hat{q}_1^*$与性能改进产品均衡数量$\hat{q}_2^*$由$\begin{cases}F(\tilde{\omega}_3)=1-\frac{w_2}{p_2}\\F(\tilde{\omega}_2)=1-\frac{w_1}{p_1}\end{cases}$算出。

证明:从引理 3.8 可知,$\frac{\partial \Phi}{\partial \eta}>0,\frac{\partial \Phi}{\partial \xi}>0$,所以,可通过判断$\Phi|_{\eta=0}^{\xi=\xi^\circ}$与$\Phi|_{\eta=0}^{\xi=1}$的符号来确定 η^*。由 $\bar{\omega}_3=\bar{X}\left(1-\frac{w_2}{p_2}\right)$、$\bar{\omega}_2=\bar{X}\left(1-\frac{w_1}{p_1}\right)$,得

$$\Phi|_{\eta=0}^{\xi=\xi^\circ}=\left[\frac{\bar{\omega}_3}{\bar{X}}+\frac{\bar{\omega}_3}{\bar{X}}\ln\left(\frac{\bar{X}}{\bar{\omega}_3}\right)\right]\frac{p_2}{p_1}(v\rho_1-p_1)+$$
$$\left[\frac{\bar{\omega}_2-\bar{\omega}_3}{\bar{X}}+\frac{\bar{\omega}_2-\bar{\omega}_3}{\bar{X}}\ln\left(\frac{\bar{X}-\bar{\omega}_3}{\bar{\omega}_2-\bar{\omega}_3}\right)\right](v\rho_1-p_1)-(v\rho_1-p)$$

$$\Phi|_{\eta=0}^{\xi=1}=\left[\frac{\bar{\omega}_3}{\bar{X}}+\frac{\bar{\omega}_3}{\bar{X}}\ln\left(\frac{\bar{X}}{\bar{\omega}_3}\right)\right][v(\rho_1+\theta)-p_2]+$$
$$\left[\frac{\bar{\omega}_2-\bar{\omega}_3}{\bar{X}}+\frac{\bar{\omega}_2-\bar{\omega}_3}{\bar{X}}\ln\left(\frac{\bar{X}-\bar{\omega}_3}{\bar{\omega}_2-\bar{\omega}_3}\right)\right](v\rho_1-p_1)-(v\rho_1-p)$$

①当$\Phi|_{\eta=0}^{\xi=\xi^\circ}\geqslant 0$ 时,对于$\forall\,\eta\in[0,1]$与$\xi\in[\xi^\circ,1]$,都满足 $\Phi>0$,则 $\eta^*=1$。②当$\Phi|_{\eta=0}^{\xi=\xi^\circ}<0$ 并且$\Phi|_{\eta=0}^{\xi=1}\geqslant 0$ 时,存在 $\xi^{\nabla 2}\in(\xi^\circ,1]$使得$\Phi|_{\eta=0}^{\xi=\xi^{\nabla 2}}=0$。当 $\xi>\xi^{\nabla 2}$时,对于$\forall\,\eta\in[0,1]$,都满足 $\Phi>0$,则 $\eta^*=1$;当 $\xi\leqslant\xi^{\nabla 2}$时,存在 $\eta^*\in[0,1)$,满足 $\Phi=0$,即 $\eta^*<1$。③当$\Phi|_{\eta=0}^{\xi=1}<0$ 时,存在 $\eta^*\in[0,1)$,满足 $\Phi=0$,此时,$\eta^*<1$。各种情形下,原始产品的均衡数量 q_1^* 与性能改进产品的均衡数量 q_2^* 由$F(\bar{\omega}_3)=1-\frac{w_2}{p_2}$与 $F(\bar{\omega}_2)=1-\frac{w_1}{p_1}$算出。证毕。

命题 3.18 表明:总体上说,R_1、R_2与战略顾客间的理性预期均衡与现有供应链 SC_1与模仿创新供应链 SC_2均与集中系统相似,不同之处在于延迟购买的战略顾客的具体比例以及原始产品与性能改进产品的具体数量。

(2)对称回购合同

当 $\xi\geqslant\xi^\circ$时,存在下列三类情形:①若 $X\leqslant\bar{\omega}_3$,则性能改进产品的销售量为 $X+S\alpha\eta$,需要补偿的量为 $q_2-(X+S\alpha\eta)$;原始产品的销售量为 0,需要补偿的量为 L。②若 $\bar{\omega}_3<X\leqslant\bar{\omega}_2$,则所有性能改进产品都能够销售;而原始产品的销售量为 $X+S\alpha\eta-q_2$,需要补偿的数量为 $L-(X+S\alpha\eta-q_2)$。③若 $X>\bar{\omega}_2$,则所有性能改进产品与原始产品都能够销售。根据提供回购合同的不同情况,具体分析如下:

①当 M_2向 R_2提供回购合同(w_2,b_2)时,R_2的期望利润为:

$$\prod\nolimits_R^2=\overbrace{p_2\int_0^{\bar{\omega}_3}(X+S\alpha\eta)\mathrm{d}F(X)}^{X\leqslant\bar{\omega}_3\text{收益}}+\overbrace{p_2\int_{\bar{\omega}_3}^{\bar{\omega}_2}q_2\,\mathrm{d}F(X)}^{\bar{\omega}_3<X\leqslant\bar{\omega}_2\text{收益}}+$$
$$\overbrace{p_2\int_{\bar{\omega}_2}^{+\infty}q_2\,\mathrm{d}F(X)}^{X>\bar{\omega}_2\text{收益}}-w_2q_2+\overbrace{b_2\int_0^{\bar{\omega}_3}[q_2-(X+S\alpha\eta)]\mathrm{d}F(X)}^{X\leqslant\bar{\omega}_3\text{补偿}}\tag{3.37}$$

对式(3.37)进行化简，可得：

$$\prod_{R}^{2} = p_2[q_2 - \int_0^{\tilde{\omega}_3} F(X)\mathrm{d}X] + b_2\int_0^{\tilde{\omega}_3} F(X)\mathrm{d}X - w_2 q_2 \tag{3.38}$$

此时，M_2 的期望利润为 $\pi^2 = w_2 q_2 - b_2\int_0^{\tilde{\omega}_3} F(X)\mathrm{d}X - C_2$。

这样，有下列引理：

引理 3.9 在给定信念$(\tilde{q}_1,\tilde{\eta})$时，如果 R_1 在 t_2 期通过降价销售原始产品，则 R_2 销售的性能改进产品的最优数量为 $q_2^* = S\tilde{\alpha}\eta + F^{-1}\left(1-\dfrac{w_2-b_2}{p_2-b_2}\right)$。

证明： 由 $\dfrac{\partial \prod_R^2}{\partial q_2} = p_2\overline{F}(\tilde{\omega}_3) - w_2 + b_2 F(\tilde{\omega}_3) = 0$，得到 $q_2^* = S\alpha\tilde{\eta} + F^{-1}\left(1-\dfrac{w_2-b_2}{p_2-b_2}\right)$。证毕。

②当 M_1 向 R_1 提供回购合同(w_1,b_1)时，R_1 的期望利润为：

$$\prod_{R}^{1} = \overbrace{pS(1-\alpha\eta)}^{t_1\text{期收益}} + \overbrace{p_1\int_{\tilde{\omega}_3}^{\tilde{\omega}_2}(X+S\alpha\eta-q_2)\mathrm{d}F(X)}^{\tilde{\omega}_3<X\leqslant\tilde{\omega}_2\text{收益}} + \overbrace{p_1\int_{\tilde{\omega}_2}^{+\infty}L\mathrm{d}F(X)}^{X>\tilde{\omega}_2\text{收益}} - w_1 q_1 + \overbrace{b_1\int_0^{\tilde{\omega}_3}L\mathrm{d}F(X)}^{X\leqslant\tilde{\omega}_3\text{补偿}} + \overbrace{b_1\int_{\tilde{\omega}_3}^{\tilde{\omega}_2}[L-(X+S\alpha\eta-q_2)]\mathrm{d}F(X)}^{\tilde{\omega}_3<X\leqslant\tilde{\omega}_2\text{补偿}} \tag{3.39}$$

对式(3.39)进行化简，可得：

$$\prod_{R}^{1} = pS(1-\alpha\eta) + p_1[L - \int_{\tilde{\omega}_3}^{\tilde{\omega}_2} F(X)\mathrm{d}X] + b_1\int_{\tilde{\omega}_3}^{\tilde{\omega}_2} F(X)\mathrm{d}X - w_1 q_1 \tag{3.40}$$

这样，M_1 的期望利润为 $\pi^1 = w_1 q_1 - b_1\int_{\tilde{\omega}_3}^{\tilde{\omega}_2} F(X)\mathrm{d}X - C_1$。

于是，有下列引理：

引理 3.10 在给定信念$(\tilde{q}_2,\tilde{\eta})$时，如果 R_1 在 t_2 期通过降价销售原始产品，则原始产品的最优数量为：

$$q_1^* = F^{-1}\left(1-\frac{w_1-b_1}{p_1-b_1}\right) - F^{-1}\left(1-\frac{w_2-b_2}{p_2-b_2}\right) + S(1-\alpha\tilde{\eta})$$

证明： 由 $\dfrac{\partial \prod_R^1}{\partial q_1} = p_1\overline{F}(\tilde{\omega}_2) - w_1 + b_1 F(\tilde{\omega}_2) = 0$，得到 $q_1^* = F^{-1}\left(1-\dfrac{w_1-b_1}{p_1-b_1}\right) + S - \tilde{q}_2$。将 q_2 代入 q_1^*，得到 $q_1^* = F^{-1}\left(1-\dfrac{w_1-b_1}{p_1-b_1}\right) -$

$F^{-1}\left(1-\dfrac{w_2-b_2}{p_2-b_2}\right)+S(1-\alpha\tilde{\eta})$。证毕。

命题 3.19 当 $\xi \geqslant \xi^{\circ}$ 并且现有供应链 SC_1 中 M_1 向 R_1 提供回购合同以及模仿创新供应链 SC_2 中 M_2 向 R_2 也提供回购合同时，R_1、R_2 与战略顾客间存在理性预期均衡；并且

①当 $\Phi\big|_{\substack{\xi=\xi^{\circ}\\ \eta=0}} \geqslant 0$ 时，所有战略顾客延迟到 t_2 期购买产品，即 $\eta^*=1$，此时原始产品均衡数量为 $\hat{q}_1^*=F^{-1}\left(1-\dfrac{w_1-b_1}{p_1-b_1}\right)-F^{-1}\left(1-\dfrac{w_2-b_2}{p_2-b_2}\right)+S(1-\alpha)$，性能改进产品均衡数量为 $\hat{q}_2^*=S\alpha+F^{-1}\left(1-\dfrac{w_2-b_2}{p_2-b_2}\right)$。

②当 $\Phi\big|_{\substack{\xi=\xi^{\circ}\\ \eta=0}}<0$ 并且 $\Phi\big|_{\substack{\xi=1\\ \eta=0}} \geqslant 0$ 时，存在性能改进能力阈值 $\xi^{\nabla 3} \in (\xi^{\circ},1]$ 使得 $\Phi\big|_{\substack{\xi=\xi^{\nabla 3}\\ \eta=0}}=0$，(A) 当 $\xi>\xi^{\nabla 3}$ 时，所有战略顾客延迟到 t_2 期购买产品，即 $\eta^*=1$；(B) 当 $\xi \leqslant \xi^{\nabla 3}$ 时，只有部分战略顾客延迟到 t_2 期购买产品，即 $\eta^*<1$。

③当 $\Phi\big|_{\substack{\xi=1\\ \eta=0}}<0$ 时，只有部分战略顾客延迟到 t_2 期购买产品，即 $\eta^*<1$。

注：在②、③情形下，原始产品均衡数量 $\hat{q}_1^*$ 与性能改进产品均衡数量 $\hat{q}_2^*$ 可由 $\begin{cases}\bar{F}(\tilde{\omega}_3)=(w_2-b_2)/(p_2-b_2)\\ \bar{F}(\tilde{\omega}_2)=(w_1-b_1)/(p_1-b_1)\end{cases}$ 求得。

证明：用与命题 3.18 同样的方法，可得。

命题 3.19 表明：对称回购合同情形中 R_1、R_2 与战略顾客间的理性预期均衡的总体特征与对称批发价格合同情形相似，不同之处在于延迟购买的战略顾客的具体比例以及原始产品与性能改进产品的具体数量。

下列命题 3.20 揭示了 $h<h_\sigma$ 情形下对称回购合同能实现供应链协调。

命题 3.20 当 $\xi \geqslant \xi^{\circ}$ 并且 $h<h_\sigma$ 时，①如果 M_1 给予 R_1 的回购补偿为 $b_1=p_1-\dfrac{p_1-w_1}{1-\dfrac{h\rho_1}{p_1}}$，能协调 SC_1；②如果 M_2 给予的回购补偿为 $b_2=p_2-\dfrac{p_2-w_2}{1-\dfrac{h\rho_2}{p_2}}$，也能协调 SC_2，其中，$h_\sigma=\dfrac{p_1}{\rho_1}\left\{1-\dfrac{v\rho_1-p}{\left[1-\ln\left(1-\dfrac{h\rho_1}{p_1}\right)\right]\dfrac{p_2}{p_1}(v\rho_1-p_1)}\right\}$。

证明：当 M_1 与 M_2 均提供回购合同时，若 $h<h_\sigma$，要实现供应链协调，则需要满足 $\begin{cases}\hat{q}_1^*=q_1^*\\ \hat{q}_2^*=q_2^*\end{cases}$，由这两个等式可算出 $b_1=p_1-\dfrac{p_1-w_1}{1-h\rho_1/p_1}$ 与 $b_2=p_2-\dfrac{p_2-w_2}{1-h\rho_2/p_2}$。此时，$\begin{cases}\bar{F}(\tilde{\omega}_3)=(w_2-b_2)/(p_2-b_2)\\ \bar{F}(\tilde{\omega}_2)=(w_1-b_1)/(p_1-b_1)\end{cases}$ 与 $\begin{cases}\bar{F}(\tilde{\omega}_3)=\dfrac{h\rho_2}{p_2}\\ \bar{F}(\tilde{\omega}_2)=\dfrac{h\rho_1}{p_1}\end{cases}$ 相等，也就是

说，分散系统的$\Phi\big|_{\eta=0}^{\xi=\xi^o}$与集中系统的$\Phi\big|_{\eta=0}^{\xi=\xi^o}$相同，故命题成立。证毕。

命题 3.20 进一步表明对称回购合同情形下，M_1与M_2提供适当的回购补偿能协调各自供应链，这也表明当性能改进产品性价比高于原始产品时，回购合同也能协调存在战略顾客情形下的现有供应链SC_1与模仿创新供应链SC_2。

下面命题 3.21 从运营角度揭示了对称回购合同也能够协调供应链。

命题 3.21 当$\xi \geqslant \xi^o$并且M_1与M_2均提供回购合同时，①R_1的期望利润为正，即$\prod_R^1 > 0$。②R_2的期望利润为正，即$\prod_R^2 > 0$。③(A) 当$\alpha_1 < \alpha^{\Delta}$时，则$M_1$的期望利润为正，即$\hat{\pi}^1 > 0$；(B) 当$\alpha_2 < \alpha^{\Delta\Delta}$时，$M_2$的期望利润为正，即$\hat{\pi}^2 > 0$，其中，$\alpha^{\Delta} = \dfrac{(w_1 - h\rho_1)q_1^* - b_1\int_{\bar{\omega}_3}^{\bar{\omega}_2} F(X)\mathrm{d}X}{\rho_1^2}$，

$$\alpha^{\Delta\Delta} = \frac{(w_2 - h\rho_2)q_2^* - b_2\int_0^{\bar{\omega}_3} F(X)\mathrm{d}X - \alpha_1(1-\tau)\rho_1^2}{\rho_2^2}。$$

证明：用与前面类似的方法，可以证得命题 3.21 成立。

命题 3.21 表明：当性能改进产品的性价比高于原始产品时，如果M_1与M_2同时提供回购合同，则能协调各自供应链，并且制造商与销售商通过合理利益分配均提高了收益，此时整个市场的销售量和期望利润达到最大。

3.3.2.2 非对称合同

在非对称合同情况下，我们考虑两类情形：M_1提供批发价格合同与M_2提供回购合同、M_1提供回购合同与M_2提供批发价格合同。

(1)M_1提供批发价格合同与M_2提供回购合同

①当M_2向R_2提供回购合同(w_2, b_2)时，R_2的期望利润为：

$$\prod_R^2 = p_2\left[q_2 - \int_0^{\bar{\omega}_3} F(X)\mathrm{d}X\right] + b_2\int_0^{\bar{\omega}_3} F(X)\mathrm{d}X - w_2 q_2 \tag{3.41}$$

此时，M_2的期望利润为：

$$\pi^2 = w_2 q_2 - b_2\int_0^{\bar{\omega}_3} F(X)\mathrm{d}X - C_2 \tag{3.42}$$

于是，有下列引理：

引理 3.11 在给定信念$(\tilde{q}_1, \tilde{\eta})$时，如果$R_1$在$t_2$期通过降价销售原始产品，则$R_2$采购的性能改进产品的最优数量为$q_2^* = S\tilde{\alpha}\eta + F^{-1}\left(1 - \dfrac{w_2 - b_2}{p_2 - b_2}\right)$。

证明：对$\prod_R^2$关于q_2求导，由$\dfrac{\partial \prod_R^2}{\partial q_2} = p_2\bar{F}(\bar{\omega}_3) - w_2 + b_2 F(\bar{\omega}_3) = 0$，得

到 $q_2^* = S\alpha\tilde{\eta} + F^{-1}\left(1 - \frac{w_2 - b_2}{p_2 - b_2}\right)$。证毕。

②当 M_1 向 R_1 提供批发价格合同时，R_1 的期望利润为：

$$\prod_R^1 = pS(1-\alpha\eta) + p_1\left[L - \int_{\bar{\omega}_3}^{\bar{\omega}_2} F(X)\mathrm{d}X\right] - w_1 q_1 \tag{3.43}$$

这样，有下列引理：

引理 3.12 在给定信念$(\tilde{q}_2^*, \tilde{\eta})$时，如果 R_1 在 t_2 期通过降价销售原始产品，则原始产品最优数量为 $q_1^* = F^{-1}\left(1 - \frac{w_1}{p_1}\right) - F^{-1}\left(1 - \frac{w_2 - b_2}{p_2 - b_2}\right) + S(1 - \alpha\tilde{\eta})$。

证明：对 $\prod_C^1$ 关于 q_1 求导，由 $\frac{\partial \prod_R^1}{\partial q_1} = p_1\bar{F}(\bar{\omega}_2) - w_1 = 0$，得到 $q_1^* = F^{-1}\left(1 - \frac{w_1}{p_1}\right) + S - \tilde{q}_2$。将 $\tilde{q}_2$ 代入 q_1^*，得到 $q_1^* = F^{-1}\left(1 - \frac{w_1}{p_1}\right) - F^{-1}\left(1 - \frac{w_2 - b_2}{p_2 - b_2}\right) + S(1 - \alpha\tilde{\eta})$。证毕。

类似地，假设 $X \sim U(0, \bar{X})$，则 $\bar{\omega}_3 = \bar{X}\left(1 - \frac{w_2 - b_2}{p_2 - b_2}\right)$、$\bar{\omega}_2 = \bar{X}\left(1 - \frac{w_1}{p_1}\right)$。

下列命题 3.22 揭示了 R_1、R_2 与战略顾客间存在理性预期均衡。

命题 3.22 当 $\xi \geqslant \xi^\circ$ 并且 SC_1 中 M_1 向 R_1 提供批发价格合同以及 SC_2 中 M_2 向 R_2 提供回购合同时，R_1、R_2 与战略顾客间存在理性预期均衡。

①当 $\Phi\big|_{\eta=0}^{\xi=\xi^\circ} \geqslant 0$ 时，所有战略顾客延迟到 t_2 期购买产品，此时原始产品的均衡数量为 $\hat{q}_1^* = F^{-1}\left(1 - \frac{w_1}{p_1}\right) - F^{-1}\left(1 - \frac{w_2 - b_2}{p_2 - b_2}\right) + S(1 - \alpha)$，性能改进产品的均衡数量为 $\hat{q}_2^* = S\alpha + F^{-1}\left(1 - \frac{w_2 - b_2}{p_2 - b_2}\right)$。

②当 $\Phi\big|_{\eta=0}^{\xi=\xi^\circ} < 0$ 并且 $\Phi\big|_{\eta=0}^{\xi=1} \geqslant 0$ 时，存在性能改进能力阈值 $\xi^{\nabla 4} \in (\xi^\circ, 1]$ 使得 $\Phi\big|_{\eta=0}^{\xi=\xi^{\nabla 4}} = 0$。(A)当 $\xi > \xi^{\nabla 4}$ 时，所有战略顾客延迟到 t_2 期购买产品；(B)当 $\xi \leqslant \xi^{\nabla 4}$ 时，只有部分战略顾客延迟到 t_2 期购买产品。

③当 $\Phi\big|_{\eta=0}^{\xi=1} < 0$ 时，只有部分战略顾客延迟到 t_2 期购买产品，即 $\eta^* < 1$。

注：在②、③情形下，原始产品均衡数量 $\hat{q}_1^*$ 与性能改进产品均衡数量 $\hat{q}_2^*$ 由 $\bar{\omega}_3 = \bar{X}\left(1 - \frac{w_2 - b_2}{p_2 - b_2}\right)$ 与 $\bar{\omega}_2 = \bar{X}\left(1 - \frac{w_1}{p_1}\right)$ 联合算出。

证明：用与命题 3.18 同样的方法，可得。

下列命题 3.23 给出了协调模仿创新供应链所需的补偿机制。

命题 3.23 当 $\xi \geqslant \xi^{p}$ 并且 M_1 提供批发价格合同以及 M_2 提供回购合同时，

①如果 M_2 给予的回购补偿为 $b_2 = p_2 - \frac{p_2 - w_2}{1 - h\rho_2 / p_2}$，能协调 SC_2。

② $\hat{q}_1^* < q_1^*$，$\hat{q}_2^* = q_2^*$，$\hat{q}_1^* + \hat{q}_2^* < q_1^* + q_2^*$。

证明：用与前面相同的方法，可证得命题 3.23 成立。

命题 3.23 表明：当先进入者 M_1 提供非协调性的批发价格合同时，则后进入者提供回购合同能协调 SC_2，并且分散供应链 SC_2 销售的性能改进产品的均衡数量与集中 SC_2 情形相同。由于分散供应链 SC_1 销售的原始产品均衡数量小于集中链 SC_1，导致总体市场的销售量降低。

(2)M_1 提供回购合同与 M_2 提供批发价格合同

①M_2 向 R_2 提供批发价格合同，此时 R_2 的期望利润为：

$$\prod\nolimits_R^2 = p_2\left[q_2 - \int_0^{\bar{\omega}_3} F(X)\mathrm{d}X\right] - w_2 q_2 \tag{3.44}$$

此时，M_2 的期望利润为 $\pi^2 = w_2 q_2 - C_2$。于是，可得下列引理：

引理 3.13 在给定信念 $(\tilde{q}_1, \tilde{\eta})$ 时，如果 R_1 在 t_2 期通过降价销售原始产品，则 R_2 销售的性能改进产品的最优数量为 $q_2^* = S\alpha\tilde{\eta} + F^{-1}(1 - w_2/p_2)$。

证明：由 $\frac{\partial \prod_R^2}{\partial q_2} = p_2\bar{F}(\bar{\omega}_3) - w_2 = 0$，得到 $q_2^* = S\alpha\tilde{\eta} + F^{-1}\left(1 - \frac{w_2}{p_2}\right)$。证毕。

②当 M_1 向 R_1 提供回购合同 (w_1, b_1) 时，R_1 的期望利润为：

$$\prod\nolimits_R^1 = pS(1 - \alpha\eta) + p_1\left[L - \int_{\bar{\omega}_3}^{\bar{\omega}_2} F(X)\mathrm{d}X\right] + b_1\int_{\bar{\omega}_3}^{\bar{\omega}_2} F(X)\mathrm{d}X - w_1 q_1 \tag{3.45}$$

于是，有下列引理和命题：

引理 3.14 在给定信念 $(\tilde{q}_2, \tilde{\eta})$ 时，如果 R_1 在 t_2 期通过降价销售原始产品，则原始产品的最优数量为 $\hat{q}_1^* = F^{-1}\left(1 - \frac{w_1 - b_1}{p_1 - b_1}\right) - F^{-1}\left(1 - \frac{w_2}{p_2}\right) + S(1 - \alpha\tilde{\eta})$。

证明：对 $\prod_C^1$ 求导，由 $\frac{\partial \prod_R^1}{\partial q_1} = p_1\bar{F}(\bar{\omega}_2) - w_1 + b_1 F(\bar{\omega}_2) = 0$，得到 $q_1^* = F^{-1}\left(1 - \frac{w_1 - b_1}{p_1 - b_1}\right) + S - \tilde{q}_2$。将 $\tilde{q}_2$ 代入 q_1^*，得到 $q_1^* = F^{-1}\left(1 - \frac{w_1 - b_1}{p_1 - b_1}\right) - F^{-1}\left(1 - \frac{w_2}{p_2}\right) + S(1 - \alpha\tilde{\eta})$。证毕。

命题 3.24 当 $\xi \geqslant \xi^{p}$ 并且现有供应链 SC_1 中 M_1 向 R_1 提供回购合同以及模仿创新供应链 SC_2 中 M_2 向 R_2 提供批发价格合同时，则 R_1、R_2 与战略顾客

间存在理性预期均衡。并且，

①当$\Phi\big|_{\substack{\xi=\xi^{\circ}\\ \eta=0}}\geqslant 0$ 时，所有战略顾客延迟到 t_2 期购买产品，即 $\eta^*=1$，此时原始产品的均衡数量为 $\hat{q}_1^*=F^{-1}\left(1-\dfrac{w_1-b_1}{p_1-b_1}\right)-F^{-1}\left(1-\dfrac{w_2}{p_2}\right)+S(1-\alpha)$，性能改进产品的均衡数量为 $\hat{q}_2^*=S\alpha+F^{-1}\left(1-\dfrac{w_2}{p_2}\right)$。

②当$\Phi\big|_{\substack{\xi=\xi^{\circ}\\ \eta=0}}<0$ 并且$\Phi\big|_{\substack{\xi=1\\ \eta=0}}\geqslant 0$ 时，存在性能改进能力阈值 $\xi^{\nabla 5}\in(\xi^{\circ},1]$使得$\Phi\big|_{\substack{\xi=\xi^{\nabla 5}\\ \eta=0}}=0$。(A)当 $\xi>\xi^{\nabla 5}$时，所有战略顾客延迟到 t_2 期购买产品，即 $\eta^*=1$；(B)当 $\xi\leqslant\xi^{\nabla 5}$时，只有部分战略顾客延迟到 t_2 期购买产品，即 $\eta^*<1$。

③当$\Phi\big|_{\substack{\xi=1\\ \eta=0}}<0$ 时，只有部分战略顾客延迟到 t_2 期购买产品，即 $\eta^*<1$。

注：在②、③情形下，原始产品均衡数量 $\hat{q}_1^*$ 与性能改进产品均衡数量 $\hat{q}_2^*$ 由 $\tilde{\omega}_3=\overline{X}\left(1-\dfrac{w_2}{p_2}\right)$与 $\tilde{\omega}_2=\overline{X}\left(1-\dfrac{w_1-b_1}{p_1-b_1}\right)$联合算出。

证明：用与命题 3.18 同样的方法，可得。

命题 3.25 给出了协调现有供应链所需的补偿机制。

命题 3.25 当 $\xi>\xi^{\circ}$并且 M_1 提供回购合同以及 M_2 提供批发价格合同时，

①如果 M_1 给予的回购补偿为 $b_{1\sigma}$，能协调 SC_1，其中，

$$b_{1\sigma}=p_1-\frac{p_1-w_1}{F\left[F^{-1}\left(1-\dfrac{h\rho_1}{p_1}\right)+F^{-1}\left(1-\dfrac{w_2}{p_2}\right)-F^{-1}\left(1-\dfrac{h\rho_2}{p_2}\right)\right]};$$

②$b_{1\sigma}<b_1$；

③$\hat{q}_2^*<q_2^*$，$\hat{q}_1^*=q_1^*$，$\hat{q}_2^*+\hat{q}_1^*<q_2^*+q_1^*$。

证明：由于 $w_2>h\rho_2$，则 $\hat{q}_2^*<q_2^*$，要协调链 SC_1，则要求 $\hat{q}_1^*=q_1^*$，即

$$F^{-1}\left(1-\frac{w_1-b_1}{p_1-b_1}\right)-F^{-1}\left(1-\frac{w_2}{p_2}\right)+S(1-\alpha)=F^{-1}\left(1-\frac{h\rho_1}{p_1}\right)-F^{-1}\left(1-\frac{h\rho_2}{p_2}\right)+S(1-\alpha)$$

$$b_{1\sigma}=p_1-\frac{p_1-w_1}{F\left[F^{-1}\left(1-\dfrac{h\rho_1}{p_1}\right)+F^{-1}\left(1-\dfrac{w_2}{p_2}\right)-F^{-1}\left(1-\dfrac{h\rho_2}{p_2}\right)\right]}$$

比较 $b_{1\sigma}$与 b_1，可得

$$b_{1\sigma}-b_1=\frac{p_1-w_1}{1-\dfrac{h\rho_1}{p_1}}-\frac{p_1-w_1}{F\left[F^{-1}\left(1-\dfrac{h\rho_1}{p_1}\right)+F^{-1}\left(1-\dfrac{w_2}{p_2}\right)-F^{-1}\left(1-\dfrac{h\rho_2}{p_2}\right)\right]}<0$$

证毕。

命题 3.25 表明：①当后进入者 M_2 提供非协调性的批发价格合同时，先进入者 M_1 提供回购合同能协调 SC_1，并且 M_1 对 R_1 的回购补偿更低，这表明如果 SC_2 不纵向协调，M_1 给予更低的回购补偿就能协调 SC_1。此时，分散供应链 SC_1 销售的原始产品均衡数量与集中链 SC_1 情形相同。②由于分散供应链 SC_2 销售的原始产品均衡数量小于集中链 SC_2，导致总体市场的销售数量也低于链 SC_1 与 SC_2 均为集中系统的总体销售数量。

3.3.3 集中系统 SC_1 与分散系统 SC_2

集中型供应链 SC_1 销售原始产品的期望利润仍为：

$$\prod\nolimits_C^1 = pS(1-\alpha\eta) + p_1\left[L - \int_{\bar{\omega}_3}^{\bar{\omega}_2} F(X)\mathrm{d}X\right] - C_1 \tag{3.46}$$

我们考虑两类情形：M_2 提供批发价格合同、M_2 提供回购合同。

3.3.3.1 M_2 提供批发价格合同

当 M_2 向 R_2 提供批发价格合同时，R_2 的期望利润为：

$$\prod\nolimits_R^2 = p_2\left[q_2 - \int_0^{\bar{\omega}_3} F(X)\mathrm{d}X\right] - w_2 q_2 \tag{3.47}$$

这样，有下列命题：

命题 3.26　当 $\xi \geqslant \xi^{\circ}$ 并且 SC_1 为集中系统，分散系统 SC_2 中 M_2 提供批发价格合同时，SC_1、R_2 与战略顾客间存在理性预期均衡。用 $h_{\sigma 6}$ 表示 $\Phi\big|_{\eta=0}^{\xi=\xi^{\circ}}=0$ 的解，用 $h^{\sigma 6}$ 表示 $\Phi\big|_{\eta=0}^{\xi=1}=0$ 的解，并且

(1)当 $h \leqslant h_{\sigma 6}$ 时，所有战略顾客延迟到 t_2 期购买产品，即 $\eta^*=1$，此时原始产品均衡数量为 $\hat{q}_1^* = F^{-1}\left(1-\dfrac{h\rho_1}{p_1}\right) - F^{-1}\left(1-\dfrac{w_2}{p_2}\right) + S(1-\alpha)$，性能改进产品均衡数量为 $\hat{q}_2^* = S\alpha + F^{-1}\left(1-\dfrac{w_2}{p_2}\right)$。

(2)当 $h_{\sigma 6} < h \leqslant h^{\sigma 6}$ 时，存在性能改进能力阈值 $\xi^{\nabla 6} \in (\xi^{\circ}, 1]$ 使得 $\Phi\big|_{\eta=0}^{\xi=\xi^{\nabla 6}}=0$，①当 $\xi > \xi^{\nabla 6}$ 时，所有战略顾客延迟到 t_2 期购买产品，即 $\eta^*=1$；②当 $\xi \leqslant \xi^{\nabla 6}$ 时，只有部分战略顾客延迟到 t_2 期购买产品，即 $\eta^* < 1$。

(3)当 $h > h^{\sigma 6}$ 时，只有部分战略顾客延迟到 t_2 期购买产品，即 $\eta^* < 1$。

注：在(2)、(3)情形下，原始产品均衡数量 $\hat{q}_1^*$ 与性能改进产品均衡数量 $\hat{q}_2^*$ 由 $\bar{F}(\bar{\omega}_3) = \dfrac{w_2}{p_2}$ 与 $\bar{F}(\bar{\omega}_2) = \dfrac{h\rho_1}{p_1}$ 联合算出。

证明：用与命题 3.18 同样的方法，可得。

命题 3.26 表明：当现有供应链 SC_1 为集中系统，模仿创新供应链中后进入者 M_2 提供批发价格合同时，集中系统 SC_1、独立销售商 R_2 与战略顾客间仍存在理性预期均衡，其总体特征与对称批发价格合同情形也相似，不同之处在于延迟购买的战略顾客的具体比例以及原始产品与性能改进产品的具体数量。

3.3.3.2 M_2 提供回购合同

当 M_2 提供回购合同 (w_2, b_2) 时，R_2 的期望利润为：

$$\prod_R^2 = p_2\left[q_2 - \int_0^{\bar{\omega}_3} F(X)\mathrm{d}X\right] + b_2\int_0^{\bar{\omega}_3} F(X)\mathrm{d}X - w_2 q_2 \tag{3.48}$$

此时，M_2 的期望利润为 $\pi^2 = w_2 q_2 - b_2\int_0^{\bar{\omega}_3} F(X)\mathrm{d}X - C_2$ 。

于是，有下列命题：

命题 3.27 当 $\xi \geqslant \xi^\circ$ 并且 SC_1 为集中系统，分散系统 SC_2 中 M_2 提供回购合同时，SC_1、R_2 与战略顾客间存在理性预期均衡。用 $h_{\sigma 7}$ 表示 $\Phi\big|_{\eta=0}^{\xi=\xi^\circ}=0$ 的解，用 $h^{\sigma 7}$ 表示 $\Phi\big|_{\eta=0}^{\xi=1}=0$ 的解，而且，

(1) 当 $h \leqslant h_{\sigma 7}$ 时，所有战略顾客延迟到 t_2 期购买产品，即 $\eta^* = 1$，此时原始产品均衡数量为 $\hat{q}_1^* = F^{-1}\left(1-\dfrac{h\rho_1}{p_1}\right) - F^{-1}\left(1-\dfrac{w_2-b_2}{p_2-b_2}\right) + S(1-\alpha)$，性能改进产品均衡数量为 $\hat{q}_2^* = S\alpha + F^{-1}\left(1-\dfrac{w_2-b_2}{p_2-b_2}\right)$。

(2) 当 $h_{\sigma 7} < h \leqslant h^{\sigma 7}$ 时，存在性能改进能力阈值 $\xi^{\nabla 7} \in (\xi^\circ, 1]$ 使得 $\Phi\big|_{\eta=0}^{\xi=\xi^{\nabla 7}} = 0$，①当 $\xi > \xi^{\nabla 7}$ 时，所有战略顾客延迟到 t_2 期购买产品，即 $\eta^* = 1$；②当 $\xi \leqslant \xi^{\nabla 7}$ 时，只有部分战略顾客延迟到 t_2 期购买产品，即 $\eta^* < 1$。

(3) 当 $h > h^{\sigma 7}$ 时，只有部分战略顾客延迟到 t_2 期购买产品，即 $\eta^* < 1$。

注：在(2)、(3)情形下，$\hat{q}_1^*$ 与 $\hat{q}_2^*$ 由 $\bar{F}(\bar{\omega}_3) = \dfrac{w_2-b_2}{p_2-b_2}$ 与 $\bar{F}(\bar{\omega}_2) = \dfrac{h\rho_1}{p_1}$ 联合求解。

证明：用与命题 3.18 同样的方法，可得。

命题 3.27 表明：当现有供应链 SC_1 为集中系统，模仿创新供应链中后进入者 M_2 提供回购合同时，集中系统 SC_1、独立销售商 R_2 与战略顾客间仍存在理性预期均衡。

下列命题 3.28 给出了协调模仿创新供应链所需的补偿机制。

命题 3.28 当 $\xi \geqslant \xi^\circ$ 并且 SC_1 为集中系统、M_2 提供回购合同时，

(1) 如果 M_2 给予的回购补偿为 $b_2 = p_2 - \dfrac{p_2 - w_2}{1-\dfrac{h\rho_2}{p_2}}$，能协调 SC_2。

(2)$\hat{q}_1^* = q_1^*$, $\hat{q}_2^* = q_2^*$, $\hat{q}_1^* + \hat{q}_2^* = q_1^* + q_2^*$。

证明:用与前面相同的方法,可证得命题 3.28 成立。

命题 3.28 表明:(1)当 SC_1 纵向协调时,后进入者 M_2 提供回购合同能协调 SC_2,此时,M_2 对 R_2 的回购补偿高于 SC_1 为分散系统时给予的补偿;(2)在非对称合同类型情形下,模仿创新供应链中各参与者纵向联盟使得总体销售数量达到 SC_1 以及 SC_2 均为集中系统情形的销售数量。

3.3.4 分散系统 SC_1 与集中系统 SC_2

集中系统 SC_2 销售性能改进产品的期望利润为:

$$\prod\nolimits_C^2 = p_2\left[q_2 - \int_0^{\tilde{\omega}_3} F(X)\mathrm{d}X\right] - C_2 \tag{3.49}$$

我们考虑两类情形:M_1 提供批发价格合同、M_1 提供回购合同。

3.3.4.1 M_1 提供批发价格合同

在分散型链 SC_1 中,M_1 提供批发价格合同,则 R_1 的期望利润为:

$$\prod\nolimits_R^1 = pS(1-\alpha\eta) + p_1\left[L - \int_{\tilde{\omega}_3}^{\tilde{\omega}_2} F(X)\mathrm{d}X\right] - w_1 q_1 \tag{3.50}$$

这样,有下列命题:

命题 3.29 当 $\xi \geqslant \xi^\circ$ 并且现有供应链 SC_1 中 M_1 向 R_1 提供批发价格合同,模仿创新供应链 SC_2 为集中系统时,R_1、SC_2 与战略顾客间存在理性预期均衡。用 $h_{\sigma 8}$ 表示 $\Phi\big|_{\eta=0}^{\xi=\xi^\circ}=0$ 的解,用 $h^{\sigma 8}$ 表示 $\Phi\big|_{\eta=0}^{\xi=1}=0$ 的解,且,

(1)当 $h \leqslant h_{\sigma 8}$ 时,所有战略顾客延迟到 t_2 期购买产品,即 $\eta^*=1$,此时原始产品均衡数量为 $\hat{q}_1^* = F^{-1}\left(1-\dfrac{w_1}{p_1}\right) - F^{-1}\left(1-\dfrac{h\rho_2}{p_2}\right) + S(1-\alpha)$,性能改进产品均衡数量为 $\hat{q}_2^* = S\alpha + F^{-1}\left(1-\dfrac{h\rho_2}{p_2}\right)$。

(2)当 $h_{\sigma 8} < h \leqslant h^{\sigma 8}$ 时,存在性能改进能力阈值 $\xi^{\nabla 8} \in (\xi^\circ, 1]$ 使得 $\Phi\big|_{\eta=0}^{\xi=\xi^{\nabla 8}}=0$,①当 $\xi > \xi^{\nabla 8}$ 时,所有战略顾客延迟到 t_2 期购买产品,即 $\eta^*=1$;②当 $\xi \leqslant \xi^{\nabla 8}$ 时,只有部分战略顾客延迟到 t_2 期购买产品,即 $\eta^* < 1$。

(3)当 $h > h^{\sigma 8}$ 时,只有部分战略顾客延迟到 t_2 期购买产品,即 $\eta^* < 1$。

注:在(2)、(3)情形下,$\hat{q}_1^*$ 与 $\hat{q}_2^*$ 由 $\bar{F}(\tilde{\omega}_3) = \dfrac{h\rho_2}{p_2}$ 与 $\bar{F}(\tilde{\omega}_2) = \dfrac{w_1}{p_1}$ 联合算出。

证明:用与命题 3.18 同样的方法,可得。

命题 3.29 表明:当模仿创新供应链 SC_2 为集中系统,现有供应链中先进

入者 M_1 提供批发价格合同时，R_1、集中系统 SC_2 与战略顾客间仍存在理性预期均衡。

3.3.4.2 M_1提供回购合同

在分散型供应链 SC_1 中，M_1 向 R_1 提供回购合同(w_1,b_1)，则 R_1 的期望利润为：

$$\prod_R^1 = pS(1-\alpha\eta)+p_1\left[L-\int_{\tilde{\omega}_3}^{\tilde{\omega}_2}F(X)\mathrm{d}X\right]+b_1\int_{\tilde{\omega}_3}^{\tilde{\omega}_2}F(X)\mathrm{d}X-w_1q_1 \quad (3.51)$$

相应地，可得下列命题：

命题 3.30 当 $\xi\geqslant\xi^\circ$并且现有供应链 SC_1 中 M_1 向 R_1 提供回购合同，模仿创新供应链 SC_2 为集中系统时，R_1、SC_2 与战略顾客间存在理性预期均衡。用 $h_{\sigma 9}$ 表示$\Phi\big|_{\substack{\xi=\xi^\circ\\ \eta=0}}=0$ 的解，用 $h^{\sigma 9}$ 表示$\Phi\big|_{\substack{\xi=1\\ \eta=0}}=0$ 的解，且

(1)当 $h\leqslant h_{\sigma 9}$ 时，所有战略顾客延迟到 t_2 期购买产品，即 $\eta^*=1$，此时原始产品均衡数量为 $\hat{q}_1^*=F^{-1}\left(1-\dfrac{w_1-b_1}{p_1-b_1}\right)-F^{-1}\left(1-\dfrac{h\rho_2}{p_2}\right)+S(1-\alpha)$，性能改进产品均衡数量为 $\hat{q}_2^*=S\alpha+F^{-1}\left(1-\dfrac{h\rho_2}{p_2}\right)$。

(2)当 $h_{\sigma 9}<h\leqslant h^{\sigma 9}$ 时，存在性能改进能力阈值 $\xi^{\nabla 9}\in(\xi^\circ,1]$使得$\Phi\big|_{\substack{\xi=\xi^{\nabla 9}\\ \eta=0}}=0$，①当 $\xi>\xi^{\nabla 9}$ 时，所有战略顾客延迟到 t_2 期购买产品，即 $\eta^*=1$；②当 $\xi\leqslant\xi^{\nabla 9}$ 时，只有部分战略顾客延迟到 t_2 期购买产品，即 $\eta^*<1$。

(3)当 $h>h^{\sigma 9}$ 时，只有部分战略顾客延迟到 t_2 期购买产品，即 $\eta^*<1$。

注：在(2)、(3)情形下，$\hat{q}_1^*$ 与 $\hat{q}_2^*$ 由式 $\bar{F}(\tilde{\omega}_3)=\dfrac{w_1-b_1}{p_1-b_1}$与 $\bar{F}(\tilde{\omega}_2)=\dfrac{h\rho_2}{p_2}$联合算出。

证明：用前面类似的方法，可以证得命题 3.30 成立。

命题 3.30 表明：当模仿创新供应链 SC_2 为集中系统，现有供应链中先进入者 M_1 提供回购合同时，R_1、集中系统 SC_2 与战略顾客间仍存在理性预期均衡。

命题 3.31 当 $\xi\geqslant\xi^\circ$并且 M_1 提供回购合同，SC_2 为集中系统时，

(1)如果 M_1 给予的回购补偿为 $b_1=p_1-\dfrac{p_1-w_1}{1-\dfrac{h\rho_1}{p_1}}$，能协调 SC_1；

(2)$\hat{q}_1^*=q_1^*$，$\hat{q}_2^*=q_2^*$，$\hat{q}_1^*+\hat{q}_2^*=q_1^*+q_2^*$。

证明：用前面相同的方法，可以证得命题 3.31 成立。

命题 3.31 表明：(1)当 SC_2 纵向协调时，先进入者 M_1 提供回购合同能协调 SC_1，此时，M_1 对 R_1 的回购补偿高于 SC_2 为分散系统时给予的补偿；(2)在这种非对称合同类型情形下，市场总体销售与利润也与 SC_1 以及 SC_2 均为集中系统情形相同。

3.3.5 分散系统与集中系统的比较

3.3.5.1 理论比较

表 3.4 比较了集中系统 SC_1 与集中系统 SC_2、分散系统 SC_1 与分散系统 SC_2、集中系统 SC_1 与分散系统 SC_2 以及分散系统 SC_1 与集中系统 SC_2 这四种情形。

表 3.4 供应合同选择对供应链间竞争结构的影响

供应合同类型		补偿数量	产品数量	能否协调 SC_i
分散系统 SC_1 分散系统 SC_2	$M_1(w_1,b_1=0)$, $M_2(w_2,b_2=0)$	——	$\hat{q}_1^*<q_1^*,\hat{q}_2^*<q_2^*$, $\hat{q}_1^*+\hat{q}_2^*<q_1^*+q_2^*$	不能
	$M_1(w_1,b_1)$, $M_2(w_2,b_2)$	b_1,b_2	$\hat{q}_1^*=q_1^*,\hat{q}_2^*=q_2^*$, $\hat{q}_1^*+\hat{q}_2^*=q_1^*+q_2^*$	能协调 SC_1 与 SC_2
	$M_1(w_1,b_1=0)$, $M_2(w_2,b_2)$	b_2	$\hat{q}_1^*<q_1^*,\hat{q}_2^*=q_2^*$, $\hat{q}_1^*+\hat{q}_2^*<q_1^*+q_2^*$	能协调 SC_2
	$M_1(w_1,b_1)$, $M_2(w_2,b_2=0)$	$b_{1\sigma}$,但是 $b_{1\sigma}<b_1$	$\hat{q}_1^*=q_1^*,\hat{q}_2^*<q_2^*$, $\hat{q}_1^*+\hat{q}_2^*<q_1^*+q_2^*$	能协调 SC_1
集中系统 SC_1	$M_2(w_2,b_2=0)$,	——	——	——
分散系统 SC_2	$M_2(w_2,b_2)$	b_2	$\hat{q}_1^*=q_1^*,\hat{q}_2^*=q_2^*$, $\hat{q}_1^*+\hat{q}_2^*=q_1^*+q_2^*$	能协调 SC_2
分散系统 SC_1	$M_1(w_1,b_1=0)$,	——	——	能
集中系统 SC_2	$M_1(w_1,b_1)$	b_1	$\hat{q}_1^*=q_1^*,\hat{q}_2^*=q_2^*$, $\hat{q}_1^*+\hat{q}_2^*=q_1^*+q_2^*$	能协调 SC_1
集中系统 SC_1 集中系统 SC_2	——	——	q_1^*,q_2^*	——

从表 3.4 中可以发现，相对于其中一条供应链为分散系统时，只要其中一条供应链为纵向联盟形成集中系统，则另一条供应链中的上游供应商必须提供更高的回退补偿才能协调其供应链。即，对于链与链之间竞争的结构，两条供应链为了竞争都会进行纵向协调，这进一步检验了如下结论的稳定性：当产

品存在纵向差异时，在供应链间竞争的结构中，各成员企业需要关注联盟与合作的重要性。

3.3.5.2 案例分析

下面以国内家电制造商海尔集团选择营销渠道为例，剖析提高性能改进能力所采用的策略以及供应链竞争型结构中合作联盟的重要性。

(1)提升性能改进能力的策略：合作创新

海尔集团通过合作产品创新，间接增强性能改进能力，以期提高其产品的性价比。具体体现在下列几方面：

①海尔与美国陶氏达成战略合作协议，提升产品性能[①]。例如，海尔“A++++冰箱”应用了陶氏带来的最新专利 Pascal 聚氨酯节能环保真空发泡技术，这项技术给冰箱节能带来突破，即日耗电仅 0.19 度，这是目前行业最低的耗电量。②海尔与新西兰斐雪派克(FPA)共同研发推出的新产品(海尔高端新品匀动力洗衣机)将在国内市场亮相[②]。③海尔与欧洲专业厨电制造商 BEST 公司的合作主要集中在共同研发绿色环保厨电产品。④海尔集团与宝钢集团签署了战略合作协议，以完善上下游供应链体系，从而联合开展家电用钢新产品、新技术研发[③]。

(2)供应链合作联盟的重要性

为了便于比较，我们把供应商韩国三星电子(Samsung)与销售商苏宁电器[④]构成的供应链称为 SC_1。2010 年 3 月 28 日，三星电子与苏宁电器签署高达 100 亿元的年度战略合作协议。更为重要的是，苏宁电器与三星电子正在实施费用结算系统的对接，并计划推进协同计划预测补货系统(CPFR)的建设，以实时掌握市场状况及准确预测需求，共享客户和订单信息，构建渠道零库存的供货系统。通过该战略联盟构建的供应链称为 SC_1。

我们把海尔集团与国美电器[⑤]构建的供应链称为 SC_2。2010 年 7 月 2 日，海尔集团与家电零售企业国美集团签署三年实现 500 亿销售规模的战略合作协议，这是截至目前我国家电业最大规模的合作项目。这种上下游企业的合作联盟创造了我国新的商业合作模式。也就是说，海尔集团与国美集团

① 海尔跨国合作再提速首发“最节能”冰箱[N]. 民营经济报，2011-3-19.

② 海尔反攻国内高端市场[N]. 广州日报，2011-3-21.

③ 宝钢与海尔签署新一轮战略合作协议[N]. 新华网，2008-12-30.

④ 苏宁与三星签百亿级战略合作协议[N]. 中国证券报，2010-3-29.

⑤ 国美与海尔签署三年 500 亿战略合作协议[N]. 天津网，2010-7-2.

的合作已经超出了传统意义上的供销关系，不再局限于短期的供销双方的利益博弈，而是在需求预测、研发、生产、销售、售后及双方优质资源互补等方面进行全面的供需链合作，从根本上推动家电制造业的产业升级和结构调整，从而提升我国家电制造业和零售业在全球的竞争力。

从三星与苏宁构建的供应链 SC_1 以及海尔与国美构建的供应链 SC_2 间的竞争来看，两条供应链都通过签署巨额销售额的战略合作协议，进行合作联盟并维护这种合作联盟的稳定性。这从实践上检验了如下理论结论的稳定性：当产品存在纵向差异时，在供应链间竞争的结构中，各成员企业需要关注联盟与合作的重要性。此外，这种合作模式还被誉为“新型上下游企业关系的转变”，即，从只关注利益分割的松散关系转变为基于利益捆绑、再分配利益的新型紧密合作关系，供应链结构从“冗余结构”转变为“简化结构”。

3.4 战略顾客行为与竞争性供应链绩效

3.4.1 问题描述

考虑供应链 A(以下简记为 SC_A)与供应链 B(以下简记为 SC_B)向市场分别销售产品 A 与产品 B，其中，SC_A 由单个制造商 M_A 与单个零售商 R_A 构成；SC_B 由单个制造商 M_B 与单个零售商 R_B 构成。参考文献[2]，假设 SC_A 与 SC_B 中的供应合同类型相同，但 SC_i 中合同参数对 $SC_j(i,j\in\{A,B\},i\neq j)$来说具有不可观测性。假设 M_i 向 R_i 提供三类供应合同：(1)批发价格合同(w_i)，其中 w_i 为批发价格；(2)销售补偿合同(w_i,u_i)，其中 u_i 表示 M_i 对 R_i 已销售的单位产品给予的补偿；(3)回购合同(w_i,b_i)，其中 b_i 表示 R_i 将未销售的产品回退给 M_i 得到的回退补偿。SC_i 的决策变量为销售价格 p_i 与存货数量 q_i。

根据顾客购买行为，把整个销售过程分为以正常价格 p_i 购买产品的提前购买期(以下简记为 EP 期)，以折扣价格 s_i 购买产品的延迟购买期(以下简记为 PP 期)。产品 i 的单位生产成本 c_i 是其性能 ρ_i 的线性函数，假设 $c_i=c\rho_i(c>0)$，$s_i<c_i<p_i$。

假设市场由大量战略顾客构成，这表明单个顾客对市场总体的影响可忽略不计。这些顾客理性预期 PP 期产品的可获得性，通过权衡在 EP 期与 PP 期中购买产品获得的期望剩余来跨期决策购买时机，以实现其期望剩余最大化。用连续随机变量 X 表示战略顾客数量，X 的分布函数与密度函数分别为

$F(\cdot)$与$f(\cdot)$,$\bar{F}(\cdot)=1-F(\cdot)$。假设所有顾客最多购买单位产品。

参考文[14～16],假设战略顾客对产品 i 的支付意愿(WTP_i)包括两部分:横向支付意愿($HWTP_i$)与纵向支付意愿($VWTP_i$),其中,$HWTP_i$表示顾客对产品 i 内在价值的支付意愿,$VWTP_i$表示顾客对产品性能的支付意愿,即

$$WTP_i=\overbrace{V-h|\omega_i-\theta|}^{HWTP_i}+\overbrace{v\rho_i}^{VWTP_i} \tag{3.52}$$

其中,$\theta(\theta\in[0,1])$表示顾客购买前对产品内在价值的理想值,ω_i 表示顾客购买后对产品 i 内在价值的实际值;h 反映顾客购买后对横向支付意愿的损失程度;v 表示顾客对产品性能的偏好程度。

战略顾客对产品 A 与 B 的支付意愿差额为:

$$|WTP_A-WTP_B|=|h(|\omega_B-\theta|-|\omega_A-\theta|)+v(\rho_A-\rho_B)| \tag{3.53}$$

从式(3.53)可得:(1)当 $\omega_A\neq\omega_B$、$\rho_A=\rho_B$时,顾客对产品 A 与 B 的横向支付意愿不同。(2)当 $\omega_A=\omega_B$、$\rho_A\neq\rho_B$时,顾客对产品 A 与 B 的横向支付意愿相同,但纵向支付意愿不同。(3)当 $\omega_A\neq\omega_B$且 $\rho_A\neq\rho_B$时,产品 A 与 B 同时存在横向与纵向差异性。

用 $\varphi=v/h$ 表示顾客偏好于产品性能与内在价值的比值。其中,(1)φ 越大表明顾客更看重产品性能,此时,产品 A 与 B 间更具有纵向差异性;(2)φ 越小则表明顾客更看重产品内在价值,此时,产品 A 与 B 间更体现出横向差异性。

假设延迟到 PP 期中购买产品的战略顾客引发等待成本 $\zeta(\zeta>0)$并面临产品缺货风险(即获得产品 i 的概率为 ξ_i)。则 $1/\zeta$ 刻画了战略顾客的等待意愿,即 ζ 越小则表明顾客对延迟购买的贴现程度(耐心程度)越高。

假设 $\omega_A\leqslant\theta\leqslant\omega_B$,这样,在 EP 期中,战略顾客购买产品 A 的剩余为 $U_{1A}=V+h(\omega_A-\theta)+v\rho_A-p_A$,购买产品 B 的剩余为 $U_{1B}=V-h(\omega_B-\theta)+v\rho_B-p_B$。令

$$\theta^{\Delta}=\frac{\omega_A+\omega_B}{2}+\frac{v(\rho_A-\rho_B)}{2h}-\frac{p_A-p_B}{2h} \tag{3.54}$$

用 N_A表示战略顾客购买产品 A 的比例,则

$$N_A=\begin{cases}1, & \text{当 } \theta<\theta^{\Delta} \text{ 时}\\ \theta^{\Delta}, & \text{当 } \theta=\theta^{\Delta} \text{ 时}\\ 0, & \text{当 } \theta>\theta^{\Delta} \text{ 时}\end{cases} \tag{3.55}$$

以下只考虑 $N_A=\theta^{\Delta}$ 的情形，此时，θ^{Δ} 部分战略顾客能够在 EP 期中购买产品 A，$N_B=1-\theta^{\Delta}$ 部分战略顾客能够在 EP 期中购买产品 B。

要使得 $0<\theta^{\Delta}<1$，则需要 p_A 与 p_B 满足如下关系：

$$\gamma-2h<p_A-p_B<\gamma \tag{3.56}$$

其中，$\gamma=h(\omega_A+\omega_B)+v(\rho_A-\rho_B)$。

用上标为"～"的变量表示信念，在 PP 期中，战略顾客获得产品 A 的概率为 $\tilde{\xi}_A=F(q_A/N_A)$，获得产品 B 的概率为 $\tilde{\xi}_B=F(q_B/N_B)$。

这样，战略顾客在 PP 期中购买产品 A 与 B 的期望剩余分别为：

$$U_{2A}=\tilde{\xi}_A[V+h(\omega_A-\theta^{\Delta})+v\rho_A-s_A]-\zeta \tag{3.57}$$

$$U_{2B}=\tilde{\xi}_B[V-h(\omega_B-\theta^{\Delta})+v\rho_B-s_B]-\zeta \tag{3.58}$$

θ^{Δ} 比例的战略顾客提前购买产品 A 的条件为：

$$U_{1A}\geqslant U_{2A} \tag{3.59}$$

$1-\theta^{\Delta}$ 比例的战略顾客提前购买产品 B 的条件为：

$$U_{1B}\geqslant U_{2B} \tag{3.60}$$

考虑 SC_i 应对战略顾客行为的两种策略：(1)降价销售策略(即存在 PP 期情形)：此时，延迟到 PP 期中购买的战略顾客能获得产品，即 $\tilde{\xi}_A>0$，$\tilde{\xi}_B>0$。SC_i 采用批发价格合同与销售补偿合同都保留了降价销售策略。(2)不降价销售策略(即不存在 PP 期情形)：SC_i 采用回购合同时，由于将 EP 期末未销售的产品回退给制造商，就消除了 PP 期。此时，延迟到 PP 期中购买的战略顾客不能获得产品，即 $\tilde{\xi}_A=\tilde{\xi}_B=0$，战略顾客退化为短视顾客，只能在 EP 期中选择购买(或不购买)产品。

3.4.2 存在 PP 期情形

存在 PP 期情形的事件顺序如下：

(1)EP 期初，M_A 向 R_A、M_B 向 R_B 提供供应合同，R_A 与 R_B 分别向战略顾客销售产品 A 与 B。战略顾客到达市场，然后选择立即购买或延迟到 PP 期中购买产品。

(2)在 PP 期，R_A 与 R_B 分别向战略顾客降价销售产品 A 与 B。当顾客需求高于产品供给时，假设采用有效配给策略，即延迟购买的战略顾客比询价顾客更具有获得产品的优先权。

(3)在 PP 期末,M_A 与 R_A、M_B 与 R_B 按照约定的供应合同,获得各自的利润。

3.4.2.1 集中系统

(1)理性预期均衡

为了便于分析,以下部分将 θ^{Δ} 简记为 θ。

不失一般性,假设 $s_A=s_B=s$,此时,SC_A 与 SC_B 的差异体现在两个方面:产品差异性与合同参数差异性。

根据式(3.59),得到 SC_A 能制定的最高价格为:

$$p_A=\frac{(1-\tilde{\xi}_A)(\eta-\tilde{p}_B/2)+\tilde{\xi}_A s+\zeta}{(1+\tilde{\xi}_A)/2} \tag{3.61}$$

其中,$\eta=V-h\dfrac{\omega_B-\omega_A}{2}+v\dfrac{\rho_A+\rho_B}{2}$。

SC_A 的期望利润为:

$$\prod\nolimits_A = p_A\Phi_A+s(q_A-\Phi_A)^+-c\rho_A q_A \tag{3.62}$$

其中,$\Phi_A=E\min(q_A,N_AX)$。

由式(3.60),得到 SC_B 可制定的最高价格为:

$$p_B=\frac{(1-\tilde{\xi}_B)(\eta-\tilde{p}_A/2)+\tilde{\xi}_B s+\zeta}{(1+\tilde{\xi}_B)/2} \tag{3.63}$$

SC_B 的期望利润为:

$$\prod\nolimits_B = p_B\Phi_B+s(q_B-\Phi_B)^+-c\rho_B q_B \tag{3.64}$$

其中,$\Phi_B=E\min(q_B,N_BX)$。

下列命题 3.32 刻画了集中系统 SC_A、SC_B 与战略顾客间的理性预期均衡。

命题 3.32 集中系统 SC_A、SC_B 与战略顾客间存在理性预期均衡:①若 $\rho_A=\rho_B$,则 SC_A 与 SC_B 的均衡销售价格相同,且

$$p_A^C=s+\frac{\zeta}{2}+\sqrt{(c\rho_A-s)(\eta|_{\rho_A=\rho_B}-s)+\frac{\zeta^2}{4}}$$

所有战略顾客提前购买,且 θ^C 比例的顾客购买产品 A,$1-\theta^C$ 比例的顾客购买产品 B,其中,$\theta^C=(\omega_A+\omega_B)/2$。

②若 $\rho_A\neq\rho_B$ 且 $\zeta=0$,SC_A 与 SC_B 的均衡销售价格 p_A^C 与 p_B^C 由如下方程组

确定：

$$\begin{cases} p_A=(p_B-s)+2\left(\eta-\dfrac{s}{2}\right)-2\dfrac{(p_B-s)^2}{c\rho_B-s} \\ p_B=(p_A-s)+2\left(\eta-\dfrac{s}{2}\right)-2\dfrac{(p_A-s)^2}{c\rho_A-s} \end{cases}$$

所有战略顾客提前购买，且 θ^C 比例的顾客购买产品 A，$1-\theta^C$ 比例的顾客购买产品 B，此时，$\theta^C=\dfrac{\gamma}{2h}-\dfrac{p_A^C-p_B^C}{2h}$。

③SC_A与SC_B的均衡存货数量分别为 $q_A^C=\theta^C\,\bar{F}^{-1}\left(\dfrac{c\rho_A-s}{p_A^C-s}\right)$与 $q_B^C=(1-\theta^C)\bar{F}^{-1}\left(\dfrac{c\rho_B-s}{p_B^C-s}\right)$。

证明：由式(3.62)可得 $\bar{F}(q_A/\tilde{\theta})=(c\rho_A-s)/(p_A-s)$，结合式(3.61)，得到 SC_A销售价格由式(3.65)确定：

$$(p_A-s-\zeta)(p_A-s)-(c\rho_A-s)\left(\eta+\frac{p_A-\tilde{p}_B}{2}-s\right)=0 \tag{3.65}$$

同样的，由式(3.64)可得 $\bar{F}\left(\dfrac{q_B}{1-\tilde{\theta}}\right)=\dfrac{c\rho_B-s}{p_B-s}$，结合式(3.63)，得到 SC_B的销售价格由式(3.66)确定：

$$(p_B-s-\zeta)(p_B-s)-(c\rho_B-s)\left(\eta+\frac{p_B-\tilde{p}_A}{2}-s\right)=0 \tag{3.66}$$

①当 $\rho_A=\rho_B$ 时，比较式(3.65)与式(3.66)，有 $p_A^C=p_B^C$，并根据(3.65)可得

$$p_A^C=s+\zeta/2+\sqrt{(w_A-s)(\eta|_{\rho_A=\rho_B}-s)+\zeta^2/4}$$

此时，$\theta^C=(\omega_A+\omega_B)/2$。

②当 $\rho_A\neq\rho_B$ 且 $\zeta=0$，整理式(3.65)，得：

$$H_1=(p_A-s)^2-(c\rho_A-s)\left[\eta+(p_A-p_B)-\frac{p_B}{2}-s\right]=0 \tag{3.67}$$

整理式(3.66)，可得：

$$H_2=(p_B-s)^2-(c\rho_B-s)[\eta+(p_B-p_A)/2-s] \tag{3.68}$$

对 H_2关于 p_A求导，得：

$$\frac{\mathrm{d}H_2}{\mathrm{d}p_A}=\frac{\partial H_2}{\partial p_A}+\frac{\partial H_2}{\partial p_B}\frac{\mathrm{d}p_B}{\mathrm{d}p_A}=\frac{c\rho_B-s}{2}\left\{1-\left[\frac{4(p_A-s)}{c\rho_A-s}-1\right]\left[\frac{4(p_B-s)}{c\rho_B-s}-1\right]\right\}$$

(A)如果$\frac{4(p_A-s)}{c\rho_A-s}<1$且$\frac{4(p_B-s)}{c\rho_B-s}<1$，则$\frac{\mathrm{d}H_2}{\mathrm{d}p_A}>0$，又 $p_A\geqslant c\rho_A$，这样，上述两个不等式不成立。

(B)如果不等式(3.69－3.71)同时成立，则$\frac{\mathrm{d}H_2}{\mathrm{d}p_A}<0$。

$$\begin{cases}4(p_A-s)/(c\rho_A-s)-1>1 & (3.69)\\ 4(p_B-s)/(c\rho_B-s)-1>1 & (3.70)\\ p_A\geqslant c\rho_A & (3.71)\end{cases}$$

求解不等式(3.69)，得 $p_A>(c\rho_A+s)/2$。

求解不等式(3.70)，得$\underline{p_A^C}\leqslant p_A\leqslant\overline{p_A^C}$，其中，

$$\underline{p_A^C}=\frac{c\rho_A+3s}{4}-\sqrt{(c\rho_A-s)\left(\eta-\frac{c\rho_B+3s}{4}\right)+\frac{(c\rho_A-s)^2}{16}}$$

$$\overline{p_A^C}=\frac{c\rho_A+3s}{4}+\sqrt{(c\rho_A-s)\left(\eta-\frac{c\rho_B+3s}{4}\right)+\frac{(c\rho_A-s)^2}{16}}$$

由于 $\max[c\rho_A,(c\rho_A+s)/2,\underline{p_A^C}]=c\rho_A$，所以，$c\rho_A\leqslant p_A\leqslant\overline{p_A^C}$能同时满足不等式(3.69～3.71)，这样，$\frac{\mathrm{d}H_2}{\mathrm{d}p_A}<0$。

计算边界条件：$\lim\limits_{p_A\to\varphi_A}H_2=(2\eta-c\rho_A-s)(2\eta-c\rho_A-c\rho_B)>0$，

运用同样方法，可得$\lim_{p_A\to\overline{p_A^C}}H_2<0$，所以，存在最优 $p_A^C(p_A^C\in(c\rho_A,\overline{p_A^C}])$满足 $H_2=0$。将 p_A^C 代入式(3.67)，可得 p_B^C。再由式(3.63)得到 p_B^C 的可行域为$(c\rho_B,p_A^C+2h-\gamma]$。通过式(3.67)，可算出 θ^C、q_A^C 与 q_B^C。证毕。

命题 3.32 表明：①若产品 A 与 B 只具有横向差异性，则集中系统 A 与 B 的最优价格相同；②若产品间同时具有横向与纵向差异性，则集中系统 A 与 B 的最优价格不同。

(2)供应链绩效比较

下列命题 3.33 显示了 $\rho_A=\rho_B$ 情形下产品差异性、顾客等待意愿对供应链绩效的影响。

命题 3.33 当 $\rho_A=\rho_B$ 时，① $\frac{\mathrm{d}\prod_A^C}{\mathrm{d}h}<0,\frac{\mathrm{d}\prod_B^C}{\mathrm{d}h}<0$；$\frac{\mathrm{d}\prod_A^C}{\mathrm{d}v}>0,\frac{\mathrm{d}\prod_B^C}{\mathrm{d}v}>0$；$\frac{\mathrm{d}\prod_A^C}{\mathrm{d}\zeta}>0,\frac{\mathrm{d}\prod_B^C}{\mathrm{d}\zeta}>0$。

② 当 $\omega_A+\omega_B>1$ 时，$\prod_A^C>\prod_B^C$；当 $\omega_A+\omega_B=1$ 时，$\prod_A^C=\prod_B^C$；当 $\omega_A+\omega_B<1$ 时，$\prod_A^C<\prod_B^C$。

证明：①根据包络定理，可得 $\frac{\mathrm{d}\prod_A^C}{\mathrm{d}h}=\frac{\partial\prod_A^C}{\partial h}<0$，运用相同的方法，可得 $\frac{\mathrm{d}\prod_B^C}{\mathrm{d}h}<0,\frac{\mathrm{d}\prod_A^C}{\mathrm{d}v}>0,\frac{\mathrm{d}\prod_B^C}{\mathrm{d}v}>0,\frac{\mathrm{d}\prod_A^C}{\mathrm{d}\zeta}>0,\frac{\mathrm{d}\prod_B^C}{\mathrm{d}\zeta}>0$。

②令 $\ell_1=\bar{F}^{-1}\left(\frac{c\rho_A-s}{p_A-s}\right),\ell_2=\int_0^{\ell_1}F(X)\mathrm{d}X$，则

$$\Phi_A=\theta^C(\ell_1-\ell_2),\Phi_B=(1-\theta^C)(\ell_1-\ell_2)$$

$$(q_A^C-\Phi_A)^+=\theta^C\ell_2,(q_B^C-\Phi_B)^+=(1-\theta^C)\ell_2,q_A^C=\theta^C\ell_1,q_B^C=(1-\theta^C)\ell_1$$

$$\prod_A^C-\prod_B^C=(\omega_A+\omega_B-1)[p_A^C(\ell_1-\ell_2)+s\ell_2-\omega_A\ell_1]$$

因为 $p_A^C(\ell_1-\ell_2)+s\ell_2-\omega_A\ell_1=\frac{\prod_A^C}{\theta^C}>0$，所以，当 $\omega_A+\omega_B>1$ 时，$\prod_A^C>\prod_B^C$；当 $\omega_A+\omega_B=1$ 时，$\prod_A^C=\prod_B^C$；当 $\omega_A+\omega_B<1$ 时，$\prod_A^C<\prod_B^C$。证毕。

命题 3.33 表明：当产品 A 与 B 间只具有横向差异性时，①由于战略顾客同时关注横向与纵向支付意愿，直接降低产品间横向差异性（h 减小）或通过增加顾客对性能的偏好程度（v 增加）来间接降低这种横向差异性，能增加 SC_A 与 SC_B 利润；②顾客等待意愿越强，延迟购买的期望剩余增加越大，这间接降低了提前购买的价值以及 SC_A 与 SC_B 的利润；③SC_A 与 SC_B 的利润关系取决于顾客购买产品 A 与 B 后对产品内在价值实际值的总和。

图 3.4 显示了产品 A 与 B 间同时存在横向与纵向差异性（$\rho_A\neq\rho_B$）对供应链绩效的影响。基本参数设置如下：$\zeta=4,c=0.5,s=2,\omega_A=0,\omega_B=1,V=8,h=2,c=0.5$，$X$ 服从均值为 100、标准差为 50 的 Gamma 分布，且，(a)中 $\rho_A=8$、$\rho_B=5$，(b)中 $\rho_A=5$、$\rho_B=8$。

注：若 $\rho_A>\rho_B$，则 SC_A 比 SC_B 更具有产品纵向差异优势，且随着 φ 的增加，该纵向差异优势更明显。

从图 3.4 可见：①产品 A 的纵向差异性越高[①]，越能增加 SC_A 的利润，但却降低了 SC_B 的利润，其原因在于：该纵向差异优势不仅放大了顾客对产品 A 的纵向支付意愿，还间接增加了横向支付意愿，使得 SC_A 能制定更高的销售价

① 在推论 1 中同时考虑 $\rho_A>\rho_B$ 与 $\rho_A<\rho_B$ 情形。

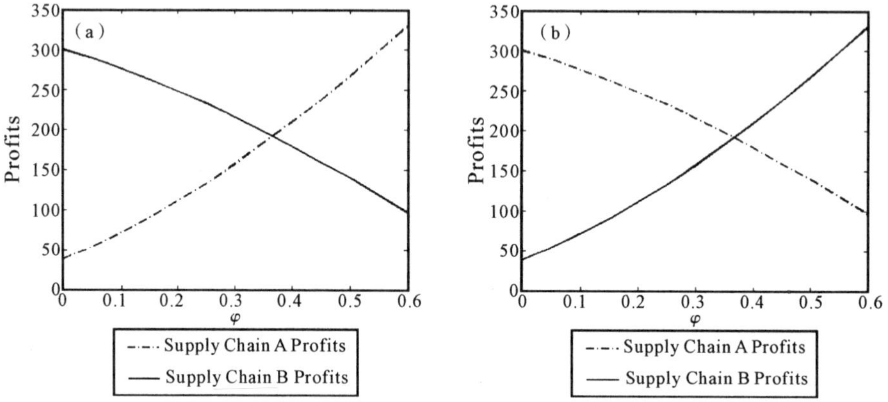

图 3.4 产品差异性与供应链利润

格，进而增加其利润。即，提升产品纵向差异优势与纵向联盟相结合能增加自身供应链绩效，却降低了竞争供应链绩效。②当 $\varphi<0.367$ 时，SC_A 的利润低于 SC_B；当 $\varphi>0.367$ 时，SC_A 的利润高于 SC_B，这进一步表明提升产品纵向差异优势对增加其供应链绩效的重要性。

基于图 3.4，可得推论 3.1。

推论 3.1 对于存在 PP 期的集中系统，若 $\rho_i>\rho_j$，①当顾客对性能与内在价值比例 φ 低于 φ^C 时，SC_i 的利润低于 SC_j；当 φ 高于 φ^C 时，SC_i 利润高于 SC_j。

3.4.3.2 分散系统

在分散系统 SC_i 中，M_i 与 R_i 间仍保持松散的利润分割关系，以各自利润最大化作为目标。销售补偿合同通过内在激励机制实现了供应链的纵向联盟，而批发价格合同由于双边际效应破坏了纵向联盟。

(1)销售补偿合同

当 M_A 向 R_A、M_B 向 R_B 均提供销售补偿合同时，R_A、R_B 能制定的最高价格与集中系统情形相等，即 $p_A^{SR}=p_A^C$，$p_B^{SR}=p_B^C$。

此时，R_A 的期望利润为：

$$\pi_{R_A}=p_A\Phi_A+s(q_A-\Phi_A)^+ +u_A\Phi_A-w_Aq_A \tag{3.72}$$

R_B 的期望利润为：

$$\pi_{R_A}=p_B\Phi_B+s(q_B-\Phi_B)^+ +u_B\Phi_B-w_Bq_B \tag{3.73}$$

命题 3.34 对于销售补偿合同，M_A给予的最优补偿为 u_A^* 时，能协调 SC_A；M_B给予的最优补偿为 u_B^* 时，能协调 SC_B，其中，

$$u_A^* = \frac{(w_A - c\rho_A)(p_A^C - s)}{c\rho_A - s}, u_B^* = \frac{(w_B - c\rho_B)(p_B^C - s)}{c\rho_B - s}$$

证明：由式(3.73)得到 R_A的最优采购数量为 $q_A^{SR} = \theta^C \bar{F}^{-1}\left(\frac{w_A - s}{p_A^C + u_A - s}\right)$，由式(3.60)得 $q_B^{SR} = (1-\theta^C)\bar{F}^{-1}\left(\frac{w_B - s}{p_B^C + u_B - s}\right)$。实现合作联盟的条件为：$q_A^{SR} = q_A^C$，$q_B^{SR} = q_B^C$。通过这两个等式，可得：$u_A^* = (w_A - c\rho_A)\frac{p_A^C - s}{c\rho_A - s}$，$u_B^* = (w_B - c\rho_B)\frac{p_B^C - s}{c\rho_B - s}$。证毕。

命题 3.34 表明：①当产品 A 与 B 间只存在横向差异性时，实现供应链纵向联盟所需的销售补偿只取决于自身供应链；②当产品间同时具有横向与纵向差异性时，自身供应链与竞争供应链共同影响纵向联盟所需的销售补偿。

(2)批发价格合同

当 M_A向 R_A、M_B向 R_B均提供批发价格合同时，R_A制定的最高价格仍可用式(3.61)表示。此时，R_A的期望利润为：

$$\pi_{R_A} = p_A\Phi_A + s(q_A - \Phi_A)^+ - w_A q_A \tag{3.74}$$

M_A的期望利润为：$\pi_{M_A} = (w_A - c\rho_A)q_A$。

R_B制定的最高价格仍可用式(3.63)表示，其期望利润为：

$$\pi_{R_B} = p_B\Phi_B + s(q_B - \Phi_B)^+ - w_B q_B \tag{3.75}$$

M_B的期望利润为：$\pi_{M_B} = (w_B - c\rho_B)q_B$。

下列命题 3.35 刻画了 R_A、R_B与战略顾客间的理性预期均衡。

命题 3.35 对于批发价格合同情形，R_A、R_B与战略顾客间存在理性预期均衡，其中，①若 $w_A = w_B$，则 R_A与 R_B销售价格相同，且

$$p_A^W = s + \frac{\zeta}{2} + \sqrt{(w_A - s)(\eta - s) + \frac{\zeta^2}{4}}$$

所有战略顾客均提前购买，且 θ^W 比例的顾客购买产品 A，$1-\theta^W$ 比例的顾客购买产品 B，其中，$\theta^W = \gamma/(2h)$。

②若 $w_A \neq w_B$ 但 $\zeta=0$，(A)R_A的均衡销售价格为 p_A^W($p_A^W \in (w_A, \overline{p_A^W}]$)，$R_B$ 的均衡销售价格为 p_B^W($p_B^W \in (w_B, p_A^W+2h-\gamma]$)；(B)所有战略顾客提前购买，$\theta^W$ 比例购买产品 A，$1-\theta^W$ 比例购买产品 B，其中，$\overline{p_A^W}=\frac{w_A+3s}{4}+\sqrt{\Delta_W+\frac{(w_A-s)^2}{16}}$，$\Delta_W=(w_A-s)\left(\eta-\frac{w_B+3s}{4}\right)$，$\theta^W=\frac{\gamma}{2h}-\frac{p_A^W-p_B^W}{2h}$

③R_A与R_B的均衡订购数量分别为：

$$q_A^W=\theta^W\,\overline{F}^{-1}\left(\frac{w_A-s}{p_A^W-s}\right)\text{与 } q_B^W=(1-\theta^W)\overline{F}^{-1}\left(\frac{w_B-s}{p_B^W-s}\right)$$

证明：运用与命题 1 类似的方法可得。

命题 3.35 表明：①如果供应链 A 与 B 合同参数相同，则 R_A与R_B的销售价格相同；如果供应链 A 与 B 存在合同参数差异性，则 R_A与R_B最优价格不同；②顾客购买产品 A 与 B 的比例受产品差异性与合同参数差异性共同影响。

图 3.5 进一步显示了合同参数差异性与产品差异性共同影响自身以及竞争供应链的绩效，其基本参数设置与图 3.4 相同，不同之处在于：(a)中 $w_A=5$、$w_B=6$，(b)中 $w_A=6$、$w_B=5$[①]。

注：若 $w_A<w_B$，SC_A比SC_B更具有合同参数优势，这也可以理解为：SC_A传递产品的效率更高。

下面分析 SC_A具有合同参数劣势的情形（见图 3.5(b)）[②]：①若 SC_A具有产品纵向差异优势，随着这种优势增强，SC_A利润增加，而 SC_B利润降低；但是，SC_A与SC_B的利润关系取决于这两种因素的组合影响。具体来说，当 $\varphi<0.197$时 SC_A的利润低于 SC_B，当 $\varphi>0.197$ 时 SC_A利润高于 SC_B，其原因在于：当产品 A 纵向差异优势较低时，合同参数劣势占主要影响，这使得顾客购买产品 A 的比例远低于 B，导致 SC_A利润更低；相反，当产品 A 纵向差异优势较高时，这种优势占主要影响，使得购买产品 A 的顾客比例大幅上升，导致 SC_A利润更高。②若 SC_A具有产品差异性劣势，SC_A利润总低于 SC_B，并且当 φ 增加到一定程度时，SC_A的利润甚至为负。

基于图 3.5，可得推论 3.2。

推论 3.2 对于批发价格合同情形，①若 $w_i>w_j$ 且 $\rho_i<\rho_j$，SC_i利润总低

---

① T1 情形：$\rho_A=5$，$\rho_B=8$；$T2$ 情形：$\rho_A=8$，$\rho_B=5$。

② 推论 2 同时考虑 SC_A具有合同参数劣势($w_A>w_B$)与优势($w_A<w_B$)的情形。

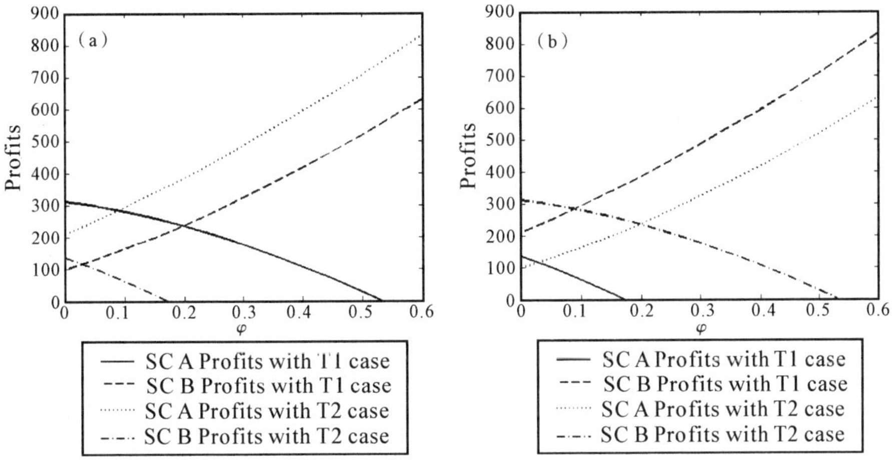

图 3.5 产品差异性与供应链利润

于 SC_j。②若 $w_i > w_j$ 且 $\rho_i > \rho_j$，则，当 $\varphi < \varphi^W$ 时，SC_i 利润低于 SC_j；当 $\varphi > \varphi^W$ 时，SC_i 利润高于 SC。

推论 3.2 显示：供应合同参数差异性与产品差异性共同影响供应链绩效。可见，提升产品性能以增加其纵向差异优势能增加其供应链的利润，但是，挖掘供应合同参数优势同样能增加供应链利润。即，通过简化供应链向市场快速提供高性能产品能发挥供应合同参数与纵向差异性的组合优势。

3.4.4 不存在 *PP* 期情形

3.4.4.1 集中系统

不存在 *PP* 期情形的事件顺序与存在 *PP* 期情形总体相同，不同之处在于：此时，战略顾客退化为短视顾客，在 *EP* 期只有两种选择：立即购买(或不购买)产品。集中系统 SC_A 制定的最高价格为：

$$p_A = 2\eta - \tilde{p}_B \tag{3.76}$$

其中，$\eta = V - h\dfrac{\omega_B - \omega_A}{2} + v\dfrac{\rho_A + \rho_B}{2}$。

集中系统 SC_A 的期望利润为：

$$\prod\nolimits_A = p_A E\ \min(q_A, N_A X) - c\rho_A q_A \tag{3.77}$$

集中系统 SC_B 能制定的最高价格为：

$$p_B=2\eta-\tilde{p}_A \tag{3.78}$$

集中系统 SC_B 的期望利润为：

$$\prod_B = p_B E\min(q_B, N_B X) - c\rho_B q_B \tag{3.79}$$

比较式(3.76)与式(3.77)，SC_A 与 SC_B 的最优销售价格(p_A^{NC}，p_B^{NC})满足如下关系：

$$\begin{cases} p_A^{NC}+p_B^{NC}=2\eta \\ \gamma-2h<p_A^{NC}-p_B^{NC}<\gamma \end{cases} \tag{3.80}$$

从式(3.80)可见，不存在唯一的最优销售价格对(p_A^{NC}，p_B^{NC})。也就是说，消除 PP 期情形下 SC_A、SC_B 与战略顾客间存在多理性预期均衡。

假设 $p_A^{NC}=\beta\eta(\beta_\Delta<\beta<\beta^\Delta)$，其中，$\beta$ 反映了集中系统 A 对销售价格的议价能力，此时 $p_B^{NC}=(2-\beta)\eta$，其中，$\beta_\Delta=1+(\gamma-h)/(2\eta)$，$\beta^\Delta=1+\gamma/(2\eta)$。

下列引理 3.15 反映了产品差异性对销售价格上下限的影响。

引理 3.15 (1)若 $\rho_A=\rho_B$，①$\frac{d\beta^\Delta}{dv}<0$；②若 $\omega_A+\omega_B>1$，$\frac{d\beta_\Delta}{dv}>0$；若 $\omega_A+\omega_B=1$，$\frac{d\beta_\Delta}{dv}=0$；若 $\omega_A+\omega_B<1$，$\frac{d\beta_\Delta}{dv}<0$。

(2)若 $\rho_A<\rho_B$，则，①$\frac{d\beta^\Delta}{dv}<0$；②当 $\omega_A+\omega_B\leqslant1$ 时，$\frac{d\beta_\Delta}{dv}<0$。

证明：令 $\beta_\Delta=1+\frac{(\gamma-h)}{2\eta}$，$\beta^\Delta=1+\frac{\gamma}{2\eta}$，则

$$\frac{d\beta^\Delta}{dv}=\frac{(\rho_A-\rho_B)\eta-\gamma(\rho_A+\rho_B)}{2\eta^2},$$

$$\frac{d\beta_\Delta}{dv}=\frac{(\rho_A-\rho_B)\eta-(\gamma-h)(\rho_A+\rho_B)}{2\eta^2}$$

其中，$\gamma-h=h(\omega_A+\omega_B-1)+v(\rho_A-\rho_B)$。(1)若 $\rho_A=\rho_B$，①$\frac{d\beta^\Delta}{dv}<0$；②当 $\omega_A+\omega_B>1$ 时，$\frac{d\beta_\Delta}{dv}>0$；当 $\omega_A+\omega_B=1$ 时，$\frac{d\beta_\Delta}{dv}=0$；当 $\omega_A+\omega_B<1$ 时，$\frac{d\beta_\Delta}{dv}<0$；(2)若 $\rho_A<\rho_B$，则，①$\frac{d\beta^\Delta}{dv}<0$；②当 $\omega_A+\omega_B\leqslant1$ 时，$\frac{d\beta_\Delta}{dv}<0$。证毕。

引理 3.15 表明：SC_A 与 SC_B 能分割销售总价格(2η)的议价能力上限与下限取决于产品差异性。

引理 3.16 对于消除 PP 期情形，(1)所有战略顾客提前购买产品，其

中，θ^{NC}比例的顾客购买产品 A，$1-\theta^{NC}$比例的顾客购买产品 B；(2) SC_A与 SC_B 的均衡存货数量分别为 $q_A^{NC}=\theta^{NC}\bar{F}^{-1}[c\rho_A/(\beta\eta)]$与 $q_B^{NC}=(1-\theta^{NC})\bar{F}^{-1}[c\rho_B/(2-\beta)\eta]$，其中，

$$\theta^{NC}=\frac{\gamma}{2h}-\frac{(\beta-1)\eta}{h}$$

证明：由式(3.77)可得 $\bar{F}(q_A/\tilde{\theta})=c\rho_A/p_A$，由式(3.79)可得 $\bar{F}[q_B/(1-\tilde{\theta}]=c\rho_B/p_B$，这样，$SC_A$与 SC_B的存货数量分别为 $q_A^{NC}=\theta^{NC}\bar{F}^{-1}[c\rho_A/(\beta\eta)]$与 $q_B^{NC}=(1-\theta^{NC})\bar{F}^{-1}[c\rho_B/(2-\beta)\eta]$，其中，$\theta^{NC}=\gamma/(2h)-(\beta-1)\eta/h$。证毕。

3.4.4.2 供应链绩效比较

命题 3.36 假设 $X\sim U(0,\bar{X})$，存在由 $\prod_A^{NC}=\prod_B^{NC}$ 确定的阈值 β^*，满足，① 当 $\beta_\Delta<\beta<\beta^*$ 时，SC_A 利润高于 SC_B，即 $\prod_A^{NC}>\prod_B^{NC}$；② 当 $\beta^*<\beta<\beta^\Delta$ 时，SC_A 利润低于 SC_B，即 $\prod_A^{NC}<\prod_B^{NC}$。

证明：假设 $X\sim U(0,\bar{X})$，由式(3.70)与式(3.72)可得：

$$\prod_A^{NC}=\frac{\bar{X}}{2}\frac{\theta^{NC}}{p_A^{NC}}(p_A^{NC}-c\rho_A)^2,\prod_B^{NC}=\frac{\bar{X}}{2}\frac{(1-\theta^{NC})}{p_B^{NC}}(p_B^{NC}-c\rho_B)^2$$

$$\lim_{\beta\to\beta_\Delta}\prod_A^{NC}=\bar{X}\frac{(\eta+\gamma/2-h-c\rho_A)^2}{2\eta+\gamma-2h}>0,\lim_{\beta\to\beta_\Delta}\prod_A^{NC}=0,\lim_{\beta\to\beta_\Delta}\prod_B^{NC}=0$$

$$\lim_{\beta\to\beta_\Delta}\prod_B^{NC}=\bar{X}\frac{(\eta+\gamma/2-c\rho_B)^2}{2\eta+\gamma}>0$$

由于 $\prod_A^{NC}$ 与 $\prod_B^{NC}$ 在 $\beta\in[\beta_\Delta,\beta^\Delta]$ 上具有连续性，所以存在 β^* 满足 $\prod_A^{NC}=\prod_B^{NC}$。且当 $\beta<\beta^*$ 时，$\prod_A^{NC}>\prod_B^{NC}$；当 $\beta>\beta^*$ 时，$\prod_A^{NC}<\prod_B^{NC}$。证毕。

图 3.6 显示了消除 PP 期情形下产品差异性对供应链绩效的影响。基本参数设定与图 3.4 相同，但，$\rho_A=5$，$\rho_B=8$。

下面只分析 SC_A具有产品纵向差异劣势的情形(即 $\rho_A<\rho_B$)：随着产品 A 纵向差异劣势越明显($\varphi=0.1\to0.4\to0.7$)，①SC_A销售价格分别为 0.988η、0.9η、0.864η 时，SC_A与 SC_B利润均相等，可见，SC_A销售价格呈递减趋势；②若 SC_A降低销售价格(即 β 减少)，产品 A 的合同参数优势增加；③SC_A与 SC_B 利润关系取决于这两种差异性的组合影响，具体来说，随着顾客更看重产品性能，SC_A降低较小幅度的销售价格，不仅能增加 SC_A利润，还能增加 SC_B利润，也就是说，竞争供应链提升产品性能以增加其产品纵向差异性，同样增加自身供应链绩效。

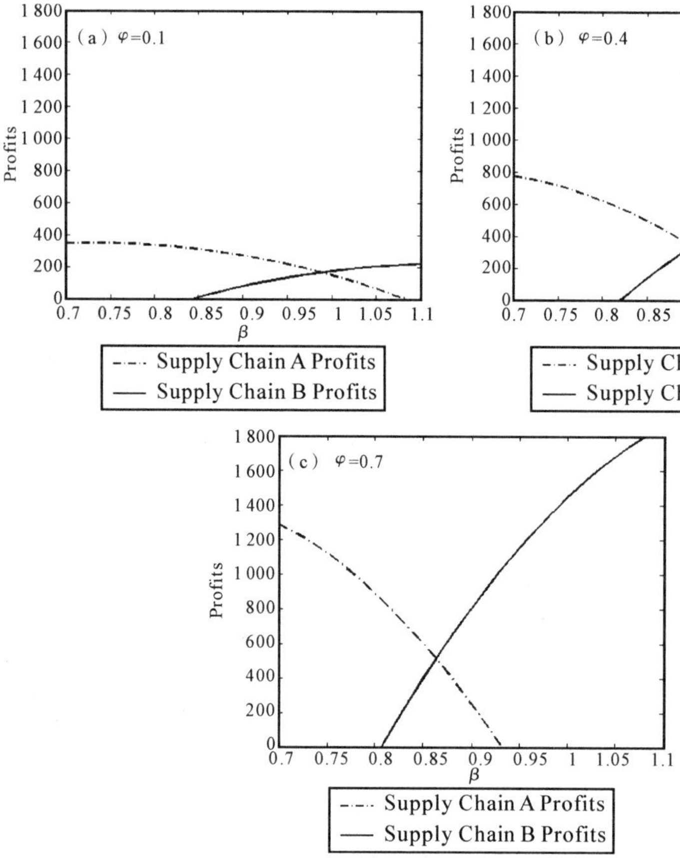

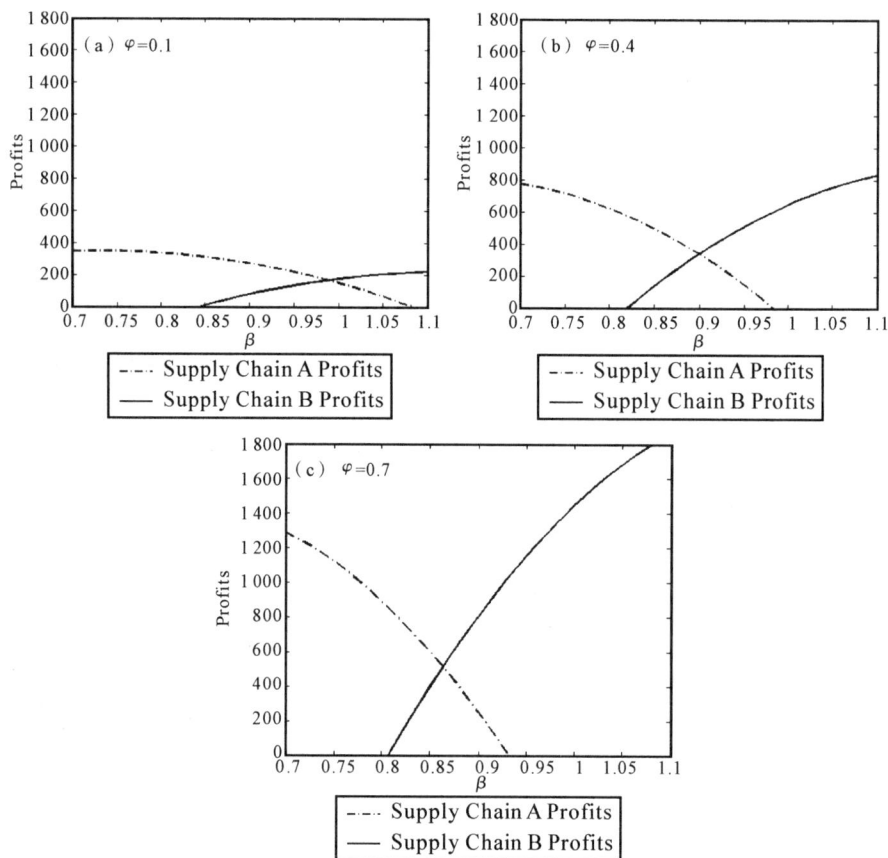

图 3.6　产品差异性与供应链利润

比较图 3.4 与图 3.6，发现：①存在 PP 期情形下，SC_A 与 SC_B 都存在供应链内的纵向联盟，但供应链间存在价格竞争，这使得提升产品纵向差异优势能增加自身的供应链绩效，但却降低了竞争供应链的绩效；②消除 PP 期情形下，SC_A 与 SC_B 不仅存在供应链内的纵向联盟，而且供应链间还存在横向销售价格联盟，这两类不同联盟相结合使得提升产品纵向差异优势不仅能增加自身的供应链绩效，还能增加竞争供应链的绩效。

3.4.4.2 回购合同

当 M_A 向 R_A、M_B 向 R_B 均提供回购合同时，R_A、R_B 能制定的最高价格与集中系统情形均相等，即 $p_A^{BB}=p_A^{NC}$，$p_B^{BB}=p_B^{NC}$。

此时，R_A 的期望利润为：

$$\pi_{R_A} = p_A\Phi_A + b_A\ (q_A - \Phi_A)^+ - w_A q_A \tag{3.74}$$

R_B的期望利润为：

$$\pi_{R_B} = p_B\Phi_B + b_B\ (q_B - \Phi_B)^+ - w_B q_B \tag{3.75}$$

命题 3.37 对于回购合同情形，当 M_A 给予的回退补偿为 b_A^* 能协调 SC_A，M_B给予的回退补偿为 b_B^* 能协调 SC_B，其中，

$$b_A^* = \frac{(w_A - c\rho_A)\beta\eta}{\beta\eta - c\rho_A}, b_B^* = \frac{(w_B - c\rho_B)(2-\beta)\eta}{(2-\beta)\eta - c\rho_B}$$

证明：由式(3.74)得到，R_A的最优订购数量为 $q_A^{BB} = \theta^{NC}\overline{F}^{-1}[(w_A - b_A)/(\eta - b_A)]$，由式(3.75)得到，$q_B^{BB} = (1-\theta^{NC})\overline{F}^{-1}[(w_B - b_B)/(\eta - b_B)]$。要实现合作联盟，则要求 $q_A^{BB} = q_A^{NC}$，$q_B^{BB} = q_B^{NC}$。通过这两个等式，可得 M_A 给予的最优补偿为 $b_A^* = (w_A - c\rho_A)\beta\eta/(\beta\eta - c\rho_A)$，$M_B$ 给予的最优补偿为 $b_B^* = (w_B - c\rho_B)(2-\beta)\eta/[(2-\beta)\eta - c\rho_B]$。证毕。

命题 3.37 表明：供应链中合作联盟所需的最优回退补偿不仅取决于自身供应链，还取决于竞争性供应链。

总之，本节通过研究结论表明：①当产品间只存在横向差异性时，合作联盟反而降低了供应链绩效，即销售补偿合同下的供应链利润低于批发价格合同情形；②当产品间同时存在横向与纵向差异性时，供应合同类型、供应合同参数以及产品性能共同影响供应链绩效；③顾客等待成本越高更能增加供应链绩效。总的来说，基于利益捆绑的战略合作联盟只有结合提升产品性能以增加产品纵向差异优势更能提高自身供应链的绩效，这也为供应链间竞争与合作提供了新型策略。

公开问题

基于本章内容，还有许多需要进一步深化：(1)本章只从模仿创新者选择营销渠道的角度研究了存在战略顾客时模仿创新对供应链绩效的影响，比较原始创新者与模仿创新者同时选择营销渠道(如电子渠道与实体渠道)的竞争与合作关系，更能揭示战略顾客行为、产品创新、营销渠道选择与供应链绩效间的内在关系。(2)研究战略顾客对电子渠道具有学习效应对模仿创新供应链协调的影响，同时存在电子渠道与实体渠道的模仿创新供应链绩效的改进机制，基于多营销渠道的模仿创新产品扩散等对揭示模仿创新本质更有现实

与理论意义。(3)本章重点关注了模仿创新者的性能改进能力，总的来说，性能改进能力设计可通过内部提升与外部合作提升两种方式，本章未对这两种机制进行研究，但是，性能改进知识获取与合作历史对合作性能改进存在很大影响，同时重点关注这两种提升性能改进能力的途径更有利于揭示模仿创新对供应链绩效影响的本质。(4)研究同时存在战略顾客、短视顾客、询价顾客等多种购买行为对竞争性供应链绩效以及合作联盟稳定性的影响。(5)比较其他供应合同(数量折扣合同、收益共享合同、菜单式合同)下，战略顾客行为对竞争性供应链协调的价值。(6)研究战略顾客行为对供应商竞争性供应链(由多供应商与单销售商构成)绩效的影响，对揭示战略顾客(理性顾客)行为与供应链绩效间内在关系也有现实与理论意义。

注 释

[1]Ha Albert, Tong Shilu. Contracting and information sharing under supply chain competition[J]. Management Science, 2008, 54(4): 701—715.

[2]Ha Albert, Tong Shilu, Zhang Hongtao. Sharing demand information in competing supply chains with production diseconomies[J]. Management Science, 2011, 57(3): 566—581.

[3]艾兴政，马建华，唐小我. 不确定环境下链与链竞争的纵向联盟与收益共享[J]. 管理科学学报，2010，13(7)：1—8.

[4]李娟，黄培清，顾锋，陈国庆. 基于供应链间品牌竞争的库存管理策略研究[J]. 管理科学学报，2009，12(3)：71—76，101.

[5]鲁其辉，朱道立. 质量与价格竞争供应链的均衡与协调策略研究[J]. 管理科学学报，2009，12(6)：56—64.

[6]Chen F Y, Yano C A. Improving supply chain performance and managing risk under weather-related demand uncertainty[J]. Management Science, 2010, 56(8): 1380—1397.

[7]Foros, Hagen K, Jarle Kind H. Price-dependent profit sharing as a channel coordination device[J]. Management Science, 2009, 55(8): 1280—1291.

[8]Raju J, Zhang Z J. Channel coordination in the presence of a dominant retailer[J]. Marketing Science, 2005, 24(2): 254—262.

[9]Katok E, Wu D Y. Contracting in supply chains: a laboratory investigation[J]. Management Science, 2009, 55(12): 1953—1968.

[10]杜少甫，杜婵，梁樑，刘天卓. 考虑公平关切的供应链契约与协调[J]. 管理科学学报，2010，13(11)：41—48.

[11]计国君，杨光勇. 顾客体验之于新产品供应链协调的影响[J]. 管理科学学报，

2011,14(11):10－18.

[12]汪贤裕,肖玉明.基于返回策略与风险分担的供应链协调分析[J].管理科学学报,2009,12(3):65－70.

[13]姚忠.风险约束下退货合同对供应链的协调性分析[J].管理科学学报,2008,11(3):96－105.

[14]Shulman J,Coughlan A,Canan Savaskan R. Managing consumer returns in a competitive environment[J]. Management Science,2011,57(2):347－362.

[15]Bohlman J D,Golder P N,Mitra D. Deconstructing the pioneer's advantage:Examining vintage effects and consumer valuations of quality[J]. Management Science,2002,48(9):1175－1195.

[16]Porteus E L,Shin H,Tunca T I. Feasting on leftovers:Strategic use of shortages in price competition among differentiated products[J]. Manufacturing and Service Operation Management,2010,12(1):140－161.

第4章

战略顾客行为下供应商间竞争性结构

从供应链竞争层面看，供应链中的供应商间竞争大量存在，特别是这种竞争是由模仿创新者的营销渠道选择驱动的。

本章主要研究后进入者 M_2 通过选择公共营销渠道（即销售商 R_1）销售性能改进产品形成的供应商间竞争型供应链 SC_S。此时，竞争格局由不存在模仿创新的序贯供应链 SC_O 内部竞争与协调演变为两个供应商和单销售商构成的供应链 SC_S 内部竞争与协调。例如，2009 年 4 月，联想（Lenovo）与国内 IT 连锁零售商宏图三胞签署了直供协议，之后东芝（Toshiba）也与宏图三胞进行了战略供应合作；2009 年 7 月，惠普（HP）与连锁零售商苏宁电器签署直供协议，随后苏宁电器又成为联想（Lenovo）的直供渠道①。这两个案例也反映出家电行业的新型格局为供应商间竞争型结构。

通过对批发价格合同与回购合同的不同组合，我们考虑下列四类情形：对称批发价格合同、对称回购合同、M_1 提供批发价格合同而 M_2 提供回购合同、M_1 提供回购合同而 M_2 提供批发价格合同。

4.1 产品创新有关研究现状

与本章相关的研究主要体现在供应链内部多上游企业之间的竞争、新产品引入与策略，下面就从这两个方面对国内外研究进行梳理，进而提出本章的研究问题。

---

① 袁东海. 直供改变 IT 零售格局[J]. 电脑商报，2009，34：4.

4.1.1 供应链内多上游企业之间的竞争研究

这方面的研究主要包括：Cachon 等[1]研究了两个横向竞争性制造商通过一个公共零售商销售产品的供应链。该文献主要关注外部环境对单个企业产能决策的影响，该文献还涉及战略顾客行为与模仿者等关系问题；Jiang 等[2]研究了分散型组装供应链中，相互独立的供应商向组装商提供互补的组件，组装商将这些组件组装成成品然后销售。研究发现，供应商面临的直接竞争有助于提高组装商以及供应渠道中其他供应商的绩效；组装商更希望与生产不同组件的供应商进行联合而不是供应商通过直接竞争进行联合。本章也研究供应商间竞争的供应链，但这种竞争是由模仿创新者的营销渠道选择驱动的。

4.1.2 新产品引入策略研究

为了便于分析，把先引入产品者称为创新者，后引入产品者称为模仿者。

(1)创新者的决策行为

创新者首先引入新产品，可能吸引模仿者进入市场，创新者应该采用包容、忽略还是抵制模仿者，这类文献主要有：Sun 等[3]考虑了创新者进入新兴市场的技术转移问题，进入新兴市场虽能利用当地廉价的劳动力降低生产成本，但同时吸引了模仿者。结论表明创新者阻止模仿者进入市场有两种策略：通过保留绝大部分组件在国内生产的构建障碍战略(barrier-erecting strategy)与转移足够组件在新兴市场生产的市场攫取战略(market-grabbing trategy)。同时发现，当市场潜力巨大时，模仿者的原始模仿对创新者是有利的，该文献假设产品不存在纵向差异(未涉及产品性能差异)，也未考虑战略顾客行为。Mccann 等[4]运用聚集理论(agglomeration theory)，发现模仿者进入市场也给创新者提供潜在机会，即创新者在面对聚集收益明显高于竞争效应的模仿者时，能制定更高的价格。Porteus 等[5]研究了两个产品质量不同的企业向异质顾客销售产品的模型，认为创新领导者从剩余需求均衡(leftovers equilibrum)获益的程度取决于这两个企业的产能水平与顾客到达顺序。本章将研究创新者的决策行为，但以供应链为出发点，而且考虑了同时存在购买行为异质的多种顾客等情形。

(2)研究模仿者的决策行为

已有文献主要研究模仿者采用何种策略来应对创新者，包括：Ethiraj 等[6]对医药行业的实证研究，发现模仿者对创新者产品进行改进从而提高产品性能，能在市场份额方面超过创新者；朱秀梅[7]发现企业潜在吸收能力和现实吸收能力与企业创新绩效存在正相关，且吸收能力调节知识溢出与企业创新绩效的关系。这些文献主要从模仿者的角度来研究，本章也考虑了性能改进导致的产品纵向差异性，但关注的重点是不同营销渠道下这种性能改进能力对模仿创新供应链绩效的影响。

(3)从其他视角研究新产品引入

已有研究主要包括：Bhaskaran 等[8]把研发成本共享以及研发工作共享分别称为投资共享以及创新共享，成本共享与努力共享机制与企业间的收入共享的程度与研发项目类型存在弱交互，研究发现，投资共享对于具有明显时机不确定性的全新产品更有吸引力；创新共享在以下情形更有利，即项目已经历了产品质量不确定，企业在产能上相似。Plambeck 等[14]考虑了电子产品废弃规制对新产品引入速度的影响，研究发现，当新产品引入的频率较低时，电子产品废弃物减少，即使排除环境收益，社会福利也将增加；现有的按销售数量征收费用(fee-upon-sale)的电子产品废弃物规制不能刺激制造商在设计产品时考虑再循环，而按丢弃数量征收费用(fee-upon-disposal)的废弃物规制能激励制造延伸生产者责任，但这种规制又加速了新产品的引入。Song 等[9]考察了促销策略在提高顾客接受创新产品方面的有效性，研究发现，直接向顾客促销比向顾客赠送同样的优惠券更有成效；同时还发现，直接把体验属性告知顾客的促销比向顾客提供明白体验属性的机会的促销更有优势。黄玮强等[10]发现在止网络外部性及消费者同质情形下，在一定的临界采纳比例区域内最优赠样方案的产品扩散效果优于随机赠样方案，该区域内网络平均度越大产品扩散的速度越快，网络的异构程度则与产品成功扩散的难易和扩散速度无关。在消费者异质情形下，新产品推广企业可以寻找到使产品成功扩散的最优赠样方案。同时具有正负网络外部性时，最优赠样方案与随机赠样方案实施效果无显著差异；最优赠样目标平均度大于网络的平均度。Novak 等[11]分析了汽车研发中纵向集成决策的互补性，研究发现，如果协调努力相互独立，并且纵向集成有利于更高层次的协调努力，就出现了契约性互补；有效协调可能要求揭示私有交易秘密，由外部供应商的获取潜力诱导纵向集成选择的互补性。研究结果表明：产品研发契约互补性是纵向集成选择的重要动因，这种互补性在协调难度很大，并且难以监控情形的价值最大。上述文献多从流程、单个企业研究新产品引入，本章从整个供应链视角关注新产品引入，同时还考虑了需求端的战略顾客等情形。

也有学者从供应链的角度研究产品创新，包括，Taylor 等[12]考虑了研发创新性产品的公司，由于市场压力、生产必须在产品研发结束的较短时间内进行,这需要供应商提前对产能进行投资。研究发现,公司可以采用关系合同(即非正式合同)来间接监控供应商的产能投资。该文献未考虑不对称信息下的关系合同设计。葛泽慧等[13]考虑了供应链内联合研发与产销竞争共存时的企业策略及谈判能力、技术溢出等因素的影响。研究发现,即使在较低的技术共享水平下,供应链内联合研发仍具有较高的投资水平和生产规模;在伙伴选择过程中,与自己谈判能力相近的企业进行联合是最优的,但只有在整体协调能力较强时,联盟才能具有较高的技术共享水平。该文献研究了供应链内合作创新,但未涉及供应端的模仿者与需求端的战略顾客等情形。

4.2 战略顾客理性购买决策问题描述

4.2.1 问题描述

考虑供应商间竞争型供应链 SC_S 由两个供应商 M_1、M_2 和单公共销售商 R_1 构成,涉及三个利益冲突的产权主体。M_1 与 M_2 之间的竞争,不仅体现在产品类型的纵向差异上,还体现在向公共销售商 R_1 提供的补偿机制上。由于 M_1 和 M_2 均向 R_1 供应各自产品,以下分析去掉 R_1 的下标,简记为 R。

本章同样考虑批发价格合同与回购合同。如果 M_1 和 M_2 向 R 提供的合同类型相同,称为"对称合同选择";相反,如果 M_1 和 M_2 向 R 提供的合同类型不同,则称为"非对称合同选择"。为了简化分析,本章只研究公共销售商 R 同时销售两种产品的情形,即,R 同时销售原始产品和性能改进产品获得的期望利润总是高于销售这两种产品的任何其中一种所得到的期望利润,这种假设也用于 Cachon 等[1]的研究中。假设原始产品的销售价格不随时间发生变化,即 t_1 期的销售价格 p 与 t_2 期的销售价格 p_1 相同($p=p_1$)。

在 SC_S 结构中,事件顺序假设如下:(1)在 t_1 期,M_1 向 R 提供补偿方案(w_1,b_1)①,R 向战略顾客和短视顾客销售原始产品;短视顾客始终在 t_1 期购买产品,战略顾客中有 η 比例的顾客延迟到 t_2 期购买产品。(2)在 t_2 期,M_2 向 R 提供补偿方案(w_2,b_2)②。公共销售商 R 向延迟购买的战略顾客和新到达顾客同时销售两种纵向差异化产品,即原始产品与性能改进产品。同样的,假

---

① 如果 $b_1=0$,补偿方案为批发价格合同;如果 $b_1>0$,补偿方案为回购合同。

② 如果 $b_2=0$,补偿方案为批发价格合同;如果 $b_2>0$,补偿方案为回购合同。

设性能改进产品的销售价格为 p_2。(3)R 根据 M_1 与 M_2 的补偿方案，在 t_2 期末，将未销售产品回退给 M_1 与 M_2，并获得相应回退补偿。

先对下面所涉及的变量进行说明：用上标“C”表示集中系统，用上标“D”表示分散系统。而且，(1)当 SC_S 结构为分散系统时，用 π_R^1 表示 R 销售原始产品获得的收益，π_R^2 表示 R 从性能改进产品中获得的收益，则 $\pi_R = \pi_R^1 + \pi_R^2$ 表示 R 的总收益，$\prod_R$ 表示 R 的总期望利润；π_{M_1} 表示 M_1 的期望利润，π_{M_2} 表示 M_2 获得的期望利润，则 $\prod_{SC}^D = \prod_R + \pi_{M_1} + \pi_{M_2}$ 表示分散系统总利润。(2) 当 SC_S 结构为集中系统时，用 $\prod_{SC}^C$ 表示集中系统总利润。

4.2.2 战略顾客理性购买决策

在 t_2 期，延迟购买的战略顾客和新达到顾客都倾向于先购买性价比更高的产品，但面临缺货风险。当同时存在原始产品和性能改进产品时，战略顾客根据期望剩余理性选择产品类型，这可以看成是一种间接的销售商努力(retail effort)。此与 Krishnan 等[15]研究的销售商努力存在明显差异，在该文中，销售商同时销售由两个供应商提供的横向差异化产品，为了获得更高的总体利润，通过人为努力诱导顾客选择产品类型，即当一种产品短缺、另一种产品过剩时，销售商就会诱导顾客购买过剩产品，该文献未涉及战略顾客与产品存在纵向差异；而本章以理性预期均衡为分析基础，顾客选择何种产品类型只与产品性价比和产品可获得性有关，未涉及销售商的明显人为努力。

从第二章可知，$\xi^\circ = \frac{\rho_1(p_2 - \lambda p_1)}{\theta p_1}$，并且，(1)当 $\xi \geqslant \xi^\circ$ 时，$r_1 \leqslant r_2$；(2)当 $\xi < \xi^\circ$ 时，$r_1 > r_2$。为了使得 $\xi^\circ > 0$，必须 $\frac{p_2}{p_1} > \lambda$ 成立。

(1)性能改进产品性价比更低情形

当性能改进产品性价比比原始产品更低(即 $\xi < \xi^\circ$)时，并且，①延迟到 t_2 期的战略顾客也倾向于优先购买原始产品；②由于原始产品销售价格不随时间发生变化(即 $p = p_1$)，战略顾客在 t_1 期与 t_2 期购买原始产品获得的剩余相同，但 t_1 期产品可获得性更高。结合①与②，战略顾客总是在 t_1 期购买原始产品，即 $\eta^* = 0$，此时，战略顾客不表现出等待行为，其购买行为与短视顾客相同。

(2)性能改进产品性价比更高情形

当模仿创新产品性价比比原始产品更高(即 $\xi \geqslant \xi^\circ$)时，战略顾客在 t_1 期与

t_2期购买原始产品获得的剩余相同，但 t_1 期产品可获得性更高，所以，延迟到 t_2期的战略顾客不会购买原始产品，将从创新者产品转向购买性能改进产品。这样，战略顾客从原始产品转向购买性能改进产品的数量为 $S\alpha\eta$，t_2期总需求则为转移的战略顾客数量 $S\alpha\eta$ 和新到达顾客数量 X 之和，即 $S\alpha\eta+X$；而 t_2期总供给为 $L+q_2$，其中 $L=q_1-S(1-\alpha\eta)$表示 t_1期末原始产品的剩余数量。

虽然战略顾客延迟到 t_2期购买性能改进产品能获得更高的性价比，却面临性能改进产品缺货的风险。而且，①当 $X\leqslant q_2-S\alpha\eta$ 时，说明 t_2期性能改进产品供给大于总需求，则所有顾客都能获得性能改进产品；②当 $q_2-S\alpha\eta<X\leqslant q_2-S\alpha\eta+L$ 或 $X>q_2-S\alpha\eta+L$ 时，这说明 t_2期性能改进产品供给小于总需求，则顾客获得产品的概率小于 1。

这样，战略顾客在 t_2期购买性能改进产品的期望剩余为：

$$U_2=\left[F(q_2-S\alpha\eta)+\int_{q_2-S\alpha\eta}^{+\infty}\frac{q_2\mathrm{d}F(X)}{S\alpha\eta+X}\right](v\rho_2-p_2) \tag{4.1}$$

相应地，战略顾客在 t_1期购买原始产品的期望剩余为：

$$U_1=v\rho_1-p_1 \tag{4.2}$$

战略顾客权衡 t_1期购买原始产品获得的期望剩余与 t_2期购买模仿创新产品获得的期望剩余来决定是否等待并转向购买模仿者的产品，即在 t_1期与 t_2期购买产品的无差异条件为：

$$U_1-U_2=0 \tag{4.3}$$

下面先分析性能改进产品性价比比原始产品更低的情形，接着分析改进产品性价比比原始产品更高的情形。

4.3 性能改进产品性价比更低情形

4.3.1 集中系统

4.3.1.1 理性预期均衡

假设集中系统 SC_S中，M_i与 R 之间不存在转移支付，并以供应链总体利润最大化作为各自目标。先给出下列要用到的定义：

定义 4.1 集中系统 SC_S与战略顾客间的理性预期均衡（q_1^*，q_2^*，η^*）需

满足如下条件：

(1)给定信念 $\tilde{\eta}$，原始产品和性能改进产品的最优数量为：

$$(q_1^*, q_2^*) \in arg\ \max_{(q_1, q_2)} \prod_{SC}^{C}(q_1, q_2, \tilde{\eta})$$

(2)给定信念$(\tilde{q}_1, \tilde{q}_2)$，战略顾客延迟到 t_2 期购买的最优比例为：

$$\eta^* \in \eta^*(\tilde{q}_1, \tilde{q}_2, \eta)$$

(3)信念与均衡活动一致，即满足：$\eta^* = \tilde{\eta}$，$q_1^* = \tilde{q}_1$，$q_2^* = \tilde{q}_2$。

其中，$\prod_{SC}^{C}(q_1, q_2, \tilde{\eta})$ 表示在给定战略顾客转移比例的信念下，集中系统的期望利润。

当 $\xi < \xi^0$ 时，t_1 期末原始产品的剩余数量为 $L = q_1 - S$，t_2 期总供给为 $L + q_2$；而 t_2 期需求量为新到达顾客数量 X。在这种情形下，t_2 期新到达顾客也是先购买原始产品。这样，存在三类情形：(1)若 $X \leqslant L$，则性能改进产品的销售量为 0，而原始产品的销售量为 X；(2)若 $L < X \leqslant L + q_2$，则性能改进产品的销量为 $X - L$，而原始产品的销售量为 L；(3)若 $X > L + q_2$，则所有性能改进产品 q_2 与原始产品 L 都能销售。

在集中系统中，销售原始产品的收益 R_{SC}^1 满足：

$$\begin{aligned} R_{SC}^1 &= p_1 S + p_1 \int_0^{q_1 - S} X \mathrm{d}F(X) + p_1 (q_1 - S) \overline{F}(q_1 - S) \\ &= p_1 \left[q_1 - \int_0^{q_1 - S} F(X) \mathrm{d}X \right] \end{aligned} \tag{4.4}$$

其中 R_{SC}^1 中的第一项表示原始产品在 t_1 期获得的收益，第二项与第三项分别表示 t_2 期在 $L < X \leqslant L + q_2$ 与 $X > L + q_2$ 情形下的收益，此处，$L = q_1 - S$。

在集中系统中，销售性能改进产品的收益 R_{SC}^2 为：

$$\begin{aligned} R_{SC}^2 &= p_2 \int_{q_1 - S}^{q_1 + q_2 - S} [X - (q_1 - S)] \mathrm{d}F(X) + p_2 q_2 \overline{F}(q_1 + q_2 - S) \\ &= p_2 \left[q_2 - \int_{q_1 - S}^{q_1 + q_2 - S} F(X) \mathrm{d}X \right] \end{aligned} \tag{4.5}$$

其中，第一项表示在 t_2 期 $L < X \leqslant L + q_2$ 情形下，只有部分性能改进产品能够获取收益；第二项表示在 $X > L + q_2$ 下所有性能改进产品都能销售情形下，集中系统所获得的收益。

用 $\prod_{SC}^{C}$ 表示集中系统总利润，则有：

$$\prod_{SC}^{C} = (R_{SC}^{1} - C_1) + (R_{SC}^{2} - C_2)$$
$$= (p_1 - h\rho_1)q_1 - p_1\int_0^{q_1-S} F(X)\mathrm{d}X - \alpha_1\rho_1^2 + (p_2 - h\rho_2)q_2 -$$
$$p_2\int_{q_1-S}^{q_1+q_2-S} F(X)\mathrm{d}X - [\alpha_1(1-\tau)\rho_1^2 + \alpha_2\rho_2^2] \quad (4.6)$$

下面引理 4.1 反映了性能改进产品性价比更低情形下,集中系统的最优销售数量。

引理 4.1 当性能改进产品性价比低于原始产品(即 $\xi<\xi^0$)时,有:

(1)若$\frac{p_2}{p_1}\in(\lambda,1)$,则存在唯一原始产品最优数量 q_1^* 与性能改进产品最优数量 q_2^*,使得集中系统期望利润达到最大,此时,$q_1^* = S + \bar{F}^{-1}\left[\frac{h(\rho_1-\rho_2)}{p_1-p_2}\right]$,$q_2^* = \bar{F}^{-1}\left(\frac{h\rho_2}{p_2}\right) - \bar{F}^{-1}\left[\frac{h(\rho_1-\rho_2)}{p_1-p_2}\right]$。

(2)若$\frac{p_2}{p_1}\geqslant 1$,则不存在唯一最优数量($q_1^*$,$q_2^*$)使得集中系统利润达到最大。

证明:对式(4.6)中的 $\prod_{SC}^{C}$ 关于 q_1、q_2 求偏导,得

$$\frac{\partial \prod_{SC}^{C}}{\partial q_1} = p_1\bar{F}(q_1 - S) - h\rho_1 - p_2[F(q_1+q_2-S) - F(q_1-S)]$$

$$\frac{\partial^2 \prod_{SC}^{C}}{\partial q_1^2} = -p_1 f(q_1 - S) - p_2[f(q_1+q_2-S) - f(q_1-S)]$$
$$= -(p_1-p_2)f(q_1-S) - p_2 f(q_1+q_2-S)$$

$$\frac{\partial \prod_{SC}^{C}}{\partial q_2} = p_2\bar{F}(q_1+q_2-S) - h\rho_2,\ \frac{\partial^2 \prod_{SC}^{C}}{\partial q_2^2} = -p_2 f(q_1+q_2-S) < 0$$

$$\frac{\partial^2 \prod_{SC}^{C}}{\partial q_1\partial q_2} = \frac{\partial^2 \prod_{SC}^{C}}{\partial q_2\partial q_1} = -p_2 f(q_1+q_2-S) = \frac{\partial^2 \prod_{SC}^{C}}{\partial q_2^2}$$

通过检验 $\prod_{SC}^{C}$ 是否是(q_1,q_2)的负半定矩阵,来确定是否具有联合凹(jointly concave)性质,进而得到(q_1,q_2)的最优解。

$$\Gamma = \begin{vmatrix} \frac{\partial^2 \prod_R^C}{\partial q_1^2} & \frac{\partial^2 \prod_R^C}{\partial q_1\partial q_2} \\ \frac{\partial^2 \prod_R^C}{\partial q_2\partial q_1} & \frac{\partial^2 \prod_R^C}{\partial q_2^2} \end{vmatrix} = \begin{vmatrix} \frac{\partial^2 \prod_R^C}{\partial q_1^2} & \frac{\partial^2 \prod_R^C}{\partial q_2^2} \\ \frac{\partial^2 \prod_R^C}{\partial q_2^2} & \frac{\partial^2 \prod_R^C}{\partial q_2^2} \end{vmatrix}$$

$$=\frac{\partial^2\prod_R^C}{\partial q_2^2}\begin{vmatrix}\frac{\partial^2\prod_R^C}{\partial q_1^2} & 1\\ \frac{\partial^2\prod_R^C}{\partial q_2^2} & 1\end{vmatrix}=\frac{\partial^2\prod_R^C}{\partial q_2^2}\left(\frac{\partial^2\prod_R^C}{\partial q_1^2}-\frac{\partial^2\prod_R^C}{\partial q_2^2}\right)$$

$$=-\frac{\partial^2\prod_R^C}{\partial q_2^2}(p_1-p_2)f(q_1-S)$$

(1)如果$\lambda<\frac{p_2}{p_1}<1$，则$p_2<p_1$，进而得到$\Gamma>0$，$\frac{\partial^2\prod_{SC}^C}{\partial q_1^2}<0$，这样，$\prod_{SC}^C$具有负半定性质，是$(q_1,q_2)$的联合凹函数，$(q_1^*,q_2^*)$由$\frac{\partial\prod_{SC}^C}{\partial q_1}=0$与$\frac{\partial\prod_{SC}^C}{\partial q_2}=0$联合求得；(2)如果$\frac{p_2}{p_1}\geqslant 1$，则$p_2\geqslant p_1$，进而得到$\Gamma\leqslant 0$，$\frac{\partial^2\prod_{SC}^C}{\partial q_1^2}<0$，此时，$\prod_{SC}^C$不是$(q_1,q_2)$的联合凹函数，不存在唯一$(q_1,q_2)$最优解使得$\prod_{SC}^C$达到最大化。证毕。

引理4.1表明：由于考虑了模仿吸收能力对性能改进产品性能的影响，所以，当性能改进产品的性价比低于原始产品时，可得：(1)如果其相应的销售价格也较低，则集中系统SC_S存在唯一的原始产品最优数量与性能改进产品最优数量；(2)如果性能改进产品的销售价格较高，则不一定存在唯一的均衡数量使得集中系统SC_S的利润达到最大。

引理4.2 (1)原始产品最优数量q_1^*随性能改进能力ξ增加而递增，即$\frac{dq_1^*}{d\xi}>0$；性能改进产品最优数量q_2^*随ξ增加而递减，即$\frac{dq_2^*}{d\xi}<0$；集中系统总数量$Q^*=q_1^*+q_2^*$随ξ增加而递减，即$\frac{dQ^*}{d\xi}<0$；(2)原始产品最优数量q_1^*随着生产成本h的增加而递减，即$\frac{dq_1^*}{dh}<0$；性能改进产品最优数量q_2^*随着生产成本h的增加而递增，即$\frac{dq_2^*}{dh}>0$。

证明：对$\bar{F}(q_1^*-S)=\frac{h(\rho_1-\rho_2)}{p_1-p_2}$两边关于$\xi$求导，可得$\frac{dq_1^*}{d\xi}=\frac{h\theta}{(p_1-p_2)f(q_1^*-S)}>0$，运用同样的方法，可得$\frac{dq_2^*}{d\xi}<0$，$\frac{dQ^*}{d\xi}<0$，$\frac{dq_1^*}{dh}<0$以及$\frac{dq_2^*}{dh}>0$。证毕。

当性能改进产品性价比低于原始产品时，引理 4.2 表明：(1)性能改进能力越高，则原始产品与性能改进产品的性价比趋于相同，竞争变得更加激烈，这对原始产品反而更有利，但是，随着竞争加剧集中系统总销售数量反而递减；(2)原始产品最优数量随引入创新产品所需的生产成本 h① 的增加而递减，而性能改进产品却随着 h 的增加而递减。

4.3.1.2 模仿创新对供应链绩效的影响

下面通过数值计算来分析市场潜力(X max)、生产成本 h 和性能改进能力 ξ 对原有集中型供应链 SC_O、集中系统 SC_S 的影响。我们将参数设置为：$\rho_1=6$，$\theta=2$，$\lambda=0.6$，$p_1=8$，$p_2=6$，$S=50$，$Y\sim U(0,70)$，$X\sim U(0,X\ \max)$，$\alpha_1=\alpha_2=0$，$v=4$，$\alpha=0.6$。

注：为了便于比较，我们仍把集中系统 SC_S 中的先进入者 M_1 与公共销售商 R 构成的供应链记为 SC_1，把后进入者 M_2 与公共销售商 R 构成的供应链记为 SC_2。

(1)模仿创新对原有供应链 SC_O 的影响

表 4.1 显示了模仿创新导致市场潜力变化对原有供应链 SC_O 绩效的影响。可以看出：①原有供应链 SC_O 的期望利润与性能改进能力以及市场潜力(X max)无关；②但随着生产成本增加，SC_O 的期望利润呈递减趋势。

表 4.1　市场潜力对原有 SC_O 利润的影响

	$h=0.5$	$h=1$	$h=1.5$
X max=90	$\prod_C^O=304.70$	$\prod_C^O=117.50$	$\prod_C^O=19.30$
X max=120	$\prod_C^O=304.70$	$\prod_C^O=117.50$	$\prod_C^O=19.30$
X max=150	$\prod_C^O=304.70$	$\prod_C^O=117.50$	$\prod_C^O=19.30$
X max=180	$\prod_C^O=304.70$	$\prod_C^O=117.50$	$\prod_C^O=19.30$

比较表 4.1 与图 4.1，相对于不存在模仿创新情形，通过模仿创新产品的引入，由于与原始产品纵向差异化竞争，降低了由原有供应链 SC_O 演化的现有供应链 SC_1 的期望利润，这表明模仿创新虽然扩大了市场规模，但是对原有供应链 SC_O 产生很大的市场冲击。

(2)模仿创新对现有供应链 SC_1、模仿创新供应链 SC_2 的影响

① 生产成本越低的产品越具有信息产品的特征；生产成本越高的产品越具有工业产品的特征。

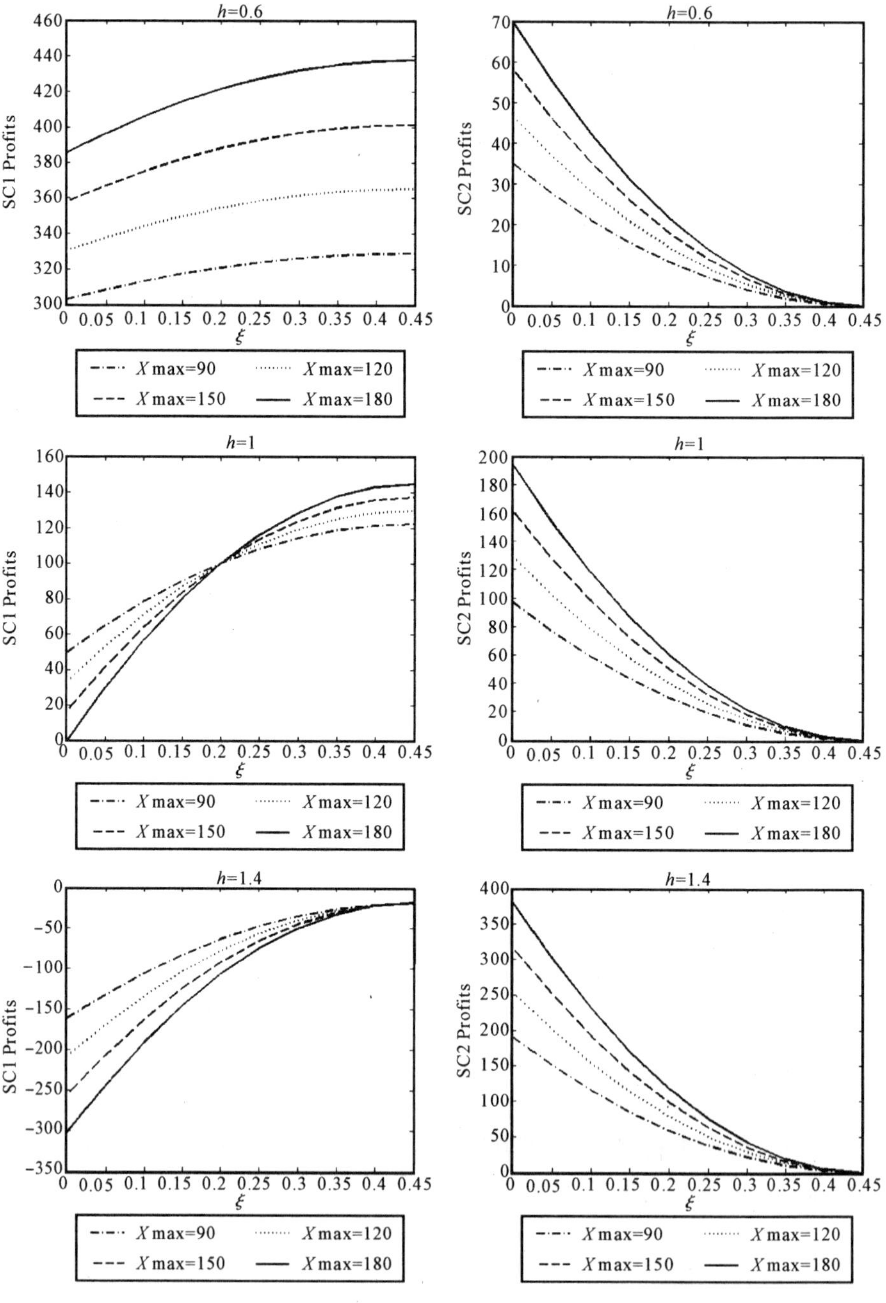

图 4.1　性能改进能力对现有供应链 SC_1、模仿创新供应链 SC_2 利润的影响

从图 4.1 可以看出，当性能改进产品性价比低于原始产品时，有下列结论：①随着生产成本 h 增加，现有供应链 SC_1 的期望利润明显下降，甚至为负，而模仿创新供应链 SC_2 的期望利润却呈快速递增趋势，这表明随着生产成本增加，原有供应链 SC_1 的期望利润转移到模仿创新供应链 SC_2 上。具体来说，(A)当生产成本 h 较低($h=0.6$)时，对于所有性能改进能力，模仿创新供应链 SC_2 的期望利润低于现有供应链 SC_1 的期望利润；(B)当生产成本 h 处于中间值($h=1$)时，对于低于某阈值的性能改进能力，模仿创新供应链 SC_2 的期望利润却高于现有供应链 SC_1，后进入者推出性能改进产品吸引了更多战略顾客转向购买性能改进产品，从而增加了其期望利润，这也表明后进入者进入的行业特征约束着其性能改进能力的作用；(C)当生产成本 h($h=1.4$)很高时，模仿创新供应链 SC_2 的期望利润明显高于现有供应链 SC_1 的期望利润，这说明行业特征对模仿创新具有很大影响。②(A)市场潜力与生产成本对现有供应链 SC_1 的期望利润存在反方向影响，我们把该影响称为"反方向效应"，即生产成本较低时，扩大的市场潜力能增加 SC_1 的期望利润；相反，如果生产成本较高，扩大的市场潜力却反而降低了 SC_1 的期望利润。(B)市场潜力与生产成本对模仿创新供应链 SC_2 的期望利润存在同方向影响，我们把该影响称为"同方向效应"，即这两者越大越能明显增加 SC_2 期望利润。③SC_1 的期望利润随性能改进能力增加而增加，SC_2 的期望利润随性能改进能力增加而递减。④结合①、②与③的结论，表明后进入者形成的模仿创新供应链 SC_2 的期望利润与由原有供应链 SC_O 演化的现有供应链 SC_1 的期望利润取决于市场潜力、生产成本以及性能改进能力。

(3)模仿创新对集中系统 SC_S 的影响

图 4.2 显示了市场潜力、生产成本以及性能改进能力对集中系统 SC_S 利润的影响。

从图 4.2 可以发现：①随着生产成本 h 增加，集中系统 SC_S 的利润明显下降，甚至为负；②性能改进产品开拓的市场潜力越大更能增加集中系统 SC_S 的期望利润；③随着性能改进能力的增加，集中系统 SC_S 的期望利润呈递减趋势。

比较表 4.1 和图 4.2 可见：模仿创新者通过引入性能改进产品扩大了市场份额，导致供应商间竞争的供应链的总体期望利润高于原有供应链 SC_O 的期望利润。

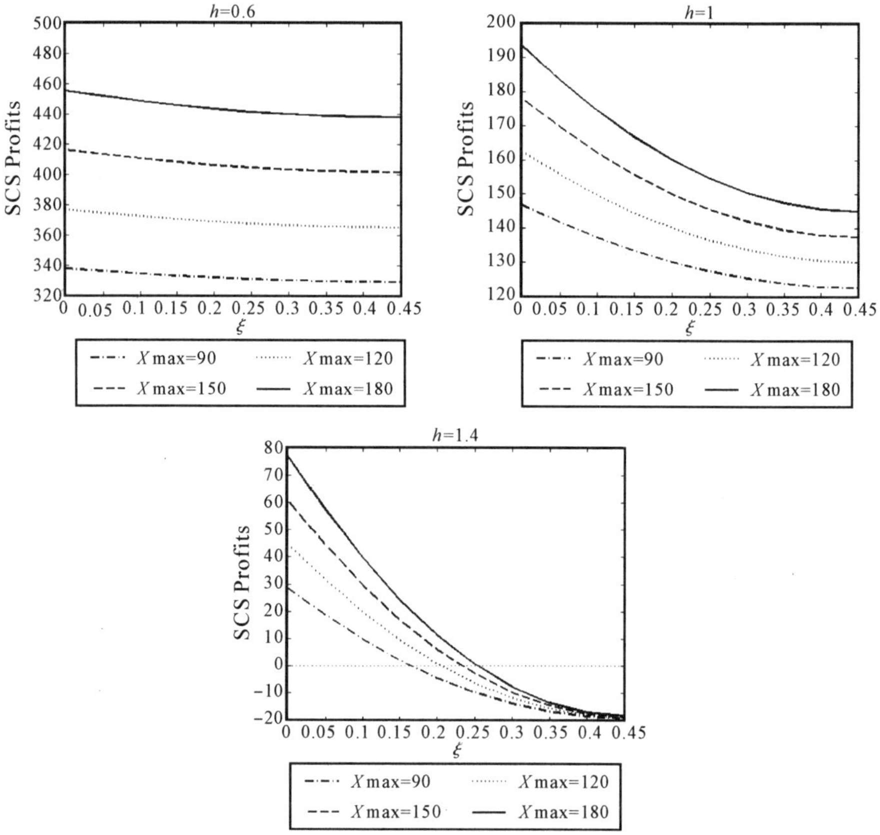

图 4.2　性能改进能力对集中系统 SC_S 利润的影响

4.3.2 分散系统

在分散系统中，M_1、M_2 与 R 以各自利润最大化为出发点。为了能从解析上更好地分析模仿创新对供应链绩效的影响，我们只研究 $\frac{p_2}{p_1} \in (\lambda, 1)$ 的情形。

4.3.2.1 对称合同

分别考虑两类情形：对称批发价格合同、对称回购合同。

(1)对称批发价格合同

先考虑 M_1 与 M_2 均向公共销售商 R 提供批发价格合同情形。批发价格合同可以看成是回购合同的一种特例，即此时的退货补偿为 0，这样，对称批发价格合同可表示为 $M_1(w_1, b_1=0)$、$M_2(w_2, b_2=0)$。

R 从原始产品和性能改进产品中获得的期望利润为：

$$\prod_R^D = \overbrace{p_1[q_1 - \int_0^{q_1-S} F(X)\mathrm{d}X] - w_1 q_1}^{\text{原始产品}} + \overbrace{p_2[q_2 - \int_{q_1-S}^{\tilde{\omega}} F(X)\mathrm{d}X] - w_2 q_2}^{\text{性能改进产品}} \tag{4.7}$$

其中，$\tilde{\omega}=q_2+L=q_1+q_2-S$。

相应地，M_1 的期望利润为：

$$\pi_{M_1} = (w_1 - h\rho_1)q_1 - \alpha_1\rho_1^2 \tag{4.8}$$

而 M_2 的期望利润为：

$$\pi_{M_2} = (w_2 - h\rho_2)q_2 - [\alpha_1(1-\tau)\rho_1^2 + \alpha_2\rho_2^2] \tag{4.9}$$

于是，有下列命题：

命题 4.1　当 $\xi<\xi^{\circ}$ 且 M_1 与 M_2 均向公共销售商 R 提供批发价格合同时，

①R 向 M_1 采购原始产品的最优数量为 $\hat{q}_1^* = S + \bar{F}^{-1}\left(\dfrac{w_1-w_2}{p_1-p_2}\right)$，向 M_2 采购性能改进产品最优数量为 $\hat{q}_2^* = \bar{F}^{-1}\left(\dfrac{w_2}{p_2}\right) - \bar{F}^{-1}\left(\dfrac{w_1-w_2}{p_1-p_2}\right)$。

② R 的最优利润为 $\prod_R^D$，M_1 与 M_2 的期望利润分别为 $\hat{\pi}_{M_1}$ 与 $\hat{\pi}_{M_2}$，整个供应链的总期望利润为 $\prod_{SC}^D$，其中 $\prod_{SC}^D = \prod_R^D + \hat{\pi}_{M_1} + \hat{\pi}_{M_2}$。

证明：对式(4.7)中的 $\prod_R^D$ 关于 q_1、q_2 求偏导，得

$$\frac{\partial \prod_R^D}{\partial q_1} = p_1\bar{F}(q_1 - S) - w_1 - p_2[F(q_1+q_2-S) - F(q_1-S)]$$

$$\frac{\partial^2 \prod_R^D}{\partial q_1^2} = -(p_1-p_2)f(q_1-S) - p_2[f(q_1+q_2-S)]$$

$$\frac{\partial \prod_R^D}{\partial q_2} = p_2\bar{F}(q_1+q_2-S) - w_2,\ \frac{\partial^2 \prod_R^D}{\partial q_2^2} = -p_2 f(q_1+q_2-S) < 0$$

$$\frac{\partial^2 \prod_R^D}{\partial q_1 \partial q_2} = \frac{\partial^2 \prod_R^D}{\partial q_2 \partial q_1} = \frac{\partial^2 \prod_R^D}{\partial q_2^2}$$

$$\Gamma = \begin{vmatrix} \dfrac{\partial^2 \prod_R^D}{\partial q_1^2} & \dfrac{\partial^2 \prod_R^D}{\partial q_1 \partial q_2} \\ \dfrac{\partial^2 \prod_R^D}{\partial q_2 \partial q_1} & \dfrac{\partial^2 \prod_R^D}{\partial q_2^2} \end{vmatrix} = \frac{\partial^2 \prod_R^D}{\partial q_2^2}\left(\frac{\partial^2 \prod_R^D}{\partial q_1^2} - \frac{\partial^2 \prod_R^D}{\partial q_2^2}\right)$$

$$=-\frac{\partial^2 \prod_R^D}{\partial q_2^2}(p_1-p_2)f(q_1-S)$$

运用与引理 4.1 同样的方法，可得，当$\lambda<\frac{p_2}{p_1}<1$时，$\prod_R^D$是$(q_1,q_2)$的联合凹函数，联合求解$\frac{\partial \prod_R^D}{\partial q_1}=0$与$\frac{\partial \prod_R^D}{\partial q_2}=0$，可得$(\hat{q}_1^*,\hat{q}_2^*)$。证毕。

下面命题 4.2 揭示了性能改进能力对单一数量（原始产品或性能改进产品）以及总体数量的影响。

命题 4.2　当 M_1 与 M_2 均向公共零售商 R 提供批发价格合同时，

①存在性能改进能力阈值 $\xi_{\oplus}=\frac{h(1-\lambda)\rho_1-(w_1-w_2)}{h\theta}$，满足，

(A)当 $\xi<\xi_{\oplus}$ 时，则 $q_1^*<\hat{q}_1^*$，$q_2^*>\hat{q}_2^*$；

(B)当 $\xi=\xi_{\oplus}$ 时，则 $q_1^*=\hat{q}_1^*$，$q_2^*>\hat{q}_2^*$；

(C)当 $\xi_{\oplus}<\xi<\xi^{\circ}$时，则 $q_1^*>\hat{q}_1^*$，$q_2^*<\hat{q}_2^*$。

②令 Q^* 表示集中系统最优数量，$\hat{Q}^*$ 表示公共零售商 R 的总采购数量，则 $Q^*>\hat{Q}^*$。

证明：①先比较 ξ 对 q_1 与 q_2 的影响，由引理 4.1 与引理 4.2，可得

$$q_1^*-\hat{q}_1^*=\bar{F}^{-1}\left[\frac{h(\rho_1-\rho_2)}{p_1-p_2}\right]-\bar{F}^{-1}\left(\frac{w_1-w_2}{p_1-p_2}\right)$$

$$q_2^*-\hat{q}_2^*=\bar{F}^{-1}(\frac{h\rho_2}{p_2})-\bar{F}^{-1}\left(\frac{w_2}{p_2}\right)-\left\{\bar{F}^{-1}\left[\frac{h(\rho_1-\rho_2)}{p_1-p_2}\right]-\bar{F}^{-1}\left(\frac{w_1-w_2}{p_1-p_2}\right)\right\}$$

$$=\overbrace{\bar{F}^{-1}\left(\frac{h\rho_2}{p_2}\right)-\bar{F}^{-1}\left(\frac{w_2}{p_2}\right)}^{\geqslant 0}-(q_1^*-\hat{q}_1^*)$$

假设 $q_1^*=\hat{q}_1^*$，由此求得 $\xi_{\oplus}=\frac{h(1-\lambda)\rho_1-(w_1-w_2)}{h\theta}$，但 ξ 的取值还必须满足 $\xi<\xi^{\circ}$，即 $\xi<\min(\xi^{\circ},\xi_{\oplus})$，这可以通过比较 $\xi_{\oplus}$ 与 ξ°的大小来判断。

$$\theta(\xi_{\oplus}-\xi^{\circ})=\frac{h(\rho_1-\lambda\rho_1)-(w_1-w_2)}{h}-\frac{\rho_1(p_2-\lambda p_1)}{p_1}$$

$$=\frac{\rho_1(p_1-p_2)}{p_1}-\frac{w_1-w_2}{h}=\rho_2-\frac{\rho_1}{p_1}p_2<0$$

因为 $\xi_{\oplus}<\xi^{\circ}$，所以存在性能改进能力阈值 $\xi_{\oplus}$，满足，(A)如果 $\xi<\xi_{\oplus}$，$q_1^*<\hat{q}_1^*$，$q_2^*>\hat{q}_2^*$；(B)如果 $\xi=\xi_{\oplus}$，$q_1^*=\hat{q}_1^*$，$q_2^*>\hat{q}_2^*$；(C)如果 $\xi>\xi_{\oplus}$，$q_1^*>\hat{q}_1^*$，$q_2^*<\hat{q}_2^*$。

②接着比较性能改进能力 ξ 对总体数量的影响：

令 $Q^{*}=q_1^{*}+q_2^{*}=S+\overline{F}^{-1}\left(\frac{h\rho_2}{p_2}\right)$，$\hat{Q}^{*}=\hat{q}_1^{*}+\hat{q}_2^{*}=S+F^{-1}\left(\frac{w_2}{p_2}\right)$，由于 $h\rho_2<w_2$，所以，$Q^{*}>\hat{Q}^{*}$。证毕。

命题 4.2 表明：对于对称批发价格合同情形，如果后进入者的性能改进能力很低，则原始产品均衡数量超过集中系统情形的原始数量，这主要源于性能改进产品的部分数量转移给原始产品；如果后进入者的性能改进能力较强，则原始产品均衡数量低过集中系统情形的原始数量，这主要源于原始产品的部分数量转移给性能改进产品，但是集中系统中两种产品的总销售数量高于对称批发价格合同情形。

下面图 4.3 比较了对称批发价格合同与集中系统的变化情况，我们将参数设置为：$\rho_1=6$，$\theta=2$，$\lambda=0.6$，$p_1=8$，$p_2=6$，$S=20$，$X\sim U(0,50)$，$\alpha_1=\alpha_2=0.2$，$h=0.6$，$w_1=5.5$，$w_2=4$。

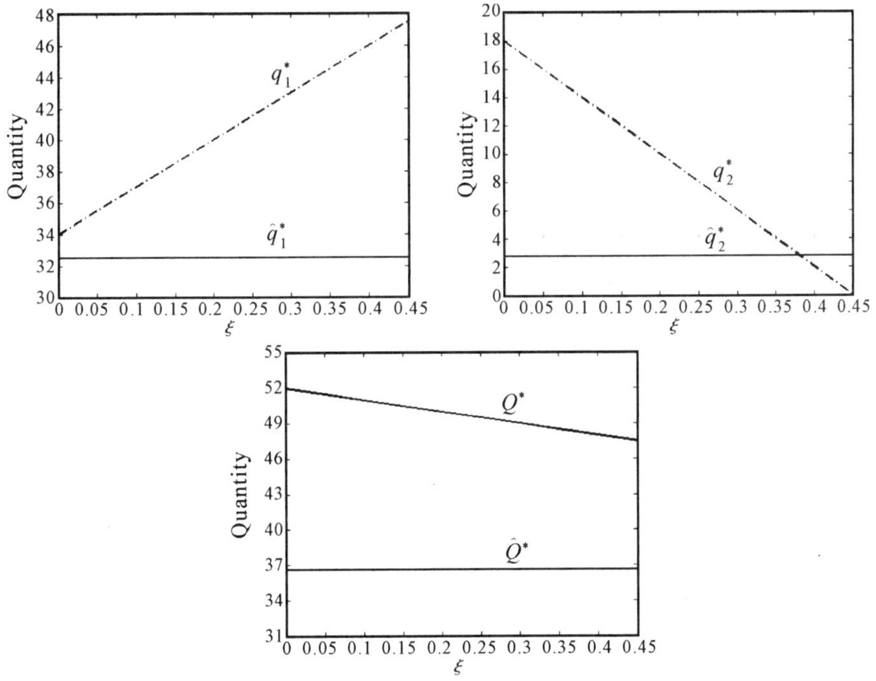

图 4.3 分散系统与集中系统的比较

从图 4.3 可见：①当 M_1 与 M_2 均向公共零售商提供批发价格合同时，R 采购的原始产品数量与性能改进产品数量与性能改进能力无关；②在集中系统中,原始产品数量随性能改进能力增加而递增,而性能改进产品数量和集中系统总数量随性能改进能力增加均递减;③从①、②综合来看,分散系统中的原始产品和总数量均低于集中系统,而性能改进产品的数量在某些区域能超过集中系统。也就是说,对于供应商间竞争型供应链 SC_S,由于存在两种纵向竞争产品,只有两种产品的数量均超过集中系统,才能协调供应链进而提升供应链绩效,由此表明不能把通过两种产品的总数量是否超过集中系统作为判断供应商间竞争供应链的协调标准。

(2)对称回购合同

当 M_1 与 M_2 均向 R 提供回购合同(w_i,b_i)时,其中 w_i 表示 M_i 的批发价格,b_i 表示 M_i 对 R 未销售的产品进行回购所给予的单位补偿。

先分析回购合同中,M_i 需要向公共销售商 R 补偿的数量,存在下列三类情形:①若 $X \leqslant L$,则 t_2 期末性能改进产品的未销售数量为 q_2;②若 $L < X \leqslant L + q_2$,则 t_2 期末性能改进产品的未销售数量为 $q_2 - (X - L)$;③若 $X > L + q_2$,则所有性能改进产品都能销售。此时,R 的期望利润为:

$$\begin{aligned}\prod\nolimits_R^D = & \overbrace{p_1\left[q_1 - \int_0^{q_1 - S} F(X)\mathrm{d}X\right]}^{\text{从原始产品获得的收益}} + \overbrace{p_2\left[q_2 - \int_{q_1 - S}^{q_1 + q_2 - S} F(X)\mathrm{d}X\right]}^{\text{从性能改进产品获得的收益}} + \\ & \overbrace{b_1\int_0^{q_1 - S}(q_1 - S - X)\mathrm{d}F(X)}^{\text{从}M_1\text{获得的补偿}} - \overbrace{(w_1 q_1 + w_2 q_2)}^{\text{总转移支付}} + \\ & \overbrace{b_2\left[\int_0^{q_1 - S} q_2\mathrm{d}F(X) + \int_{q_1 - S}^{q_1 + q_2 - S}[q_2 - (X - q_1 + S)]\mathrm{d}F(X)\right]}^{\text{从}M_2\text{获得的补偿}}\end{aligned} \tag{4.10}$$

由式(4.10),可得:

$$\begin{aligned}\prod\nolimits_R^D = & (p_1 - w_1)q_1 - (p_1 - b_1)\int_0^{q_1 - S} F(X)\mathrm{d}X + (p_2 - w_2)q_2 - \\ & (p_2 - b_2)\int_{q_1 - S}^{q_1 + q_2 - S} F(X)\mathrm{d}X\end{aligned} \tag{4.11}$$

相应地,M_1 的期望利润为:

$$\pi_{M_1} = (w_1 - h\rho_1)q_1 - \alpha_1\rho_1^2 - b_1\int_0^{q_1 - S} F(X)\mathrm{d}X \tag{4.12}$$

而 M_2 的期望利润为:

$$\pi_{M_2} = (w_2 - h\rho_2)q_2 - [\alpha_1(1 - \tau)\rho_1^2 + \alpha_2\rho_2^2] - b_2\int_{q_1 - S}^{q_1 + q_2 - S} F(X)\mathrm{d}X \tag{4.13}$$

于是，有下列命题：

命题 4.3 当 M_1 与 M_2 均提供回购合同时，有下列结论成立：①如果 $p_1-b_1>p_2-b_2$，则 R 向 M_1 采购的原始产品最优数量为 $\hat{q}_1^*=S+\bar{F}^{-1}(\Theta_2)$，向 M_2 采购的性能改进产品最优数量为 $\hat{q}_2^*=\bar{F}^{-1}\left(\dfrac{w_2-b_2}{p_2-b_2}\right)-\bar{F}^{-1}(\Theta_2)$，其中，$\Theta_2=\dfrac{(w_1-b_1)-(w_2-b_2)}{(p_1-b_1)-(p_2-b_2)}$；②如果 $p_1-b_1\leqslant p_2-b_2$，则不存在唯一最优数量$(\hat{q}_1^*,\hat{q}_2^*)$使得 R 的总体利润达到最大。

证明： 对式(4.10)中的 $\prod_R^D$ 关于 q_1、q_2 求偏导，得

$$\frac{\partial \prod_R^D}{\partial q_1}=p_1\bar{F}(q_1-S)-p_2[F(q_1+q_2-S)-F(q_1-S)]-w_1+b_1F(q_1-S)+b_2[F(q_1+q_2-S)-F(q_1-S)]$$

$$\frac{\partial^2 \prod_R^C}{\partial q_1^2}=-[(p_1-b_1)-(p_2-b_2)]f(q_1-S)-(p_2-b_2)[f(q_1+q_2-S)]$$

$$\frac{\partial \prod_R^D}{\partial q_2}=p_2\bar{F}(q_1+q_2-S)-w_2+b_2F(q_1+q_2-S)$$

$$\frac{\partial^2 \prod_R^D}{\partial q_2^2}=-(p_2-b_2)f(q_1+q_2-S)<0,\frac{\partial^2 \prod_R^D}{\partial q_1\partial q_2}=\frac{\partial^2 \prod_R^D}{\partial q_2\partial q_1}=\frac{\partial^2 \prod_R^D}{\partial q_2^2}$$

$$\Gamma=\begin{vmatrix}\dfrac{\partial^2 \prod_R^D}{\partial q_1^2} & \dfrac{\partial^2 \prod_R^D}{\partial q_1\partial q_2}\\ \dfrac{\partial^2 \prod_R^D}{\partial q_2\partial q_1} & \dfrac{\partial^2 \prod_R^D}{\partial q_2^2}\end{vmatrix}=-\frac{\partial^2 \prod_R^D}{\partial q_2^2}[(p_1-b_1)-(p_2-b_2)]f(q_1-S)$$

①如果$(p_1-b_1)>(p_2-b_2)$，则 $\Gamma>0$，$\dfrac{\partial^2 \prod_R^D}{\partial q_1^2}<0$，此时，$\prod_R^D$ 具有负半定性质，是(q_1,q_2)的联合凹函数，联合求解 $\dfrac{\partial \prod_R^D}{\partial q_1}=0$ 与 $\dfrac{\partial \prod_R^D}{\partial q_2}=0$，可得$(\hat{q}_1^*,\hat{q}_2^*)$；② 如果$(p_1-b_1)\leqslant(p_2-b_2)$，则 $\Gamma\leqslant 0$，$\dfrac{\partial^2 \prod_R^D}{\partial q_1^2}<0$，$\prod_R^D$ 不是(q_1,q_2)的联合凹函数，不存在唯一最优解使得 $\prod_R^D$ 达到最大化。证毕。

命题 4.3 表明：(p_1-b_1)表示从销售原始产品中获得的单位收益 p_1 与未销售的单位补偿收益 b_1 的差额，(p_2-b_2)表示从销售性能改进产品中获得的单位收益 p_2 与未销售的单位补偿收益 b_2 的差额，这两种差额反映了上游供

应商对销售商的补偿程度，其中，如果 M_1 的补偿程度高于 M_2 的补偿程度，则存在唯一的原始产品与性能改进产品均衡数量；否则，不一定存在唯一均衡数量。

命题 4.4 当 M_1 与 M_2 向 R 都提供回购合同时，

①存在性能改进能力阈值 $\xi^{\oplus}=\dfrac{h(1-\lambda)\rho_1-(p_1-p_2)\Theta_2}{h\theta}$，满足：

(A)当 $\xi<\xi^{\oplus}$ 时，$q_1^*<\hat{q}_1^*$，$q_2^*>\hat{q}_2^*$；

(B)当 $\xi=\xi^{\oplus}$ 时，$q_1^*=\hat{q}_1^*$，$q_2^*>\hat{q}_2^*$；

(C)当 $\xi^{\oplus}<\xi<\xi^{\circ}$ 时，$q_1^*>\hat{q}_1^*$，$q_2^*<\hat{q}_2^*$。

②如果 M_2 给予 R 的补偿为 $b_2=\dfrac{(w_2-h\rho_2)p_2}{p_2-h\rho_2}$，则分散系统总数量与集中系统总数量相同，即 $\hat{Q}^*=Q^*$。

证明：①先比较性能改进能力 ξ 对 q_1 与 q_2 的影响，由引理 4.1 与命题 4.2，可得

$$q_1^*-\hat{q}_1^*=\bar{F}^{-1}\left[\frac{h(\rho_1-\rho_2)}{p_1-p_2}\right]-\bar{F}^{-1}(\Theta_2),$$

$$q_2^*-\hat{q}_2^*=\overbrace{\bar{F}^{-1}\left(\frac{h\rho_2}{p_2}\right)-\bar{F}^{-1}\left(\frac{w_2-b_2}{p_2-b_2}\right)}^{>0}-(q_1^*-\hat{q}_1^*)$$

由 $\dfrac{h(\rho_1-\rho_2)}{p_1-p_2}=\Theta_2$，可得 $\xi^{\oplus}=\dfrac{h(1-\lambda)\rho_1-(p_1-p_2)\Theta_2}{h\theta}$，同样的，需要先比较 $\xi^{\oplus}$ 与 ξ° 的大小，以确定这样的 $\xi^{\oplus}$ 是否存在。

$$\theta(\xi^{\oplus}-\xi^{\circ})=\frac{\rho_1(p_1-p_2)}{p_1}-\frac{(p_1-p_2)\Theta_2}{h}=\rho_2-\frac{\rho_1 p_2}{p_1}<0$$

满足，当 $\xi<\xi^{\oplus}$ 时，$q_1^*<\hat{q}_1^*$，$q_2^*>\hat{q}_2^*$；当 $\xi=\xi^{\oplus}$，$q_1^*=\hat{q}_1^*$，$q_2^*>\hat{q}_2^*$；当 $\xi^{\oplus}<\xi<\xi^{\circ}$ 时，$q_1^*>\hat{q}_1^*$，$q_2^*<\hat{q}_2^*$。

②接着比较性能改进能力 ξ 对 q_1+q_2 的影响：

令 $Q^*=q_1^*+q_2^*$，$\hat{Q}^*=\hat{q}_1^*+\hat{q}_2^*$，则 $Q^*=S+\bar{F}^{-1}\left(\dfrac{h\rho_2}{p_2}\right)$，$\hat{Q}^*=S+\bar{F}^{-1}\left(\dfrac{w_2-b_2}{p_2-b_2}\right)$，由条件 $Q^*=\hat{Q}^*$，可得 $b_2=\dfrac{(w_2-h\rho_2)p_2}{p_2-h\rho_2}$，此时，集中系统与分散系统的总数量相同。证毕。

命题 4.4 表明：对于对称回购合同情形，如果后进入者性能改进能力很低，则原始产品均衡数量超过集中系统情形的原始数量；如果后进入者性能改

进能力较强，则原始产品均衡数量低于集中系统情形的原始数量；此外，如果后进入者给予适当的回购补偿，则集中系统中两种产品的总销售数量与对称回购合同情形的总数量相同，但是，这不能作为判断供应商间竞争供应链的协调标准。

4.3.2.2 非对称合同情形

考虑两种情形：M_1提供批发价格合同与M_2提供回购合同、M_1提供回购合同与M_2提供批发价格。

(1)M_1提供批发价格合同与M_2提供回购合同

M_1提供的批发价格可表示为$(w_1, b_1=0)$；M_2提供的回购合同可表示为(w_2, b_2)。于是，R的期望利润为：

$$\prod_R^D = \overbrace{p_1\left[q_1-\int_0^{q_1-S}F(X)\mathrm{d}X\right]}^{\text{从原始产品获得的收益}}+\overbrace{p_2\left[q_2-\int_{q_1-S}^{\hat{\omega}}F(X)\mathrm{d}X\right]}^{\text{从性能改进产品获得的收益}}-\overbrace{(w_1q_1+w_2q_2)}^{\text{总转移支付}}+$$
$$\overbrace{b_2\left[\int_0^{q_1-S}q_2\mathrm{d}F(X)+\int_{q_1-S}^{\hat{\omega}}[q_2-(X-q_1+S)]\mathrm{d}F(X)\right]}^{\text{从}M_2\text{获得的补偿}} \tag{4.14}$$

对式(4.14)进行整理，可得：

$$\prod_R^D=(p_1-w_1)q_1-p_1\int_0^{q_1-S}F(X)\mathrm{d}X+(p_2-w_2)q_2-(p_2-b_2)\int_{q_1-S}^{\hat{\omega}}F(X)\mathrm{d}X \tag{4.15}$$

相应地，M_1的期望利润为：

$$\pi_{M_1}=w_1q_1-(\alpha_1\rho_1^2+h\rho_1q_1) \tag{4.16}$$

而M_2的期望利润为：

$$\pi_{M_2}=w_2q_2-[\alpha_1(1-\tau)\rho_1^2+\alpha_2\rho_2^2+h\rho_2q_2]-b_2\int_{q_1-S}^{\hat{\omega}}F(X)\mathrm{d}X \tag{4.17}$$

这样，有下列命题成立：

命题4.5 当M_1提供批发价格合同$(w_1, b_1=0)$，M_2提供回购合同(w_2, b_2)时，则R采购的原始产品最优数量为$\hat{q}_1^*=S+\bar{F}^{-1}(\Theta_3)$，性能改进产品最优数量为$\hat{q}_2^*=\bar{F}^{-1}\left(\dfrac{w_2-b_2}{p_2-b_2}\right)-\bar{F}^{-1}(\Theta_3)$，其中，$\Theta_3=\dfrac{w_1-(w_2-b_2)}{p_1-(p_2-b_2)}$。

证明：对式(4.15)中$\prod_R^D$关于q_1、q_2求偏导，得：

$$\frac{\partial\prod_R^D}{\partial q_1}=p_1\bar{F}(q_1-S)-p_2[F(q_1+q_2-S)-F(q_1-S)]-w_1+$$

$$b_2[F(q_1+q_2-S)-F(q_1-S)]$$

$$\frac{\partial^2 \prod_R^D}{\partial q_1^2}=-[p_1-(p_2-b_2)]f(q_1-S)-(p_2-b_2)[f(q_1+q_2-S)]<0$$

$$\frac{\partial \prod_R^D}{\partial q_2}=p_2\bar{F}(q_1+q_2-S)-w_2+b_2F(q_1+q_2-S),$$

$$\frac{\partial^2 \prod_R^D}{\partial q_2^2}=-(p_2-b_2)f(q_1+q_2-S)<0$$

$$\frac{\partial^2 \prod_R^D}{\partial q_1 \partial q_2}=\frac{\partial^2 \prod_R^D}{\partial q_2 \partial q_1}=\frac{\partial^2 \prod_R^D}{\partial q_2^2}$$

$$\Gamma=\begin{vmatrix}\dfrac{\partial^2 \prod_R^D}{\partial q_1^2} & \dfrac{\partial^2 \prod_R^D}{\partial q_1 \partial q_2}\\ \dfrac{\partial^2 \prod_R^D}{\partial q_2 \partial q_1} & \dfrac{\partial^2 \prod_R^D}{\partial q_2^2}\end{vmatrix}=-\frac{\partial^2 \prod_R^D}{\partial q_2^2}(p_1-p_2+b_2)f(q_1-S)>0$$

由于 $p_1-p_2+b_2>0$，所以，$\Gamma>0$，$\dfrac{\partial^2 \prod_R^D}{\partial q_1^2}<0$，$\prod_R^C$ 具有负半定性质，是 (q_1,q_2) 的联合凹函数，联合求解 $\begin{cases}\dfrac{\partial \prod_R^D}{\partial q_1}=0\\ \dfrac{\partial \prod_R^D}{\partial q_2}=0\end{cases}$，可得 $\hat{q}_1^*=S+\bar{F}^{-1}(\Theta_3)$，$\hat{q}_2^*=\bar{F}^{-1}\left(\dfrac{w_2-b_2}{p_2-b_2}\right)-\bar{F}^{-1}(\Theta_3)$，其中，$\Theta_3=\dfrac{w_1-(w_2-b_2)}{p_1-(p_2-b_2)}$。证毕。

命题 4.6 当 M_1 提供批发价格合同 $(w_1,b_1=0)$，M_2 提供回购合同 (w_2,b_2) 时，

①存在性能改进能力阈值 $\xi^{\oplus\oplus}=\dfrac{h(1-\lambda)\rho_1-(p_1-p_2)\Theta_3}{h\theta}$，满足：

(A)当 $\xi<\xi^{\oplus\oplus}$ 时，$q_1^*<\hat{q}_1^*$，$q_2^*>\hat{q}_2^*$；

(B)当 $\xi=\xi^{\oplus\oplus}$ 时，$q_1^*=\hat{q}_1^*$，$q_2^*>\hat{q}_2^*$；

(C)当 $\xi^{\oplus\oplus}<\xi<\xi^{\circ}$ 时，$q_1^*>\hat{q}_1^*$，$q_2^*<\hat{q}_2^*$。

②如果 M_2 给予 R 的最优补偿为 $\hat{b}_2=\dfrac{(w_2-h\rho_2)p_2}{p_2-h\rho_2}$，则集中系统最优数量与分散系统总相同，即 $\hat{Q}^*=Q^*$。

证明：①先比较 ξ 对 q_1 与 q_2 的影响，由引理 4.1 与命题 4.2，可得

$$q_1^*-\hat{q}_1^*=\bar{F}^{-1}\left[\frac{h(\rho_1-\rho_2)}{p_1-p_2}\right]-\bar{F}^{-1}\left[\frac{w_1-(w_2-b_2)}{p_1-(p_2-b_2)}\right]$$

$$q_2^* - \hat{q}_2^* = \overbrace{\bar{F}^{-1}\left(\frac{h\rho_2}{p_2}\right) - \bar{F}^{-1}\left(\frac{w_2 - b_2}{p_2 - b_2}\right)}^{>0} - (q_1^* - \hat{q}_1^*)$$

由 $\frac{h(\rho_1 - \rho_2)}{p_1 - p_2} = \Theta_3$，可得 $\xi^{\oplus\oplus} = \frac{h(1-\lambda)\rho_1 - (p_1 - p_2)\Theta_3}{h\theta}$，运用同样的方法，可得，$\xi^{\oplus\oplus} < \xi^{\circ}$，从而满足：当 $\xi < \xi^{\oplus\oplus}$ 时，$q_1^* < \hat{q}_1^*$，$q_2^* > \hat{q}_2^*$；当 $\xi = \xi^{\oplus\oplus}$，$q_1^* = \hat{q}_1^*$，$q_2^* > \hat{q}_2^*$；当 $\xi^{\oplus\oplus} < \xi < \xi^{\circ}$ 时，$q_1^* > \hat{q}_1^*$，$q_2^* < \hat{q}_2^*$。

②比较性能改进能力 ξ 对 $q_1 + q_2$ 的影响：

$$Q^* = q_1^* + q_2^* = S + \bar{F}^{-1}\left(\frac{h\rho_2}{p_2}\right), \hat{Q}^* = \hat{q}_1^* + \hat{q}_2^* = S + \bar{F}^{-1}\left(\frac{w_2 - b_2}{p_2 - b_2}\right)$$

由条件 $Q^* = \hat{Q}^*$，可算出 M_2 给予 R 的最优补偿为 $\hat{b}_2 = \frac{(w_2 - h\rho_2)p_2}{p_2 - h\rho_2}$，集中系统与分散系统的总数量相同。

命题 4.6 表明：对于非对称供应合同情形，只要后进入者给予适当的回购补偿，则集中系统中两种产品的总销售数量与对称回购合同情形相同。

(2) M_1 提供回购合同与 M_2 提供批发价格

本节考虑与前面相反的情形，即 M_1 向 R 提供回购合同 (w_2, b_2)，M_2 向 R 提供批发价格合同 $(w_2, b_2 = 0)$。同样的，假设 t_2 期末的未销售原始产品数量与性能改进产品数量与前面情形相同。

于是，公共零售商 R 的期望利润为：

$$\prod\nolimits_R^D = \overbrace{p_1\left[q_1 - \int_0^{q_1 - S} F(X)\mathrm{d}X\right]}^{\text{从原始产品获得的收益}} + \overbrace{p_2\left[q_2 - \int_{q_1 - S}^{q_1 + q_2 - S} F(X)\mathrm{d}X\right]}^{\text{从性能改进产品获得的收益}} +$$

$$\overbrace{b_1\int_0^{q_1 - S}(q_1 - S - X)\mathrm{d}F(X)}^{\text{从}M_1\text{获得的补偿}} - \overbrace{(w_1 q_1 + w_2 q_2)}^{\text{总转移支付}} \tag{4.18}$$

对式(4.18)进行整理，可得：

$$\prod\nolimits_R^D = p_1\left[q_1 - \int_0^{q_1 - S} F(X)\mathrm{d}X\right] + p_2\left[q_2 - \int_{q_1 - S}^{\bar{\omega}} F(X)\mathrm{d}X\right] - (w_1 q_1 + w_2 q_2) + b_1\int_0^{q_1 - S} F(X)\mathrm{d}X \tag{4.19}$$

此时，M_1 的期望利润为：

$$\pi_{M_1} = (w_1 - h\rho_1)q_1 - \alpha_1\rho_1^2 - b_1\int_0^{q_1 - S} F(X)\mathrm{d}X \tag{4.20}$$

相应地，M_2 的期望利润为：

$$\pi_{M_2}=w_2q_2-[\alpha_1(1-\tau)\rho_1^2+\alpha_2\rho_2^2+h\rho_2q_2] \tag{4.21}$$

于是,有下列命题:

命题4.7 当M_1提供回购合同(w_1,b_1)、M_2提供批发价格($w_2,b_2=0$)时,有下列结论:

①如果$b_1<p_1-p_2$,则R采购的原始产品最优数量为$\hat{q}_1^*=S+\bar{F}^{-1}(\Theta_4)$,性能改进产品最优数量为$\hat{q}_2^*=\bar{F}^{-1}\left(\frac{w_2}{p_2}\right)-\bar{F}^{-1}(\Theta_4)$,其中,$\Theta_4=\frac{(w_1-b_1)-w_2}{(p_1-b_1)-p_2}$;

②如果$b_1\geqslant p_1-p_2$,则不存在唯一最优采购数量($\hat{q}_1^*,\hat{q}_2^*$)使得R的期望利润达到最大。

证明:对式(4.19)中$\prod_R^D$求偏导:

$$\frac{\partial\prod_R^D}{\partial q_1}=p_1\bar{F}(q_1-S)-p_2[F(q_1+q_2-S)-F(q_1-S)]-w_1+b_1F(q_1-S)$$

$$\frac{\partial^2\prod_R^D}{\partial q_1^2}=-[(p_1-b_1)-p_2]f(q_1-S)-p_2f(q_1+q_2-S)$$

$\frac{\partial\prod_R^D}{\partial q_2}=p_2\bar{F}(q_1+q_2-S)-w_2$,$\frac{\partial^2\prod_R^D}{\partial q_2^2}=-p_2f(q_1+q_2-S)<0$,同样的,$\Gamma=\begin{vmatrix}\frac{\partial^2\prod_R^D}{\partial q_1^2} & \frac{\partial^2\prod_R^D}{\partial q_1\partial q_2}\\ \frac{\partial^2\prod_R^D}{\partial q_2\partial q_1} & \frac{\partial^2\prod_R^D}{\partial q_2^2}\end{vmatrix}=-\frac{\partial^2\prod_R^D}{\partial q_2^2}[(p_1-b_1)-p_2]f(q_1-S)$

①如果$b_1<p_1-p_2$,则$\Gamma>0$,$\frac{\partial^2\prod_R^D}{\partial q_1^2}<0$,此时,$\prod_R^C$是($q_1,q_2$)的联合凹函数,联合求解$\begin{cases}\frac{\partial\prod_R^D}{\partial q_1}=0\\ \frac{\partial\prod_R^D}{\partial q_2}=0\end{cases}$,可得$\hat{q}_1^*=S+\bar{F}^{-1}(\Theta_4)$,$\hat{q}_2^*=\bar{F}^{-1}\left(\frac{w_2}{p_2}\right)-\bar{F}^{-1}(\Theta_4)$,其中,$\Theta_4=\frac{(w_1-b_1)-w_2}{(p_1-b_1)-p_2}$;② 如果$b_1\geqslant p_1-p_2$,则$\Gamma\leqslant 0$,$\frac{\partial^2\prod_R^D}{\partial q_1^2}<0$,此时,$\prod_R^D$不是($q_1,q_2$)的联合凹函数,不存在唯一最优解使得$\prod_R^D$达到

最大化。证毕。

命题 4.7 表明：如果 M_1 给予公共销售商的回退补偿较小，则存在唯一的原始产品数量与性能改进产品数量；相反，当回退补偿较大时，则不一定存在唯一的原始产品数量与性能改进产品数量。

命题 4.8 当 M_1 提供回购合同、M_2 提供批发价格情形时，

①存在性能改进能力阈值 $\xi^{\oplus\oplus\oplus}=\dfrac{h(1-\lambda)\rho_1-(p_1-p_2)\Theta_4}{h\theta}$，满足：

(A)当 $\xi<\xi^{\oplus\oplus\oplus}$ 时，$q_1^*<\hat{q}_1^*$，$q_2^*>\hat{q}_2^*$；

(B)当 $\xi=\xi^{\oplus\oplus\oplus}$ 时，$q_1^*=\hat{q}_1^*$，$q_2^*>\hat{q}_2^*$；

(C)当 $\xi^{\oplus\oplus\oplus}<\xi<\xi^{\circ}$ 时，$q_1^*>\hat{q}_1^*$，$q_2^*<\hat{q}_2^*$。

②$Q^*>\hat{Q}^*$。

证明：①先比较 ξ 对 q_1 与 q_2 的影响，由引理 4.1 与命题 4.2，可得

$$q_1^*-\hat{q}_1^*=\bar{F}^{-1}\left[\frac{h(\rho_1-\rho_2)}{p_1-p_2}\right]-\bar{F}^{-1}(\Theta_4)$$

$$q_2^*-\hat{q}_2^*=\overbrace{\bar{F}^{-1}\left(\frac{h\rho_2}{p_2}\right)-\bar{F}^{-1}\left(\frac{w_2}{p_2}\right)}^{>0}-(q_1^*-\hat{q}_1^*)$$

由 $\dfrac{h(\rho_1-\rho_2)}{p_1-p_2}=\Theta_4$，可得 $\xi^{\oplus\oplus\oplus}=\dfrac{h(1-\lambda)\rho_1-(p_1-p_2)\Theta_4}{h\theta}$，同样的，$\xi^{\oplus\oplus\oplus}<\xi^{\circ}$，从而满足，当 $\xi<\xi^{\oplus\oplus\oplus}$ 时，$q_1^*<\hat{q}_1^*$，$q_2^*>\hat{q}_2^*$；当 $\xi=\xi^{\oplus\oplus\oplus}$，$q_1^*=\hat{q}_1^*$，$q_2^*>\hat{q}_2^*$；当 $\xi^{\oplus\oplus\oplus}<\xi<\xi^{\circ}$ 时，$q_1^*>\hat{q}_1^*$，$q_2^*<\hat{q}_2^*$。

②比较性能改进能力 ξ 对 q_1+q_2 的影响：

令 $Q^*=q_1^*+q_2^*$，$\hat{Q}^*=\hat{q}_1^*+\hat{q}_2^*$，则，$Q^*=S+\bar{F}^{-1}\left(\dfrac{h\rho_2}{p_2}\right)$，$\hat{Q}^*=S+\bar{F}^{-1}\left(\dfrac{w_2}{p_2}\right)$，由于 $h\rho_2<w_2$，所以，$Q^*>\hat{Q}^*$。证毕。

命题 4.8 表明：对于非对称合同情形（M_1 提供回购合同而 M_2 提供批发价格），集中系统中两种产品的总销售数量总是大于这种非对称合同情形的销售数量。即，只要后进入者提供批发价格合同，集中系统中两种产品的总销售数量更高；相反，后进入者提供回购合同能增加总数量并达到集中系统情形。同样的，也不能把通过这两种产品的总数量与集中系统相同作为判断供应商间竞争供应链的协调标准。

4.3.3 分散系统与集中系统的比较

下面从两个视角进行比较：均衡数量、供应链绩效。

(1)均衡数量比较

表 4.2 对不同情形下原始产品最优数量、性能改进产品最优数量以及总数量进行了比较。

表 4.2　各种补偿机制下均衡数量的比较

情形	原始产品均衡数量	性能改进产品均衡数量	总数量
集中系统	$q_1^* = S + \bar{F}^{-1}\left[\dfrac{h(\rho_1-\rho_2)}{p_1-p_2}\right]$	$q_2^* = \bar{F}^{-1}\left(\dfrac{h\rho_2}{p_2}\right) - \bar{F}^{-1}\left[\dfrac{h(\rho_1-\rho_2)}{p_1-p_2}\right]$	$Q^* = S + \bar{F}^{-1}\left(\dfrac{h\rho_2}{p_2}\right)$
$M_1(w_1,b_1=0)$ $M_2(w_2,b_2=0)$	$\hat{q}_1^* = S + \bar{F}^{-1}\left(\dfrac{w_1-w_2}{p_1-p_2}\right)$	$\hat{q}_2^* = \bar{F}^{-1}\left(\dfrac{w_2}{p_2}\right) - \bar{F}^{-1}\left(\dfrac{w_1-w_2}{p_1-p_2}\right)$	$\hat{Q}^* = S + \bar{F}^{-1}\left(\dfrac{w_2}{b_2}\right)$
$M_1(w_1,b_1)$ $M_2(w_2,b_2)$	$\hat{q}_1^* = S + \bar{F}^{-1}(\Theta_2)$	$\hat{q}_2^* = \bar{F}^{-1}\left(\dfrac{w_2-b_2}{p_2-b_2}\right) - \bar{F}^{-1}(\Theta_2)$	$\hat{Q}^* = S + \bar{F}^{-1}\left(\dfrac{w_2-b_2}{p_2-b_2}\right)$
$M_1(w_1,b_1=0)$ $M_2(w_2,b_2)$	$\hat{q}_1^* = S + \bar{F}^{-1}(\Theta_3)$	$\hat{q}_2^* = \bar{F}^{-1}\left(\dfrac{w_2-b_2}{p_2-b_2}\right) - \bar{F}^{-1}(\Theta_3)$	$\hat{Q}^* = S + \bar{F}^{-1}\left(\dfrac{w_2-b_2}{p_2-b_2}\right)$
$M_1(w_1,b_1)$ $M_2(w_2,b_2=0)$	$\hat{q}_1^* = S + \bar{F}^{-1}(\Theta_4)$	$\hat{q}_2^* = \bar{F}^{-1}\left(\dfrac{w_2}{p_2}\right) - \bar{F}^{-1}(\Theta_4)$	$\hat{Q}^* = S + \bar{F}^{-1}\left(\dfrac{w_2}{p_2}\right)$

从总数量来看，$Q^C \geqslant Q^{M_1(w_1,b_1)}_{M_2(w_2,b_2)} = Q^{M_1(w_1,b_1=0)}_{M_2(w_2,b_2)} > Q^{M_1(w_1,b_1=0)}_{M_2(w_2,b_2=0)} = Q^{M_1(w_1,b_2)}_{M_2(w_2,b_2=0)}$。即，$M_1$ 提供回购合同(w_2,b_2)比提供批发价格合同$(w_2,b_2=0)$更能增加整个系统的总数量。

(2)供应链绩效比较

下面通过数值计算来比较各种合同选择下，性能改进能力对集中系统与分散系统均衡利润的关系。参数设置如下：$\rho_1=6$，$\theta=2$，$\lambda=0.6$，$p_1=8$，$p_2=6$，$h=0.2$，$w_1=5.5$，$w_2=4$，$b_1=0.2$，$b_2=0.1$，$S=20$，$X\sim U[0,50]$。

从图 4.4 可见：①如果后进入者 M_2 提供的性能改进产品性价比更低时，则分散系统总期望利润 $\prod^D_{SC}$（即 $\prod^D_R+\pi_{M_1}+\pi_{M_2}$）总小于集中系统期望利润 $\prod^C_{SC}$，这反映了在序贯供应链 SC_O（单上游企业与单下游企业构成）中，能实现供应链协调的回购合同不能协调供应商间竞争型供应链 SC_S；② 在分散系统中，后进入者 M_2 提供回购合同比提供批发价格合同，更能提高供应链绩效。

接下来我们分析后进入者提供性价比更高的性能改进产品，对由先进入者 M_1 构成的供应链 SC_O 所演化的现有供应链 SC_1、模仿创新供应链本身 SC_2 以及整个行业 SC_S 的影响。

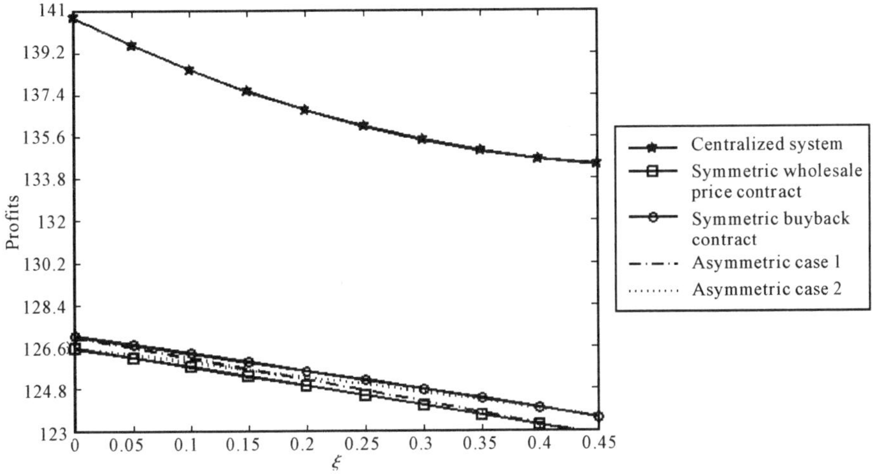

图 4.4 分散系统期望利润与集中系统期望利润的比较

注：Asymmetric case 1 表示“$M_1(w_1, b_1=0), M_2(w_2, b_2)$”情形；Asymmetric case 2 表示“$M_1(w_1, b_1), M_2(w_2, b_2=0)$”情形。

4.4 性能改进产品性价比更高情形

本节将针对集中系统和分散系统分别加以探讨。

4.4.1 集中系统

当性能改进产品性价比高于原始产品时，即 $\xi \geqslant \xi^{\circ} = \dfrac{\rho_1(p_2 - \lambda p_1)}{\theta p_1}$，同样假设满足条件，$\dfrac{p_2}{p_1} \geqslant \lambda$，并且 $\lambda \in [0,1]$。为了简化分析，本节只关注 $\lambda=1$ 情形，这样 $\xi^{\circ} = \dfrac{\rho_1(p_2 - p_1)}{\theta p_1}$；如果我们放松该假设，即考虑 $\lambda \leqslant 1$ 情形，其结论也具有稳定性，因为 λ 的不同取值，只改变了 ξ° 的取值；鉴于此，只考虑 $\lambda=1$ 情形是合理的。

4.4.1.1 战略顾客跨期理性决策

存在下面两类情形：(1)当 $X \leqslant q_2 - S\alpha\eta$ 时，t_2 期性能改进产品供给大于总需求，延迟购买的战略顾客都能获得性能改进产品；(2)当 $q_2 - S\alpha\eta < X \leqslant \bar{\omega}$ 或

$X>\tilde{\omega}$ 时，延迟购买的战略顾客和新到达顾客获得性能改进产品的概率都小于1，其中，$\tilde{\omega}=q_1+q_2-S$，这样，战略顾客在 t_2 期购买性能改进产品的期望剩余为：

$$U_2=\left[F(q_2-S\alpha\eta)+q_2\int_{q_2-S\alpha\eta}^{+\infty}\frac{\mathrm{d}F(X)}{S\alpha\eta+X}\right](vp_2-p_2) \tag{4.22}$$

于是，有下列引理：

引理4.3 延迟到 t_2 期购买产品的期望剩余 U_2 随性能改进能力 ξ 增加而递增，即 $\frac{\partial U_2}{\partial \xi}>0$。

证明：对 U_2 关于 ξ 求导，得到

$$\frac{\partial U_2}{\partial \xi}=\left[F(q_2-S\alpha\eta)+q_2\int_{q_2-S\alpha\eta}^{+\infty}\frac{\mathrm{d}F(X)}{S\alpha\eta+X}\right]v\theta>0$$

证毕。

引理4.3表明：提升性能改进能力增加了性能改进产品的性价比，使得战略顾客转向购买这种产品能获得更高的期望剩余，即延迟购买的价值更大。

战略顾客在 t_1 期购买原始产品的期望剩余为：

$$U_1=v\rho_1-p_1 \tag{4.23}$$

相应地，战略顾客在 t_1 期与 t_2 期购买产品的无差异条件为：

$$U_1-U_2=0 \tag{4.24}$$

将式(4.22)、式(4.23)代入式(4.24)，可得：

$$\Phi(q_1,q_2,\eta)=F(q_2-S\alpha\eta)+q_2\int_{q_2-S\alpha\eta}^{+\infty}\frac{\mathrm{d}F(X)}{S\alpha\eta+X}-\frac{vp_1-p_1}{vp_2-p_2}=0 \tag{4.25}$$

下面引理4.4揭示了性能改进能力对战略顾客转移比例的影响。

引理4.4 在给定信念 $(\tilde{q}_1,\tilde{q}_2)$ 时，存在唯一从购买原始产品转向性能改进产品的战略顾客比例 η^*，且

(1) 当 $\Phi|_{\eta=1}^{\xi=\xi^0}(\tilde{q}_1,\tilde{q}_2)\geqslant 0$ 时，所有战略顾客延迟到 t_2 期购买产品，即 $\eta^*=1$。

(2) 当 $\Phi|_{\eta=1}^{\xi=\xi^0}(\tilde{q}_1,\tilde{q}_2)<0$ 并且 $\Phi|_{\eta=1}^{\xi=1}(\tilde{q}_1,\tilde{q}_2)\geqslant 0$ 时，存在性能改进能力阈值 $\xi_\Gamma\in(\xi^0,1]$ 使得 $\Phi|_{\eta=1}^{\xi=\xi_\Gamma}(\tilde{q}_1,\tilde{q}_2)=0$，且①当 $\xi<\xi_\Gamma$ 时，只有部分战略顾客延迟购买，即 $\eta^*<1$；②当 $\xi\geqslant\xi_\Gamma$ 时，所有战略顾客延迟购买，即 $\eta^*=1$。

(3) 当 $\Phi|_{\eta=1}^{\xi=1}(\tilde{q}_1,\tilde{q}_2)<0$ 时，只有部分战略顾客延迟购买，即 $\eta^*<1$。

证明：在给定信念 $\tilde{q}_1,\tilde{q}_2$ 时，对 U_2 关于 η 求导：

$$\frac{\partial U_2}{\partial \eta}=-q_2(vp_2-p_2)\int_{q_2-S\alpha\eta}^{+\infty}\frac{S\alpha\mathrm{d}F(X)}{(S\alpha\eta+X)^2}<0$$

而$\dfrac{\partial U_1}{\partial \eta}=0$，这表明 U_1 与 η 无关。也就是说，(1)当$\Phi|_{\xi=\xi^{\circ},\eta=1}(\tilde{q}_1,\tilde{q}_2)\geqslant 0$ 时，所有战略顾客延迟到 t_2 期购买产品，即 $\eta^*=1$。(2)当$\Phi|_{\xi=\xi^{\circ},\eta=1}(\tilde{q}_1,\tilde{q}_2)<0$ 并且$\Phi|_{\xi=1,\eta=1}(\tilde{q}_1,\tilde{q}_2)\geqslant 0$ 时，存在性能改进能力阈值 $\xi_\Gamma\in(\xi^{\circ},1]$使得$\Phi|_{\xi=\xi_\Gamma,\eta=1}(\tilde{q}_1,\tilde{q}_2)=0$，①当 $\xi\geqslant\xi_\Gamma$ 时，所有战略顾客延迟购买，即 $\eta^*=1$；②当 $\xi<\xi_\Gamma$ 时，只有部分战略顾客延迟购买，即 $\eta^*<1$。(3)当$\Phi|_{\xi=1,\eta=1}(\tilde{q}_1,\tilde{q}_2)<0$ 时，只有部分战略顾客延迟购买，即 $\eta^*<1$。证毕。

引理 4.4 的(2)表明：随着性能改进能力 ξ 增加，性能改进产品性价比增加，使得战略顾客延迟到 t_2 期购买性能改进产品所获得的期望剩余递增，而在 t_1 期购买原始产品的期望剩余与性能改进能力无关。这样，存在某阈值，当性能改进能力低于该阈值时，只有部分战略顾客转向购买性能改进产品；当性能改进能力高于该阈值时，所有战略顾客转向购买性能改进产品。

4.4.1.2 理性预期均衡

先分析新到达顾客数量 X 与各种产品销售量的关系。存在下列两类情形：

(1)若 $X\in[0,q_2-S\alpha\eta]$，则性能改进产品的销售量为 $X+S\alpha\eta$，原始产品的销量为 0；(2)若 $X\in(q_2-S\alpha\eta,\bar{\omega}]$，则性能改进产品的销售量为 q_2，原始产品销售量为 $X\left(1-\dfrac{q_2}{S\alpha\eta+X}\right)$；(3)若 $X>\bar{\omega}$，则性能改进产品的销量为 q_2，原始产品销售量为 L，其中，$\bar{\omega}=q_1+q_2-S$。

用 R_{SC}^1表示集中系统 SC_S销售原始产品的收益，则有：

$$R_{SC}^1=\overbrace{p_1S(1-\alpha\eta)}^{t_1\text{收益}}+\overbrace{p_1L\bar{F}(\bar{\omega})}^{X>\bar{\omega}\text{收益}}+\overbrace{p_1\int_{q_2-S\alpha\eta}^{\bar{\omega}}X\left(1-\frac{q_2}{S\alpha\eta+X}\right)\mathrm{d}F(X)}^{X\in(q_2-S\alpha\eta,\bar{\omega}]\text{收益}}\tag{4.26}$$

由式(4.26)，可得：

$$R_{SC}^1=p_1\left[S(1-\alpha\eta)+L\bar{F}(\bar{\omega})+\int_{q_2-S\alpha\eta}^{\bar{\omega}}X\left(1-\frac{q_2}{S\alpha\eta+X}\right)\mathrm{d}F(X)\right]\tag{4.27}$$

用 R_{SC}^2表示集中系统 SC_S销售性能改进产品获得的收益，则有：

$$R_{SC}^2 = \overbrace{p_2\int_0^{q_2-S\alpha\eta}(S\alpha\eta+X)\mathrm{d}F(X)}^{X\leqslant q_2-S\alpha\eta\text{情形下的收益}} + \overbrace{p_2q_2\bar{F}(q_2-S\alpha\eta)}^{X>q_2-S\alpha\eta\text{情形下的收益}}$$
$$= p_2\left[q_2-\int_0^{q_2-S\alpha\eta}F(X)\mathrm{d}X\right] \tag{4.28}$$

用 $\prod_{SC}^{C}$ 表示集中系统 SC_S 的总期望利润，这样，

$$\prod\nolimits_{SC}^{C} = (R_{SC}^1-C_1)+(R_{SC}^2-C_2)$$
$$= p_1\left[S(1-\alpha\eta)+L\bar{F}(\bar{\omega})+\int_{q_2-S\alpha\eta}^{\bar{\omega}}X\left(1-\frac{q_2}{S\alpha\eta+X}\right)\mathrm{d}F(X)\right]+$$
$$p_2\left[q_2-\int_0^{q_2-S\alpha\eta}F(X)\mathrm{d}X\right]-h(\rho_1q_1+\rho_2q_2)-\nabla \tag{4.29}$$

其中，$\bar{\omega}=q_1+q_2-S$，$\nabla=\alpha_1\rho_1^2+\alpha_1(1-\tau)\rho_1^2+\alpha_2\rho_2^2$。

由此，得到下列引理和命题：

引理 4.5 假设 $f'(X)\geqslant 0$，在给定信念 $\tilde{\eta}$ 下，存在唯一的原始产品最优数量 q_1^* 与性能改进产品最优数量 q_2^* 使得集中系统 SC_S 的期望利润 $\prod_{SC}^{C}$ 达到最大。

证明：给定信念 $\tilde{\eta}$ 时，对 $\prod_{SC}^{C}$ 关于 q_1,q_2 求导：

$$\frac{\partial\prod_{SC}^{C}}{\partial q_1} = p_1\left[\bar{F}(\bar{\omega})-Lf(\bar{\omega})\frac{S\alpha\tilde{\eta}}{S\alpha\tilde{\eta}+\bar{\omega}}\right]-h\rho_1,$$

$$\frac{\partial\prod_{SC}^{C}}{\partial q_2} = -p_1\frac{S\alpha\eta L}{S\alpha\eta+\bar{\omega}}f(\bar{\omega})-p_1\int_{q_2-S\alpha\eta}^{\bar{\omega}}\frac{X\mathrm{d}F(X)}{S\alpha\eta+X}+p_2\bar{F}(q_2-S\alpha\eta)-h\rho_2,$$

$$\frac{\partial^2\prod_{SC}^{C}}{\partial q_1^2} = -p_1\left\{f(\bar{\omega})\left[1+\frac{S\alpha\tilde{\eta}q_2}{(S\alpha\tilde{\eta}+\bar{\omega})^2}\right]+Lf'(\bar{\omega})\frac{S\alpha\tilde{\eta}}{S\alpha\tilde{\eta}+\bar{\omega}}\right\}<0$$

$$\frac{\partial^2\prod_{SC}^{C}}{\partial q_2^2} = -p_1\left\{f(\bar{\omega})\left[\frac{\bar{\omega}}{S\alpha\tilde{\eta}+\bar{\omega}}-\frac{S\alpha\tilde{\eta}L}{(S\alpha\tilde{\eta}+\bar{\omega})^2}\right]+Lf'(\bar{\omega})\frac{S\alpha\tilde{\eta}}{S\alpha\tilde{\eta}+\bar{\omega}}\right\}+$$
$$(p_1-p_2)f(q_2-S\alpha\tilde{\eta})-p_1\frac{S\alpha\tilde{\eta}f(q_2-S\alpha\tilde{\eta})}{q_2}<0$$

$$\frac{\partial^2\prod_{SC}^{C}}{\partial q_1\partial q_2} = -p_1\left\{f(\bar{\omega})\left[1-\frac{LS\alpha\tilde{\eta}}{(S\alpha\tilde{\eta}+\bar{\omega})^2}\right]+Lf'(\bar{\omega})\frac{S\alpha\tilde{\eta}}{S\alpha\tilde{\eta}+\bar{\omega}}\right\}=\frac{\partial^2\prod_{SC}^{C}}{\partial q_2\partial q_1}$$

令 $\sigma_1=Lf'(\bar{\omega})\dfrac{S\alpha\tilde{\eta}}{S\alpha\tilde{\eta}+\bar{\omega}}$，$\sigma_2=\dfrac{S\alpha\tilde{\eta}}{(S\alpha\tilde{\eta}+\bar{\omega})^2}$，

则 $\dfrac{\partial^2\prod_{SC}^{C}}{\partial q_1\partial q_2}=-p_1[f(\bar{\omega})(1-L\sigma_2)+\sigma_1]$

$$\frac{\partial^2 \prod_{sc}^{C}}{\partial q_1^2} = -p_1[f(\tilde{\omega})(1+q_2\sigma_2)+\sigma_1]$$

$$\frac{\partial^2 \prod_{sc}^{C}}{\partial q_2^2} = -p_1[f(\tilde{\omega})(1-L\sigma_2)+\sigma_1]+(p_1-p_2)f(q_2-S\alpha\tilde{\eta})-$$

$$p_1 S\alpha\tilde{\eta}\left[\frac{f(q_2-S\alpha\tilde{\eta})}{q_2}-\frac{f(q_2-S\alpha\tilde{\eta}+L)}{q_2+L}\right]$$

比较 $\frac{\partial^2 \prod_{sc}^{C}}{\partial q_1 \partial q_2}$ 与 $\frac{\partial^2 \prod_{sc}^{C}}{\partial q_1^2}$，可得 $\frac{\partial^2 \prod_{sc}^{C}}{\partial q_1 \partial q_2} > \frac{\partial^2 \prod_{sc}^{C}}{\partial q_1^2}$；假设 $f'(X) \geqslant 0$，则 $\frac{\partial^2 \prod_{sc}^{C}}{\partial q_1 \partial q_2} > \frac{\partial^2 \prod_{sc}^{C}}{\partial q_1^2}$。这样，

$$\Gamma = \begin{vmatrix} \frac{\partial^2 \prod_{sc}^{C}}{\partial q_1^2} & \frac{\partial^2 \prod_{sc}^{C}}{\partial q_1 \partial q_2} \\ \frac{\partial^2 \prod_{sc}^{C}}{\partial q_2 \partial q_1} & \frac{\partial^2 \prod_{sc}^{C}}{\partial q_2^2} \end{vmatrix} = \frac{\partial^2 \prod_{sc}^{C}}{\partial q_1^2}\frac{\partial^2 \prod_{sc}^{C}}{\partial q_2^2} - \left(\frac{\partial^2 \prod_{sc}^{C}}{\partial q_1 \partial q_2}\right)^2 > 0$$

所以，在给定 $\tilde{\eta}$ 时，$\prod_{sc}^{C}$ 是 q_1、q_2 的联合凹函数，存在唯一的(q_1^*, q_2^*)使得 $\prod_{sc}^{C}$ 达到最大。证毕。

注：$f'(X) \geqslant 0$ 是充分非必要条件。

引理 4.5 表明：在给定延迟购买的战略顾客比例时，先进入者与后进入者存在稳定的均衡数量。

下面命题 4.9 刻画了集中系统与战略顾客之间的理性预期均衡。

命题 4.9 当性能改进产品的性价比高于原始产品时，假设 $X \sim U(0, \overline{X})$，则集中系统 SC_S 与战略顾客之间存在理性预期均衡(q_1^*, q_2^*, η^*)，其中，性能改进产品均衡数量 q_2^* 以及战略顾客转移的均衡比例 η^* 由式(4.30)确定：

$$\begin{cases} q_2 e^{\zeta_C} - S\alpha\eta e^{-\zeta_C} = \overline{X}\left(1-\frac{h\rho_1}{p_1}\right) \\ q_2 - S\alpha\eta + q_2 \ln\left(\frac{S\alpha\eta+\overline{X}}{q_2}\right) = \overline{X}\,\frac{v\rho_1-p_1}{v\rho_2-p_2} \end{cases} \tag{4.30}$$

且，原始产品均衡数量 $q_1^* = q_2^* e^{\zeta_C} + S(1-\alpha\eta^*) - q_2^*$，集中系统 SC_S 的最优期望利润为 $\prod_{sc}^{C}(q_1^*, q_2^*, \eta^*)$，其中，$\zeta_C = \frac{\overline{X}[(p_1-h\rho_1)-(p_2-h\rho_2)]-(p_1-p_2)(q_2-S\alpha\eta)}{p_1 S\alpha\eta}$。

证明:利用定义 4.1 与引理 4.5,可以算出原始产品均衡数量 q_1^*、性能改进产品均衡数量 q_2^* 与战略顾客转移的均衡比例 η^*。证毕。

下面通过数值分析来说明性能改进能力、市场潜力与生产成本对原有供应链 SC_O、现有供应链 SC_1、模仿创新供应链 SC_2 以及市场总体 SC_S 绩效的影响。参数设置为:$\rho_1=4$,$\theta=3$,$\lambda=1$,$p_1=9$,$p_2=12$,$h=1.5$,$S=50$,$Y\sim U(0,70)$,$X\sim U(0,X\max)$,$\alpha_1=\alpha_2=0$,$v=4$,$\alpha=0.6$。

4.4.1.3 模仿创新对集中系统的影响

(1)模仿创新对原有供应链 SC_O 的影响

表 4.3 反映了模仿创新开拓的市场潜力变化与生产成本对原有供应链 SC_O 绩效的影响。

表 4.3　市场潜力对原有 SC_O 利润的影响

	$h=0.5$	$h=1.5$
$X\max=90$	$\prod_C^O=571.67$	$\prod_C^O=91.67$
$X\max=120$	$\prod_C^O=571.67$	$\prod_C^O=91.67$
$X\max=150$	$\prod_C^O=571.67$	$\prod_C^O=91.67$
$X\max=180$	$\prod_C^O=571.67$	$\prod_C^O=91.67$

从表 4.3 可以看出:原有供应链 SC_O 的期望利润与性能改进能力以及市场潜力无关,但随着生产成本增加呈递减趋势。

(2)模仿创新对战略顾客行为的影响

当 $h=0.5$ 时,所有战略顾客均延迟购买(即 $\eta^*=1$),与市场潜力无关;图 4.5 则显示 $h=1.5$ 时性能改进能力与市场潜力同样影响战略顾客延迟购买的比例。

从图 4.5 可以看出:①战略顾客延迟购买比例随性能改进能力的增加呈现递增趋势,这主要源于随着性能改进能力提升增加了性能改进产品的性价比,顾客购买这种产品的期望剩余大幅增加,导致所有战略顾客延迟购买。②战略顾客延迟购买比例随市场潜力增加而递增,当市场潜力较低(即 $X\max=90$)时,只有部分战略顾客转向性能改进产品;而市场潜力较高(即 $X\max=120,150,180$)时,即当性能改进能力超过某阀值时,所有战略顾客转向性能改进产品。③从①、②的综合分析来看,性能改进能力与市场潜力同样影响战略顾客延迟购买的比例。

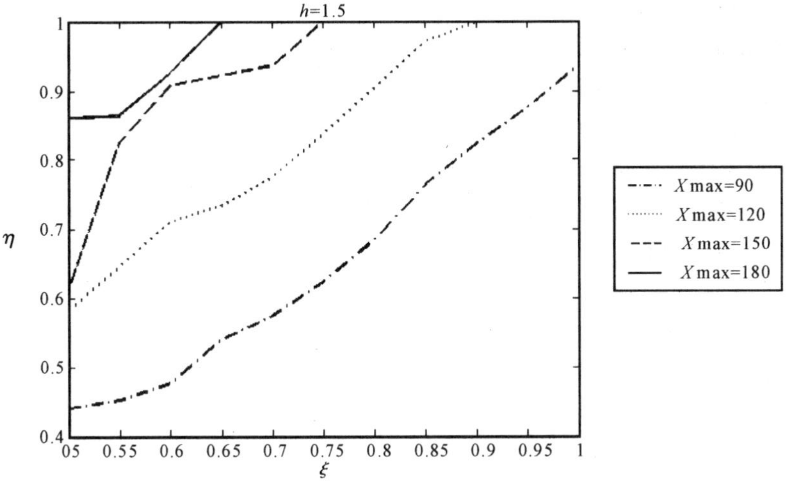

图 4.5　性能改进能力与战略顾客转移比例

(3)模仿创新对现有供应链 SC_1 的影响

图 4.6 体现了性能改进产品的性价比高于原始产品情形下性能改进能力、市场潜力以及生产成本对现有供应链 SC_1 期望利润的影响。

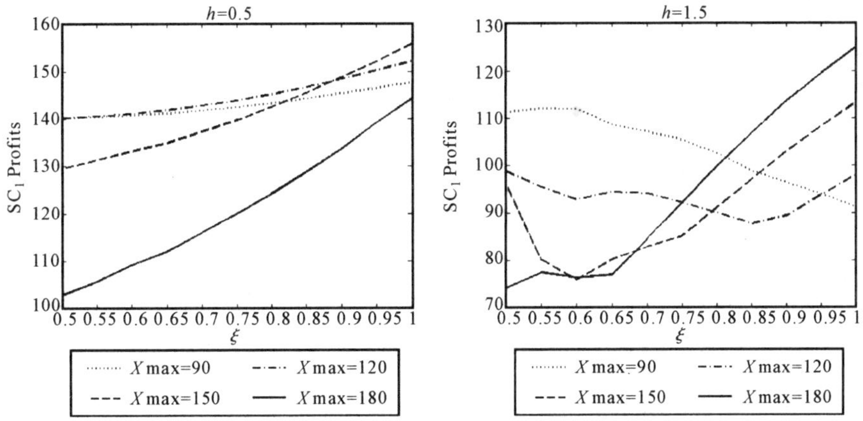

图 4.6　性能改进能力对现有供应链 SC_1 期望利润的影响

从图 4.6 可以看出，①当生产成本较低($h=0.5$)时，现有供应链 SC_1 的期望利润明显低于原始供应链 SC_O 的期望利润。②随着生产成本增加到 1.5 时，现有供应链 SC_1 的期望利润与原始供应链 SC_O 的期望利润的关系依赖于市场潜力与性能改进能力的大小。具体来说，当性能改进能力与市场潜力均低于某阀值时，现有供应链 SC_1 的期望利润高于原始供应链 SC_O；同样的，当性能改进能力与市场潜力均高于某阀值时，SC_1 的期望利润高于原始供应链 SC_O。③总的来说，现有供应链 SC_1 的期望利润取决于市场潜力、生产成本 h 以及性能改进能力之间的综合影响。

(4)模仿创新对模仿创新供应链 SC_2 的影响

图 4.7 显示了性能改进能力、市场潜力以及生产成本对模仿创新供应链 SC_2 期望利润的影响。

从图 4.7 可以看出：当生产成本较低($h=0.5$)时，模仿创新供应链 SC_2 的期望利润随市场潜力增加而递增，随性能改进能力提升而递减。但生产成本增加到 1.5 时，模仿创新供应链 SC_2 的期望利润同时依赖于性能改进能力与生产成本，即当性能改进能力低于某阈值时，SC_2 的期望利润随市场潜力增加而递增；当性能改进能力高于某阈值时，SC_2 的期望利润随市场潜力增加反而递减。综合来看，市场潜力与性能改进能力以反方向影响模仿创新供应链的绩效。

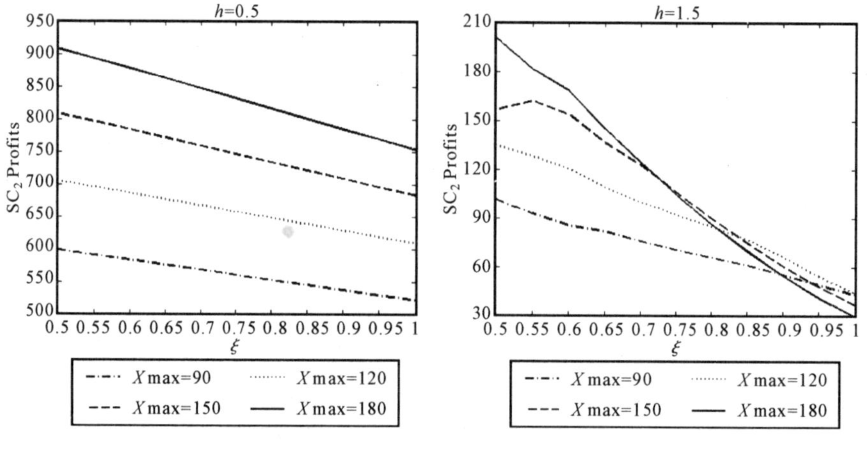

图 4.7　性能改进能力对模仿创新供应链 SC_2 期望利润的影响

对比图 4.6 与图 4.7 的结论，发现：①当生产成本较低时，模仿创新供应链 SC_2 的期望利润明显高于现有供应链 SC_1 的期望利润。②当生产成本较高时，如果性能改进能力低于某阈值，则 SC_2 的期望利润高于现有供应链 SC_1 的期望利润；如果性能改进能力低于某阈值，则 SC_2 的期望利润低于现有供应链 SC_1 的期望利润，究其原因在于市场潜力与性能改进能力以反方向影响模仿创新供应链，而以同方向影响现有供应链 SC_1。换句话说，后进入者形成的模

仿创新供应链 SC_2 的期望利润与现有供应链 SC_1 期望利润的关系取决于市场潜力、生产成本以及性能改进能力等的变化。

(5)模仿创新对集中系统 SC_S 的影响

图 4.8 显示了性能改进能力、市场潜力以及生产成本对集中系统 SC_S 期望利润的影响。

从图 4.8 可以发现：①随着生产成本 h 的增加，集中系统 SC_S 的期望利润明显下降；②性能改进产品开拓的市场潜力越大，更能增加集中系统 SC_S 的期望利润；③随着性能改进能力增加，集中系统 SC_S 的期望利润呈递减趋势，究其原因在于性能改进能力的增加，导致可变改进成本和固定改进成本大幅增加。

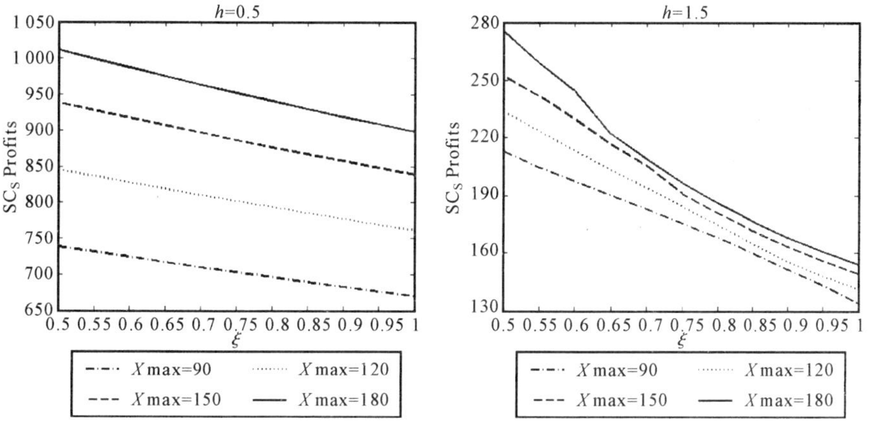

图 4.8 性能改进能力对集中系统 SC_S 期望利润的影响

比较表 4.3 和图 4.8 可见，模仿创新者通过引入性能改进产品，扩大了市场份额，导致供应商间竞争的供应链的总体期望利润高于原有供应链 SC_O 的期望利润。

4.4.2 分散系统

考虑对称合同与非对称合同两个视角。

4.4.2.1 对称合同

(1)对称批发价格合同

当 M_1 与 M_2 均向 R 提供批发价格合同时，假设 M_1、M_2 与 R 以各自利润最大化为出发点。对称批发价格合同可表示为 $M_1(w_1, b_1=0)$、$M_2(w_2, b_2=0)$。

用 $\prod_R^D$ 表示公共零售商 R 的期望利润，则有：

$$\prod_R^D = \overbrace{p_1\left[S(1-\alpha\eta)+L\overline{F}(\bar{\omega})+\int_{q_2-S\alpha\eta}^{\bar{\omega}} X\left(1-\frac{q_2}{S\alpha\eta+X}\right)\mathrm{d}F(X)\right]-w_1q_1}^{\text{原始产品}}+$$
$$\overbrace{p_2\left[q_2-\int_0^{q_2-S\alpha\eta}F(X)\mathrm{d}X\right]-w_2q_2}^{\text{性能改进产品}} \tag{4.31}$$

这样，M_1 的期望利润仍为：

$$\pi_{M_1}=(w_1-h\rho_1)q_1-\alpha_1\rho_1^2 \tag{4.32}$$

相应地，M_2 的期望利润仍为：

$$\pi_{M_2}=(w_2-h\rho_2)q_2-[\alpha_1(1-\tau)\rho_1^2+\alpha_2\rho_2^2] \tag{4.33}$$

于是，有下列引理和命题：

引理 4.6 在给定信念 $\tilde{\eta}$ 下，则公共零售商 R 向 M_1 采购的原始产品最优数量为 $\hat{q}_1^*$，向 M_2 采购的性能改进产品最优数量为 $\hat{q}_2^*$，其中，$\hat{q}_1^*$ 与 $\hat{q}_2^*$ 由式(4.34)确定：

$$\begin{cases} p_1\left[\overline{F}(\bar{\omega})-\dfrac{S\alpha\tilde{\eta}Lf(\bar{\omega})}{S\alpha\tilde{\eta}+\bar{\omega}}\right]-w_1=0 \\ p_2\overline{F}(q_2-S\alpha\tilde{\eta})-p_1\left[\dfrac{S\alpha\tilde{\eta}Lf(\bar{\omega})}{S\alpha\tilde{\eta}+\bar{\omega}}+\displaystyle\int_{q_2-S\alpha\tilde{\eta}}^{\bar{\omega}}\dfrac{X\mathrm{d}F(X)}{S\alpha\tilde{\eta}+X}\right]-w_2=0 \end{cases} \tag{4.34}$$

证明：给定信念 $\tilde{\eta}$ 时，对 $\prod_R^D$ 关于 q_1，q_2 求导：

$$\frac{\partial\prod_R^D}{\partial q_1}=p_1\left[\overline{F}(\bar{\omega})-Lf(\bar{\omega})\frac{S\alpha\tilde{\eta}}{S\alpha\tilde{\eta}+\bar{\omega}}\right]-w_1$$

$$\frac{\partial\prod_R^D}{\partial q_2}=-p_1\frac{S\alpha\eta L}{S\alpha\eta+\bar{\omega}}f(\bar{\omega})-p_1\int_{q_2-S\alpha\eta}^{\bar{\omega}}\frac{X\mathrm{d}F(X)}{S\alpha\eta+X}+p_2\overline{F}(q_2-S\alpha\eta)-w_2$$

$$\frac{\partial^2\prod_R^D}{\partial q_1^2}=-p_1\left\{f(\bar{\omega})\left[1+\frac{S\alpha\tilde{\eta}q_2}{(S\alpha\tilde{\eta}+\bar{\omega})^2}\right]+Lf'(\bar{\omega})\frac{S\alpha\tilde{\eta}}{S\alpha\tilde{\eta}+\bar{\omega}}\right\}<0$$

$$\frac{\partial^2\prod_R^D}{\partial q_2^2}=-p_1\left\{f(\bar{\omega})\left[\frac{\bar{\omega}}{S\alpha\tilde{\eta}+\bar{\omega}}-\frac{S\alpha\tilde{\eta}L}{(S\alpha\tilde{\eta}+\bar{\omega})^2}\right]+Lf'(\bar{\omega})\frac{S\alpha\tilde{\eta}}{S\alpha\tilde{\eta}+\bar{\omega}}\right\}+$$
$$(p_1-p_2)f(q_2-S\alpha\tilde{\eta})-p_1\frac{S\alpha\tilde{\eta}f(q_2-S\alpha\tilde{\eta})}{q_2}<0$$

$$\frac{\partial^2\prod_R^D}{\partial q_1\partial q_2}=-p_1\left\{f(\bar{\omega})\left[1-\frac{LS\alpha\tilde{\eta}}{(S\alpha\tilde{\eta}+\bar{\omega})^2}\right]+Lf'(\bar{\omega})\frac{S\alpha\tilde{\eta}}{S\alpha\tilde{\eta}+\bar{\omega}}\right\}=\frac{\partial^2\prod_R^D}{\partial q_2\partial q_1}$$

令 $\sigma_1 = Lf'(\tilde{\omega})\frac{S\alpha\tilde{\eta}}{S\alpha\tilde{\eta}+\tilde{\omega}}$，$\sigma_2 = \frac{S\alpha\tilde{\eta}}{(S\alpha\tilde{\eta}+\tilde{\omega})^2}$，则

$$\frac{\partial^2 \prod_R^D}{\partial q_1 \partial q_2} = -p_1[f(\tilde{\omega})(1-L\sigma_3)+\sigma_1]$$

$$\frac{\partial^2 \prod_R^D}{\partial q_1^2} = -p_1[f(\tilde{\omega})(1+q_2\sigma_2)+\sigma_1]$$

$$\frac{\partial^2 \prod_R^D}{\partial q_2^2} = -p_1\left[f(\tilde{\omega})\left(\frac{\tilde{\omega}}{S\alpha\tilde{\eta}+\tilde{\omega}} - L\sigma_2\right)+\sigma_1\right]+(p_1-p_2)f(q_2-S\alpha\tilde{\eta})-p_1$$

$\frac{S\alpha\tilde{\eta}f(q_2-S\alpha\tilde{\eta})}{q_2}$ 比较$\frac{\partial^2 \prod_R^D}{\partial q_1 \partial q_2}$与$\frac{\partial^2 \prod_R^D}{\partial q_1^2}$，可得$\frac{\partial^2 \prod_R^D}{\partial q_1 \partial q_2} > \frac{\partial^2 \prod_R^D}{\partial q_1^2}$；假设 $f'(X)<0$，则$\frac{\partial^2 \prod_R^D}{\partial q_1 \partial q_2} > \frac{\partial^2 \prod_R^D}{\partial q_1^2}$。同样的，

$$\Gamma = \begin{vmatrix} \frac{\partial^2 \prod_R^D}{\partial q_1^2} & \frac{\partial^2 \prod_R^D}{\partial q_1 \partial q_2} \\ \frac{\partial^2 \prod_R^D}{\partial q_2 \partial q_1} & \frac{\partial^2 \prod_R^D}{\partial q_2^2} \end{vmatrix} = \frac{\partial^2 \prod_R^D}{\partial q_1^2}\frac{\partial^2 \prod_R^D}{\partial q_2^2} - \left(\frac{\partial^2 \prod_R^D}{\partial q_1 \partial q_2}\right)^2 > 0$$

所以，在给定 $\tilde{\eta}$ 时，$\prod_R^D$ 是 q_1，q_2 的联合凹函数，存在唯一的（$\hat{q}_1^*$，$\hat{q}_2^*$）使得 $\prod_R^D$ 达到最大。证毕。

下列命题 4.10 刻画了公共零售商 R 与战略顾客之间的理性预期均衡。

命题 4.10 当性能改进产品的性价比高于原始产品时，假设 $X\sim U(0,\overline{X})$，则公共零售商 R 与战略顾客之间存在理性预期均衡。其中，R 采购的性能改进产品均衡数量 q_2^* 与战略顾客转移的均衡比例 η^* 由下式(4.35)确定：

$$\begin{cases} q_2 e^{\zeta_R} - S\alpha\eta e^{-\zeta_R} = \overline{X}\left(1-\frac{w_1}{p_1}\right) \\ q_2 - S\alpha\eta + q_2\ln\left(\frac{S\alpha\eta+\overline{X}}{q_2}\right) = \overline{X}\,\frac{vp_1-p_1}{vp_2-p_2} \end{cases} \tag{4.35}$$

相应地，R 采购的原始产品均衡数量为 $q_1^* = q_2^* e^{\zeta_R} + S(1-\alpha\eta^*) - q_2^*$，其中，

$$\zeta_R = \frac{\overline{X}[(p_1-w_1)-(p_2-w_2)]-(p_1-p_2)(q_2-S\alpha\eta)}{p_1 S\alpha\eta}$$

证明：假设 $X\sim U(0,\overline{X})$，则式(4.34)简化为：

$$
\begin{cases}
p_1\left[\dfrac{\tilde{\omega}}{\overline{X}}+\dfrac{S\tilde{\alpha}\eta L}{\overline{X}(S\tilde{\alpha}\eta+\tilde{\omega})}\right]=p_1-w_1 \\
p_1\left\{\dfrac{S\tilde{\alpha}\eta L}{\overline{X}(S\tilde{\alpha}\eta+\tilde{\omega})}+\dfrac{L-S\tilde{\alpha}\eta[\ln(S\tilde{\alpha}\eta+\tilde{\omega})-\ln q_2]}{\overline{X}}\right\}+p_2\ \dfrac{q_2-S\tilde{\alpha}\eta}{\overline{X}}=p_2-w_2 \\
\dfrac{q_2-S\tilde{\alpha}\eta}{\overline{X}}+\tilde{q}_2\ \dfrac{\ln(S\tilde{\alpha}\eta+\overline{X})-\ln q_2}{\overline{X}}=\dfrac{v\rho_1-p_1}{v\rho_2-p_2}
\end{cases}
$$

对上式进一步简化，得到

$$
\begin{cases}
q_2 e^{\zeta_R}-S\alpha\eta e^{-\zeta_R}=\overline{X}\left(1-\dfrac{w_1}{p_1}\right) \\
q_2-S\alpha\eta+q_2\ln\left(\dfrac{S\alpha\eta+\overline{X}}{q_2}\right)=\overline{X}\ \dfrac{v\rho_1-p_1}{v\rho_2-p_2}
\end{cases}
$$

其中，$\zeta_R=\dfrac{\overline{X}[(p_1-w_1)-(p_2-w_2)]-(p_1-p_2)(q_2-S\alpha\eta)}{p_1S\alpha\eta}$。

由上式算出 q_2^* 与 η^*，进而确定 q_1^*。证毕。

比较下面两个方程：$\begin{cases} q_2 e^{\zeta_R}-S\alpha\eta e^{-\zeta_R}=\overline{X}\left(1-\dfrac{w_1}{p_1}\right) \\ q_2 e^{\zeta_C}-S\alpha\eta e^{-\zeta_C}=\overline{X}\left(1-\dfrac{h\rho_1}{p_1}\right)\end{cases}$

只有当 $w_1=h\rho_1$、$w_2=h\rho_2$ 时，对称批发价格合同才能达到集中系统的最优数量，进而实现供应链协调，而 M_1 和 M_2 不仅引发各自的生产成本 $h\rho_1$ 和 $h\rho_2$，还涉及各自的固定研发成本 $\alpha_1\rho_1^2$ 与 $\alpha_1(1-\tau)\rho_1^2+\alpha_2\rho_2^2$，也就是说，$M_1$ 和 M_2 提供的批发价格至少高于所有的成本，即 $w_1>h\rho_1$，$w_2>h\rho_2$，这表明对称批发价格合同不能协调供应商间竞争的供应链 SC_S。

(2)对称回购合同

当 M_1 与 M_2 均向 R 提供回购合同(w_i,b_i)时，令 w_i 表示 M_i 向 R 收取的批发价格，b_i 表示 M_i 对 R 未销售产品进行回购所给予的单位补偿，对称回购合同可表示为 $M_1(w_1,b_1)$，$M_1(w_2,b_2)$。

用 $\prod_R^D$ 表示公共零售商 R 的期望利润，则有：

$$
\begin{aligned}
\prod\nolimits_R^D = {} & \overbrace{p_1\left[S(1-\alpha\eta)+L\bar{F}(\tilde{\omega})+\int_{q_2-S\alpha\eta}^{\tilde{\omega}}X\left(1-\frac{q_2}{S\alpha\eta+X}\right)\mathrm{d}F(X)\right]}^{\text{从原始产品获得的收益}}+ \\
& \overbrace{p_2\left[q_2-\int_0^{q_2-S\alpha\eta}F(X)\mathrm{d}X\right]}^{\text{从性能改进产品获得的收益}}-\overbrace{(w_1q_1+w_2q_2)}^{\text{总转移支付}}+ \\
& \overbrace{b_1\int_0^{q_2-S\alpha\eta}L\mathrm{d}F(X)+b_1\int_{q_2-S\alpha\eta}^{\tilde{\omega}}\left[L-X\left(1-\frac{q_2}{S\alpha\eta+X}\right)\right]\mathrm{d}F(X)}^{\text{从}M_1\text{获得的补偿}}+
\end{aligned}
$$

$$\overbrace{b_2\int_0^{q_2-S\alpha\eta}[q_2-(S\alpha\eta+X)]\mathrm{d}F(X)}^{\text{从}M_2\text{获得的补偿}} \tag{4.36}$$

其中，$\bar{\omega}=q_1+q_2-S$。

由式(4.36)可得：

$$\prod\nolimits_R^D=(p_1-w_1)q_1-(p_1-b_1)\left[LF(\bar{\omega})-\int_{q_2-S\alpha\eta}^{\bar{\omega}}X\left(1-\frac{q_2}{S\alpha\eta+X}\right)\mathrm{d}F(X)\right]+$$
$$(p_2-w_2)q_2-(p_2-b_2)\int_0^{q_2-S\alpha\eta}F(X)\mathrm{d}X \tag{4.37}$$

而 M_1 的期望利润仍为：

$$\pi_{M_1}=(w_1-h\rho_1)q_1-\alpha_1\rho_1^2-b_1\left[LF(\bar{\omega})-\int_{q_2-S\alpha\eta}^{\bar{\omega}}X\left(1-\frac{q_2}{S\alpha\eta+X}\right)\mathrm{d}F(X)\right] \tag{4.38}$$

相应地，M_2 的期望利润仍为：

$$\pi_{M_2}=(w_2-h\rho_2)q_2-[\alpha_1(1-\tau)\rho_1^2+\alpha_2\rho_2^2]-b_2\int_0^{q_2-S\alpha\eta}F(X)\mathrm{d}X \tag{4.39}$$

下列命题4.11刻画了公共零售商 R 与战略顾客之间的理性预期均衡。

命题 4.11 当 $\xi\geqslant\xi^o$ 且 M_1 与 M_2 均向公共零售商 R 提供回购合同时，假设 $X\sim U(0,\bar{X})$ 并且 $p_2-b_2\geqslant p_1-b_1$，则 R 与战略顾客间存在理性预期均衡。其中，性能改进产品的均衡数量 $\hat{q}_2^*$ 与战略顾客转移的比例 $\hat{\eta}^*$ 由下式(4.40)确定：

$$\begin{cases} q_2e^{\zeta_{BR}}-S\alpha\eta e^{-\zeta_{BR}}=\bar{X}\left(1-\dfrac{w_1-b_1}{p_1-b_1}\right) \\ q_2-S\alpha\eta+q_2\ln\left(\dfrac{S\alpha\eta+\bar{X}}{q_2}\right)=\bar{X}\,\dfrac{v\rho_1-p_1}{v\rho_2-p_2} \end{cases} \tag{4.40}$$

且原始产品均衡数量为 $\hat{q}_1^*=\hat{q}_2^*e^{\zeta_{BR}}+S(1-\alpha\hat{\eta}^*)-\hat{q}_2^*$，其中，

$$\zeta_{BR}=\frac{\bar{X}[(p_1-w_1)-(p_2-w_2)]-[(p_1-b_1)-(p_2-b_2)](q_2-S\alpha\eta)}{(p_1-b_1)S\alpha\eta}$$

证明：假设 $X\sim U(0,\bar{X})$，给定信念 $\tilde{\eta}$ 时，对 $\prod_R^D$ 关于 q_1，q_2 求导：

$$\frac{\partial\prod_R^D}{\partial q_1}=(p_1-w_1)-(p_1-b_1)\left[F(\bar{\omega})+Lf(\bar{\omega})-\frac{\bar{\omega}}{S\alpha\eta+\bar{\omega}}Lf(\bar{\omega})\right]$$
$$=(p_1-w_1)-\frac{(p_1-b_1)}{\bar{X}}\left(\bar{\omega}+\frac{LS\alpha\eta}{S\alpha\eta+\bar{\omega}}\right)$$

$$\frac{\partial \prod_R^D}{\partial q_2} = -\frac{(p_1 - b_1)}{\overline{X}}\left[\frac{LS\alpha\eta}{S\alpha\eta + \bar{\omega}} + L - S\alpha\eta\ln\left(\frac{S\alpha\eta + \bar{\omega}}{q_2}\right)\right] + (p_2 - w_2) - (p_2 - b_2)F(q_2 - S\alpha\eta)$$

$$\frac{\partial^2 \prod_R^D}{\partial q_1^2} = -\frac{(p_1 - b_1)}{\overline{X}}\left[1 + \frac{S\alpha\eta}{S\alpha\eta + \bar{\omega}} - \frac{LS\alpha\eta}{(S\alpha\eta + \bar{\omega})^2}\right]$$

$$= -\frac{(p_1 - b_1)}{\overline{X}}\left[1 + \frac{S\alpha\eta q_2}{(S\alpha\eta + \bar{\omega})^2}\right] < 0$$

$$\frac{\partial^2 \prod_R^D}{\partial q_1 \partial q_2} = -\frac{(p_1 - b_1)}{\overline{X}}\left[1 - \frac{LS\alpha\eta}{(S\alpha\eta + \bar{\omega})^2}\right] = \frac{\partial^2 \prod_R^D}{\partial q_2 \partial q_1},$$

$$\frac{\partial^2 \prod_R^D}{\partial q_2^2} = -\frac{(p_1 - b_1)}{\overline{X}}\left[1 + \frac{L^2 S\alpha\eta}{q_2 (S\alpha\eta + \bar{\omega})^2}\right] + \frac{(p_1 - b_1) - (p_2 - b_2)}{\overline{X}} < 0$$

比较$\dfrac{\partial^2 \prod_R^D}{\partial q_1 \partial q_2}$与$\dfrac{\partial^2 \prod_R^D}{\partial q_1^2}$，可以发现，$\left|\dfrac{\partial^2 \prod_R^D}{\partial q_1^2}\right| > \left|\dfrac{\partial^2 \prod_R^D}{\partial q_1 \partial q_2}\right|$。

如果$(p_1 - b_1) - (p_2 - b_2) < 0$，则$\left|\dfrac{\partial^2 \prod_R^D}{\partial q_2^2}\right| > \left|\dfrac{\partial^2 \prod_R^D}{\partial q_1 \partial q_2}\right|$，所以，

$$\Gamma = \begin{vmatrix} \dfrac{\partial^2 \prod_R^D}{\partial q_1^2} & \dfrac{\partial^2 \prod_R^D}{\partial q_1 \partial q_2} \\ \dfrac{\partial^2 \prod_R^D}{\partial q_2 \partial q_1} & \dfrac{\partial^2 \prod_R^D}{\partial q_2^2} \end{vmatrix} = \left|\frac{\partial^2 \prod_R^D}{\partial q_1^2}\right| \left|\frac{\partial^2 \prod_R^D}{\partial q_2^2}\right| - \left(\frac{\partial^2 \prod_R^D}{\partial q_1 \partial q_2}\right)^2 > 0$$

在给定$\tilde{\eta}$时，$\prod_R^D$是q_1、q_2的联合凹函数，存在唯一的$(\hat{q}_1^*, \hat{q}_2^*)$使得$\prod_R^D$达到最大。由$\begin{cases} \dfrac{\partial \prod_R^D}{\partial q_1} = 0 \\ \dfrac{\partial \prod_R^D}{\partial q_2} = 0 \end{cases}$联合求解，得到$\bar{\omega} = q_2 e^{\zeta_{BR}} - S\alpha\eta$，其中，

$$\zeta_{BR} = \frac{\overline{X}[(p_1 - w_1) - (p_2 - w_2)] - [(p_1 - b_1) - (p_2 - b_2)](q_2 - S\alpha\eta)}{(p_1 - b_1)S\alpha\eta}$$

将$\bar{\omega}$代入$\dfrac{\partial \prod_R^D}{\partial q_1} = 0$，得到

$$q_2 e^{\zeta_{BR}} - S\alpha\eta e^{-\zeta_{BR}} = \overline{X}\left(1 - \frac{w_1 - b_1}{p_1 - b_1}\right) \tag{4.41}$$

又给定$(\tilde{q}_1, \tilde{q}_2)$，可得

$$\tilde{q}_2-S\alpha\eta+\tilde{q}_2\ln\left(\frac{S\alpha\eta+\overline{X}}{\tilde{q}_2}\right)=\overline{X}\,\frac{v\rho_1-p_1}{v\rho_2-p_2} \tag{4.42}$$

联合求解式(4.41)与(4.42),得到性能改进产品的最优数量 q_2^* 与战略顾客的均衡转移比例 η^*,将 q_2^* 与 η^* 代入 $\frac{\partial\prod_R^D}{\partial q_1}=0$,得到原始产品的最优数量 $\hat{q}_1^*=\hat{q}_2^*e^{\zeta_{BR}}+S(1-\alpha\hat{\eta}^*)-\hat{q}_2^*$。证毕。

事实上,必须同时满足补偿机制与运营执行两个方面的协调,才能真正实现供应链的协调。

下面的命题 4.12 从补偿机制角度分析了对称回购合同能协调供应商间竞争型供应链结构。

命题 4.12 当 $\xi\geqslant\xi^\circ$ 且 M_1 与 M_2 均提供回购合同时,如果 M_1 给予的回退补偿为 $b_{1\sigma}$,M_2 给予的回退补偿为 $b_{2\sigma}$,则能协调供应商间竞争型供应链 SC_S,其中,$b_{1\sigma}=p_1-\frac{p_1-w_1}{1-\frac{h\rho_1}{p_1}}$,$b_{2\sigma}=p_2-\frac{(p_2-p_1)-(w_2-w_1)}{1-\frac{h(\rho_2-\rho_1)}{p_2-p_1}}-\frac{p_1-w_1}{1-\frac{h\rho_1}{p_1}}$。

证明:要实现供应链协调,则需要满足:$\hat{q}_1^*=q_1^*$,$\hat{q}_2^*=q_2^*$,$\hat{\eta}^*=\eta^*$,也就是需要满足如下条件:

$$\begin{cases}\hat{q}_2^*e^{\zeta_{BR}}-S\alpha\hat{\eta}^*e^{-\zeta_{BR}}=\overline{X}\left(1-\frac{w_1-b_1}{p_1-b_1}\right)\\ q_2^*e^{\zeta_C}-S\alpha\eta^*e^{-\zeta_C}=\overline{X}\left(1-\frac{h\rho_1}{p_1}\right)\end{cases}$$

也就是说,如果下面条件满足,就能协调供应链。

$$\begin{cases}\frac{w_1-b_1}{p_1-b_1}=\frac{h\rho_1}{p_1}\\ \frac{(p_1-w_1)-(p_2-w_2)}{p_1-b_1}=\frac{(p_1-h\rho_1)-(p_2-h\rho_2)}{p_1}\\ \frac{(p_1-b_1)-(p_2-b_2)}{p_1-b_1}=\frac{p_1-p_2}{p_1}\end{cases}$$

从而得到,$b_{1\sigma}=p_1-\frac{p_1-w_1}{1-\frac{h\rho_1}{p_1}}$,$b_{2\sigma}=p_2-\frac{(p_2-p_1)-(w_2-w_1)}{1-\frac{h(\rho_2-\rho_1)}{p_2-p_1}}-\frac{p_1-w_1}{1-\frac{h\rho_1}{p_1}}$。证毕。

命题 4.12 显示:对于对称回购合同情形,M_1 与 M_2 提供适当的回购补偿能协调供应商间竞争型结构。

下列命题 4.13 从运营执行角度揭示了对称回购合同也能协调 SC_S。

命题 4.13 当 $\xi \geqslant \xi^{\circ}$ 并且 M_1 与 M_2 均向 R 提供回购合同时，公共销售商 R 的利润总为正，即 $\prod_R^D > 0$；当 $\alpha_1 < \tilde{\alpha}_1$ 时，供应商 M_1 的利润为正，即 $\hat{\pi}_{M_1} > 0$；当 $\alpha_1 < \tilde{\alpha}_2$ 时，供应商 M_2 的利润为正，即 $\hat{\pi}_{M_2} > 0$，其中，

$$\tilde{\alpha}_1 = \frac{(w_1 - h\rho_1)\hat{q}_1^* - b_{1\sigma}\left[LF(\bar{\omega}) - \int_{\hat{q}_2^* - S\alpha\eta}^{\bar{\omega}} X\left(1 - \frac{\hat{q}_2^*}{S\alpha\eta + X}\right)\mathrm{d}F(X)\right]}{\rho_1^2}$$

$$\tilde{\alpha}_2 = \frac{(w_2 - h\rho_2)\hat{q}_2^* - \alpha_1(1-\tau)\rho_1^2 - b_{2\sigma}\frac{(\hat{q}_2^* - S\alpha\eta^*)^2}{2\overline{X}}}{\rho_2^2}$$

证明：

$$\prod_R^D = (p_1 - w_1)\hat{q}_1^* + \frac{p_1 - w_1}{1 - \frac{h\rho_1}{p_1}}\left[LF(\bar{\omega}) - \int_{q_2 - S\alpha\eta}^{\bar{\omega}} X\left(1 - \frac{\hat{q}_2^*}{S\alpha\eta + X}\right)\mathrm{d}F(X)\right] +$$

$$(p_2 - w_2)\hat{q}_2^* + \left[\frac{(p_2 - p_1) - (w_2 - w_1)}{1 - \frac{h(\rho_2 - \rho_1)}{p_2 - p_1}} + \frac{p_1 - w_1}{1 - \frac{h\rho_1}{p_1}}\right]\int_0^{\hat{q}_2^* - S\alpha\eta^*} F(X)\mathrm{d}X > 0$$

$$\hat{\pi}_{M_1} = (w_1 - h\rho_1)\hat{q}_1^* - \alpha_1\rho_1^2 - b_{1\sigma}\left[LF(\bar{\omega}) - \int_{q_2 - S\alpha\eta}^{\bar{\omega}} X\left(1 - \frac{\hat{q}_2^*}{S\alpha\eta + X}\right)\mathrm{d}F(X)\right]$$

要使得 $\hat{\pi}_{M_1} > 0$，则需要满足如下条件：

$$\alpha_1 < \left\{(w_1 - h\rho_1)\hat{q}_1^* - b_{1\sigma}\left[LF(\bar{\omega}) - \int_{q_2 - S\alpha\eta}^{\bar{\omega}} X\left(1 - \frac{\hat{q}_2^*}{S\alpha\eta + X}\right)\mathrm{d}F(X)\right]\right\} / \rho_1^2,$$

$$\pi_{M_2} = (w_2 - h\rho_2)\hat{q}_2^* - [\alpha_1(1-\tau)\rho_1^2 + \alpha_2\rho_2^2] - b_{2\sigma}\frac{(\hat{q}_2^* - S\alpha\eta^*)^2}{2\overline{X}}$$

要使得 $\hat{\pi}_{M_2} > 0$，则需要满足如下条件：

$\alpha_2 < \left[(w_2 - h\rho_2)\hat{q}_2^* - \alpha_1(1-\tau)\rho_1^2 - b_{2\sigma}\frac{(\hat{q}_2^* - S\alpha\eta^*)^2}{2\overline{X}}\right] / \rho_2^2$。证毕。

命题 4.13 表明：当性能改进产品的性价比高于原始产品时，从实际运营的角度看，M_1 与 M_2 同时提供回购合同同样能协调供应商间竞争型供应链。

4.4.2.2 非对称合同

分别考虑两类情形：M_1 提供批发价格合同与 M_2 提供回购合同、M_1 提供回购合同与 M_2 提供批发价格。

(1)M_1 提供批发价格合同与 M_2 提供回购合同

将 M_1 向 R 提供批发价格合同可表示为 $M_1(w_1, b_1 = 0)$，M_2 向 R 提供的回购合同仍为 $M_2(w_2, b_2)$。

用 $\prod_R^D$ 表示公共零售商 R 的期望利润，则有：

$$\prod_R^D = \overbrace{p_1[S(1-\alpha\eta)+L\bar{F}(\bar{\omega})+\int_{q_2-S\alpha\eta}^{\bar{\omega}} X(1-\frac{q_2}{S\alpha\eta+X})\mathrm{d}F(X)]}^{\text{从原始产品获得的收益}}+$$
$$\overbrace{p_2[q_2-\int_0^{q_2-S\alpha\eta}F(X)\mathrm{d}X]}^{\text{从性能改进产品获得的收益}}-\overbrace{(w_1q_1+w_2q_2)}^{\text{总转移支付}}+\overbrace{b_2\int_0^{q_2-S\alpha\eta}[q_2-(S\alpha\eta+X)]\mathrm{d}F(X)}^{\text{从}M_2\text{获得的补偿}} \tag{4.43}$$

其中，$\bar{\omega}=q_1+q_2-S$。

此时，M_1 的期望利润仍为：

$$\pi_{M_1}=w_1q_1-(\alpha_1\rho_1^2+h\rho_1q_1) \tag{4.44}$$

相应地，M_2 的期望利润仍为：

$$\pi_{M_2}=w_2q_2-[\alpha_1(1-\tau)\rho_1^2+\alpha_2\rho_2^2+h\rho_2q_2]-b_2\int_0^{q_2-S\alpha\eta}F(X)\mathrm{d}X \tag{4.45}$$

下列命题 4.14 刻画了公共零售商 R 与战略顾客之间的理性预期均衡。

命题 4.14 当 $\xi\geqslant\xi^\circ$ 且补偿机制为 $M_1(w_1,b_1=0)$ 与 $M_2(w_2,b_2)$ 时，假设 $X\sim U(0,\bar{X})$，则公共零售商 R 与战略顾客间存在理性预期均衡。其中，R 采购的性能改进产品的均衡数量 q_2^* 与战略顾客转移的比例 η^* 由下式(4.46)确定：

$$\begin{cases} q_2e^{\zeta_{WB}}-S\alpha\eta e^{-\zeta_{WB}}=\bar{X}\left(1-\dfrac{w_1}{p_1}\right) \\ q_2-S\alpha\eta+q_2\ln\left(\dfrac{S\alpha\eta+\bar{X}}{q_2}\right)=\bar{X}\,\dfrac{v\rho_1-p_1}{v\rho_2-p_2} \end{cases} \tag{4.46}$$

同时，R 采购的原始产品均衡数量为 $q_1^*=q_2^*e^{\zeta_{WB}}+S(1-\alpha\eta^*)-q_2^*$，其中，

$$\zeta_{WB}=\frac{\bar{X}[(p_1-w_1)-(p_2-w_2)]-[p_1-(p_2-b_2)](q_2-S\alpha\eta)}{p_1S\alpha\eta}$$

证明：假设 $X\sim U(0,\bar{X})$，给定信念 $\tilde{\eta}$ 时，对 $\prod_R^D$ 关于 q_1、q_2 求导：

$$\frac{\partial\prod_R^D}{\partial q_1}=(p_1-w_1)-\frac{p_1}{\bar{X}}\left(\bar{\omega}+\frac{LS\alpha\eta}{S\alpha\eta+\bar{\omega}}\right)$$

$$\frac{\partial\prod_R^D}{\partial q_2}=-\frac{p_1}{\bar{X}}\left[\frac{LS\alpha\eta}{S\alpha\eta+\bar{\omega}}+L-S\alpha\eta\ln(\frac{S\alpha\eta+\bar{\omega}}{q_2})\right]+(p_2-w_2)-(p_2-b_2)F(q_2-S\alpha\eta)$$

$$\frac{\partial^2\prod_R^D}{\partial q_1^2}=-\frac{p_1}{\bar{X}}\left[1+\frac{S\alpha\eta q_2}{(S\alpha\eta+\bar{\omega})^2}\right]<0$$

$$\frac{\partial^2 \prod_R^D}{\partial q_1 \partial q_2} = -\frac{p_1}{\overline{X}}\left[1-\frac{LS\alpha\eta}{(S\alpha\eta+\bar{\omega})^2}\right] = \frac{\partial^2 \prod_R^D}{\partial q_2 \partial q_1},$$

$$\frac{\partial^2 \prod_R^D}{\partial q_2^2} = -\frac{p_1}{\overline{X}}\left[1+\frac{L^2 S\alpha\eta}{q_2\,(S\alpha\eta+\bar{\omega})^2}\right] + \frac{p_1-(p_2-b_2)}{\overline{X}} < 0$$

比较$\frac{\partial^2 \prod_R^D}{\partial q_1 \partial q_2}$与$\frac{\partial^2 \prod_R^D}{\partial q_1^2}$，可以发现，$\left|\frac{\partial^2 \prod_R^D}{\partial q_1^2}\right| > \left|\frac{\partial^2 \prod_R^D}{\partial q_1 \partial q_2}\right|$。如果 $p_2 - b_2 > p_1$，则$\left|\frac{\partial^2 \prod_R^D}{\partial q_2^2}\right| > \left|\frac{\partial^2 \prod_R^D}{\partial q_1 \partial q_2}\right|$，所以，

$$\Gamma = \begin{vmatrix} \frac{\partial^2 \prod_R^D}{\partial q_1^2} & \frac{\partial^2 \prod_R^D}{\partial q_1 \partial q_2} \\ \frac{\partial^2 \prod_R^D}{\partial q_2 \partial q_1} & \frac{\partial^2 \prod_R^D}{\partial q_2^2} \end{vmatrix} = \left|\frac{\partial^2 \prod_R^D}{\partial q_1^2}\right| \left|\frac{\partial^2 \prod_R^D}{\partial q_2^2}\right| - \left(\frac{\partial^2 \prod_R^D}{\partial q_1 \partial q_2}\right)^2 > 0$$

在给定 $\tilde{\eta}$ 时，$\prod_R^D$ 是 q_1、q_2 的联合凹函数，存在唯一的($\hat{q}_1^*$，$\hat{q}_2^*$)使得$\prod_R^D$达到最大。由$\begin{cases} \frac{\partial \prod_R^D}{\partial q_1} = 0 \\ \frac{\partial \prod_R^D}{\partial q_2} = 0 \end{cases}$联合求解，得到 $\bar{\omega} = q_2 e^{\zeta_{WB}} - S\alpha\eta$，其中，

$$\zeta_{WB} = \frac{\overline{X}[(p_1-w_1)-(p_2-w_2)]-[p_1-(p_2-b_2)](q_2-S\alpha\eta)}{p_1 S\alpha\eta}$$

将 $\bar{\omega}$ 代入$\frac{\partial \prod_R^D}{\partial q_1} = 0$，得到

$$q_2 e^{\zeta_{WB}} - S\alpha\eta e^{-\zeta_{WB}} = \overline{X}\left(1-\frac{w_1}{p_1}\right) \tag{4.47}$$

又给定($\tilde{q}_1$，$\tilde{q}_2$)，可得

$$\tilde{q}_2 - S\alpha\eta + \tilde{q}_2 \ln\left(\frac{S\alpha\eta+\overline{X}}{\tilde{q}_2}\right) = \overline{X}\,\frac{v\rho_1-p_1}{v\rho_2-p_2} \tag{4.48}$$

联合求解式(4.47)与(4.48)，得到性能改进产品的最优数量 q_2^* 与战略顾客的均衡转移比例 η^*，将 q_2^* 与 η^* 代入$\frac{\partial \prod_R^D}{\partial q_1} = 0$，得到原始产品的最优数量 $\hat{q}_1^* = \hat{q}_2^* e^{\zeta_{WB}} + S(1-\alpha\hat{\eta}^*) - \hat{q}_2^*$。证毕。

比较下面两个等式：$\begin{cases} q_2 e^{\zeta_{WB}} - S\alpha\eta e^{-\zeta_{WB}} = \overline{X}\left(1-\dfrac{w_1}{p_1}\right) \\ q_2 e^{\zeta_C} - S\alpha\eta e^{-\zeta_C} = \overline{X}\left(1-\dfrac{h\rho_1}{p_1}\right) \end{cases}$

由于 $w_1>h\rho_1$，所以，很难从解析上判断是否存在补偿来实现供应链协调。

(2)M_1提供回购合同与 M_2提供批发价格

令 M_1向 R 提供回购合同记为 $M_1(w_1,b_1)$，M_2向 R 提供批发价格记为 $M_2(w_2,b_2=0)$。同样的，t_2期末未销售的原始产品数量与性能改进产品数量与前面情形相同。

此时，用 $\prod_R^D$ 表示公共零售商 R 的期望利润，则有：

$$\begin{aligned}\prod\nolimits_R^D = & \overbrace{p_1\left[S(1-\alpha\eta)+L\overline{F}(\bar{\omega})+\int_{q_2-S\alpha\eta}^{\bar{\omega}} X\left(1-\frac{q_2}{S\alpha\eta+X}\right)\mathrm{d}F(X)\right]}^{\text{从原始产品获得的收益}}+ \\ & \overbrace{p_2\left[q_2-\int_0^{q_2-S\alpha\eta}F(X)\mathrm{d}X\right]}^{\text{从性能改进产品获得的收益}}-\overbrace{(w_1q_1+w_2q_2)}^{\text{总转移支付}}+ \\ & \overbrace{b_1\int_0^{q_2-S\alpha\eta}L\mathrm{d}F(X)+b_1\int_{q_2-S\alpha\eta}^{\bar{\omega}}\left[L-X\left(1-\frac{q_2}{S\alpha\eta+X}\right)\right]\mathrm{d}F(X)}^{\text{从}M_1\text{获得的补偿}}\end{aligned} \tag{4.49}$$

而 M_1的期望利润仍为：

$$\pi_{M_1} = (w_1-h\rho_1)q_1-\alpha_1\rho_1^2-b_1\left[LF(\bar{\omega})-\int_{q_2-S\alpha\eta}^{\bar{\omega}}X\left(1-\frac{q_2}{S\alpha\eta+X}\right)\mathrm{d}F(X)\right] \tag{4.50}$$

相应地，M_2的期望利润仍为：

$$\pi_{M_2}=w_2q_2-[\alpha_1(1-\tau)\rho_1^2+\alpha_2\rho_2^2+h\rho_2q_2] \tag{4.51}$$

下面的命题4.15刻画了公共零售商 R 与战略顾客之间的理性预期均衡。

命题4.15　当 $\xi\geqslant\xi^0$ 且补偿机制为 $M_1(w_1,b_1)$与 $M_2(w_2,b_2=0)$时，公共零售商 R 与战略顾客之间存在理性预期均衡，其中，R 采购的性能改进产品均衡数量 q_2^* 以及战略顾客转移的比例 η^* 由下式(4.52)确定：

$$\begin{cases} q_2 e^{\zeta_{BW}} - S\alpha\eta e^{-\zeta_{BW}} = \overline{X}\left(1-\dfrac{w_1-b_1}{p_1-b_1}\right) \\ q_2 - S\alpha\eta + q_2\ln\left(\dfrac{S\alpha\eta+\overline{X}}{q_2}\right) = \overline{X}\,\dfrac{v\rho_1-p_1}{v\rho_2-p_2} \end{cases} \tag{4.52}$$

同时，R 采购的原始产品均衡数量为 $q_1^* = q_2^* e^{\zeta_{BW}} + S(1-\alpha\eta^*) - q_2^*$，其中，

$$\zeta_{BW} = \frac{\overline{X}[(p_1 - w_1) - (p_2 - w_2)] - [(p_1 - b_1) - p_2](q_2 - S\alpha\eta)}{(p_1 - b_1)S\alpha\eta}$$

证明：运用与命题 4.11 同样的方法，可以证得命题 4.15 成立。

下面的命题 4.16 从补偿机制角度揭示了不对称供应合同协调供应商间竞争型供应链的可能性。

命题 4.16 当 $\xi \geqslant \xi^{\rho}$ 且补偿机制为 $M_1(w_1, b_1)$ 与 $M_2(w_2, b_2=0)$ 时，只有当 M_2 提供的批发价格为 $w_{2\sigma}$，M_1 给予回退补偿 $b_{1\sigma}$，才能协调供应链 SC_S，其中，$b_{1\sigma} = p_1 - \dfrac{p_1 - w_1}{1 - \dfrac{h\rho_1}{p_1}}$，

$$w_{2\sigma} = p_2 - (p_1 - w_1) - \left[p_2 - p_1\left(1 + \frac{w_1 - h\rho_1}{p_1 - h\rho_1}\right)\right]\left[1 - \frac{h(\rho_2 - \rho_1)}{p_2 - p_1}\right]。$$

证明：要实现供应链协调，则需要满足：$\hat{q}_1^* = q_1^*$，$\hat{q}_2^* = q_2^*$，$\hat{\eta}^* = \eta^*$，也就是需要满足如下条件：

$$\begin{cases} \hat{q}_2^* e^{\zeta_{BW}} - S\alpha\hat{\eta}^* e^{-\zeta_{BW}} = \overline{X}\left(1 - \dfrac{w_1 - b_1}{p_1 - b_1}\right) \\ q_2^* e^{\zeta_C} - S\alpha\eta^* e^{-\zeta_C} = \overline{X}\left(1 - \dfrac{h\rho_1}{p_1}\right) \end{cases}$$

其中，$\zeta_{BW} = \dfrac{\overline{X}[(p_1 - w_1) - (p_2 - w_2)] - [(p_1 - b_1) - p_2](q_2 - S\alpha\eta)}{(p_1 - b_1)S\alpha\eta}$。

也就是说，如果下面条件满足，就能协调供应链。

$$\begin{cases} b_1 = p_1 - (p_1 - w_1)\Big/\left(1 - \dfrac{h\rho_1}{p_1}\right) \\ b_{1\sigma} = p_2 - p_1 - \dfrac{(p_2 - w_2) - (p_1 - w_1)}{1 - \dfrac{h(\rho_2 - \rho_1)}{p_2 - p_1}} \end{cases}$$

即需要 $b_1 = b_{1\sigma}$，也即当 $w_2 = p_2 - p_1 + w_1 - \left(p_2 - p_1 - p_1 \dfrac{w_1 - h\rho_1}{p_1 - h\rho_1}\right)\left[1 - \dfrac{h(\rho_2 - \rho_1)}{p_2 - p_1}\right]$ 时，$b_1 = b_{1\sigma}$。得到，$b_{1\sigma} = p_1 - \dfrac{p_1 - w_1}{1 - \dfrac{h\rho_1}{p_1}}$，$w_{2\sigma} = p_2 - p_1 + w_1 - \left[p_2 - p_1\left(1 + \dfrac{w_1 - h\rho_1}{p_1 - h\rho_1}\right)\right]\left[1 - \dfrac{h(\rho_2 - \rho_1)}{p_2 - p_1}\right]$。证毕。

4.4.3 分散系统与集中系统的比较

表 4.4 比较了对称批发价格合同 $M_1(w_1, b_1=0)$、$M_2(w_2, b_2=0)$，对称回购合同 $M_1(w_1, b_1)$、$M_2(w_2, b_2)$，不对称合同 $M_1(w_1, b_1=0)$、$M_2(w_2, b_2)$，$M_1(w_1, b_1)$、$M_2(w_2, b_2=0)$这四类供应合同对供应链协调的影响。

4.4.3.1 理论比较

表 4.4 供应合同选择对供应商间竞争型供应链 SC_S 协调的影响

供应合同类型	协调 SC_S 的补偿数量	能否协调 SC_S
$M_1(w_1, b_1=0)$，$M_2(w_2, b_2=0)$	——	不能
$M_1(w_1, b_1)$，$M_2(w_2, b_2)$	$b_{1\sigma}=p_1-\dfrac{p_1-w_1}{1-\dfrac{h\rho_1}{p_1}}$， $b_{2\sigma}=p_2-\dfrac{p_2-p_1-(w_2-w_1)}{1-\dfrac{h(\rho_2-\rho_1)}{p_2-p_1}}-\dfrac{p_1-w_1}{1-\dfrac{h\rho_1}{p_1}}$	能
$M_1(w_1, b_1=0)$，$M_2(w_2, b_2)$	——	不能判断
$M_1(w_1, b_1)$，$M_2(w_2, b_2=0)$	$b_{1\sigma}=p_1-\dfrac{p_1-w_1}{1-\dfrac{h\rho_1}{p_1}}$， $w_{2\sigma}=p_2-(p_1-w_1)-\left[1-\dfrac{h(\rho_2-\rho_1)}{p_2-p_1}\right]\times\left[p_2-p_1\left(1+\dfrac{w_1-h\rho_1}{p_1-h\rho_1}\right)\right]$	能

从表 4.4 中可以看出：(1)如果先进入者 M_1 提供批发价格合同，不管后进入者 M_2 提供批发价格合同还是非对称合同，都不能协调供应链 SC_S。(2)如果先进入者 M_1 提供回退合同，后进入者 M_2 也提供回退合同，则能实现供应链协调；相反，后进入者 M_2 提供批发价格合同，也能协调供应链 SC_S，但是实现供应链协调的条件更为苛刻，即先进入者 M_1 给予的一定的回退补偿，且必须要求后进入者 M_2 的批发价格达到一定水平。这表明，相对于单上游企业与单下游企业构成的供应链，由模仿创新所形成的供应商间竞争型供应链结构(即多上游供应商与单下游销售商构成的供应链)，其供应链协调性与绩效改进更加复杂、更难实现。

下面表 4.5 从绩效的角度比较了营销渠道选择对原始供应链与模仿创新供应链的影响。

表 4.5　营销渠道选择对原始供应链与模仿创新供应链绩效的影响

营销渠道选择	独立渠道(R2)				公共渠道(R1)			
供应链结构	供应链间竞争结构				供应商间竞争结构			
具体情形	性价比更低情形		性价比更高情形		性价比更低情形		性价比更高情形	
各自利润	SC_1 利润	SC_2 利润	SC_1 利润	SC_2 利润	SC_1 利润	SC_2 利润	SC_1 利润	SC_2 利润
性能改进能力	——	↓	↑	↓	↑	↓	↑	无明显关系
生产成本(↑)	↓	↓	↓	↓	反方向影响	同方向影响	同方向影响	反方向影响
市场潜力(↑)	↑	↑	↑	↑				

注：符号↑表示增加，符号↓表示减少，符号—表示无关。

从协调性角度进行比较：通过对供应链间竞争结构与供应商间竞争结构比较，发现战略合作联盟对这两类供应链结构同等重要，这要求供应链合作成员从只关注利益分割的松散关系转变为基于利益捆绑、再分配利益的新型紧密合作关系。但是，供应商竞争型供应链的合作联盟更加复杂，以利益捆绑为基础的战略合作协议与产品差异化程度的有效组合能成为协调供应商间竞争型供应链的新型机制。

4.4.3.2 案例分析

下面仍以海尔集团选择营销渠道为例，分析供应商竞争型结构中合作联盟的重要性与复杂性。为便于比较，我们把上游供应商海尔集团、三星电子以及美菱(Meiling)电器与下游零售商国美集团构成的供应链称为供应商竞争型结构。具体分析如下：

(1)从第三章的案例分析可知，海尔集团与国美集团通过签署三年实现500亿销售规模的战略合作协议，从而进行合作联盟。

(2)三星电子与国美电器的战略联盟[①]：三星电子与国美集团签署了两年实现300亿元销售规模的战略合作协议，与此前海尔的合作模式类似，这种合作也超出了传统意义上制造业与零售商供销关系的合作，成为制造业与零售

① 国美联手三星．开启供需链战略上的全面合作[N]．钢都快讯，2010-12-27．

企业在供需链战略上的全面合作，即建立以需定产、和谐共赢的现代供应链合作联盟机制。更为重要的是，300亿元的战略协议还特别强调差异化定制产品必须达到20%以上。即，这种合作模式更加重视以需定产、和谐共赢的现代新型“直供模式”。

(3)美菱电器与国美集团的战略联盟①：合肥美菱股份与国美电器签署了三年50亿元销售规模的战略合作协议，其中差异化定制产品在25%左右，并且这种个性化定制产品也是战略合作协议的重点项目之一。

从海尔集团、三星电子以及美菱电器与国美集团构成的供应商竞争型供应链来看，战略合作联盟同等重要，但是协调这种供应链的供应合同（或捆绑利益分配机制）更加复杂，条件更为苛刻。提升协调性并维护合作联盟的稳定性的一种新型策略是尽量增加产品差异性程度，以降低甚至避免直接的价格竞争。

总的来说，以利益捆绑为基础的战略合作协议与产品差异化程度的有效组合成为协调供应商间竞争型供应链的新型机制，也为这类供应链的协调性与稳定性研究提供了新方向。

公开问题

进一步研究可以从以下方面扩展：(1)假设 M_2 通过销售商 R_2 销售的比例为 $z\in[0,1]$，本章只重点研究了 $z=0$ 与 $z=1$ 两种情形，前者对应于供应商间竞争型结构情形，后者对应于供应链间竞争型结构情形，进一步扩展可以重点关注 $0<z<1$ 情形，即后进入者通过公共营销渠道 R_1 销售部分产品，通过独立营销渠道 R_2 销售剩下的产品的“混合竞争型供应链结构”，以检验多种营销渠道下，模仿创新对现有供应链、模仿创新供应链以及市场总体绩效的影响。(2)本章重点关注了模仿创新者的性能改进能力，总的来说，性能改进能力设计可通过内部提升与外部合作提升两种方式，本章未对这两种机制进行研究，但是，性能改进知识获取与合作历史对合作性能改进存在很大影响，同时重点关注这两种提升性能改进能力的途径更有利于揭示模仿创新对供应链绩效影响的本质。

---

① 国美携手美菱签50亿元大单推差异化战略合作[N]. 腾讯科技，2010-12-17.

注 释

[1]Cachon G,Gürhan K · k A. Competing manufacturers in a retail supply chain:On contractual form and coordination[J]. Management Science,2010,56(3):571－589.

[2]Jiang Li,Wang Yunzeng. Supplier competition in decentralized assembly systems with price-sensitive and uncertain demand[J]. Manufacturing and Service Operation Management,2010,12(1):93－101.

[3]Sun Jiong,Debo L G,Kekre S,Xie Jinhong. Component-based technology transfer in the presence of potential imitators[J]. Management Science,2010,56(3):536－552.

[4]Mccann B T,Vroom G. Pricing response to entry and agglomeration effects[J]. Strategic Management Journal,2010,31(3):284－305.

[5]Porteus E L,Shin H,Tunca T I. Feasting on leftovers:strategic use of shortages in price competition among differentiated products[J]. Manufacturing and Service Operation Management,2010,12(1):140－161.

[6]Ethiraj S K,Zhu D H. Performance effects of imitative entry[J]. Strategic Management Journal,2008,29(8):797－817.

[7]朱秀梅.高技术企业集群式创新机理实证研究[J].管理科学学报,2009,12(4):75－82.

[8]Bhaskaran S R,Krishnan V. Effort,revenue,and cost sharing mechanisms for collaborative new product development[J]. Management Science,2009,55(7):1152－1169.

[9]Song M,Parry M E. Information,promotion,and the adoption of innovative consumer durables[J]. Journal of product innovation management,2009,26:441－454.

[10]黄玮强,庄新田,姚爽.网络外部性条件下新产品扩散的赠样策略研究[J].管理科学学报,2009,12(4):51－63,74.

[11]Novak S,Stern S. Complementarity among vertical integration decisions:evidence from automobile product development[J]. Management Science,2009,55(2):311－332.

[12]Taylor A,Plembeck E. Supply chain relationships and contracts:the impact of repeated interaction on capacity investment and procurement[J]. Management Science,2007,53(10):1577－1593.

[13]葛泽慧,胡奇英.上下游企业间的研发协作与产销竞争共存研究[J].管理科学学报,2010,13(4):12－22.

[14]Plambeck E,Wang Qiong. Effects of E-waste regulation on new product introduction[J]. Management Science,2009,55(3):333－347.

[15]Krishnan H,Kapuscinski R,Butz D A. Quick response and retailer effort[J]. Management Science,2010,56(6):962－977.